英語日記パーフェクト表現辞典

石原真弓 著

Gakken

はじめに

　私が英語で日記を書き始めたのは、1991年9月16日のこと。高校卒業後、アメリカへ留学した最初の日です。以来、今日まで一日も欠かさずに書き続けています。

　今でこそ、日記を英語学習に取り入れることの利点に気付いていますが、最初から効果がわかっていて始めたわけではありません。渡米前夜にプレゼントされた「5年連用日記帳」をアメリカへ持っていき、「せっかく留学したのだから英語で書いてみよう」という気軽な気持ちで書き始めたのです。当時の私の英語力は、言いたいことが通じない、相手の言うことも理解できないというお粗末なものでした。それにもかかわらず、英語日記をこれほど長く書き続けられたのは、**「人に見せるわけじゃないんだから、英語が間違っていても気にしない」**という気楽な性格が功を奏したためかもしれません。

　当時の日記を読み返すと、単純な文法ミスや単語の誤りなどがたくさんあり、思わずクスッとしてしまいます。I'm tired.（疲れた）というシンプルな1文だけで終わっている日もあります。一方、**年を追うごとに正しい英語で書けるようになり、ネイティブらしい表現や気持ちを的確に表した英文が交じっていく**変化も見てとれます。

　英語日記はまた、実生活にもよい効果をもたらしてくれました。日記で書き慣れている事柄が会話の際にパッと口をついて出てきたり、友人とのおしゃべりから自分のミスに気づいたり、テレビなどで耳にした「カッコいい表現」を日記で使ってみたりと、**インプット、アウ**

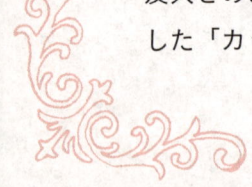

トプットの双方向で英語のアンテナが敏感になったように思います。こうして振り返ると、1日1文でも、簡単な英語でも、毎日続けることで徐々に力がついていったことを確信できます。

　5年連用日記帳も現在は5冊目に入り、身近にも「英語日記歴○年になった」と笑顔で報告してくれる人が増えました。その一方で、「いまだに、どう書けばいいかわからない表現も多い」「いつも似た英文になってしまい、進歩がない」といった独習のもどかしさも耳にします。

　そこで、日常的な日記表現を網羅した辞書のような本があれば、そのような悩みが多少なりとも解決されるのではないかと考え、本書を出版するに至りました。膨大な数の表現に加え、英語日記に役立つ文法や構文、多くの学習者に共通する間違いポイントなども収録しています。英語日記を書く際の手助けになる一冊として、常に机の片隅に置いていただけるバイブル的存在になれば幸いです。

　いきなり英語で日記を書くのが難しければ、本書の表現を書き写したり、一部を英語で書いたりするのもよい方法です。あまり気構えず、自分のペースで、ゆったり英語日記に取り組んでみてください。楽しみながら続けることが、結果的に英語力のアップへとつながります。

　皆さんがいつかふと日記を読み返したとき、英語力の上達を実感できると信じて……。

石原真弓

本書の特長

　本書では、英語日記を書く上で役立つ文法や構文、フレーズなどを1冊にまとめました。この本を手元に置いて、いつでも必要なときにめくってみてください。きっと、英語日記を楽しく続けられるはずです。

1章 英語日記に役立つ文法

英文を書く上で知っておきたい基本的な文法を丁寧に解説しています。英文法をもう一度おさらいしたいときや、日記に書いた英文の文法が正しいか確認したくなったときなどに、開いてみましょう。

こんなときに
- ▶文法をおさらいしたい！
- ▶英語日記を書いていて、文法が正しいか迷う……。

2章 英語日記でよく使う構文

日常的な英語表現でよく使う74の構文を収録。豊富な例文と解説を通じて、各構文の使い方がしっかり理解できます。さまざまな構文を身につけることで、日記に書く英文のバリエーションがより豊かになります。

こんなときに
- ▶英語日記でよく使う構文をおさらいしたい！
- ▶日記に書く英文のバリエーションを広げたい！

3章 間違えやすいポイント

英文を書くときに間違えやすいポイントを取り上げました。自分の英文が正しいかどうか確認したい人におすすめです。また、気になる項目に目を通すだけでも、正しい英文を書くコツが身につきます。

こんなときに

▶英文の間違いを減らしたい！
▶正しい英文を書くコツを知りたい！

4章 英語日記フレーズ集

日常のさまざまなことについて英語で書くときに使える表現を収録。そのまま書き写すだけでも、立派な英語日記になります。会話やメールなどでも使える表現ばかりなので、いつでも手元に置いて参照してください。

こんなときに

▶さっと英語日記を書きたい！
▶自然な英語表現を身につけたい！
▶会話力も上げたい！

さぁ、あなたも今日から英語日記を書いてみましょう！

英語日記パーフェクト表現辞典

もくじ

はじめに …… 2
本書の特長 …… 4
英語日記を書く前に …… 22
本書における表記 …… 26

1章 英語日記に役立つ文法 …… 27

1. 名詞の複数形 [oranges、students など] …… 28
2. 冠詞 [a、an、the] …… 30
3. 前置詞 [at、in、to、for、into など] …… 32
4. 動詞の語形変化 [現在形、過去形、過去分詞形、-ing 形] …… 35
   ■日記で使える動詞ミニ辞典 …… 38
5. 文のつながりをよくする言葉 [first、then、still、also など] …… 46
6. 現在のことを書く [現在形] …… 48
7. 過去のことを書く [過去形] …… 52
8. 未来のことを書く [be going to、will など] …… 53
9. 現在までに起きたことを書く [現在完了形] …… 58
10. 「〜される」を表す [受け身] …… 63
11. 助動詞の使い方 [can、should、may など] …… 64
12. 不定詞の使い方 [to +動詞の原形] …… 67
13. 関係代名詞の使い方 [who、which、that など] …… 72
14. 時制の一致 …… 75

2章 英語日記でよく使う構文 …… 77

1. 〜しなければならない。● I have to 〜. …… 78
2. 〜しなければならない。● I must 〜. …… 80
3. 〜しなくちゃ。● I need to 〜. …… 81

4	～しなくちゃ。●I've got to ～.	82
5	～したほうがいいだろうな。●I should ～.	84
6	～したほうがよさそうだ。●I'd better ～.	86
7	～する（予定だ）。●I'm going to ～.	88
8	～する（予定だ）。●I'm ～ing.	90
9	～しようかと考えている。●I'm thinking about⟨of⟩ ～ing.	91
10	～する計画を立てている。●I'm making plans to ～.	92
11	（もし）～だったら、…しよう。●If ～, I'll ...	93
12	もうすぐ～だ。●～ is coming up soon.	94
13	もうすぐ～だ。●～ is just around the corner.	95
14	…まで、あと～日。●～ more day(s) before ...	96
15	昔はよく～したなぁ。●I used to ～.	98
16	～が欲しいな。●I want ～.	99
17	～したいな。／～してみたいな。●I want to ～.	100
18	～できるようになりたい。●I want to be able to ～.	101
19	～に…してほしい。●I want ～ to ...	102
20	～できるといいな。●I hope to ～.	103
21	～だといいな。●I hope ～.	104
22	～だったらいいのに。●I wish ～.	106
23	～したい気分だ。●I feel like ～ing.	108
24	～（すること）が楽しみだ。●I'm looking forward to ～.	109
25	～が待ち遠しいな。●I can't wait ～.	110
26	～がすごく楽しみ。●I'm excited ～.	112
27	～でよかった。●I was glad ～.	114
28	～にホッとした。●I was relieved ～.	115
29	～してうれしい。／～に満足している。●I'm happy⟨satisfied⟩ ～.	116
30	～のおかげでいい一日になった。●～ made my day.	117
31	すごく～だ！／なんて～だろう！●How ～!	118
32	すごい～だ！／なんて～だろう！●What ～!	119
33	～に驚いた。●I was surprised ～.	120
34	～にがっかりした。●I was disappointed ～.	121
35	～にむっとした。／～にイライラした。●I was upset ～.	122
36	～したことを後悔している。●I feel bad about ～ing.	123
37	～しておけばよかった。●I should've ～.	124
38	～に…のことで感謝している。●I thank ～ for ...	125
39	～のことで感謝している。●I'm grateful ～.	126

40	〜をありがたく思う。● I'm thankful 〜.	127
41	〜だと思う。● I think 〜. ／ I'm sure 〜. ほか	128
42	〜かなぁ。● I wonder 〜.	130
43	〜するのがいいのかな。● I might as well 〜.	132
44	それは〜だと感じた。● I found it 〜.	133
45	A は思ったほど〜ではなかった。● A wasn't as 〜 as I thought.	134
46	A は思ったより〜だった。● A was 〜 than I thought.	135
47	〜は…に違いない。●〜 must be … ／ 〜 must …	136
48	〜は…だったに違いない。●〜 must've been … ／ must've …	137
49	〜は（もしかしたら）…かもしれない。●〜 might …	138
50	〜は（もしかしたら）…だったのかもしれない。●〜 might have …	139
51	まるで〜のようだった。● It was like 〜.	140
52	〜によると… ● According to 〜, …	141
53	〜らしい。● I heard (that) 〜.	142
54	〜だといううわさだ。● Rumor has it that 〜.	143
55	〜することにした。● I've decided to 〜.	144
56	何があっても〜するぞ。● No matter what, I will 〜.	145
57	〜するために、〜しに ● (in order) to 〜	146
58	〜で、〜のせいで、〜のため ● because of 〜 ／ due to 〜	147
59	〜なので ● because 〜 ／ as 〜 ／ since 〜	148
60	〜して（感情の原因）● to 〜	150
61	〜で忙しい。● I'm busy 〜.	151
62	〜のせいで忙しい。●〜 keeps me busy.	152
63	あまりに…だったので〜できなかった。● A was too … to 〜.	153
64	〜できなかった。● I couldn't 〜.	154
65	〜する余裕がない。● I can't afford 〜.	155
66	〜は…が上手だ。●〜 is good at …	156
67	〜しやすかった。● It was easy to 〜.	157
68	…ぶりに〜した。● I 〜 for the first time in …	158
69	…して以来、〜（期間）になる。● It's been 〜 since …	160
70	ここ〜（期間）…していないなぁ。● It's been 〜 since I last …	162
71	〜し忘れた。／〜のことを忘れてた。● I forgot to 〜. ／ I forgot about 〜.	163
72	〜せずにはいられなかった。● I couldn't help 〜ing.	164
73	結局〜してしまった。● I ended up 〜ing.	165
74	ようやく〜に慣れた。● I've finally gotten used to 〜.	166

3章 間違えやすいポイント …… 167

1. 食べたものを表すとき 例 今日はカレーライスだった。…… 168
2. 天気について書くとき 例 今日は雨だった。…… 169
3. 「〜は親切だ」と書くとき 例 彼は親切だ。…… 170
4. 「すごく〜」と表すとき 例 ヨシダ課長はすごく怒っていた。…… 171
5. 「がっかりした」と書くとき 例 私はがっかりした。…… 172
6. 「〜の…」と表すとき 例 仙台の親せきに会いに行った。…… 174
7. 「私とAさん」を主語にするとき 例 私とユミとトシでボウリングをした。…… 175
8. 「仕事がある」と書くとき 例 明日は仕事がある。…… 176
9. 「台所を掃除した」と書くとき 例 台所を掃除した。…… 178
10. 「昼食をとった」と書くとき 例 イタリアンレストランで昼食をとった。…… 179
11. 交通手段を表すとき 例 今日はマイカーで出勤した。…… 180
12. ズボンや眼鏡を数えるとき 例 ジーンズを2本買った。…… 182
13. 「買い物に行った」と書くとき 例 午後、買い物に行った。…… 183
14. 「そこへ行く」と表すとき 例 またそこへ行きたいな。…… 184
15. 「〜と結婚する」と表すとき 例 ハルキがカナコと結婚した！…… 186
16. 「〜日後」の表し方 例 2日後にヒロシが遊びに来る。…… 188
17. 「〜を数える」と書くとき 例 マリコがメールアドレスを教えてくれた。…… 189
18. 「〜までに…する」と表すとき 例 10時までにオフィスに行かなきゃ。…… 190
19. 「〜なので」と理由を表すとき 例 おなかがすいたので、たい焼きを食べた。…… 192
20. 「楽しかった」と書くとき 例 楽しかった。…… 193
21. 「〜を借りた」と書くとき 例 図書館で小説を借りた。…… 194
22. 「〜を聞いた」と書くとき 例 電車で音楽を聞いた。…… 196
23. 「〜が楽しみ！」と書くとき 例 （商品を注文して）届くのが楽しみ！…… 197
24. 「〜を車で迎えに行く」と表すとき 例 仕事の後、彼女を車で迎えに行った。…… 198
25. 「〜したほうがいい」と書くとき 例 彼は医者に診てもらったほうがいいと思う。…… 201
26. 「〜するのをやめた」と表すとき 例 父はお酒を飲むのをやめた。…… 202
27. かかった時間を表すとき 例 このセーターを編むのに2週間かかった。…… 203
28. 「〜しないことにした」と書くとき 例 車を買い替えないことにした。…… 204
29. 「みんな〜しなかった」と表すとき 例 みんなそのうわさを信じなかった。…… 206
30. 「よく〜する」と書くとき 例 タカダくんはよくミスをするなぁ。…… 208
31. 「〜ではないと思う」と書くとき 例 マサヤは映画好きではないと思う。…… 210

4章 英語日記フレーズ集 …… 211

1 天気・季節 …… 212

天気 …… 212　晴れ 212／曇り 213／雨 213／雪・みぞれ 214／風 215
　豪雨・台風 215／雷・ひょう 216／暑い 216／寒い 217／暖かい 218／涼しい 218
　じめじめ・乾燥 218／天気予報 218／気象 219

季節 …… 219　春 219／夏 220／秋 220／冬 221

空・天体 …… 221　日が長い・短い 221／雲 222／太陽 222／月 222／星 223
　虹 223

[単語] 天気を表す単語　212／星座を表す単語　223

[日記] 天気・季節について英語日記を書いてみよう　224

2 体調 …… 226

体調について …… 226　体調がいい 226／体調が悪い 226／風邪 228
　インフルエンザ 228／頭痛 229／発熱 229／腹痛 230／下痢 230／便秘 230
　吐き気 231／胸焼け・胃もたれ 231／二日酔い 231／生理・生理痛 231
　食欲がある・ない 232／貧血・立ちくらみ 232／疲労 233／寝不足 233
　花粉症・アレルギー 233／目の不調 234／耳の不調 235／鼻の不調 235
　歯・口の不調 236／のどの不調・せき 237／首・肩の不調 237／肌荒れ・虫刺され 237
　足の不調 238／体の痛み 238／腰痛 238／筋肉痛 239／骨折・打撲・ねんざ 239
　切り傷・すり傷 239／やけど 240

病院・医院 …… 240　病院に行く 240／診察 241／健康診断 241／入院 243
　手術 243／退院 244

整体・しんきゅう院 …… 244

薬・手当て …… 245　薬 245／けが・痛みの手当て 245

[単語] 病名を表す単語　227／体の部位を表す単語　227／病院にまつわる単語　240

[日記] 体調について英語日記を書いてみよう　246

3 行事・イベント …… 248

お正月 …… 248　新年を迎えて 248／お正月の過ごし方 249／年賀状 249
　初詣で 250／厄年・おはらい 250／初日の出 250／初夢 251／お正月の食事 251
　お年玉 251／初売り・福袋 252

いろいろな行事 …… 252　成人式 252／節分 253／バレンタインデー 253

ひな祭り　254／ホワイトデー　255／花見　255／こどもの日　255／母の日・父の日　256
七夕　256／お盆・帰省　257／夏休み　257／敬老の日　258／ハロウィーン　258
七五三　258／クリスマス　259／年末　260／誕生日　261／記念日　262
お葬式・法事　262

飲み会・パーティー …… 262　飲み会　262／パーティー・お祝い　263
ホームパーティー　263
単語 祝日・行事を表す単語　248
日記 行事・イベントについて英語日記を書いてみよう　264

4　人間関係 …… 266

出会い …… 266
相手の外見 …… 267　容姿　267／体型　268／見た目の印象　269
相手の性格 …… 270　付き合いやすい性格　270／付き合いにくい性格　273
相手のプロフィール …… 276　相手の名前・年齢　276／相手の家族構成　277
　相手の出身地・住んでいる場所　278／相手の職業　280
人付き合い …… 281　友人・知人に会う　281／久しぶりの再会　282／近所付き合い　283
人との別れ …… 284　人と別れる　284／人との死別　285
単語 家族を表す単語　277／国名を表す単語　278／都市名を表す単語　279
　職業を表す単語　280
日記 人間関係について英語日記を書いてみよう　286

5　気持ち・感想 …… 288

いろいろな気持ち …… 288　好き　288／嫌い　288／うれしい・幸せ　288
楽しい・面白い　289／悲しい　290／さみしい・むなしい　290／憂うつ・うんざり　291
期待・楽しみ　291／がっかり・残念　292／つまらない　292／感動した　293／怒り　293
驚き　294／自信がある・ない　295／不安・緊張　295／安心　296／満足　297
不満　297／怖い・不快　297／後悔　298／恥ずかしい　299／感謝する　300
謝罪する　300／褒める　301／祝う　301／励ます　302／慰める　303／疑う　303
うらやむ・ねたむ　303／賛成する　304／反対する　304／どちらでもない　305
あきらめる　305／我慢する　306
気持ちを表すショートフレーズ …… 306
日記 気持ち・感想について英語日記を書いてみよう　308

6　感覚 …… 310

味覚 …… 310　　おいしい　310／まずい　311／普通の味　311／甘い　311
　　しょっぱい　312／辛い　312／そのほかの味　312／味付け　313／歯ごたえ　314

嗅覚 …… 315　　いい香り　315／いやなにおい　316

聴覚 …… 317

視覚 …… 318

触覚 …… 319

[日記]　感覚について英語日記を書いてみよう　320

7　一日の生活 …… 322

朝 …… 322　　起床　322／朝寝坊　323／朝食　323／身だしなみ　324
　　出かける準備・持ち物　325／通勤・通学　325

昼 …… 327　　家での昼食　327

夜 …… 328　　帰宅　328／夕飯　329／お風呂　329／だんらん　330／寝る前に　331
　　就寝・睡眠　331／一日を振り返って　333

[日記]　一日の生活について英語日記を書いてみよう　334

8　交通・外出 …… 336

電車 …… 336　　運賃・切符　336／電車に乗る　337／車内にて　337／特急・新幹線　338
　　乗り換え　339／事故・遅延　339

車 …… 340　　バス　340／タクシー　341／自家用車　342／道路状況　342／高速道路　343
　　ガソリンスタンド　343／駐車・駐車場　344／車のトラブル　344／車のメンテナンス　345

自転車・スクーター …… 345

歩く …… 346

道に迷う・道案内 …… 346　　道に迷う　346／道案内する　347

[単語]　電車にまつわる単語　336
[日記]　交通・外出について英語日記を書いてみよう　348

9　電話・郵便 …… 350

電話・ファクス …… 350　　電話をかける　350／電話を受ける　350／電話で話す　351
　　電話を切る　351／電話がつながらない　352／セールス電話　352／
　　無言電話・いたずら電話　352／電話のトラブル　352／電話代　353／国際電話　353
　　スカイプ・ネット電話　354／ファクス　354

携帯電話・スマートフォン …… 354　　契約・解約　354／新機種・機種変更　355

各種手続き　355／携帯メール・SMS　356／携帯電話のトラブル　356／電波が悪い　357
電池・充電　358／スマートフォン　358／アプリ・着メロ　358

郵便・宅配便 …… 359　　郵便を出す　359／郵便を受け取る　360／宅配便を出す　360
宅配便を受け取る　361
単語 郵便・宅配便にまつわる単語　359
日記 電話・郵便について英語日記を書いてみよう　362

10　家事 …… 364

食器洗い …… 364　　食器を洗う　364／食洗機　365
洗濯・衣類の手入れ …… 365　　洗濯する　365／洗濯物を干す・取り込む　366
洗濯洗剤　366／アイロンがけ　367／クリーニング　367／服の手入れ　368
片付け・掃除 …… 368　　片付け　368／掃除　369
そのほかの家事 …… 369
ごみ・不用品 …… 370　　ごみ出し　370／リサイクル　371
雪かき …… 371
単語 ごみにまつわる単語　370
日記 家事について英語日記を書いてみよう　372

11　仕事 …… 374

仕事全般 …… 374　　仕事への意気込み　374／仕事の調子　374／仕事の悩み・トラブル　375
やる気が出ない　375／忙しい　376／人手不足　376
日々の仕事 …… 377　　出社　377／仕事の電話　377／報告書・資料　378／会議　378
プレゼンテーション　379／外回り　380／契約・ノルマ　380／オフィス機器　381
名刺　381／オフィスの掃除・整理整頓　381／残業　382／接待　382／出張　383
研修・セミナー　383／社内英語化　384／会社の行事　385
ランチ・同僚と一杯 …… 385　　ランチ　385／同僚と一杯　386
人事・給与・休暇 …… 387　　人事　387／昇進　387／転勤　388／リストラ・解雇　388
退職　389／給料　390／ボーナス　390／休暇　391
上司・同僚・部下 …… 391　　上司のこと　391／同僚のこと　392／部下のこと　392
自営業・自由業 …… 393　　自営業　393／自由業　393／確定申告　394
アルバイト・パート …… 394
就職・転職 …… 395　　就職活動　395／転職活動　396／就職説明会・OB/OG訪問　397
応募書類・エントリーシート　398／入社試験・面接　398／内定　399
日記 仕事について英語日記を書いてみよう　400

12　学校生活 …… 402

学校生活全般 …… 402　　入学・進級　402／入学準備　403／制服　403／クラス分け　403
　　出席・欠席　404／遅刻・早退　404／学校が好き・嫌い　405／先生のこと　405
　　部活動　406／給食・弁当　407／休暇　408／生徒会　408／そのほかの学校生活　408

学校行事 …… 409　　入学式　409／合唱コンクール　410／スポーツ大会　410
　　運動会・体育祭　410／文化祭　411／遠足・校外学習　411／修学旅行　412
　　林間学校・合宿　412／保護者の行事　413／修了式・卒業式　413

勉強・成績 …… 414　　授業　414／宿題・課題　415／勉強　416／テスト　417
　　テストのでき　418／成績　419／塾・家庭教師・予備校　419

進路・受験 …… 420　　進路について　420／志望校　421／受験対策　421／受験　422
　　合格・不合格　423

[単語]　小・中・高の学年を表す単語　402／部活動・クラブの単語　406
　　　　学校行事を表す単語　409／授業・教科を表す単語　414／テストにまつわる表現　417

[日記]　学校生活について英語日記を書いてみよう　424

13　大学・専門学校 …… 426

　　入学　427／講義　428／課題・実習　429／テスト・レポート　430／成績・単位　431
　　学食・カフェテリア　432／サークル活動　432／学園祭　433／お金・バイト　434
　　長期休暇　434／卒論　435／卒業　435

[単語]　学部・学科・学年などを表す単語　426／専門学校の分野を表す単語　427

[日記]　大学・専門学校について英語日記を書いてみよう　436

14　買い物 …… 438

買い物をする …… 438　　買い物に行く　438／買った　438／買わなかった　439
　　買った物の感想　439

値段・支払い …… 439　　値段について　439／セール　440／レジ　441／支払い　441
　　ポイントカード　441

店で …… 442　　店・店員　442／品切れ　442／返品・交換　443

電化製品を買う …… 443　　デジカメ　443／家電製品　444

食料品・日用品を買う …… 446　　食料品を買う　446／日用品を買う　447

プレゼントを買う …… 448

通販・ネットショッピング …… 449

[単語]　家電製品を表す単語　444／食料品を表す単語　446／日用品を表す単語　447

[日記]　買い物について英語日記を書いてみよう　450

15　お金 …… 452

家計 …… 452　　支払い　452／家計の管理　453／浪費・散財　453／節約　454
貯金 …… 454
お金の貸し借り …… 455
銀行 …… 456　　銀行口座　456／口座の残高　456／ATM　457
株・投資 …… 457　　株・投資　457／株価上昇　457／株価下落　458
為替・両替 …… 458　　外国為替　458／両替　459
税金 …… 459
保険 …… 460
ローン …… 461

[単語] いろいろな料金を表す単語　452／税金を表す単語　459
[日記] お金について英語日記を書いてみよう　462

16　住まい …… 464

住まいについて …… 464　　インテリア　464／模様替え　465／住まいのトラブル　466
　　リフォーム　467
友人の住まいについて …… 468　　友人の住まい　468／住まいの印象　468
住まいの条件 …… 469　　立地　469／間取り　470／設備　470
　　建物の階数・築年数　471／周辺環境　471
部屋を借りる …… 472　　賃貸の希望条件　472／物件探し　473／家賃・初期費用　473
　　内見　474／内見して　475／賃貸契約　475
住宅の購入 …… 475　　購入物件を探す　475／モデルルーム見学　476
　　購入物件の比較・検討　476／住宅ローン　477／住宅購入の契約　478
家を建てる …… 479　　土地探し　479／建築プラン　480／建築工事　481
引っ越し …… 481　　引っ越し準備　481／引っ越し費用　482／荷造り　482
　　引っ越し当日　483／荷解き　483

[単語] インテリア用品を表す単語　464
[日記] 住まいについて英語日記を書いてみよう　484

17　食べる・飲む …… 486

食べる …… 486　　おなかがいっぱい・すいた　487／食べた　487／栄養バランス　487
　　食べ物の好き嫌い・アレルギー　488
外食 …… 489　　店の予約　489／外食する　489／飲食店にて　490／会計　490
　　クーポン　491／洋食　491／和食　492／エスニック・中華　492／ラーメン　493

ファミレス　493／ファストフード　493

出前 …… 494

弁当・総菜 …… 494

デザート・カフェ …… 495

おやつ・お菓子 …… 496

料理する …… 497　　自炊する　498／料理本・レシピ　498／お菓子作り　499
　　パン作り　499

お酒 …… 500　　飲みに行く　501／酒に酔う　501／ビール・発泡酒　501／ワイン　502
　　日本酒　503／そのほかのお酒　503／居酒屋・バー　503

（単語）　食べ物を表す単語　486／デザートを表す単語　495／飲み物を表す単語　495
　　　　おやつ・お菓子を表す単語　496／料理方法を表す単語　497／お酒を表す単語　500

（日記）　食べる・飲むについて英語日記を書いてみよう　504

18　見る・読む・聞く …… 506

映画 …… 506　　映画館に行く　506／DVD鑑賞　507／DVDレンタル　507
　　映画の感想　508

テレビ …… 509　　テレビを見る　509／テレビ番組の感想　510／テレビ番組の録画　510

ラジオ・ポッドキャスト …… 511　　ラジオ　511／ポッドキャスト　511

本・雑誌 …… 512　　本　512／電子書籍　512／マンガ　513／読書と感想　513

雑誌 …… 514　　書店　514／図書館　515／マンガ喫茶　516

音楽 …… 516　　音楽全般　516／ライブ・コンサート　517

美術館・博物館 …… 518　　美術館・博物館に行く　518／美術館・博物館の感想　519

舞台・お笑い …… 520　　演劇　520／バレエ　520／落語　521／お笑い　521

（単語）　映画にまつわる単語　506／テレビ番組にまつわる単語　509／本にまつわる単語　512
　　　　雑誌にまつわる単語　514／音楽にまつわる単語　516

（日記）　見る・読む・聞くについて英語日記を書いてみよう　522

19　趣味・習いごと …… 524

習いごと・趣味全般 …… 524

語学 …… 525　　英語　525／英語学習の目標　526／英語が上達する・しない　527
　　そのほかの外国語　528

楽器 …… 528　　楽器を習う　528／発表会・コンクール　529

カラオケ …… 530

ダンス …… 530

絵画 …… 531
写真 …… 532　写真を撮る　532／写真のでき　532
着付け …… 533
茶道 …… 533
書道 …… 534
ガーデニング …… 534　種・球根を植える　535／草花の世話　535／草花の生長　536
車・バイク …… 536
釣り …… 537
単語 習いごとにまつわる単語　524／語学にまつわる単語　525／楽器を表す単語　529
　　　草花を表す単語　534
日記 趣味・習いごとについて英語日記を書いてみよう　538

20　スポーツ …… 540

運動全般 …… 540
軽い運動 …… 541
ウォーキング …… 541
ジョギング・マラソン …… 542　ジョギング　542／マラソン　543／駅伝　544
　　　ウエア・シューズ　544
ジム・トレーニング …… 545　ジム・筋トレ　545／エクササイズ　546
ヨガ・ピラティス …… 547
水泳・プール …… 547
野球 …… 548　プロ野球　548／高校野球　549／草野球　550
サッカー …… 550　サッカー全般　550／少年サッカー　552
ゴルフ …… 552
スキー・スノーボード …… 553
登山 …… 554
ボクシング・格闘技 …… 555
そのほかのスポーツ …… 555
単語 ジム・筋トレにまつわる表現　545
日記 スポーツについて英語日記を書いてみよう　556

21　レジャー・旅行 …… 558

娯楽施設 …… 558　遊園地　558／動物園　559／水族館　560
プール・海 …… 561　プール・海へ行く　561／ビーチで　562／日焼け　562

潮干狩り　563
アウトドア・ドライブ …… 563　川・湖　563 ／ピクニック　564 ／キャンプ　564
　ドライブ　565 ／そのほかのレジャー　565
温泉 …… 566　温泉に行く　566 ／お湯について　566 ／温泉街で　567
旅行 …… 567　旅行の計画　567 ／旅行の準備　568 ／パスポート・ビザ　568
　空港で　569 ／飛行機　570 ／ホテル・旅館　571 ／ホテル・旅館でのトラブル　572
　観光する　573 ／ホテル・旅館での食事　573 ／お土産を買う　574 ／記念写真を撮る　574
　旅先での交流　575 ／旅から戻って　575
- 単語　動物を表す単語　559 ／水族館の生き物を表す単語　560 ／空港にまつわる単語　569
　　飛行機にまつわる単語　570
- 日記　レジャー・旅行について英語日記を書いてみよう　576

22　ファッション …… 578

ファッション全般 …… 578　服　578 ／試着する　579 ／似合う・似合わない　580
　サイズ　580 ／デザイン　581 ／素材　582 ／色　582 ／流行　583
　コーディネート・おしゃれ　584 ／衣類の手入れ　584
カバン・財布 …… 585
靴 …… 586　靴の種類　586 ／靴の手入れ　587 ／靴の試着　587
服飾雑貨 …… 588
アクセサリー …… 589
- 単語　服・下着にまつわる単語　579 ／模様・素材にまつわる単語　579 ／色を表す単語　582
　　カバン・財布にまつわる単語　585 ／靴にまつわる単語　586
　　服飾雑貨にまつわる単語　588 ／アクセサリーにまつわる単語　589
- 日記　ファッションについて英語日記を書いてみよう　590

23　美容・ボディケア …… 592

ダイエット …… 592　ダイエットの決意　592 ／ダイエット法　593 ／食事制限　593
　ダイエット・成功　594 ／ダイエット・失敗　595
肌 …… 595　肌の調子　595 ／肌のお手入れ　596 ／紫外線対策　597 ／肌の悩み　597
身だしなみ …… 598　身だしなみ全般　598 ／ムダ毛処理　598
メイク …… 599　メイクをする　599 ／化粧品　599
ネイル …… 600　つめのお手入れ　600 ／ネイルサロン　600
美容院 …… 601　美容院の予約　601 ／美容院で　602 ／髪型　603
　カラー・白髪染め　603 ／ヘアアレンジ　604 ／髪の悩み　604

エステ・マッサージ …… 605　エステに行く　605／マッサージに行く　605
　エステ・マッサージの感想　606
サウナ・健康ランド・銭湯 …… 607
　[単語] 化粧品にまつわる単語　599／髪型にまつわる単語　601
　[日記] 美容・ボディケアについて英語日記を書いてみよう　608

24　恋愛 …… 610
出会い …… 610　　出会い全般　610／ナンパする　610／ナンパされる　611／合コン　611
　好みのタイプ　612／相手の印象　612／連絡先の交換　613／また会いたい　614
　もう会いたくない　614
告白する …… 615　　好き　615／かなわぬ恋　616／告白前のドキドキ　616／告白する　617
　告白の返事・OK　617／告白の返事・NO　617
付き合う …… 618　　付き合う　618／デートの計画　618／デート　619／愛し合う　620
　愛してる　620／うまくいく　621／うまくいかない　621／けんか　622／仲直り　623
　遠距離恋愛　624／同棲　624／浮気する　625／浮気される　625／不倫　626／別れ　626
　[日記] 恋愛について英語日記を書いてみよう　628

25　結婚・離婚 …… 630
結婚準備 …… 630　　結婚全般　630／婚活　630／結婚したい　631／プロポーズ　631
　婚約指輪・結婚指輪　632／実家へのあいさつ　633／両家の顔合わせ・結納　634
　婚姻届　634／結婚式の準備　635
結婚 …… 636　　自分の結婚式　636／家族・友人の結婚式　637／新婚旅行　638
　結婚生活　639
離婚・再婚 …… 639　　結婚生活の不満　639／家庭内別居　640／離婚を考える　641
　やり直したい　641／離婚する　641／子どものこと　642／再婚　643
　[日記] 結婚・離婚について英語日記を書いてみよう　644

26　出産・育児 …… 646
妊娠・出産 …… 646　　妊娠　646／妊娠中の体調管理　647／出産　647
日々の育児 …… 649　　あやす　649／ミルク　649／離乳食・食事　650
　おむつ・トイレ　651／お風呂・歯みがき　651／寝かし付け　652／子どもの体調・けが　652
子どものこと …… 653　　子どもの性格　653／似てる・似てない　654／子どもへの愛情　654
　きょうだい　654
成長の記録 …… 655　　体の成長　655／できること　656／子どもの誕生日　657

写真・ビデオ　657
ベビー用品・服 ……… 658　子ども服　658／ベビーカー　659／絵本　659
子どもとお出かけ ……… 660　お出かけ　660／公園デビュー　661
遊び ……… 661　外遊び　661／家遊び　662／おもちゃ　663
子育ての大変さ ……… 663　夜泣き　663／不機嫌・ぐずる　663／反抗期　664
　育児の悩み　664
保育園・就学準備 ……… 665　入園準備　665／保育園で　666／おけいこ　666
　就学準備　667
　[単語] ベビー用品を表す単語　658／遊具・遊びにまつわる表現　661
　[日記] 出産・育児について英語日記を書いてみよう　668

27　ペット ……… 670
ペット全般 ……… 670　ペットを飼う　670／ペットの世話　671／ペットのしつけ　672
　ペットとの生活　672／ペットの出産　672／ペットの病気・トラブル　673／動物病院　674
　ペットとの別れ　674
犬 ……… 675
猫 ……… 676
そのほかのペット ……… 677
　[単語] ペットにまつわる単語　670／犬の種類を表す単語　675／猫の種類を表す単語　676
　[日記] ペットについて英語日記を書いてみよう　678

28　パソコン・ネット ……… 680
パソコン ……… 680　パソコンを手に入れる　680／設定・カスタマイズ　681
　パソコンを使う　682／印刷・スキャン　682／パソコンのトラブル　683／修理　683
インターネット ……… 684　インターネット全般　684／ネット検索　685
　ネットオークション　685／ブログ　685／フェイスブック・SNS　686／ツイッター　687
Eメール ……… 688
　[単語] パソコン・ネットにまつわる単語　680／ツイッターにまつわる表現　687
　　Eメールにまつわる単語　689
　[日記] パソコン・ネットについて英語日記を書いてみよう　690

29　災害・事件・事故 ……… 692
自然災害 ……… 692　防災対策　692／地震　693／津波　694／台風・豪雨　694／雷　695
　大雪　695／洪水・浸水　695／異常気象　696／そのほかの災害　696

交通機関への影響　696

事件・事故 …… 697　　ニュースを見て　697／通報・警察　698／強盗・盗難　698
火事　699／詐欺　699／交通事故　700／そのほかの事件・事故　701

単語 災害・警報にまつわる単語　692

日記 災害・事件・事故について英語日記を書いてみよう　702

30　ボランティア …… 704

いろいろなボランティア …… 704　　ボランティアに参加する　704／環境美化　704
福祉　705／献血・ドナー　705／募金・寄付　706／国際交流　706
そのほかのボランティア　707

日記 ボランティアについて英語日記を書いてみよう　708

31　書き留めたい言葉 …… 710

夢・目標 …… 710　　夢　710／目標　710
心に響く言葉 …… 711　　自分を励ます　711／自分に活を入れる　712／夢をかなえる　713
つらいときに　713／前向きになろう　714／友情・友達への感謝　715／愛の言葉　715
ことわざ・信条　716

日記 書き留めたい言葉を使って英語日記を書いてみよう　718

さくいん …… 720

英語日記を書く前に

❶ 英文を書くときの簡単ルール

🖉 文頭は大文字に

英文を書くときは、文の冒頭を大文字にします。また、I（私は・私が）は、文の途中でも必ず大文字で書きます。単語と単語の間は、読みやすいように、アルファベット1文字分くらいのスペースをあけましょう。

> 例 学校に行った。
> **I went to school.**
>
> 文頭は大文字に ↑　　　↑ 単語と単語の間にはスペースを

🖉 コンマやピリオドの付け方

文の意味の切れ目にはコンマ（,）を、文の終わりにはピリオド（.）を書きます。コンマは、英文が短い場合など特に必要がなければ書かなくて構いません。疑問を表す文にはクエスチョンマーク（?）、気持ちを強く表したいときなどにはエクスクラメーションマーク（!）を、文の終わりに書きます。

> 例 具合が悪かったので、家にいた。
> **I was sick, so I stayed at home.**
>
> 意味の切れ目にはコンマ ↑　　　　　　　↑ 文の終わりにはピリオド

🖉 つづりがわからなくても気にしない！

英語日記を書いていると、単語のつづりに自信が持てないことがあるかもしれません。そんなとき、辞書で調べるのはもちろんよいことですが、あまり気にせず、あやふやなまま書いてしまっても大丈夫。気軽に取り組むほうが長続きしますよ。

🖉 ローマ字で書いてもOK

英語で何と表現すればいいのか迷うときは、ローマ字で書いても構いません。また、日本ならではの行事や習慣、食べ物などは、英語で表すのが難しいもの。無理に英語にする必要はありません。

> 例 昼食にきつねうどんを食べた。
> **I had kitsune udon for lunch.**

❷ 日付と時間の書き方

　英語で年月日を書くとき、アメリカ式では「月、日、コンマ（,）、年」の順に書くのが一般的です。日付と曜日だけを書く場合は、「曜日、コンマ（,）、月、日」の順番が一般的。下の表にあるように、「月」と「曜日」は短縮形で書くこともよくあります。

　英語で時間を表すときは、24時間制（13時など）よりも12時間制（午後1時など）が一般的です。午前か午後かを表すなら、10 a.m.（午前10時）や2 p.m.（午後2時）のように、「時刻＋a.m./p.m.（午前／午後）」の形で書きましょう。a.m. やp.m. は、am/A.M./AMのように書いても構いません。ただし、日記は自分だけが見るものですから、24時間制のほうが慣れているという人は、無理に12時間制で書かなくても大丈夫です。

> 例　2012年8月12日 → **August 12, 2012**（または **Aug. 12, 2012**）
> 　　10月11日　月曜日 → **Monday, October 11**（または **Mon., Oct. 11** など）
> 　　14時30分 → **2:30 p.m.**

「月」の書き方

1月	January（Jan.）
2月	February（Feb.）
3月	March（Mar.）
4月	April（Apr.）
5月	May
6月	June
7月	July
8月	August（Aug.）
9月	September（Sep./Sept.）
10月	October（Oct.）
11月	November（Nov.）
12月	December（Dec.）

「曜日」の書き方

月曜日	Monday（Mon.）
火曜日	Tuesday（Tue./Tues.）
水曜日	Wednesday（Wed.）
木曜日	Thursday（Thu./Thur.）
金曜日	Friday（Fri.）
土曜日	Saturday（Sat.）
日曜日	Sunday（Sun.）

※（　）内は短縮形の例です。短縮形は、最後にピリオド（.）を付けて書くのが一般的です。また、「月」の5〜7月には、短縮形はあまり用いられません。

❸ こんなふうに書いてみよう

　英語日記には、特別なルールはありません。日本語の日記と同じで、その日あったことやこれからの予定、自分が考えていることなど、好きなことを好きなように書いてOK。まずは、1〜3文程度の短い日記から書き始めてみましょう。大切なのは、楽しみながら英語日記を続けることです。

　下は、私が書いた日記のサンプルです。英語が苦手と感じている人も、これなら続けられそうだと思いませんか？

❶ Sunday, Sep.23
❷ sunny ☀
❸ I bought a bag.
　It was 70 percent off!
❹
　I was soooo happy. ❺ :)
❻

訳　バッグを買った。7割引！　スゴクうれしい。

❶その日の日付や曜日を書きましょう。
❷文字やイラストで、天気を記しておくのもおすすめです。
❸4章「英語日記フレーズ集」も参考にしながら、日記を書いてみましょう。
❹so を soooo と表すなどして、意味を強調してもいいですね。
❺❻顔文字やイラストを描くのも GOOD。

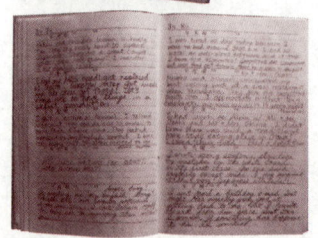

日記帳はどんなものを使ってもOK！

　英語日記を書くための日記帳やノートは、どんなものを使っても構いません。自分が書きやすいと感じるものを選んでみましょう。ちなみに私は、5年分の日記が書ける「5年連用日記帳」を、もう20年以上も愛用しています。1ページに同じ日付の日記が5年分並ぶ形式なので、過去の同じ日に何をしていたかが一目でわかって、とても面白いですよ。

◀私が愛用している「5年連用日記帳」。
　もう5冊目に入りました。

❹ 何を書くか迷ったときは

　「日記に書くことがない」——そう感じている人の多くは、日記には特別なことを書かなくてはいけないと、自らハードルを高くしてしまっているように思います。でも、その日の天気や食事の内容など、ちょっとしたことを書くだけでも立派な日記になります。あまり気張らず、気楽に取り組んでみましょう。

　簡単に続けられる日記のテーマ例として、以下に「ごはん日記」「健康日記」「育児日記」を紹介します。このほか、その日あったうれしい出来事をつづる「幸せ日記」、お気に入りのレシピを英語でメモする「レシピ日記」など、アイデア次第でいろいろな日記が書けます。ぜひ、楽しく続けられるテーマを見つけてくださいね。

ごはん日記　毎日の食事を書き留める日記。栄養バランスのチェックにも GOOD！

> I had some toast and coffee for breakfast.
> I went to a Chinese restaurant for lunch.
> I had curry with rice and some salad for supper.

訳 朝食はトーストとコーヒー。ランチは中華料理店に行った。夕飯はカレーライスとサラダを食べた。

健康日記　体重や体脂肪率などの健康に関する情報や、その日の運動などを記録。

> Weight : 55kg (↑ 0.5kg)
> Waist : 72cm
> Pedometer : 6238 steps
>
> I had some cookies late at night.
> Oh NOOOOO!!!

訳
体重：55kg (↑ 0.5kg)
ウエスト：72cm
歩数計：6238 歩

夜中にクッキーを食べちゃった。
ああ、ヤバーイ!!!

育児日記　授乳や保育園への送り迎えなど、育児にまつわる出来事を書く日記。

> I took Maiko to the preschool at 8:30 a.m.
> I picked her up around 5 p.m.
> She went to bed around 9:30 p.m.

訳 朝8時半に、マイコを保育園に連れて行った。午後5時ごろ、彼女を迎えに行った。マイコは夜9時半ごろ、布団に入った。

本書における表記

・本書では、原則としてアメリカ英語を使用しています。また、日本語のニュアンスを自然な英語で表すために、意訳している表現もあります。

・本書に掲載しているフレーズは、自分の状況に合わせて、名詞の単数・複数、冠詞（a/an、the）、時制（現在・過去・未来など）、人称代名詞（I、you、we、they、he/she）、固有名詞などを、適宜変更してお使いください。

> 例 She is kind. → He is kind.
> 　　（彼女は優しい）　（彼は優しい）
>
> 　　I borrowed some books. → I borrowed a book.
> 　　（何冊か本を借りた）　　　（本を1冊借りた）

・数字や単位については、日記での書きやすさを考慮して、本来スペルで書くものであっても［アラビア数字＋単位記号］で表している場合があります。

> 例 three kilos → 3kg
> 　　ten centimeters → 10cm
> 　　20 degrees Celsius → 20℃

・それぞれの言語の特徴やニュアンスを考慮して、日本語の文と英文で異なる時制（現在・過去・未来など）を採用している表現もあります。

> 例 首がすわった。　He can now hold his head up.

・「息子は……」「娘は……」は、My son ... や My daughter ... などのほかに、He ... や She ... と人称代名詞で表している場合もあります。

・so を soooo と書いて感情を強調したり、本来入れるべき句読点やピリオドなどの代わりに、♪☆♡などの記号を用いて日記らしさを出したりしている表現もあります。

・本書では、見やすさを重視して文末のピリオドを省略している場合があります。

・カタカナの発音表記は参考用です。ご了承ください。

1章
英語日記に役立つ文法

英文を書く上で知っておきたい基本的な文法を、詳しく解説。
ルールを押さえておけば、英語日記もラクに書けるようになります。

文法1 名詞の複数形

two oranges（2個のオレンジ）や 20 students（20人の生徒）のように、数えられるものが2つ以上あるとき、その名詞の最後が -s や -es などに変化します（**複数形**）。変化のパターンにはいくつかあるので、以下の表で確認してみましょう。複数形の多くは**単語の末尾に -s を付けます**が、それ以外の変化のパターンもあります。

複数形のつくり方に迷うこともあるかもしれませんが、間違いを気にしすぎず、少しずつ慣れていきましょう。また、複数形は辞書で名詞を引くと、その横に載っているので、迷ったら確認してみるのもいいですね。

■ 複数形をつくるときのパターン

● -s を付けるパターン

大部分の名詞は、語尾に -s を付けます。

例
book（本）→ books
CD（CD）→ CDs
month（[暦の]月）→ months
idea（考え）→ ideas
orange（オレンジ）→ oranges
place（場所）→ places

● -es を付けるパターン

つづり字が -s, -x, -ch, -sh で終わる名詞と、-o で終わる名詞の一部は、語尾に -es を付けます。

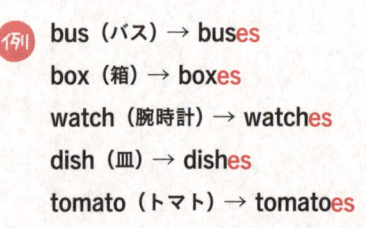

例
bus（バス）→ buses
box（箱）→ boxes
watch（腕時計）→ watches
dish（皿）→ dishes
tomato（トマト）→ tomatoes

1章：英語日記に役立つ文法

● -y → -ies になるパターン

つづり字が〈子音字＋y〉で終わる名詞は、-y を -i に変えて es を付けます。

例
city（都市）→ cities
country（国）→ countries
story（物語）→ stories
dictionary（辞書）→ dictionaries

● -f / -fe → -ves になるパターン

つづり字が -f または -fe で終わる名詞は、語尾を -ves に変えます。

例
leaf（葉）→ leaves
half（半分）→ halves
knife（ナイフ）→ knives
wife（妻）→ wives

● 不規則に変化するものと単複同形のもの

これまでのパターン以外に、不規則に変化する名詞や、単数形と複数形の形が同じ名詞もあります。

例
man（男）→ men
woman（女）→ women
child（子ども）→ children
foot（足）→ feet
deer（シカ）→ deer
fish（魚）→ fish

two oranges

文法2 冠詞

　英語では多くの場合、名詞の前に**冠詞**を付けます。冠詞とは、**a**、**an**、**the** のこと。a は、a dog（1匹の犬）や a pencil（1本の鉛筆）のように、数えられる名詞のものが1つのときに使います。
　an は a と同じ働きをしますが、an apple（1つのリンゴ）の apple のように、**単語が母音（アイウエオに近い音）で始まるとき**に使います。hour（[アゥア] と発音）のように、スペルは子音で始まっていても発音が母音で始まっている場合は、an hour（1時間）のように an を用います。

a/an と the の使い分け

　a や an は、主に**「不特定のもの、一般的なもの」**について書くときに付けます。これに対して**「特定のもの」**について書くときは the を使います。例えば、「（家の近所の）あのカフェ」なら the café、「（昨日読んだ）その本」なら the book となります。the は、その後に続く名詞が1つ（単数）でも2つ以上（複数）でも、使うことができます。

■冠詞の基本ルール

例 **book（本）**

a book
（不特定の1冊の）本

books
（不特定の複数の）本

the book
（特定の1冊の）本

the books
（特定の複数の）本

> **例**

本を1冊買いました。その本はマザー・テレサに関するものです。
I bought a book. The book is about Mother Teresa.

ここでは、「(書店にある、たくさんの本の中の) 1冊」を指している (不特定)。

前に出てきた「(書店で買った) その本」を指している (特定)。

私は本が好きです。
I like books.

一般的なさまざまな本を指しているので複数形になり、冠詞は付かない。

図書館に (複数の) 本を返却し、英語の本を1冊借りた。
I returned the books to the library and borrowed an English book.

返却したのは「(借りていた) その本」と特定しているので、the を付ける。

新しく借りたのは数ある英語の本のうちの1冊であり、English book は母音で始まっているので、冠詞は an になる。

---

a/an、the はこのほかにもさまざまな使い方があります。完ぺきに覚えるのは難しいので、まずは、ここで紹介した基本ルールに慣れていきましょう。冠詞が合っているか間違っているかにとらわれすぎず、楽しく英語日記を書いてくださいね。

文法3 前置詞

英文に、「いつ」「どこで」「誰と」などの要素を補うときに便利なのが**前置詞**です。前置詞は、〈前置詞＋名詞〉のセットで使われます。まずは、英語日記を書くときによく使う前置詞を押さえておきましょう。

■場所を表す前置詞

at ~ 【~（店や駅といった具体的な場所など）で】	私はカフェで彼に会った。 I met him **at** the café.
in ~ 【~（国名、地名、建物や部屋の中など）で】	彼は岩手で育った。 He grew up **in** Iwate.
to ~ 【~（到着点）へ】	カオリはバンクーバーへ行った。 Kaori went **to** Vancouver.
for ~ 【~（方向・目的地）へ】	私は香港へ向かった。 I left **for** Hong Kong.
into ~ 【~の中へ】	彼女は試着室の中に入っていった。 She went **into** the fitting room.
from ~ 【~から】	昨日、和歌山から帰った。 I came back **from** Wakayama yesterday.
near ~ 【~の近くに】	そのレストランは駅の近くにある。 The restaurant is **near** the station.
by ~ 【~のすぐそばに】	彼は入口のすぐそばに立っていた。 He was standing **by** the entrance.
in front of ~ 【~の前に・前で（位置関係を表す）】	市役所の前で交通事故があった。 There was a car accident **in front of** the City Hall.
behind ~ 【~の後ろに・後ろで（位置関係を表す）】	ポチはソファの後ろに隠れた。 Pochi hid himself **behind** the sofa.

■時を表す前置詞

at ~ 【~(時刻・時)に】	午後7時にオフィスを出た。 I left the office at 7 p.m.	
on ~ 【~(日付・曜日・特定の日時)に】	ペギーは3月7日に日本に着く。 Peggy arrives in Japan on March 7.	
in ~ 【~(年・月・季節・午前・午後など)に】	7月にシンガポールに行く予定だ。 I'm going to go to Singapore in July.	
from ~ 【~(時の起点)から】	月曜日から新しいオフィスで働く。 I'm going to work in the new office from Monday.	
from ~ to ... 【~から...まで】	明日は朝9時から夜7時まで働かなくてはいけない。 I have to work from 9 a.m. to 7 p.m. tomorrow.	
until ~ / till ~ 【~(終点)までずっと】	今朝の4時までプレゼンテーションの準備をした。 I prepared for the presentation until 4:00 this morning.	
by ~ 【~(期限)までに】	金曜日までにレポートを提出しなければならない。 I have to submit the report by Friday.	
for ~ 【~(動作や状態が継続する時間)の間】	今日は2時間、英語を勉強した。 I studied English for two hours today.	
during ~ 【~(特定の期間)の間】	夏休みの期間中、タイに滞在した。 I stayed in Thailand during the summer vacation.	
in ~ 【今から~後に】	2日後にミカに会える！ I can see Mika in two days!	
within ~ 【~以内に】	3日以内に決断しなければならない。 I have to make the decision within three days.	
before ~ 【~の前に】	明日、夜8時前には家に帰りたい。 I want to get back home before 8 p.m. tomorrow.	
after ~ 【~の後に】	私たちは仕事の後、飲みに行った。 We went for a drink after work.	

■ そのほかの前置詞

with 〜 【〜と一緒に】	ショウコと夕飯を食べた。 I had dinner with Shoko.
for 〜 【〜(目的・理由)のために】	そのプレゼンテーションのために頑張った。 I worked hard for the presentation.
by 〜 【〜(交通や通信の手段)で】	バスでおばの家に行った。 I went to my aunt's house by bus.
from 〜 【〜(物事の起点)から】	リョウタからメールをもらった。 I got an e-mail from Ryota.

■ 前置詞がいらない語句

場所や時を表す語句の中には、前置詞がいらないものもあります。下に、よく使う語句をまとめました。これらは、**副詞（副詞句）** と呼ばれます。

【場所を表す語句】

here　ここで、ここへ
there　そこで、そこへ
home　家で、家へ
abroad / overseas
　　海外で、海外へ

例
いつかそこに行けたらいいな。
I want to go there someday.

※ here、there、home は意味をはっきりさせるために前置詞と共に使うこともあります。
例：It was hot in there.（そこは [= その中は] 暑かった）

【時を表す語句】

today　今日
yesterday　昨日
tomorrow　明日
tomorrow が付く語
(tomorrow evening[明日の夕方] など)
this が付く語　(this morning[今朝] など)
that が付く語
(that afternoon[その日の午後] など)
last が付く語　(last night[昨夜] など)
next が付く語　(next year[来年] など)

例
明日、買い物に行きたいな。
I want to go shopping tomorrow.

文法4 動詞の語形変化

動詞は、主語が誰（何）なのか、時制が現在なのか過去なのかなどによって、**形を変化させる**必要があります。

例えば「東京に住んでいる」のように現在のことを表す文の場合、日本語では主語が「私」でも「彼」でも「住んでいる」の形は変化しません。ところが英語では、主語によって動詞の形が変わります。

例　I live in Tokyo.（私は東京に住んでいる）

He lives in Tokyo.（彼は東京に住んでいる）

動詞の3人称単数現在形

主語が he、she、it（3人称の代名詞）や名詞の単数形で、時制が現在の場合、**動詞の語尾に -s や -es を付けます**。どのように動詞を変化させるかは、次の通りです。

■ 3人称単数現在形のルール

動詞	ルール	例
下記以外の動詞	-s を付ける	live（住む）→ lives work（働く）→ works
語尾が -s、-x、-ch、-sh の動詞	-es を付ける	pass（通り過ぎる）→ passes wash（洗う）→ washes
語尾が〈子音字＋y〉の動詞	y を i に変えて -es を付ける	try（試みる）→ tries study（勉強する）→ studies
語尾が〈子音字＋o〉の動詞	-es を付ける	go（行く）→ goes echo（反響する）→ echoes

過去形のつくり方

過去を表す文の場合は、**動詞に -d または -ed を付けます（不規則に変化するものもあります）**。また、動詞の過去形は、どんな主語でも同じ形を用います。例えば、「5 キロ歩いた」という場合、「私は 5 キロ歩いた」「母は 5 キロ歩いた」のどちらでも、動詞の過去形は同じ walked です。

> **例** I walked 5km. （私は 5 キロ歩いた）
>
> My mother walked 5km. （母は 5 キロ歩いた）

過去形のつくり方は、下の表を参考にしてください。日記ではその日の出来事を過去形で表すことが多いので、日常的に使う動詞の過去形を覚えておくと便利です。

■ 過去形をつくるときのルール

動詞	ルール	例
下記以外の動詞	-ed を付ける	walk（歩く）→ walked work（働く）→ worked
語尾が -e の動詞	-d を付ける	live（住む）→ lived like（好む）→ liked
語尾が〈1 母音字＋1 子音字〉の動詞	語尾の子音字を重ねて -ed を付ける	stop（止まる）→ stopped plan（計画する）→ planned
語尾が〈子音字＋ y〉の動詞	y を i に変えて -ed を付ける	cry（泣く）→ cried study（勉強する）→ studied
そのほかの動詞	不規則	make（作る）→ made take（手に取る）→ took see（見る）→ saw write（書く）→ wrote cut（切る）→ cut put（置く）→ put

過去分詞形のつくり方

　過去分詞形は、現在完了形（p. 58 参照）や受け身の文（p. 63 参照）で使う動詞の形です。過去分詞形は、過去形と同じ形に変化することも多いのですが、動詞によっては、過去形とまったく異なる形に不規則に変化するものもあります。例えば、see–saw–seen（見る）や write–wrote–written（書く）といった具合です。

　p. 38〜45 の「日記で使える動詞ミニ辞典」や辞書などを参考にして、よく使う動詞の過去分詞形を覚えておくと便利です。

-ing 形のつくり方

　動詞に -ing を付けると（-ing 形）、「〜している」という意味の進行形をつくったり、「〜すること」という意味を表したりすることができます。例えば、Yoko is cooking.（ヨウコは料理している）や、I like driving.（運転することが好きだ）という具合です。-ing 形のつくり方は次の通りです。

■ -ing 形をつくるときのルール

動詞	ルール	例
下記以外の動詞	-ing を付ける	play (遊ぶ) → playing cook (料理する) → cooking
語尾が〈子音字＋e〉の動詞	-e を取って -ing を付ける	make (作る) → making drive (運転する) → driving
語尾が〈1母音字＋1子音字〉の動詞	子音字を重ねて -ing を付ける	run (走る) → running get (得る) → getting
語尾が -ie で終わる動詞	-ie を y に変えて -ing を付ける	die (死ぬ) → dying tie (結ぶ) → tying lie (横たわる) → lying

　動詞の変化形は、「ルールが細かい上に例外も多くて、覚えるのが大変」と思うかもしれません。でも、焦らずに少しずつ覚えていけば大丈夫。次ページからの「日記で使える動詞ミニ辞典」を参考しながら日記を書き続けるうちに、自然と頭に定着していきますよ。

■日記で使える動詞ミニ辞典

日記でよく使う動詞の変化形をまとめました。迷ったら、この「ミニ辞典」を参考にしてみてくださいね。

	意味	現在形
あ	アイロンがけをする	do the ironing
	〜に会う	meet
	…に〜をあげる	give ... 〜
	朝寝坊する	sleep in
	〜に謝る	apologize to 〜
	歩く	walk
い	〜と言う	say
	家を出る	leave home
	〜へ行く	go to 〜
	医者に診てもらう	see a doctor
	犬の散歩をする	walk my dog
う	〜を歌う	sing
	〜を打ち負かす	beat
	運動する	exercise
え	映画を見に行く	go to the movies
お	〜を終える	finish
	起きる	get up
	…に〜を教える	teach ... 〜
	おしゃべりする	have a chat
	〜だと思う	think (that) 〜
	泳ぐ	swim
	〜を(車から)降ろす	drop off
か	外食する	eat out
	買い物に行く	go shopping
	〜を買う	buy
	〜を返す	return
	〜を書く	write
	〜を貸す	lend

1章：英語日記に役立つ文法

※句動詞の変化形は、変化した動詞部分のみ記載しています。

主語が he、she などのとき	過去形	過去分詞形	-ing 形
does	did	done	doing
meets	met	met	meeting
gives	gave	given	giving
sleeps	slept	slept	sleeping
apologizes	apologized	apologized	apologizing
walks	walked	walked	walking
says	said	said	saying
leaves	left	left	leaving
goes	went	gone	going
sees	saw	seen	seeing
walks	walked	walked	walking
sings	sang	sung	singing
beats	beat	beat, beaten	beating
exercises	exercised	exercised	exercising
goes	went	gone	going
finishes	finished	finished	finishing
gets	got	got, gotten	getting
teaches	taught	taught	teaching
has	had	had	having
thinks	thought	thought	thinking
swims	swam	swum	swimming
drops	dropped	dropped	dropping
eats	ate	eaten	eating
goes	went	gone	going
buys	bought	bought	buying
returns	returned	returned	returning
writes	wrote	written	writing
lends	lent	lent	lending

	意味	現在形
か	〜に勝つ	win
	髪を切る	get a haircut
	〜を借りる（無料）	borrow
	〜を借りる（有料）	rent
き	〜を聞く	listen to 〜
	〜が聞こえる	hear
	帰宅する	get (back) home
	〜を気に入る	like
	〜を着る	wear
く	来る	come
け	化粧を落とす	take off my makeup
	化粧をする	do my makeup
こ	ゴミを出す	take out the garbage
さ	サービス残業する	work off the clock
	〜を探す	look for 〜
	皿洗いをする	do the dishes
	〜に参加する	take part in 〜
	残業する	work overtime
し	〜を試着する	try on
	〜を修理する	fix
	出産する	have a baby
	〜の準備をする、〜を用意する	prepare
	ジョギングをする	jog
	（自宅で）食事する	dine in
	食料品を買いに行く	go grocery shopping
す	〜（時）を過ごす	spend
	〜をする	do
せ	洗濯をする	do the laundry
そ	〜に掃除機をかける	vacuum
	〜を掃除する	clean

1章：英語日記に役立つ文法

主語が he、she などのとき	過去形	過去分詞形	-ing 形
wins	won	won	winning
gets	got	got, gotten	getting
borrows	borrowed	borrowed	borrowing
rents	rented	rented	renting
listens	listened	listened	listening
hears	heard	heard	hearing
gets	got	got, gotten	getting
likes	liked	liked	liking
wears	wore	worn	wearing
comes	came	come	coming
takes	took	taken	taking
does	did	done	doing
takes	took	taken	taking
works	worked	worked	working
looks	looked	looked	looking
does	did	done	doing
takes	took	taken	taking
works	worked	worked	working
tries	tried	tried	trying
fixes	fixed	fixed	fixing
has	had	had	having
prepares	prepared	prepared	preparing
jogs	jogged	jogged	jogging
dines	dined	dined	dining
goes	went	gone	going
spends	spent	spent	spending
does	did	done	doing
does	did	done	doing
vacuums	vacuumed	vacuumed	vacuuming
cleans	cleaned	cleaned	cleaning

	意味	現在形
た	退院する	get out of the hospital
	滞在する、泊まる	stay
	立ち寄る	stop by
	楽しい時を過ごす	have a good time
	〜を楽しみにする	look forward to 〜
	〜を楽しむ	enjoy
	〜を頼む	ask
	食べ過ぎる	overeat
	〜を食べる	eat
ち	…から〜を注文する・取り寄せる	order 〜 from …
つ	〜に着く	get to 〜
	〜を作る	make
て	〜を提出する	hand in 〜
	〜に手紙を書く	write
	〜を手伝う	help
	〜に電話をする	call
な	〜になる	become
に	入院する	go into the hospital
ね	ネットサーフィンする	surf the Net
	眠る、寝る	sleep
	寝る、床につく	go to bed
の	飲みに行く	go (out) for a drink
は	パーマをかける	get a perm
	〜を始める	begin
	走る	run
	働き過ぎる	overwork
	働く	work
	〜と話をする	talk with 〜
	〜を話す・伝える	tell
ひ	昼寝する	take a nap

1章：英語日記に役立つ文法

主語が he、she などのとき	過去形	過去分詞形	-ing 形
gets	got	got, gotten	getting
stays	stayed	stayed	staying
stops	stopped	stopped	stopping
has	had	had	having
looks	looked	looked	looking
enjoys	enjoyed	enjoyed	enjoying
asks	asked	asked	asking
overeats	overate	overeaten	overeating
eats	ate	eaten	eating
orders	ordered	ordered	ordering
gets	got	got, gotten	getting
makes	made	made	making
hands	handed	handed	handing
writes	wrote	written	writing
helps	helped	helped	helping
calls	called	called	calling
becomes	became	become	becoming
goes	went	gone	going
surfs	surfed	surfed	surfing
sleeps	slept	slept	sleeping
goes	went	gone	going
goes	went	gone	going
gets	got	got, gotten	getting
begins	began	begun	beginning
runs	ran	run	running
overworks	overworked	overworked	overworking
works	worked	worked	working
talks	talked	talked	talking
tells	told	told	telling
takes	took	taken	taking

	意味	現在形
ふ	～を復習する	review
	風呂に入る	take a bath
へ	～を勉強する	study
	～に返信する	reply to ～
ま	～に負ける	lose to ～
	～を待つ	wait for ～
み	～を見送る	see ～ off
	～を磨く	polish
	～を見つける	find
	～を見る	see
む	～を（車で）迎えに行く	pick up
め	～にメールする	e-mail
	目を覚ます	wake up
	～の面倒をみる	take care of ～
も	～を申し込む	apply for ～
	～を持っていく・連れていく	take
	～を持っている	have
	～を持ってくる・連れてくる	bring
	～をもらう・得る	get
や	～を辞める	quit
よ	ヨガをする	practice yoga
	（病気や体調が）良くなる	get better
	横になる	lie down
	予習する	prepare (for) my lesson
	～を読む	read
	～を予約する	book
り	料理する	cook
	（～へ）旅行に出かける	go on a trip (to ～)
れ	～を練習する	practice
	～から連絡がある	hear from ～

主語が he、she などのとき	過去形	過去分詞形	-ing 形
reviews	reviewed	reviewed	reviewing
takes	took	taken	taking
studies	studied	studied	studying
replies	replied	replied	replying
loses	lost	lost	losing
waits	waited	waited	waiting
sees	saw	seen	seeing
polishes	polished	polished	polishing
finds	found	found	finding
sees	saw	seen	seeing
picks	picked	picked	picking
e-mails	e-mailed	e-mailed	e-mailing
wakes	waked, woke	waked, woken	waking
takes	took	taken	taking
applies	applied	applied	applying
takes	took	taken	taking
has	had	had	having
brings	brought	brought	bringing
gets	got	got, gotten	getting
quits	quit	quit	quitting
practices	practiced	practiced	practicing
gets	got	got, gotten	getting
lies	lay	lain	lying
prepares	prepared	prepared	preparing
reads	read [レッド]	read [レッド]	reading
books	booked	booked	booking
cooks	cooked	cooked	cooking
goes	went	gone	going
practices	practiced	practiced	practicing
hears	heard	heard	hearing

文法5 文のつながりをよくする言葉

ただ文を並べるだけでは淡々としてしまいがちな日記も、下で紹介している「つなぎの言葉」を使うことで、全体がなめらかになります。右ページの例を参考にしながら使ってみましょう。

■文のつながりをよくする言葉

first	初めに、まず
at first	最初のうちは、最初は
then	それから
after that	その後
in the end	最後に、結局
but	でも、だけど
and yet	それなのに、けれども、それでも
still	とはいえ、それでもやはり
on the other hand	その一方で
also	その上
besides	おまけに、しかも
actually	実際には、こともあろうに
anyway	とにかく
come to think of it	そういえば、考えてみると
as I thought	思った通り、やはり
as A said	Aが言っていたように
surprisingly	驚いたことに
or	でないと、そうでなきゃ
if possible	できたら、可能なら
I don't know why, but	なぜだかわからないけれど
as a result	結果として、結果的に

1章：英語日記に役立つ文法

例えばこう書く！

I had a busy day today. First, I went to the
　　　　　　　　　　　　　まず
dentist. Then, I visited my uncle in the hospital.
　　　　　それから
After that, I went to a department store to
その後
look for a present for Miyuki. At first, I didn't
　　　　　　　　　　　　　　　　　最初は
know what to buy, but in the end I found a
　　　　　　　　　　　　　最後には
pretty pearl necklace. It was a bit expensive.
Anyway, I hope she'll like it.
とにかく

今日は忙しい日だった。まず歯医者に行った。それから入院中のおじのお見舞いに行った。その後デパートに行って、ミユキへのプレゼントを探した。最初は何を買えばいいかわからなかったけど、最後にはかわいい真珠のネックレスを見つけた。ちょっと高かった。とにかく、彼女に気に入ってもらえるといいな。

文法 6 現在のことを書く [現在形]

次のようなことについて日記を書くときは、動詞を現在形にします。

❶ 現在の気持ちや状態
❷ 現在の習慣
❸ ことわざ

❶ 現在の気持ちや状態

「現在の気持ちや状態を表す文」とは、例えば次のような文のことです。

【現在の気持ちを表す文】

例 I want a car.（車が欲しいな）
I feel lonely.（寂しい［と感じる］）
I'm happy.（うれしいな／幸せだ）

【現在の状態を表す文】

例 I know he's right.（彼が正しいことはわかっている）
My son lives in Kyoto.（息子は京都に住んでいる）
It's cold today.（今日は寒い）

上の例文の中で、want（〜が欲しい）、feel（〜のように感じる）などは「現在の気持ち」を表しています。一方、know（〜だとわかっている・知っている）、live（住んでいる）などは「現在の状態」です。
　am や is などの be 動詞は、I'm happy. / It's cold today. のように、「気持ち」を述べるとき、「状態」を説明するときの両方で、よく使われます。I'm は I am の、It's は It is の短縮形です。

1章：英語日記に役立つ文法

> **例えばこう書く！**
>
> My computer is slow. I want a new one.
> パソコンの動きが遅い。新しいのが欲しいな。
>
> It's cold every day. I don't want to get out of bed in the morning.
> 毎日寒い。朝は布団から出たくない。

❷ 現在の習慣

習慣的あるいは反復的に起こっている現在の事柄について書くときにも、現在形を使います。

例 **Mika always dresses beautifully.**
（ミカはいつもすてきな装いをしている）

Kayo brings her lunch to work every day.
（カヨは毎日会社にお弁当を持ってくる）

I don't eat out so often.
（私はあまり外食しない）

人に関することに限らず、物に関すること（例：The bus is usually on time. ＝そのバスはたいてい時間通りだ）も、習慣的な事柄であれば動詞を現在形にします。
　また、どのぐらいの頻度でしているのかを表すために、次ページにあるような、頻度を表す語句を加えることがよくあります。

●頻度を表す語句の例

always	いつも	never	まったく〜ない
often	よく	every day	毎日
usually	たいてい、普通は	every other day	1日おきに
sometimes	時々	every 〜(曜日)	毎週〜曜日に
rarely	めったに〜ない	every year	毎年

例えばこう書く！

Rie takes English lessons every Sunday. She really is hardworking.

リエは毎週日曜日に英語のレッスンを受けている。彼女は本当に頑張り屋だ。

Takeshi is always five minutes late. Why doesn't he get up a little early?

タケシはいつも5分遅刻する。どうして少し早く起きないのかな。

❸ ことわざ

ことわざや格言などを書くときにも、動詞を現在形で表します。また、文中でことわざや格言を引用するときは、文全体が過去形であっても、ことわざや格言は過去形にせず、現在形のままでOKです。時制の一致（p. 75参照）というルールには当てはまりません。

例 He said actions speak louder than words.

主となる動詞　　ことわざ内の動詞
（過去形）　→　（現在形のまま）
時制の一致を受けない

（彼は、言葉より行動のほうが大切だと言った）

●英語のことわざ

Time is money.（時は金なり）

Birds of a feather flock together.（類は友を呼ぶ）
＊a feather ＝同じ種類　flock ＝集まる

When in Rome, do as the Romans do.（郷に入っては郷に従え）

Two heads are better than one.（三人寄れば文殊の知恵）

No pain, no gain.（苦労なくして得るものなし）　＊gain ＝得るもの

Where there's smoke, there's fire.（火のないところに煙は立たぬ）

No news is good news.（便りのないのはよい便り）

Even Homer sometimes nods.（弘法にも筆の誤り）
＊Homer ＝ホメロス　nod ＝（眠くて）こっくりする

A cheap purchase is money lost.（安物買いの銭失い）

Failure teaches success.（失敗は成功のもと）

Practice makes perfect.（習うより慣れよ）

The early bird catches the worm.（早起きは三文の徳）　＊worm ＝虫

Slow and〈but〉steady wins the race.（急がば回れ／遅くても着実なほうが勝つ）

例えばこう書く！

I woke up around 5:00 and saw Hugh Jackman on TV! As the saying goes, the early bird catches the worm.

5時ごろ起きたら、テレビにヒュー・ジャックマンが出ていた！　ことわざにある通り、早起きは三文の徳だ。　＊saying ＝ことわざ

文法 7 過去のことを書く [過去形]

次のようなことについて日記を書くときは、動詞を過去形（p. 36 参照）にします。その日に「したこと」や「あったこと」をよく書く日記では、使用頻度の高い時制です。

❶ したこと

例 I **weeded** my yard today.（今日、庭の草取りをした）
I **called** my father.（父に電話した）

❷ あったこと

例 My mother **sent** me some apples.
（母がリンゴを送ってきてくれた）

There **was** a car accident near the office today.
（今日、会社の近くで交通事故があった）

❸ 過去のある時点での感情

例 I **was** happy.（うれしかった）
It **was** a shame.（残念だった）

❹ （一日を振り返って）今日の天気や自分の状態

例 It **was** really hot today.（今日はとても暑かった）
I **was** very busy.（とても忙しかった）

例えばこう書く！

I had a job interview today. I was very nervous.
今日、就職面接があった。すごく緊張した。

文法 8 未来のことを書く [be going to、will など]

　日記には、予定や計画、それに対する気持ちなど、未来のことについて書くこともありますね。未来のことを表す形にはいくつかのパターンがあり、「実現の可能性がどのくらいか」や、「いつ決めた予定か」などによって使い分けます。

■未来のことを表すパターンの例

表すこと	英語での表し方
❶日時が決まっている行事や、時刻表などによって確定している予定	動詞の現在形
❷すでに決めてある予定や、状況から判断してそうなると思われること	be going to ＋動詞の原形 be ＋動詞の -ing 形
❸日記を書きながら決めたこと	〜'll ＋動詞の原形
❹「〜するぞ」という、未来に対する強い意志	will ＋動詞の原形 be going to ＋動詞の原形 be ＋動詞の -ing 形

※❷❸❹の「動詞の原形」とは、動詞が変化していない「元の形」です。be 動詞 (is、am、are など) の原形は be です。❸の「〜'll」は、will の短縮形です。

❶日時が決まっている行事や、時刻表などで確定している予定

　年間行事などの日時が決まっていることや、時刻表などで確定している交通機関の発着などは、未来のことでも現在形で表します。自分が決めた個人的な予定ではなく、公的な行事・イベントなどについて表現するときによく使われます。

　　例 **The new term starts next Monday.**
　　　（来週の月曜日から新学期が始まる）

　　　My flight leaves at 9:10 tomorrow.
　　　（私が乗る飛行機は、明日の 9 時 10 分に出発する）

● 未来のことでも現在形で表すことが多い動詞

【行事の開始や終了を表す動詞】
start 始まる
begin 始まる
finish 終わる
end 終わる
open 始まる、開店する
close 終わる、閉店する

【交通機関の発着を表す動詞】
go 行く
come 来る
leave 出発する
depart 出発する、離陸する
arrive 到着する
get 着く

例えばこう書く！

The winter sale starts tomorrow. I'm so excited!
明日から冬のバーゲンが始まる。すごく楽しみ！

❷ すでに決まっている予定

　日時や場所などが決まっていて、自分がこれからそうするつもりである予定（例：I'm going to write my New Year's greeting cards this weekend. ＝今週末は年賀状を書く）や、状況から判断してそうなるだろうと思われる事柄（例：It's going to snow. ＝雪が降りそうだ）などは、〈be going to ＋動詞の原形〉を使って表します。

　前者のように、「いつ・どこで・誰と・何を」するのかという具体的なことが決まっている個人的な予定は、〈be ＋動詞の -ing 形〉を使って表すこともできます（I'm writing my New Year's greeting cards this weekend. ＝今週末は年賀状を書く）。また、状況や人によっては、〈～'ll be ＋動詞の -ing 形〉で、すでに決まっている予定を表すこともあります。

1章：英語日記に役立つ文法

例えばこう書く！

I'm going to visit my sister's family the day after tomorrow. What should I take?
あさって、姉家族の家に遊びに行く。何を持っていこうかな？

❸日記を書きながら決めたこと

　すでに決まっている予定とは違い、「～しようっと」「～しようかな」のように、その場で思い付いて決めたことは、will の短縮形を使って〈～'ll ＋動詞の原形〉で表します。例えば、庭に生えた雑草を見て、I'll weed my yard tomorrow.（明日は草取りをしようかな）と思い立ったり、明日は雨になると天気予報で聞いて、I'll stay home tomorrow.（明日は家にいようっと）と決めたりしたときなどに使います。

　〈be going to ＋原形〉と〈～'ll ＋原形〉の違いを理解するために、次の２つの例文を比較してみましょう。

We**'re going to have** Hiro's birthday party on Saturday.（土曜日にヒロの誕生日パーティーを開く予定だ）

Oh, tomorrow is Hiro's birthday! I**'ll give** him a present.（あっ、明日はヒロの誕生日だ！　プレゼントをあげようっと）

55

> **例えばこう書く！**
>
> My room is so messy. OK, I'll clean my room this Sunday.
> 　部屋が汚いなぁ。よし、今度の日曜日は部屋を掃除しようっと。
> 　＊messy＝散らかった

❹「～するぞ」という強い意志

　will は強い意志を表すことができ、この場合は、「～'ll」と短縮せずに will と書きます。例えば、試験の不合格通知を受けて、I will study harder to pass the exam next time.（今度こそ合格できるように、もっと勉強を頑張るぞ）と誓ったり、I will absolutely invite you to my new house.（新居に必ずご招待しますよ）と強い意志を示したりするときには、will を使うのがぴったり。日記では、自分自身のことについての意気込みを述べたり、新年の抱負などの決意を書いたりするときに使ってみましょう。

　強い意志は、このほかに、〈be going to ＋動詞の原形〉や〈be ＋動詞の -ing 形〉で表すこともできます。これらの表現は、あらかじめ決まっている事柄について用いることから、「～するぞ」とすでに心に決めている意志や意気込みを表せるのです。

> **例えばこう書く！**
>
> I failed the exam again. Next time I will absolutely pass it!
> 　また不合格だった。次は絶対に合格するぞ！　＊fail＝～（試験など）に落ちる

will のそのほかの用法

will は強い意志のほかにも、次のような事柄を表すときに使います。

●「〜だろう」という、話し手の確信度が高い推量

例 She will probably be late. （たぶん彼女は遅れるだろう）
※ she will は、she'll と表しても OK。

●「〜するものだ」という、習性や傾向、必然性

例 Accidents will happen. （事故は起こるものだ）

●「何が何でも〜しようとする」「どうしても〜しようとしない」という強い固執

例 My boss will go his own way.
（上司は、何が何でも自分の思い通りにしようとする）

My daughter won't listen to me.
（娘は私の言うことを聞こうとしない） ※ won't は、will not の短縮形

●疑問文で、勧誘・依頼

例 Will you do me a favor? （お願いがあるのですが）

Will you wait for me here? （ここで待っていてくれますか）

文法 9 現在までに起きたことを書く
[現在完了形]

　現在完了形は〈**have/has ＋動詞の過去分詞形**〉で表し、主に次の３つの用法があります（動詞の過去分詞形については、p. 37 を参照）。また、I have は I've と短縮して表すこともよくあります。

❶ 継続　「ずっと〜している」
❷ 完了　「〜し終えた」
❸ 経験　「〜したことがある」

❶「継続」の用法

　「…の間ずっと〜している」「…からずっと〜している」という、**過去のある時から今まで続いている状態**について表す場合は、〈**have/has ＋動詞の過去分詞形**〉を使います。「…の間ずっと〜していない」や「…からずっと〜していない」という否定文は、〈**haven't/hasn't ＋動詞の過去分詞形**〉で表します。また、be busy（忙しい）のように be 動詞を用いる文は、〈**have/has been 〜**〉とします。
　「継続」を表す現在完了形の文では、〈**for ＋期間**〉で「どのくらいの期間、その状態にあるのか」（例：for five years ＝ ５年間）を表したり、〈**since ＋起点**〉で「いつからその状態にあるのか」（例：since yesterday ＝昨日から）を表したりすることがよくあります。

【〈for ＋期間〉の例】	【〈since ＋起点〉の例】
for three days　３日間	since yesterday　昨日からずっと
for a week　１週間	since last Sunday　この前の日曜日からずっと
for a few months　数カ月間	since last week　先週からずっと
for ten years　10年間	since this morning　今朝からずっと
for a long time　長い間	since I was in high school　高校の時からずっと
for ages　長い間	since then　それからずっと
for years　何年も	

since と ago は一緒に使わない

「4日前から」と言いたいとき、since four days ago（×）としてしまいがちですが、**since と ago は一緒に使わない**のが基本ルールです。この場合は、**for four days**（この4日間）のように表しましょう。

for や since を用いた語句のほか、**all day**（1日中ずっと）や **all afternoon**（午後ずっと）など、時間的な幅を持つ語句を用いることもあります。

例えばこう書く！

Aiko has been absent from school for three days.
アイコはこの3日間、学校を欠席している。

Kanae and I have known each other for almost eight years.
カナエと知り合って、もうすぐ8年になる。

It has been raining since last week….
先週からずっと雨だ……。

It has been over 20 years since I started writing in my diary in English.
英語で日記を書き始めて20年以上になる。 ＊write in one's diary＝日記を書く

---

❷「完了」の用法

「完了」を表す現在完了形は、過去の出来事について述べつつ、その結果が現在に結び付いていることを表します。過去形との区別が難しいと感じる人が多いようですが、現在完了形は、いわば**過去と現在の橋渡しのような役割を果たす用法**なのです。

例えば、**I lost my wallet.** は**「財布をなくした」**という過去の出来事そのものを表した文で、その財布が今も紛失したままなのか、見つかったのかについてはわかりません。一方、現在完了形を使って **I've lost my wallet.** とすると、**「財布をなくし、今もその状態が続いている」**→**「早く見つかってほしいな、困ったな」**という心境まで暗示することができます。

　現在完了形が「完了」を表す場合、よく次のような副詞と一緒に使います。

●「完了」の用法でよく使われる副詞

just	ちょうど〜したばかり、今〜したところだ
already	すでに、もう（〜した）
yet	〈否定文で〉まだ（〜ない）

　注意したいのは、**「過去の一時点を表す語句を用いる場合は、現在完了形は使えない」**ということ。〜 ago（〜前に）や yesterday（昨日）のように「過去の一時点を表す語句」が付くと、過去の出来事のほうに焦点が移ってしまいます。現在完了形は、「(過去の出来事の結果)現在の状況や気持ちがどうであるか」ということに意識が向けられているため、違和感が生じてしまうのです。

　例えば、「今朝、財布をなくした」なら、I lost my wallet this morning. のように過去形で表します。this morning（今朝）という過去の一時点を表す語句を使っているので、現在完了形は使えません。

　実際は、現在完了形を用いるのがふさわしい場合でも、くだけて過去形で表すネイティブ・スピーカーもいます。現在完了形が難しいと感じるうちは過去形で表してもかまいませんが、現在完了形にすべきところは、やはり現在完了形で表現するのが理想的です。

> **例えばこう書く！**
>
> The plates that I ordered have arrived! I'm happy.
> 注文したお皿が届いた！うれしいな。
>
> I've just finished my report. Whew.
> ちょうど報告書を書き終えた。フ〜。
>
> I haven't written my New Year's greeting cards yet. What should I do?
> まだ年賀状を書いていない。どうしよう？

❸「経験」の用法

「〜したことがある」とこれまでの経験を表す場合にも、〈have/has ＋動詞の過去分詞形〉を使います。「一度も〜したことがない」という否定の文は、never（一度も〜ない）を使って〈have/has never ＋動詞の過去分詞形〉と表します。

「〜へ行ったことがある」と訪れた場所について表すときは、go（行く）の過去分詞形 gone ではなく、be の過去分詞形 been を使って、〈have/has been to ＋場所〉のように表す点に注意しましょう。

また、「完了」の用法と同じく、「経験」を表す現在完了形でも、過去の一時点を表す語句と一緒に使うことはできません。例えば、「彼は子どものときアメリカへ行ったことがある」という場合、He has been to America when he was a child.（×）とするのは誤りです。when he was a child（彼が子どものとき）のような「過去の一時点」を表す語句を用いる場合は、He went to America when he was a child. のように過去形で表しましょう。

このほか、16 years ago（16年前に）や in 2009（2009年に）、in my college days（大学時代に）などの語句も、現在完了形とは一緒に使えません。ただし、before（以前に）は広い範囲の過去を表すので、現在完了形と一緒に使ってOK。次ページの例文で確認してくださいね。

彼は子どものとき、アメリカへ行ったことがある。

✕ He has been to America when he was a child.

◯ He went to America when he was a child.

彼は以前、アメリカへ行ったことがある。

◯ He has been to America before.

「経験」を表す現在完了形は、次のような語句と一緒によく用いられます。

● 「経験」の用法でよく使われる語句

【文末に置く語句】
once　1度
twice　2度
a few times　数回
many times　何度も
before　以前に

【have や has の直後に置く語句】
never　一度も〜ない

例えばこう書く！

Ryo has lived in Paris, London and New York. Lucky him!

リョウはパリやロンドン、ニューヨークに住んだことがある。いいなぁ！

Ayuko has been to Disneyland many times, but I've never been there.

アユコは何度もディズニーランドに行ったことがあるけど、私は一度もない。

文法 10 「〜される」を表す [受け身]

「〜される」「〜された」という**受け身**の意味を表したいときは、**〈be ＋動詞の過去分詞形〉**の組み合わせを使います（過去分詞形については、p. 37 参照）。例えば、This sweater is made in France.（このセーターはフランスで作られている [＝フランス製だ]）といった具合です（made は make の過去分詞形）。否定文は、be 動詞の後ろに not を入れます。過去のことを表すなら、be 動詞を過去形にします。

また、「このセーターはフランス製だ」のような場合は、「誰がセーターを作るのか」は重要ではないので、それについては述べられていません。受け身の文で**「誰がやったのか」を明確にする場合**は、**〈by ＋人・物〉**を付け加えます。The cake was made by Aki.（このケーキはアキによって作られた）という具合です。

受け身には、さまざまなパターンがあります。完了形の受け身の文は、**〈have[has/had] ＋ been ＋動詞の過去分詞形〉**で表します（例：My bike has just been repaired. ＝自転車は修理されたばかりだ）。進行形の受け身の文なら、**〈be ＋ being ＋動詞の過去分詞形〉**です（例：The wall is being painted. ＝壁にペンキが塗られているところだ）。助動詞を含む受け身の文は、**〈助動詞＋ be ＋動詞の過去分詞形〉**という形になります。例えば、This novel can be read in many languages.（この小説はさまざまな言語で読むことができる）といった具合です。

例えばこう書く！

These cookies are made from okara. They're nice!
このクッキーはおからでできている。おいしい！

I was invited to Kenji's birthday party!
ケンジの誕生日パーティーに招待された！

文法 11 助動詞の使い方

助動詞は、動詞にちょっとしたニュアンスを加える言葉です。**助動詞は必ず動詞の前に置き、助動詞に続く動詞は原形**にします。

助動詞のない文とある文を比較して、意味の違いを見てみましょう。

例 I ski.（私はスキーをする）
I can ski.（私はスキーができる）

I do my homework.（私は宿題をする）
I should do my homework.（宿題をしたほうがいいだろう）

He has a cold.（彼は風邪をひいている）
He may have a cold.（彼は風邪をひいているのかもしれない）

●覚えておきたい助動詞

will	〜でしょう、〜だろう、〜するぞ［未来や推量、意志］
can	〜できる、〜でありうる、(否定文で)〜なはずがない［能力や可能性］
may / might	〜かもしれない、〜してもよい［可能性や許可］
should	〜したほうがいいだろう、たぶん〜だ、当然〜のはずだ　［弱い義務や提案、推量］
must	〜しなくてはならない、絶対に〜なはずだ［必要性や推量］

右ページの例文で、これらの助動詞の具体的な使い方を見てみましょう。

1章：英語日記に役立つ文法

> **例えばこう書く！**
>
> Tetsu can speak English fluently.
> テツは英語を流ちょうに話すことができる。
>
> Yuki should be on the airplane now.
> ユキは今ごろ飛行機の中にいるはずだ。
>
> My car may〈might〉break soon.
> そろそろ車が壊れるかもしれないな。
>
> I must leave home at 6:00 tomorrow morning. I should go to bed early tonight.
> 明日は朝6時に家を出ないといけない。今夜は早く寝たほうがいいだろう。

助動詞は2つ連続して使わない

　助動詞は、will can（×）のように2つ連続して使うことはできません。2つ以上の助動詞のニュアンスを出したいときは、次のように表します。

「(将来)〜できるようになるだろう」

✗ will can 〜

◯ will be able to 〜

　例 I'll be able to move into my new house next month.
　（来月には新居に引っ越せるだろう）

「〜しなくてはならないかもしれない」

✗ may must 〜

◯ may have to 〜

　例 He may have to change jobs.
　（彼は転職しなくてはならないかもしれない）

過去についての推量や確信を表す場合

　助動詞を使って過去のことについて推量や確信を表す場合は、〈助動詞 have ＋動詞の過去分詞形〉の形を使います（過去分詞形については、p. 37 参照）。下の表のうち、could have は could've、should have は should've、must have は must've と短縮することもよくあります。

●過去のことについて推量などを表す助動詞

can have / could have	〜だったかもしれない［推量］
should have	〜したはずだ［当然、確信］
	〜しておけばよかった［後悔］
may have / might have	〜だったかもしれない［推量］
must have	〜だったに違いない［確信］

例えばこう書く！

The coat I bought last week is now 30% off. I should have waited for a week.
先週買ったコートが、今は3割引きになってる。1週間待てばよかった。

Shinji was kind of quiet today. He might have been tired.
シンジは今日、なんだか静かだった。疲れていたのかもしれないな。

文法 12 不定詞の使い方

不定詞とは、**to と動詞の原形を組み合わせた形**のことで、さまざまな用法があります。ここでは、日記で使いやすい不定詞の用法を見てみましょう。

❶動作の目的を表す

　例えば、I went to the library.（図書館へ行った）という文があります。これだけでも文として成り立ちますが、本を借りに行ったのか返しに行ったのか、あるいは勉強をしに行ったのかなど、その目的を表すことでより具体的になります。これらの目的は、**〈to ＋動詞の原形〉**を使って次のように表します。

> **例** I went to the library **to borrow** some books.
> （本を借りに図書館へ行った）
>
> I went to the library **to return** the books.
> （本を返却しに図書館へ行った）
>
> I went to the library **to study** English.
> （英語の勉強をしに図書館へ行った）

例えばこう書く！

I went to the beauty salon to get a perm.
パーマをかけに美容院へ行った。

I went to a department store to buy a present for my mother.
母へのプレゼントを買いにデパートへ行った。

❷ 名詞に説明を加える

　まず、I have some books.（本が何冊かある）という文を見てみましょう。たいていの人は、「読むための本」を想像するのではないでしょうか。でも、作家であれば「書かなくてはならない本」を指しているかもしれないし、人によっては「捨てる本」や「人にあげる本」を指すかもしれません。

　このような場合、**名詞に〈to ＋動詞の原形〉を続ける**ことで、名詞に説明を加えて内容を明確にすることができます。

> 例 I have some **books to write**.（書かなくてはならない本が何冊かある）
>
> I have some **books to throw away**.（捨てる本が何冊かある）
>
> I have some **books to give** Yuki.（ユキにあげる本が何冊かある）

例えばこう書く！

I have a lot of **things to do**. (Sigh)
やるべきことがたくさんある。はぁー。

I have **friends to rely on**. I'm grateful.
私には頼れる友人たちがいる。ありがたいことだな。

---

❸ 感情の原因を表す

　I was happy.（うれしかった）や I was sad.（悲しかった）などの**感情を表す文に〈to ＋動詞の原形〉を続ける**と、「〜してうれしかった」「〜して悲しかった」のように、その感情の原因を表すことができます。

> 例 I was **happy to hear** from Mike.（マイクから連絡があってうれしかった）
>
> I was **sad to lose** my favorite pen.
> （お気に入りのペンをなくして悲しかった）

これらの不定詞は、自分の行動について表すときに用います。人の行動について自分がどう感じたかを表すときは、I'm happy (that) he passed the exam.（彼が試験に合格してうれしい）のように、〈(that) ＋文〉を使います。

> **例えばこう書く！**
>
> I was excited to watch Nadeshiko Japan's game.
> なでしこジャパンの試合を見て興奮した。
>
> I was delighted to meet a lot of great people.
> たくさんの素晴らしい人に出会えて、すごくうれしかった。

❹「～するのが（やさしい・難しい）」といった意味を表す

形容詞の後に不定詞を置くと、「～するのに」「～するという点で」という意味を表すことができます。例えば、easy は「楽な、簡単な、やさしい」という意味ですが、これに〈to ＋動詞の原形〉を続けると、「どんな点で」楽なのかを明確にできるのです。

例 Professor Ishii's class is easy.（イシイ教授の授業は楽だ）

Professor Ishii's class is easy to understand.
（イシイ教授の授業は理解するのが楽だ［＝理解しやすい］）

●「～するのに」という意味の不定詞と一緒によく使う形容詞

easy 簡単な	safe 安全な	necessary 必要である
important 大切な	dangerous 危険な	pleasant 楽しい
difficult 難しい	comfortable 心地いい	fun 楽しい
hard 難しい、大変な	convenient 便利な	※ fun は名詞ですが、不定詞と一緒に用いることが多いので覚えておきましょう。
tough 難しい、大変な	impossible 不可能な	

また、〈It's ＋形容詞〉に〈to ＋動詞の原形〉を続けると、「〜することは…だ」という意味を表します。この場合、to 以降が意味上の主語です。

例 It's important to practice every day.（毎日練習することが大切だ）

It's not so hard to play the guitar.
（ギターを弾くことはそんなに難しくない）

例えばこう書く！

He doesn't smile. He's hard to please.
彼はニコリともしない。彼を喜ばせるのは難しい［＝気難しい人だなぁ］。

Haruka is friendly, flexible and easy to deal with.
ハルカは気さくで柔軟で、付き合うのが楽だ［＝付き合いやすい］。

It's important to fix the furniture to the wall and ceiling.
家具を壁や天井に固定することは大切だ。

1章：英語日記に役立つ文法

❺「(人に) 〜するように (言った)」といった意味を表す

「(人に) 〜するように言った〈言われた〉」や「(人に) 〜するように頼んだ〈頼まれた〉」などと言うときにも、〈to＋動詞の原形〉を使います。次に紹介する構文は日記でよく使うので、ぜひ覚えておきましょう。

●「(人に) 〜するように (言った・言われた)」の構文

A told me (not) to 〜	A が私に〜するように (しないように) 言った ＝ A に〜するように (しないように) 言われた
I was told (not) to 〜	私は〜するように (しないように) 言われた
A asked me (not) to 〜	A が私に〜するように (しないように) 頼んだ ＝ A に〜するように (しないように) 頼まれた
I was asked (not) to 〜	私は〜するように (しないように) 頼まれた

※「〜しないように」は、not to 〜の形で表します。

例えばこう書く！

My boss **told me to go** to Indonesia next week.
上司に、来週インドネシアに行くようにと言われた。

I **was asked to translate** the document by this Friday.
今週の金曜日までに資料を翻訳するように頼まれた。

He **told me not to call** him anymore. Why?
彼に、もう電話しないでと言われた。どうして？

文法 13 関係代名詞の使い方

　関係代名詞とは、一言で言うと「名詞を詳しく説明するときの接着剤」で、who、which、that などを指します。
　例えば名詞は、形容詞を付けることで説明を加えることができます。book（本）なら、thick book（分厚い本）、expensive book（値段の高い本）といった具合です。しかし、「ケンが薦めてくれた本」や「石原真弓によって書かれた本」のように、形容詞だけでは表せない説明もありますね。そういうときに使えるのが、関係代名詞なのです。

> **例** a book which〈that〉Ken recommended
> 　　（ケンが薦めてくれた本）
>
> 　　a book which〈that〉was written by Mayumi Ishihara
> 　　（石原真弓によって書かれた本）

　上の例のように、関係代名詞を使った部分は、〈名詞＋関係代名詞＋説明〉の形で表します。ここでの名詞は book（本）です。**名詞が「物」のとき、関係代名詞は which か that を使います**（ただし、日常的には that を用いることが多いです）。**名詞が「人」の場合は、who か that を使います。**
　「本」は物ですから、book の後に関係代名詞 which（または that）を続けます。この後に、「ケンが薦めてくれた（Ken recommended）」を続ければ OK。全体で、a book which〈that〉Ken recommended（ケンが薦めてくれた本）となります。
　「石原真弓によって書かれた本」も、book の後に関係代名詞 which（または that）を続けるところまでは同じです。「石原真弓によって書かれた」は、受け身（be ＋動詞の過去分詞形／ p. 63）で表します。「〜によって」は by 〜で表すので、was written by Mayumi Ishihara となりますね。これを、which（または that）の後にそのまま続ければ OK。全体で、a book which〈that〉was written by Mayumi Ishihara となります。受け身が難しければ、視点を変えて、a book which〈that〉Mayumi Ishihara wrote（石原真弓が書いた本）とするのも手です。

関係代名詞の後に続くもの

　関係代名詞の後ろには、〈主語＋動詞〉が続くときと、〈動詞〉が続くときがあります。まず、例を見てみましょう。

■関係代名詞に〈主語＋動詞〉が続く例

　　the friend who I met in Montreal　（私がモントリオールで出会った友だち）
　　the teacher who I respect　（私が尊敬する先生）
　　the PC which my sister gave me　（姉が私にくれたパソコン）
　　the digital camera which I bought yesterday　（私が昨日買ったデジカメ）

■関係代名詞に〈動詞〉が続く例

　　the friend who lives in Montreal　（モントリオールに住んでいる友だち）
　　the teacher who taught me English　（英語を教えてくれた先生）
　　the PC which was made in China　（中国で製造されたパソコン）
　　the digital camera which takes great pictures　（いい写真が撮れるデジカメ）

　このように、「人が〜する（した）…（名詞）」と言いたいときは、〈名詞＋関係代名詞〉の後に〈主語＋動詞〉を続けます。

　「〜している（した）…（名詞）」や「〜される（された）…（名詞）」と言いたいときは、〈名詞＋関係代名詞〉の後に〈動詞〉を続けます。

関係代名詞を省略できる場合

　関係代名詞に〈主語＋動詞〉が続く場合は、関係代名詞を省略することができます。くだけた英語では、関係代名詞を省略するのが一般的になっています。

　　例　「ケンが薦めてくれた本」
　　　a book which〈that〉 Ken recommended
　　　　＝ a book Ken recommended

　　　「石原真弓が書いた本」
　　　a book which〈that〉 Mayumi Ishihara wrote
　　　　＝ a book Mayumi Ishihara wrote

関係代名詞を用いた文

では、関係代名詞を用いた語句を文の中に組み込んでいきましょう。例えば、「ケンが薦めてくれた本はとてもよかった」と言いたいなら、The book (which/that) Ken recommended was very good. とします。**The book Ken recommended** が、「ケンが薦めてくれたその本」という１つのまとまりになっているんですね。

「石原真弓によって書かれた本を読んだ」なら、I read a book **which〈that〉was written by Mayumi Ishihara.** となります。ここでも、**a book which〈that〉was written by Mayumi Ishihara** が、１つのまとまりになっています。

例えばこう書く！

The hairdryer (which/that) I bought last year already broke.
去年買ったヘアドライヤーが、もう壊れた。

I've found the watch (which/that) I lost. I'm very happy.
なくした時計を見つけた。すごくうれしい。

A newcomer who graduated from B University came to my section.
B大卒の新人がうちの課に入ってきた。

文法 14 時制の一致

時制の一致とは？

　1つの文の中に、2つ以上の動詞が出てくる場合があります。例えば、I thought (that) she was older.（私は彼女のほうが年上だと思っていた）という文には、thought と was という2つの動詞・be 動詞が含まれています。このような場合、**文の主となる動詞が過去形なら、that 以下の動詞（助動詞）も過去形や過去完了形にする**というルールがあります。つまり、ここでは、thought は think の過去形なので、that 以下の動詞も is ではなく was という過去形になっているわけです。このルールを**時制の一致**と呼びます。

　もう少し具体的に見ていきましょう。「テツは疲れていると言っていた」という文を書く場合、Tetsu said that ～（テツは～と言っていた）に he is tired（疲れている）を続ければよいと考えてしまいそうです。しかし、この場合は文の主となる動詞が過去形（said）なので、これに合わせて that 以下の動詞も過去形にする必要があります。正しい英文は、**Tetsu said (that) he was tired.** となるわけです。

　もう一つ例を挙げてみます。「彼はアメリカに行ったことがあると言っていた」という文を英語で書くとしましょう。He told me that ～（彼は～と言っていた）に he has been to America（彼はアメリカに行ったことがある）を続ければよいでしょうか？　この場合は、that 以下の動詞 has been（現在完了形）を had been（過去完了形）にして、**He told me (that) he had been to America.** のように表します。

　まとめると、文の主となる動詞が過去形の場合、that 以下の文が現在形で表す内容なら動詞を過去形に、過去形や現在完了で表す内容なら動詞を過去完了形（had ＋動詞の過去分詞形）にするというわけです。

　また、文の主となる動詞が heard（～だと聞いた）や said（～だと言っていた）などの場合、くだけた英語では時制の一致を無視するネイティブ・スピーカーも多くいます。ですから、慣れないうちは、それほど厳密にとらえなくても構いません。

「アレックスが春に日本に来ると聞いた」

▲ I heard (that) Alex is coming to Japan this spring.

○ I heard (that) Alex was coming to Japan this spring.

「マリはやってみると言っていた」

▲ Mari said (that) she will try it.

〇 Mari said (that) she would try it. ※would は will の過去形。

「彼は息子から便りがあったと言っていた」

▲ He said (that) he heard from his son.

〇 He said (that) he had heard from his son.

ただし、主となる動詞が現在形の場合、that以下の動詞は時制の一致を受けません。

例 I think (that) she is older.（私は彼女のほうが年上だと思う）

I know (that) he loved her.（私は彼が彼女を愛していたとわかっている）

時制の一致の例外

ことわざ、自然現象などの不変の真理、現在でも変わらない事実や習慣、歴史上の事実は、時制の一致を受けません（例：He said the earth goes around the sun. ＝ 彼は地球が太陽の周りを回っていると言った）。

例えばこう書く！

Kaoru told me (that) she was pregnant.
カオルが妊娠していると教えてくれた。

Eriko said (that) she could come to my birthday party.
エリコは、私の誕生日パーティーに来られると言っていた。

2章
英語日記でよく使う構文

日常的な英語表現でよく使う74の構文を収録。
日記に書く英文が、よりバリエーション豊かになります。

構文 1 | 強制・必要・義務

〜しなければならない。
I have to 〜.

こんなふうに使います

　I have to 〜（動詞の原形）は、「〜しなければならない」という意味の構文です。特に、周囲からの指示や希望を受けて、あるいは状況的に判断して「〜しないといけない」「〜するより仕方がない」という**「外からの強制」**を表します。「面倒だけれど」「あまり気が進まないけれど」といったニュアンスも含みます。

　例えば、「早く宿題をやりなさい」と親に注意されて、I have to do my homework.（宿題をやらないといけない）と書く場合や、医者に「このままだと肥満症になりますよ」と注意を受けて、I have to go on a diet.（ダイエットをしないといけない）と書く場合などにぴったりの表現です。また、規則でそうしなければならないときにも have to 〜を使います。I have to go back to my dorm by 11:00.（11時までに寮へ戻らないといけない）という具合です。

　否定文は **I don't have to 〜**（〜しなくてもよい）、過去形は **I had to 〜**（〜しなければならなかった）、**I didn't have to 〜**（〜しなくてもよかった、〜する必要がなかった）で表します。

こんなふうに書きます

1 **I have to get up early tomorrow.**
明日は早く起きないといけない。

2 **I have to make a haircut appointment.**
美容院の予約を入れないといけない。
※haircutは「ヘアカット」のこと。状況に応じて、perm（パーマ）やhair coloring（ヘアカラー）、hair dye（白髪染め）などと入れ替える。

3 **I have to finish my graduation thesis by the 10th.**
10日までに卒業論文を書き終えなければならない。

4 **I had to work overtime again today.**
今日も残業しなければならなかった。

5 **I had to reply to 80 e-mails.**
80通ものメールに返信しなければならなかった。

6 **I don't have to make lunch for Hana tomorrow.**
明日はハナに弁当を作らなくてよい。

7 **I didn't have to go to school today.**
今日は学校に行かなくてよかった。

ポイント

- have to 〜は「外からの強制」を表す。
- 否定形はI don't have to 〜で、「〜しなくてもよい」という意味。
- 過去形はI had to 〜、I didn't have to 〜で表す。

構文 2 〜しなければならない。
I must 〜 .

強制・必要・義務

こんなふうに使います

　I must 〜（動詞の原形）は、話し手が主体的に考えて「〜すべきである、何が何でも〜しなければならない」と感じるときに使う構文です。**かなり強い強制**のニュアンスがあるため、We must solve our environmental problems.（私たちは環境問題を解決しなければならない）のように、スピーチや論文などでよく使われます。ですから、「買い物に行かなきゃ」「ジョニーにえさをやらなきゃ」などと表すときにmustを使うと、大げさな印象になります。

　否定文は I mustn't 〜 で表し、この場合は「**〜してはいけない**」**という禁止の意味**に変わります（mustn't は［マスント］のように発音）。「〜しなくてもよい」という意味ではないので注意してください。「〜しなくてもよい」と表現したい場合は、構文1の have to を使って I don't have to 〜（動詞の原形）としましょう。

　must には、過去形がありません。そのため、「〜しなければならなかった」と表したいときは、I had to 〜（動詞の原形）で代用します。

こんなふうに書きます

1. **I must** help Reiko find her dog.
レイコが犬を探すのを手伝ってあげなければ。

2. **I must** find a job.
仕事を探さなければならない。

3. **I must** think about my future seriously.
将来のことを真面目に考えなければならない。

4. **I mustn't** spend so much time playing games.
ゲームで遊んでばかりいてはいけない。

構文 3 〜しなくちゃ。
I need to 〜．

必要・義務

こんなふうに使います

　I need to 〜(動詞の原形)は、「〜しなくちゃ、〜する必要がある」という意味の構文です。have toのような「強制」の意味はなく、**「必要性」**や**「義務」**を表します。
　否定文は I don't need to 〜 で、「〜しなくてもよい、〜する必要はない」という意味です。また、過去のことは I needed to 〜（〜しなければならなかった）、I didn't need to 〜（〜しなくてもよかった、〜する必要がなかった）で表します。

こんなふうに書きます

① **I need to** pick up my clothes from the cleaners.
クリーニング店に服を取りにいかなきゃ。

② **I need to** cut my bangs.
前髪を切らなくちゃ。

③ **I need to** explain it to her tomorrow.
明日、彼女に説明しなくちゃ。

④ **I needed to** cancel my dental appointment.
歯医者の予約を取り消さなければならなかった。

⑤ **I didn't need to** work overtime today.
今日は残業しなくてもよかった。

| 構文 4 | ～しなくちゃ。
I've got to ～ . | 必要・義務 |

こんなふうに使います

　I've got to ～（動詞の原形）も「～しなくちゃ」という意味の構文です。I've は I have の短縮形。I've got to ～は、構文3の I need to ～よりも**さらにカジュアルな響きがあります。感情的で差し迫ったニュアンス**になることが多いため、「毎朝6時半のバスに乗らなければならない」のような習慣的な事柄を表すには適していません。

　この表現は会話でよく使われるほか、日記や親しい間柄とのメールなど、くだけた書き言葉でも使われます。さらにくだけて、**I've gotta ～（動詞の原形）**と表すこともあります。gotta は [ガタ] のように発音します。

　否定文や過去を表す文では、have to を代用します。否定文は **I don't have to ～**（～しなくてもよい）、過去のことは **I had to ～**（～しなければならなかった）、**I didn't have to ～**（～しなくてもよかった、～する必要がなかった）で表しましょう。

2章：英語日記でよく使う構文

こんなふうに書きます

1. **I've got to return the books.**
   本を返却しなくちゃ。

2. **I've got to go on a diet.**
   ダイエットしなくちゃ。

3. **I've got to wash the bath towels.**
   バスタオルを洗濯しなくちゃ。

4. **I've got to call my grandchildren tomorrow.**
   明日、孫たちに電話しなきゃ。

5. **I've got to go to the office early tomorrow.**
   明日は早めに会社に行かなくちゃ。

6. **I've got to put together a report.**
   報告書をまとめなくちゃ。

7. **I just remembered that I've got to apply for the TOEIC!**
   TOEICを申し込まなくちゃならないことを、今思い出した！

ポイント

- I've got to 〜は「〜しなくちゃ」というカジュアルな表現。
- I've got to 〜には、感情的で差し迫ったニュアンスがある。
- くだけて I've gotta 〜（動詞の原形）と表すこともある。

必要・義務

構文 5 〜したほうがいいだろうな。
I should 〜.

こんなふうに使います

should を「〜すべきだ」という訳で覚えている人も多いと思いますが、実際はそれほど強いニュアンスではありません。**I should 〜（動詞の原形）**のように主語を I にすると、「〜したほうがいいだろうな、〜すべきかな」といった**自分の判断に基づく弱い義務**を表します。**Maybe I should 〜**（〜したほうがいいかな、〜しようかな、〜したほうがいいかも）という形もよく使われます。

You should 〜 や He should 〜のように主語をほかの人にすると、「あなたは（彼は）〜したほうがいいと思うけどなぁ」といった**穏やかな提案**を表します。ただし、相手との関係や状況、言い方によっては、「〜すべきだ！」という忠告や非難を表すこともあります。

否定文は **I shouldn't 〜**（〜しないほうがよい）で表します。

こんなふうに書きます

1 **I should eat more vegetables.**
もっと野菜をとったほうがいいだろうな。

2 **I should see a doctor tomorrow.**
明日、医者に診てもらうほうがいいだろうな。

3 **I should buy a good English-Japanese dictionary.**
いい英和辞典を買ったほうがいいだろうな。

4 **Maybe I should send her a thank-you letter.**
彼女にお礼状を書いたほうがいいかな。

5 **Maybe he should quit his job.**
彼は仕事を辞めたほうがいいと思うけどなぁ。

6 **I shouldn't hold a grudge against him.**
彼のことを恨むのはよくない。
※hold a grudge against ～は「～に恨みを持つ」という意味。

7 **I shouldn't worry too much.**
あまり心配しないほうがいいだろうな。

8 **We shouldn't see each other anymore.**
僕たちはもう会わないほうがいいだろう。

ポイント

- I should ～は、自分の判断に基づく弱い義務を表す。
- 主語をほかの人にすると、一般的に穏やかな提案を表す。
- Maybe I should ～という形もよく使われる。

> 必要・義務

構文 6 〜したほうがよさそうだ。
I'd better 〜.

こんなふうに使います

　I'd better は、**I had better を短縮した形**です。くだけた会話では had（= 'd）を省略し、**I better** とすることもあります。
　had better を「〜したほうがよい」という意味で覚えている人も非常に多いと思いますが、こうしたソフトなニュアンスになるのは、主語が I または We の場合のみです。**I'd〈We'd〉better 〜（動詞の原形）**で**「〜したほうがよさそうだ、〜しなくちゃ」**といった意味になります。
　ところが、**You'd〈He'd〉better 〜** のようにほかの人を主語にすると、「絶対に〜すべきだ、〜しろよ」といった**強い命令口調に聞こえます**。場合によっては、「〜するほうが身のためだぞ、〜しないと後でどうなっても知らないぞ」という脅迫めいた響きになることもあるので、**had better は自分以外には使わないほうがよい**でしょう。人に対して had better が使われるのは、先生が生徒に、親が子に、上司が部下になど、上下関係がはっきりしているときだけです。立場をわきまえずに用いると、ひんしゅくを買うので気を付けましょう。
　否定文は **I'd better not 〜**で、意味は「〜しないほうがよい」です（I または We 以外が主語のときは「〜するなよ、〜すると後でどうなっても知らないぞ」というニュアンス）。

2章：英語日記でよく使う構文

こんなふうに書きます

1 **I'd better think twice.**
よく考えたほうがよさそうだ。
※think twiceは「よく考える」という意味。

2 **I'd better stay home this weekend.**
今週末は家にいるほうがいいだろう。

3 **I'd better stay away from him.**
彼に関わらないほうがいいだろう。

4 **I'd better start working on the project now.**
そろそろ企画に取り掛からなくちゃ。

5 **I'd better report it to the police.**
警察に届けておいたほうがよさそうだ。
※reportは「~(警察など)に届け出る」という意味。

6 **I'd better not sell the stock now.**
今はその株を売らないほうがいいだろう。

7 **I'd better not say anything.**
何も言わないほうがいいだろう。

ポイント

- I'd〈We'd〉better ~は、「~したほうがよさそうだ」という意味。
- ほかの人を主語にすると強い命令口調になるので注意。
- 否定文は I'd better not ~で表す。

構文 7 〜する(予定だ)。 I'm going to 〜.

未来・予定や計画

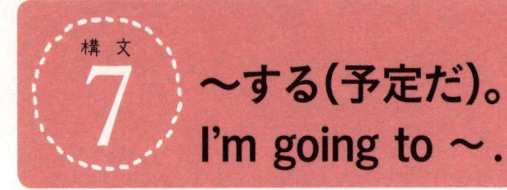

こんなふうに使います

be going to 〜を用いた **I'm going to 〜(動詞の原形)** は、**前々から決まっている予定を表します**。すでに日時や場所などが決まっている場合と、詳細は決まっていないものの、そうする予定がある場合のいずれにも使えます。会話ではくだけて、going to の部分を gonna[ガナ] と短縮し、I'm gonna 〜 と言うこともあります。

状況から判断して「（この様子だと）〜するだろう、〜になるだろう」と推測する場合にも、be going to 〜を使います。例えば、応援しているスポーツチームがとんとん拍子に勝ち進み、このままいけば優勝するだろうという状況で、They're going to win the championship.（彼らは優勝するだろう）のように使います。

また、be going to 〜は、あらかじめ決まっている事柄について用いることから、「〜するぞ」と心に決めた強い意志を述べるときにも使われます。

否定文は **I'm not going to 〜**で、「〜するつもりはない」という意味。そうする意志がないことを明確に表す表現です。過去形は **I was going to 〜**で、「〜するつもりだった（けれど実際はしなかった、できなかった）」という意味です。

こんなふうに書きます

① **I'm going to have a BBQ this Sunday.**
日曜日にバーベキューをする。

② **I'm going to have a baby soon.**
もうすぐ赤ちゃんが生まれる。

③ **My sister's family is going to come see us this summer.**
今年の夏、妹の家族が遊びにくる。

④ **I'm going to buy a house this year!**
今年は家を買うぞ！

⑤ **I'm not going to change jobs.**
転職するつもりはない。

⑥ **I was going to clean my room this afternoon, but I didn't.**
午後に部屋を片付けるつもりだったけど、しなかった。

⑦ **I was going to buy a black coat, but I bought a brown one instead.**
黒いコートを買うつもりだったけど、茶色のにした。

ポイント

- I'm going to 〜は、前々から決まっている予定を表す。
- 状況から判断して「（この様子だと）〜するだろう」という場合や、「〜するぞ」と心に決めた強い意志を表す場合にも使える。
- 否定文は I'm not going to 〜、過去形は I was going to 〜で表す。

> 構文 8　〜する（予定だ）。
> I'm 〜ing.

未来・予定や計画

こんなふうに使います

　「あれ？〈be 動詞＋動詞の -ing 形〉って、現在進行形じゃないの？」と思った人がいるかもしれません。その通り、形は現在進行形と同じです。でも、これに「未来の時」を表す語句を続けると、**そうすることが確実に決まっている近未来の予定**を表せるのです。ニュアンスは I'm going to 〜とほとんど変わりませんが、それを**実行する確実性は I'm 〜ing のほうがやや高い**といえます。また、I'm going to 〜は日時などが決まっていない事柄にも使えますが、**I'm 〜ing** はいつ、誰と、どこでそれをするのかといった詳細が決まっていることが前提です。そのため、「いつ」すなわち「未来の時」を表す言葉を続けるのが基本です。
　否定文は **I'm not 〜ing**、過去のことは **I was going to 〜**で表します。

こんなふうに書きます

1. **I'm having** dinner with Reo tomorrow night.
   明日の夜はレオとディナー。

2. **I'm helping** my sister move tomorrow.
   明日は妹の引っ越しのお手伝い。

3. **Yoko and I are going** to the movies this Saturday.
   土曜日はヨウコと映画を見に行く。

4. **I'm not going** to the party this Sunday.
   日曜日のパーティーには行かない。

構文 9 〜しようかと考えている。
I'm thinking about⟨of⟩ 〜ing.

未来・予定や計画

こんなふうに使います

　決定してはいないものの、そうしようかと考えている事柄は、I'm thinking about 〜（動詞の-ing形）で表します。about の代わりに of を使って、I'm thinking of 〜（動詞の-ing形）としても OK です。どちらかというと、about は綿密に考えている場合に、of は漠然と考えている場合に使います。I'm thinking about 〜は「〜しようかと考えている」、I'm thinking of 〜は「〜しようかな」というニュアンスで覚えておくとよいでしょう。状況によっては「〜することを検討中」や「〜しようか迷っている」という意味にもなります。

　否定文の場合は I'm not thinking about⟨of⟩ 〜ing、過去のことは I was thinking about⟨of⟩ 〜ing で表します。

こんなふうに書きます

1. **I'm thinking about learning Chinese.**
   中国語を習おうかと考えている。

2. **I'm thinking of getting an iPhone.**
   iPhone を買おうかな。

3. **I'm not thinking about going to school in America.**
   アメリカに留学しようとは考えていない。

4. **I was thinking about renting an apartment, but decided to buy a house.**
   マンションを借りることを検討していたけど、やっぱり家を買うことにした。

> 未来・予定や計画

構文 10 〜する計画を立てている。
I'm making plans to 〜.

こんなふうに使います

　実行を目指して計画段階にある事柄は、**I'm making plans to 〜（動詞の原形）**で表します。構文9の I'm thinking about〈of〉〜ing（〜しようかと考えている）よりも、計画が具体化している場合に使います。そのため、**「〜する計画を立てている」**のほかに、**「〜するつもりだ」**というニュアンスで使うこともできます。

　「〜を計画している」と表す場合は、**I'm planning 〜（名詞）**とします。I'm planning a birthday party for her.（彼女の誕生日パーティーを計画している）という具合です。

こんなふうに書きます

1. **I'm making plans to go to Canada this winter.**
   この冬、カナダへ行く計画を立てている。

2. **I'm making plans to buy a condo next year.**
   来年、マンションを買うつもりだ。
   ※「分譲マンション」はcondo（condominiumの略）、「賃貸マンション」はapartmentと使い分けることが多い。

3. **We're making plans to remodel our kitchen this spring.**
   今年の春にキッチンをリフォームする計画を立てている。

4. **I'm making plans to have my teeth straightened.**
   歯列矯正をするつもりだ。

5. **She's making plans to open a café.**
   彼女はカフェをオープンする計画を立てている。

構文 11 （もし）〜だったら、…しよう。
If 〜, I'll ...

条件付きの未来

こんなふうに使います

　実現する可能性がある事柄について「（もし）〜だったら…しよう」と書きたいときは、**If 〜, I'll ...** を使いましょう。〜には「もし〜なら」という条件が文の形で入ります。**〜に入る文は、未来のことでも現在形で表します。**
　後半の I'll ... には、実際にそうなったときにとる行動を動詞の原形で表します。状況によって、I'll 〜を I should 〜（〜したほうがいいかな）、I may〈might〉〜（〜するかも）などに変えることもできます。

こんなふうに書きます

1. **If the price goes down, I'll buy it.**
   値段が下がったら、それを買おうっと。

2. **If she goes to the BBQ, I'll go, too.**
   彼女がバーベキューパーティーに行くんなら、私も行こうっと。

3. **If I don't hear from him by tomorrow night, I'll call him.**
   明日の夜になっても彼から連絡がなければ、電話してみようっと。

4. **If the typhoon is coming to this area, I shouldn't go out.**
   この地域に台風が接近するようなら、外出は控えたほうがよさそうだ。

5. **If he says sorry from the bottom of his heart, I may forgive him.**
   彼が心の底から謝ったら、許してあげるかも。

構文 12 もうすぐ〜だ。
〜 is coming up soon.

未来

こんなふうに使います

近付きつつある記念日やイベントなどについて、「**もうすぐ〜だ**」というときは、**〜（名詞）is coming up soon** で表します。〜には、誕生日や結婚式、試験などを表す名詞が入ります。この come up は「（出来事や時期が）近付く」という意味で、通常、進行形（be 動詞＋coming up）で表します。soon は省略することもあります。

具体的にいつのことなのかを表したい場合は、文末を、soon の代わりに this weekend（今週末）、in three days（3日後に）などの語句にしましょう。

こんなふうに書きます

1. **Valentine's Day is coming up soon.**
   もうすぐバレンタインデーだ。

2. **The election is coming up soon.**
   もうすぐ選挙だ。

3. **The mid-terms are coming up.**
   中間試験が近付いている。

4. **My 60th birthday is coming up in five days.**
   5日後に還暦を迎える。

5. **My son's graduation ceremony is coming up next week.**
   来週は息子の卒業式だ。

2章：英語日記でよく使う構文

構文 13　もうすぐ〜だ。
〜 is just around the corner.

未来

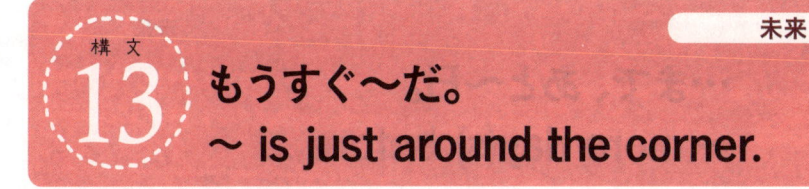

こんなふうに使います

　構文 12 の 〜 is coming up soon（もうすぐ〜だ）と同じく、**〜（名詞）is just around the corner** も、まもなく控えている記念日やイベントについて使います。
　around the corner は「（すぐそこの）角の辺りに」が直訳で、**「〜はすぐそこまで来ている」**というニュアンスです。**just の代わりに right を入れることもあり**、いずれも記念日やイベントなどが間近に迫っていることを強調しています。この構文は、in three days（3 日後）や next month（来月）などの**具体的な「時」を表す言葉と一緒に用いることはできません。**
　ちなみに、イベントなどに限らず、Success is just around the corner.（成功は目前だ）や Happiness is just around the corner.（幸せはすぐそこにある）といった使い方もできます。一緒に覚えておくとよいでしょう。

こんなふうに書きます

1. **The TOEIC test is just around the corner.**
   もうすぐ TOEIC（の試験日）だ。

2. **My son's wedding is right around the corner.**
   もうすぐ息子の結婚式だ。

3. **The Olympics are just around the corner.**
   もうすぐオリンピックだ。

4. **My daughter's violin recital is right around the corner.**
   もうすぐ娘のバイオリン・リサイタルだ。

構文 14 …まで、あと〜日。
〜 more day(s) before ...

未来

こんなふうに使います

　予定やイベント、記念日などについて **「…まで、あと〜日」** と書きたいときは、**〜(数) more day(s) before ...(名詞)** を使います。これは、「…まで、あと〜日ある」という意味の There is / are 〜 more day(s) before ... の There is / are が省略された形です。... にはイベントや出来事を表す語句を、〜にはそれまでの日数を入れます。**イベントは名詞で入れてもいいですし、右ページの例文の ❼ のように〈主語＋動詞〉の形で入れることもできます。**また、わくわくすることだけでなく、緊張するようなことについても使えます。

　〜 more days（あと〜日、もう〜日）を、日本語の語順につられて more 〜 days（×）などとしないように注意しましょう。

　「あと１日」の場合は、one more day のように day を単数形にします。「あと２週間」や「あと１カ月」などという場合は、day(s) を week(s) や month(s) に変えて、two more weeks や one more month のようにしましょう。

こんなふうに書きます

① Four more days before my graduation.
卒業まで、あと4日。

② Ten more days before our ninth wedding anniversary.
結婚9周年まで、あと10日。

③ Two more days before the complete medical checkup.
人間ドックまで、あと2日。
※checkupは「検査、健康診断」という意味。

④ Three more days before the National Center Test.
大学入試センター試験まで、あと3日。

⑤ Two more weeks before the oral exam.
面接試験まで、あと2週間。
※oralは「口頭の」という意味。

⑥ One more week before the test result announcement.
試験の結果発表まで、あと1週間。

⑦ Five more days before I can see him!
彼に会える日まで、あと5日!

ポイント

■ 〜 more day(s) before ... の〜には数、... にはイベントを表す語句を入れる。
■ days（日）を weeks（週）、months（月）にしても OK。
■ 日本語につられて、more 〜 days（×）としないように注意。

構文 15　昔はよく〜したなぁ。
I used to 〜.

過去の習慣

こんなふうに使います

　過去を振り返って「昔はよく〜したなぁ」と書くときは **I used to 〜（動詞の原形）**、「昔は〜だったなぁ」と書くときは **I used to be 〜（形容詞または名詞）** で表します。この構文は、今はそうではないことを暗示しているので、後に but I don't do it anymore（でも今はもうしていない）や、but now I'm not（でも今は違う）といった内容の文を続ける必要はありません。

　「昔は〜しなかったなぁ」という否定は、**I didn't use to 〜** のように表現します。never（絶対に〜ない）を用いて、**I never used to 〜**（昔は絶対〜しなかったなぁ）と強調することもできます。

　ちなみに、used to は [ユーストゥ] と発音します。下線部は「ズ」ではなく「ス」に近い音なので、会話では注意してください。

こんなふうに書きます

1. **I used to stay up all night.**
   昔はよく徹夜したなぁ。

2. **I used to play the guitar.**
   昔はよくギターを弾いたなぁ。

3. **I used to be popular.**
   昔はモテたんだけどなぁ。

4. **I didn't use to cook.**
   昔は料理をしなかったなぁ。

2章：英語日記でよく使う構文

> 希望・願望

構文 16 〜が欲しいな。
I want 〜.

こんなふうに使います

　欲しい物は、**I want 〜(名詞)** を使って表します。〜には、a dog（犬〈を1匹〉）や an electronic dictionary（電子辞書〈を1台〉）、some nice coffee cups（ステキなコーヒーカップ〈をいくつか〉）のように、名詞を入れましょう。

　ほかの人を主語にすると、「…は〜を欲しがっている、…は〜が欲しいと言っている」という意味になります。

　「〜がすごく欲しい」「〜が欲しくてたまらない」と強調する場合は、want の前に really（すごく、とても）を入れて **I really want 〜** のように表すことができます。「〜は欲しくない」という否定は、**I don't want 〜** で表します。

こんなふうに書きます

1. **I want** a digital single-lens reflex camera.
   デジタル一眼レフカメラが欲しいな。

2. **I want** enough time to get a good night's sleep.
   ぐっすり眠る時間が欲しいな。

3. **I really want** a girlfriend.
   マジで彼女が欲しい。

4. **I don't want** a boyfriend for a while.
   しばらく彼氏は欲しくない。

5. **My son wants** a unicycle for his birthday.
   息子は誕生日に一輪車が欲しいと言っている。

99

構文 17 〜したいな。／〜してみたいな。
I want to 〜.

希望・願望

こんなふうに使います

「〜したいな、〜してみたいな」という**希望や願望**は、**I want to 〜（動詞の原形）**で表します。「すごく〜」と強調するには、want to の前に really（すごく、とても）を入れましょう。くだけた会話や文章では want to を wanna[ワナ] とすることもあります。「〜したくないな」「〜するのはイヤだな」と書きたい場合は、**I don't want to 〜**で表しましょう。

こんなふうに書きます

1. **I want to lose weight.**
   やせたいな。

2. **I want to be taller.**
   もっと背が高くなりたいな。

3. **I want to get a driver's license.**
   自動車の免許を取りたいな。

4. **I want to visit Egypt someday.**
   いつかエジプトに行ってみたいな。

5. **I don't want to give a presentation.**
   プレゼンするのイヤだな。

6. **I didn't want to break up with him.**
   彼と別れたくなかった。
   ※break up with 〜は「〜（恋人など）と別れる」という意味。

2章：英語日記でよく使う構文

希望・願望

構文 18 〜できるようになりたい。
I want to be able to 〜.

こんなふうに使います

「〜（今うまくできないこと）が将来できるようになりたい」と書きたいときは、I want to be able to 〜(動詞の原形) で表します。

be able to は can と同じく「〜できる」という意味です。want to の後に can を続けて want to can 〜（×）とすることはできないので、want to be able to 〜と表します。

以前できなかったことができるようになった場合は、Now I'm able to 〜(動詞の原形) や Now I can 〜(動詞の原形) で表します。「(今では)〜ができるようになった」という意味です。

こんなふうに書きます

1. **I want to be able to speak English well.**
   英語がうまく話せるようになりたい。

2. **I want to be able to put on a kimono on my own.**
   一人で着物が着られるようになりたい。

3. **I want to be able to watch movies without subtitles.**
   字幕なしで映画を見られるようになりたいな。

4. **Now I'm able to use Excel.**
   エクセルが使えるようになった。

5. **Now I can finally read hangul.**
   やっとハングル文字が読めるようになった。

101

構文 19 〜に…してほしい。
I want 〜 to ...

希望・願望

こんなふうに使います

構文17のI want to 〜（〜したいな）は自分自身の望みについて述べる表現ですが、「〜に…してほしい・してもらいたい」といった**ほかの人に対する望みや願望**は、**I want 〜（人）to ...（動詞の原形）**で表します。〜にはそうしてもらいたい人を、…にはしてもらいたい行動を入れます。この構文は人だけでなく、I want the summer to end soon.（早く夏が終わってほしいな）のように、「物」や「物事」についても使えます。

「〜に…してもらいたくない」という否定は、**I don't want 〜 to ...** で表しましょう。

こんなふうに書きます

1. **I want my parents to stay healthy.**
   両親にはずっと健康でいてもらいたい。

2. **I want my wife to always be presentable.**
   妻には、常に人前に出られる格好でいてほしい。
   ※presentableは「(人前に出て)見苦しくない」という意味。

3. **I want my husband to help with the housework sometimes.**
   たまにはダンナに家のことを手伝ってもらいたい。

4. **I don't want Shinji to quit his job.**
   シンジに仕事を辞めてもらいたくない。

5. **I didn't want it to happen.**
   そうなってほしくなかった。

2章：英語日記でよく使う構文

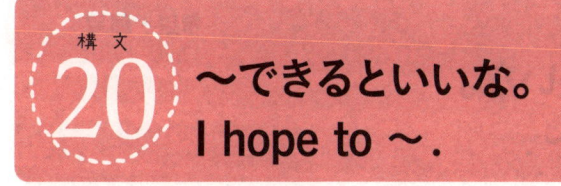

希望・願望

構文 20 〜できるといいな。
I hope to 〜.

こんなふうに使います

　構文 17 の I want to 〜（〜したいな）と同じく、**I hope to 〜（動詞の原形）** も願望を表します。**「〜できるといいな」** という意味で、実現する可能性のある事柄について期待を込めて願望を表すときに使います。不可能なことや、実現の可能性がかなり低い望みについては、構文 22 の I wish 〜（〜だったらいいのに）を参照してください。

こんなふうに書きます

1. **I hope to get an interpreter job.**
   通訳の仕事に就けるといいな。

2. **I hope to get promoted.**
   昇進できるといいな。

3. **I hope to move to Australia someday.**
   いつか、オーストラリアに移住できるといいな。

4. **I hope to meet someone nice this year.**
   今年はステキな人に出会えるといいな。

5. **I hope to have a Labrador.**
   いつか、ラブラドールを飼えるといいな。

6. **I hope to win a lot of money in the lottery.**
   宝くじで大金を当てたいな。

構文 21 〜だといいな。 I hope 〜.

希望・願望

こんなふうに使います

構文20のI hope to 〜（〜できるといいな）は、自分がそうできたらいいなと思うことを書くときに使いますが、**I hope 〜(文)は「ほかの人や事柄がそうなるといいな」**と願う気持ちを表せます。**I hope I can 〜(動詞の原形)**という形を使えば、I hope to 〜と同じように、「(自分が) 〜できるといいな」という自分自身の願望について表すこともできます。

hope の後には that が省略されています。日記やくだけた会話などでは、主語のI を省略し、Hope ... で文を始めることもあります。また、I hope to 〜と同様、この構文も、**実現する可能性のある望み**について期待を込めて使います。

未来のことについて書く場合、I hope 〜の「〜」に入る文は未来を表す形にします。ただし、くだけて現在形で表すこともあります。

「明日は暖かくなるといいな」
- **I hope** it'll be warm tomorrow.
- **I hope** it's warm tomorrow.

こんなふうに書きます

1 **I hope** he's happy.
彼が幸せだといいな。

2 **I hope** she's having a good time.
彼女が（今ごろ）楽しくやっているといいな。

3 **I hope** she will like〈likes〉 the present.
彼女にプレゼントを気に入ってもらえるといいな。

4 **I hope** it won't〈doesn't〉 rain tonight.
今夜、雨が降らなければいいけど。
※won'tはwill notの短縮形。

5 **Hope** he can get the ticket.
彼がチケットを取れるといいけど。

6 **I hope** she will come back〈comes back〉 safe and sound.
彼女が無事に戻ってきますように。
※safe and soundは「無事に」という意味。

7 **I hope I can** finish the report by the deadline.
締め切りまでにレポートを終えられるといいな。

ポイント

- I hope ～(文)は「～だといいな」という意味。
- 「ほかの人や事柄がそうなるといいな」という願望を表せる。
- 実現の可能性がある望みについて期待を込めた表現。

105

構文 22 〜だったらいいのに。
I wish 〜.

希望・願望

こんなふうに使います

　構文 20 の I hope to 〜（〜できるといいな）や構文 21 の I hope 〜（〜だといいな）が実現の可能性があることに対する期待を込めた表現であるのに対し、**I wish 〜（過去形の文）は、実現の可能性がない、または限りなく低い望み**について、半ばあきらめの気持ちを表す構文です。**「（実際はそうではないけれど）〜できたらいいのに」**という現実に反する願望や、**「（絶対に無理だとわかっているけれど）〜だったらいいのに」「（まずそうはならないだろうけれど）そうなったらいいなぁ」**というはかない望みなどを表します。wish の後には、that が省略されています。

　現在や未来のことでも、**I wish 〜の「〜」には過去形の文が入る**点に注意しましょう。例えば、「（実際は行けないけれど）そのコンサートに行けたらいいのに」という場合は、I can go to the concert（コンサートに行ける）を過去形にして、I wish I could go to the concert. とします。実際は結婚している人が「独身だったらなぁ」と願う場合は、I wish I was single. や I wish I wasn't married. のように表現します。

　実は、文法的には I wish I were single. や I wish I weren't married. のように、主語にかかわらず be 動詞は were にするのが正しいのですが、現在では、主語が I、he、she、it の場合、**was を使うのが一般的**です。

　また、過去を振り返って、**「（実際はそうではなかったけれど、あの時）〜だったらよかったのになぁ」**という場合は、**I wish 〜（過去完了形の文）**と表します。過去完了形は、〈had ＋動詞の過去分詞形〉で表します。

106

2章：英語日記でよく使う構文

こんなふうに書きます

1. **I wish I had a big brother.**
   お兄ちゃんがいたらよかったな。

2. **I wish I made more money.**
   もっと稼ぎがあったらいいのに。

3. **I wish he didn't have a girlfriend.**
   彼に彼女がいなかったらなぁ。

4. **I wish I was〈were〉ten years younger.**
   私があと10歳若かったらなぁ。

5. **I wish I didn't have to work on New Year's Eve.**
   大みそかの日は仕事が休みだったらいいのに。

6. **I wish I could go back to my college days.**
   大学時代に戻れたらなぁ。

7. **I wish I could win 300 million yen in the lottery.**
   宝くじで3億円当たったらいいなぁ。

8. **I wish I had studied much harder in my school days.**
   学生時代にもっとしっかり勉強していればなぁ。

ポイント

- I wish 〜（過去形の文）は、実現の可能性がない、または限りなく低い望みについて、半ばあきらめの気持ちを表す。
- I with 〜の「〜」には、現在や未来のことであっても過去形の文が入る。

構文 23 〜したい気分だ。 I feel like 〜ing.

希望・願望

こんなふうに使います

「〜したい気分だ」という気持ちを書くときは、I feel like 〜(動詞の-ing形) で表します。構文17の、希望や願望を表す I want to 〜（〜したいな）と同じような感覚で使える表現です。

「〜したい気分だった」と過去の気持ちについて書く場合は、feel を過去形の felt にして、I felt like 〜ing としましょう。

否定文は、I don't feel like 〜ing（〜する気分ではない）や I didn't feel like 〜ing（〜する気分ではなかった）のように表します。

こんなふうに書きます

1. **I feel like having some fun.**
   パーッとやりたい気分だ。

2. **I feel like eating chocolate ice cream.**
   チョコ味のアイスクリームが食べたい気分だ。

3. **I don't feel like seeing friends.**
   友達に会う気分じゃない。

4. **I felt like drinking.**
   酒を飲みたい気分だった。

5. **I didn't feel like doing anything today.**
   今日は何もする気にならなかった。

2章：英語日記でよく使う構文

楽しみ・期待

構文 24 〜(すること)が楽しみだ。
I'm looking forward to 〜.

こんなふうに使います

　楽しみにしている事柄は、I'm looking forward to 〜(名詞または動詞の -ing 形)を使います。「〜が楽しみだ」と書きたいなら「〜」に名詞を、「〜するのが楽しみだ」なら「〜」に動詞の -ing 形を入れます。

　to の後に動詞の原形を続ける表現が多いせいか、I'm looking forward to の後にも動詞の原形を続けてしまうミスが多いようです。しかし、この構文の to は「to 不定詞」ではなく、「前置詞の to」です。そのため、to の後ろには「〜すること」という意味を表す動詞の -ing 形(動名詞)が入ります。

「イタリアに行くのが楽しみだ」
○ I'm looking forward to going to Italy.
✗ I'm looking forward to go to Italy.

　待ちきれない気持ちを強調する場合は、I'm really looking forward to 〜 としましょう。I'm very much looking forward to 〜 でも OK です。

こんなふうに書きます

① **I'm looking forward to my payday.**
　給料日が楽しみ。

② **I'm really looking forward to my daughter's homecoming.**
　娘の帰省がとても楽しみだ。

③ **I'm looking forward to going out with her this Sunday.**
　日曜日に彼女とデートするのが楽しみ。

構文 25 〜が待ち遠しいな。
I can't wait 〜.

楽しみ・期待

こんなふうに使います

　楽しみにしていることは、**I can't wait 〜** を使って表すこともできます。直訳すると「〜を待つことができない」ですが、これで**「〜が待ち遠しい、〜が楽しみだ、早く〜したい」**といった意味になります。

　「物事やイベントが待ち遠しい」という場合は、I can't wait の後ろに **for 〜（名詞）** を続けます。「〜するのが待ち遠しい」という場合は、I can't wait の後に **to 〜（動詞の原形）** を続けます。また、I can't wait for A to 〜 とすれば、「A が〜するのが待ち遠しい」という気持ちを表すことができます。

● **I can't wait for 〜**（名詞）　「〜が待ち遠しい」
● **I can't wait to 〜**（動詞の原形）　「〜するのが待ち遠しい」
● **I can't wait for A to 〜**（動詞の原形）　「A が〜するのが待ち遠しい」

　この構文は、**hardly（ほとんど〜ない）** を使って、次のように表現することもできます。直訳すると「〜をほとんど待つことができない」という意味です。

● **I can hardly wait for 〜**（名詞）　「〜が待ち遠しい」
● **I can hardly wait to 〜**（動詞の原形）　「〜するのが待ち遠しい」

　hardly は「ほとんど〜ない」という否定の意味を持つ言葉なので、**can't ではなく、can を用います**。I can't hardly 〜（×）としないように注意してください。

こんなふうに書きます

1 **I can't wait for my bonus.**
ボーナスが待ち遠しいな。

2 **I can't wait for the New Year's holidays.**
年末年始の休暇が楽しみだ。

3 **I can't wait to drive my new car.**
新車に乗るのが待ち遠しい。

4 **I can't wait to receive my order.**
注文した商品が届くのが待ち遠しいな。

5 **I can't wait for spring to come.**
春が来るのが待ち遠しい。

6 **I can't wait for my grandchildren to come see me.**
孫たちが遊びにくるのが待ち遠しい。

7 **I can hardly wait for our wedding ceremony.**
結婚式が待ち遠しい。

8 **I can hardly wait to go out in the outfit I bought the other day.**
この前買った服で、早くお出かけしたいな。

ポイント

- I can't wait for ～（名詞）で「～が待ち遠しい」。
- I can't wait to ～（動詞の原形）で「～するのが待ち遠しい」。
- I can hardly wait for/to ～で表すこともできる。

構文 26 〜がすごく楽しみ。
I'm excited 〜.

楽しみ・期待

こんなふうに使います

うれしくてワクワクする気持ちや興奮、ときめきなどは、**I'm excited 〜**で表します。直訳は「ワクワクしている、興奮している」ですが、**「〜が待ちきれない（くらい興奮している）」**や**「〜がすごく楽しみ（でワクワクしている）」**というニュアンスがあると覚えておくと、日記で使いやすくなります。

この構文は、次のような形で用います。

- **I'm excited to 〜(動詞の原形)** 「〜するのがすごく楽しみ」
- **I'm excited about 〜(名詞)** 「〜がすごく楽しみ」
- **I'm excited (that) 〜(文)** 「〜ということがすごく楽しみ」

excited の前に so や really、very などを入れると、「すごく楽しみ、すごくワクワクしている」という気持ちをさらに強調することができます。

また、excited の代わりに thrilled（ワクワクして）を用いることもできます。この場合も、I'm thrilled to 〜(動詞の原形)／I'm thrilled about 〜(名詞)／I'm thrilled (that) 〜(文)の形で表します。

2章：英語日記でよく使う構文

こんなふうに書きます

① **I'm excited to** visit Mont Saint-Michel.
モンサンミッシェルを訪れるのが、すごく楽しみ。

② **I'm excited to** meet Peggy tomorrow!
明日ペギーに会うのが待ちきれない！

③ **I'm excited about** her homemade cooking.
彼女の手料理がすごく楽しみ。

④ **I'm so excited about** tomorrow's game.
明日の試合がすごく楽しみ。

⑤ **I'm so excited about** the announcement of the Summer Jumbo winning numbers.
サマージャンボ宝くじの当選発表がメチャクチャ楽しみ。

⑥ **I'm excited** my house will be completed this summer.
今年の夏に家が完成するのが、すごく楽しみ。

⑦ **I'm so excited** I'm going to be a grandma this April.
4月におばあちゃんになる（＝孫が生まれる）のがすごく楽しみ。

⑧ **I'm very excited** Lady Gaga is coming to Japan.
レディー・ガガの来日が、ものすごく楽しみ。

ポイント

- I'm excited ～は「すごく楽しみでワクワクしている」というニュアンス。
- excited の後には〈to ＋動詞の原形〉、〈about ＋名詞〉、〈文〉が続く。

構文 27 〜でよかった。
I was glad 〜.

安心・喜び

こんなふうに使います

状況や結果などについて**「（その時）よかった、うれしかった（と感じた）」**と書くときは、**I was glad 〜**で表します。I was glad 〜は、「安心した、ホッとした」というニュアンスを含む表現です。この構文は、次のような形で用います。

- **I was glad to 〜（動詞の原形）**「〜してうれしかった」
- **I was glad (that) 〜（文）**「〜ということがうれしかった」

「（今）よかった、うれしかった（と感じている）」場合は、**I'm glad 〜**と現在形で表します。「本当によかった、とてもうれしかった」と強調したい場合は、gladの前に so や very、really などを入れましょう。

こんなふうに書きます

① **I was glad to finally meet him.**
ようやく彼に会えてうれしかった。

② **I was glad it didn't rain.**
雨が降らなくてよかった。

③ **I was so glad my husband got promoted.**
ダンナが昇進して、とてもうれしかった。

④ **I'm glad we're both in the same class.**
私たち2人とも、同じクラスでよかった。

2章：英語日記でよく使う構文

構文 28 〜にホッとした。 I was relieved 〜.

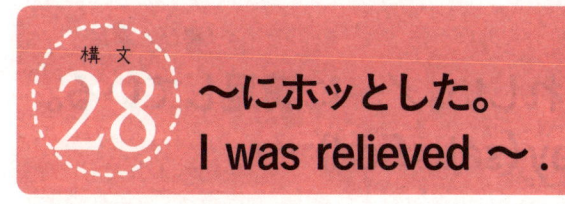

安心

こんなふうに使います

「ホッとしたこと」や「安心したこと」について書くときは、I was relieved 〜 で表します。構文 27 の I was glad 〜（〜でよかった）も「ホッとした、安心した」というニュアンスを含みますが、I was relieved 〜は、その気持ちをより明確に表現します。この構文は、次のような形で用います。

- I was relieved at 〜(名詞) 　「〜にホッとした」
- I was relieved to 〜(動詞の原形) 　「〜してホッとした」
- I was relieved (that) 〜(文) 　「〜ということにホッとした」

「（今）ホッとしている、安心している」場合は、I'm relieved 〜と現在形で表します。「本当にホッとした」と強調する場合は、relieved の前に so や very、really を入れましょう。

こんなふうに書きます

1. **I was relieved at** the success of his operation.
彼の手術の成功にホッとした。

2. **I was relieved to** hear he had arrived safe and sound.
彼が無事に着いたと聞いてホッとした。
※safe and soundは「無事に」という意味。

3. **I was relieved to** learn I barely passed it.
何とか合格できたとわかってホッとした。
※barelyは「かろうじて〜する」という意味。

4. **I'm really relieved** my daughter decided to get married.
娘の結婚が決まって本当にホッとしている。

115

構文 29 〜してうれしい。／〜に満足している。
I'm happy⟨satisfied⟩ 〜.

喜び・満足

こんなふうに使います

　結果などについて「(今) 満足している、うれしい」と書くときは、I'm happy 〜 または I'm satisfied 〜を使います。この構文は、次のような形で用います。

- I'm happy⟨satisfied⟩ with 〜(名詞)　「〜に満足している」
- I'm happy⟨satisfied⟩ to 〜(動詞の原形)　「〜してうれしい・〜して満足している」
- I'm happy⟨satisfied⟩ (that) 〜(文)　「〜ということに満足している」

　「かなり満足している、とてもうれしい」と強調したい場合は、happy や satisfied の前に so や very、really などを入れましょう。
　I'm not happy⟨satisfied⟩ 〜と否定文にすると、「〜には満足していない、〜には納得がいかない」という不満を表します。

こんなふうに書きます

1. **I'm happy⟨satisfied⟩ with my score.**
   自分のスコアに満足している。

2. **I'm really happy⟨satisfied⟩ with my pay.**
   給料にはとても満足している。

3. **I'm not happy⟨satisfied⟩ to just stay home all day.**
   1日中、ただ家にいるだけなんてイヤだ。

4. **I'm very happy⟨satisfied⟩ my sons grew up to be fine young men.**
   息子たちが立派な青年に成長して、とてもうれしい。

2章：英語日記でよく使う構文

構文 30 ～のおかげでいい一日になった。
～ made my day.

喜び

こんなふうに使います

～ made my day を直訳すると「～が私の日を作ってくれた」ですが、これで「～のおかげでいい一日になった」という意味になります。祝日やクリスマスなどのイベントと同じように、カレンダーに「私の日」と記したくなるような特別な日を作ってくれた、つまり、そのくらいすてきな一日になってうれしい、というニュアンスです。プレゼントをもらったり、いい知らせを耳にしたりして、思わず笑顔になったときなどに使うとぴったりです。

～ made my day の「～」に「人」を入れると「～のおかげでいい一日になった」、「～」に「物・物事」を入れると「～がすてきな一日にしてくれた、～がとてもうれしかった」というニュアンスになります。

こんなふうに書きます

1. **He made my day.**
彼のおかげでいい一日になった。

2. **My children made my day.**
子どもたちのおかげでいい一日になった。

3. **Her smile made my day.**
彼女の笑顔がすてきな一日にしてくれた。

4. **His kindness made my day.**
彼の親切がとてもうれしかった。

5. **Her consideration made my day.**
彼女の配慮がとてもうれしかった。

117

構文 31 すごく〜だ！／なんて〜だろう！ How 〜！

驚き・感嘆

こんなふうに使います

「すごく〜だ！」「なんて〜なんだろう！」という**驚きや感動などの強い気持ち**は、**How 〜！**で表すことができます。〜には、形容詞が入ります。誰のことなのか、何のことなのかを具体的に表すために、〈How ＋形容詞〉の後に〈主語＋ be 動詞〉を続けることもあります（例文 ❹）。

また、下の例文の ❺ と ❻ のように、〈How ＋副詞〉の後に〈主語＋動詞〉が続く場合もあります。

こんなふうに書きます

❶ How lucky!
超ラッキー！

❷ How weird!
ヘンなの〜！（奇妙だなぁ！）

❸ How selfish!
なんて自己チューな！

❹ How delicious the curry was!
カレーは本当においしかったな！

❺ How unfriendly he is!
彼はなんて無愛想なんだろう！

❻ How fast he spoke!
彼は本当に早口だったなぁ！

2章：英語日記でよく使う構文

構文 32 すごい〜だ！／なんて〜だろう！ What 〜！

驚き・感嘆

こんなふうに使います

「すごい（すごく）〜だ！」「なんて〜なんだろう！」という**驚きや感動などの強い気持ち**は、**What 〜！**で表すこともできます。

構文 31 の How 〜！の場合、「〜」には形容詞（または副詞）が入りますが、What 〜！の場合は**常に名詞または〈形容詞＋名詞〉**が入ります。数えられる名詞の場合、単数なら〈What a/an 〜！〉、複数なら〈What 〜s!〉としましょう。また、誰のことなのか、何のことなのかを具体的に表すために、**〈主語＋動詞〉を続ける**こともあります（例文 ❺）。

こんなふうに書きます

❶ **What a surprise!**
すごくビックリ！

❷ **What a coincidence!**
すごい偶然！

❸ **What a shame!**
とっても残念！

❹ **What cute puppies!**
なんてかわいい子犬たち！

❺ **What a beautiful house she lives in!**
彼女はすごくステキな家に住んでいるんだなぁ！

119

構文 33 〜に驚いた。
I was surprised 〜.

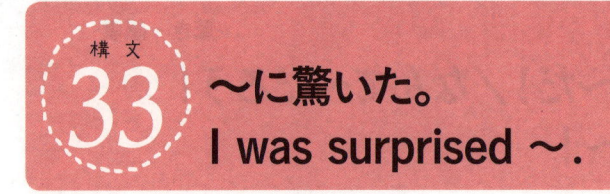

驚き

こんなふうに使います

驚いたことは、I was surprised 〜で表します。この構文は、次のような形で用います。

- I was surprised at〈by〉〜（名詞）「〜に驚いた」
- I was surprised to 〜（動詞の原形）「〜して驚いた」
- I was surprised (that) 〜（文）「〜ということに驚いた」

「(今) 驚いている」場合は、I'm surprised 〜と現在形で表します。「とても驚いた、すごく驚いた」と強調する場合は、surprised の前に so や really、very などを入れましょう。

こんなふうに書きます

1. **I was surprised at〈by〉 the rent of the apartment.**
   そのマンションの家賃に驚いた。

2. **I was surprised at〈by〉 his selfishness.**
   彼の身勝手さに驚いた。

3. **I was surprised to get a call from my ex-girlfriend.**
   元カノから電話があってびっくりした。

4. **I was really surprised to hear that she broke her leg.**
   彼女が脚を骨折したと聞いて、とても驚いた。

5. **I'm surprised she has five children.**
   彼女に5人も子どもがいることに驚いている。

2章：英語日記でよく使う構文

構文 34 ～にがっかりした。 I was disappointed ～.

失望

こんなふうに使います

がっかりしたことや残念に思ったことは、I was disappointed ～で表します。この構文は、次のような形で用います。

- I was disappointed with〈at〉 ～（名詞） 「～にがっかりした」
- I was disappointed in ～（人） 「～（人）に失望した」
- I was disappointed to ～（動詞の原形） 「～してがっかりだった」
- I was disappointed (that) ～（文） 「～ということにがっかりした」

「（今）がっかりしている」場合は、I'm disappointed ～と現在形で表します。「とてもがっかりした、すごくがっかりした」と強調する場合は、disappointed の前に so や really、very などを入れましょう。

こんなふうに書きます

1. **I was disappointed with〈at〉 the ending of the drama.**
   そのドラマの結末にがっかりした。

2. **I was really disappointed in the new mayor.**
   新市長には本当に失望した。

3. **I was disappointed to hear she didn't pass〈hadn't passed〉 the exam.**
   彼女が試験に合格しなかったと聞いて残念だった。

4. **I'm disappointed I didn't get any chocolate for Valentine's Day.**
   バレンタインにチョコレートを1つももらえなくて、がっかりしている。

構文 35 〜にむっとした。／〜にイライラした。
I was upset 〜.

いら立ち

こんなふうに使います

I was upset 〜は、「(何かに対して悔しかったり、がっかりしたりして)むっとした、イライラした、取り乱した、動揺した」といったニュアンスの表現です。この構文は、次のような形で用います。

- **I was upset about 〜(名詞)** 「〜にむっとした」
- **I was upset to 〜(動詞の原形)** 「〜してむっとした」
- **I was upset (that) 〜(文)** 「〜ということにむっとした」

「(今)むっとしている」場合は、**I'm upset 〜**と現在形で表します。「すごく〜」と強調する場合は、upset の前に so や really、very などを入れます。

こんなふうに書きます

1. **I was upset about his attitude.**
   彼の態度にむっときた。

2. **My children were upset to transfer to another school.**
   転校することになって、子どもたちは動揺していた。

3. **I was really upset nobody believed me.**
   誰も私を信じてくれなくて、本当に腹立たしかった。

4. **I'm always upset about the way my boss makes decisions.**
   上司の物事の決め方にいつもイライラする。

2章：英語日記でよく使う構文

> 後悔

構文 36 〜したことを後悔している。
I feel bad about 〜ing.

こんなふうに使います

　自分の行動に対する後悔は、I feel bad about 〜(動詞の -ing 形)で表します。直訳は「〜したことを悪いと感じている」で、「〜したことを後悔している・申し訳なく思っている」という意味です。逆に、「〜しなかったことを後悔している・申し訳なく思っている」と書きたいなら、動詞の -ing 形の前に not を置いて、I feel bad about not 〜ing とします。

　過去の気持ちを振り返り、「〜したことを（あの時）後悔した」と書く場合は、feel の過去形 felt を使って、I felt bad about 〜ing と表します。

　「すごく〜」と強調する場合は、feel の前に really を入れましょう。後悔している行動をすでに述べた後なら、I feel bad about it.（そのことを後悔している）と書き添えるだけでも OK です。

こんなふうに書きます

1. **I feel bad about being late.**
　遅刻したことを申し訳なく思っている。

2. **I really feel bad about taking it out on my wife.**
　妻に八つ当たりしてしまったことを、とても後悔している。
　※take it out on 〜で「〜に八つ当たりする」の意味。

3. **I really feel bad about not inviting her.**
　彼女を招待しなかったことを、心から申し訳ないと思っている。

4. **I felt bad about lying to him.**
　彼にうそをついたことを後悔した。

123

構文 37 〜しておけばよかった。 I should've 〜.

後悔

こんなふうに使います

しなかったことへの後悔の気持ちは、**I should've 〜（動詞の過去分詞形）** で表すことができます。「**〜しておけばよかった**」という意味で、should've は should have の短縮形です。

反対に、してしまったことへの後悔の気持ちは **I shouldn't have 〜（動詞の過去分詞形）** で表します。「**〜するんじゃなかった**」という意味で、shouldn't は should not の短縮形です。

こんなふうに書きます

1. **I should've made a reservation.**
   （乗り物やホテルなどの）予約をしておけばよかった。
   ※美容院や歯科医などの予約は、an appointment とする。

2. **I should've waited one more day.**
   もう1日待てばよかったな。

3. **I should've gone to bed early last night.**
   昨夜は早く寝るべきだったなあ。

4. **I shouldn't have bought it.**
   それを買わなきゃよかった。

5. **I shouldn't have gone out on such a cold day.**
   こんな寒い日に外出するんじゃなかった。

6. **I shouldn't have drunk that much in front of her.**
   彼女の前であんなに飲むんじゃなかったな。

2章：英語日記でよく使う構文

感謝

構文 38 〜に…のことで感謝している。
I thank 〜 for …

こんなふうに使います

「ありがとう」という訳でおなじみの Thank you. ですが、thank はもともと「〜に感謝している」という意味です（過去形は thanked）。thank の後ろに〈人＋ for ＋名詞〉を続けると「人に〜のことで感謝している」、thank の後ろに〈人＋ for ＋動詞の -ing 形〉を続けると「人に〜してもらって感謝している」という意味を表すことができます。

「心から感謝している」と強調する場合は、thank の前に really を入れましょう。

こんなふうに書きます

1. **I thank him for his kindness.**
   彼の親切に感謝している。

2. **I thank her for her consideration.**
   彼女の配慮に感謝している。

3. **I really thank them for their advice.**
   彼らの助言には心から感謝している。

4. **I thank them for giving me this opportunity.**
   このような機会を与えてもらって、彼らに感謝している。

5. **I thank her for helping me with the project.**
   彼女にプロジェクトを手伝ってもらって感謝している。

6. **I thanked her for her help.**
   彼女の手助けに感謝した。

125

構文 39 〜のことで感謝している。
I'm grateful 〜.

感謝

こんなふうに使います

　感謝の気持ちは、構文 38 の I thank 〜 for …（〜に…のことで感謝している）のほかに I'm grateful 〜で表すこともできます。感謝の気持ちを強調したい場合は、grateful の前に so や really を入れましょう。この構文は、次のような形で用います。

- I'm grateful to 〜(人) for …(名詞)　「…のことで〜に感謝している」
  　　　　　　　　　　　　　　　　※ to 〜(人) を省略することもあります。
- I'm grateful to 〜(人) for …(動詞の -ing 形)　「…してくれて〜に感謝している」
- I'm grateful (that) 〜(文)　「〜であることに感謝している」
  　　　　　　　　　　　　「〜で私は幸せ者だ」

こんなふうに書きます

1. **I'm grateful to them for all their support.**
   彼らの支援に感謝している。

2. **I'm grateful to her for telling me the truth.**
   本当のことを教えてくれて、彼女に感謝している。

3. **I'm so grateful to my wife for taking care of me while I was in the hospital.**
   入院中、妻に世話してもらったことを心から感謝している。

4. **I'm really grateful I have hardworking subordinates.**
   よく働く部下がいて、私は本当に幸せ者だ。

2章：英語日記でよく使う構文

構文 40

感謝

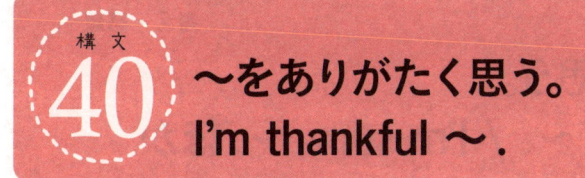

〜をありがたく思う。
I'm thankful 〜.

こんなふうに使います

幸運や恩恵、運命などについて、漠然と**「ありがたく思う」**と書くときは、I'm thankful 〜を使います。感謝の気持ちを強調したい場合は、thankful の前に so や really を入れましょう。この構文は、次のような形で用います。

- I'm thankful for 〜(名詞)　「〜をありがたく思う」
- I'm thankful to 〜(人)　「〜に感謝している」
- I'm thankful to 〜(動詞の原形)　「〜できることをありがたく思う」
- I'm thankful (that) 〜(文)　「〜ということをありがたく思う」

こんなふうに書きます

1. **I'm thankful for my good health.**
   健康でいられることをありがたく思う。

2. **I'm so thankful for a good harvest.**
   豊作で本当にありがたい。

3. **I'm really thankful to all the people who support me.**
   私を支えてくれているすべての人に、心から感謝。

4. **I'm thankful to be friends with her.**
   彼女と友達でいられることを、ありがたく思う。

5. **I'm thankful nothing bad happened today.**
   今日も何事もなく過ごせたことに感謝している。

構文 41 〜だと思う。
I think 〜. / I'm sure 〜. ほか

考え・感想

こんなふうに使います

　以下の構文は、すべて**「〜だと思う」**というときに使います。確信の度合いや根拠のあるなしによって、使い分けましょう。どの構文も、「〜」には思っている内容を文の形で入れます。「〜」の前には、that が省略されています。

- **I think 〜**　「〜だと思う」の最も一般的な語。
- **I'm sure 〜 / I bet 〜**　「きっと〜だ、絶対にそうだ」と自信のある「〜だと思う」。
- **I believe 〜**　ある程度の確信がある「〜だと思う」。
- **I assume 〜**　確証はないものの、事実と推測して「(当然) 〜だと思う」。
- **I guess 〜**　与えられた情報から推測したり、言い当たりするときの「〜だろう (と思う)」。くだけて、I suppose 〜の代わりに用いることもある。
- **I suppose 〜**　確信はないものの、そうだろうと仮定して「(たぶん) 〜だろうと思う、なんとなく〜だと思う」。
- **I feel 〜**　漠然と「〜だと思う・感じる、〜な気がする」。
- **I have a feeling 〜**　「〜な気がする、〜な感じがする」という予感。

こんなふうに書きます

① I don't think he is cut out for the job.
彼はその仕事に向いていないと思う。
※cut out for ～は「(生まれつき)～に向いている」という意味。通常、否定文で用いる。
　I don't thinkの用法については、p. 210を参照。

② I'm sure he will pass the exam.
彼はきっと試験に合格すると思う。

③ I believe she's telling the truth.
彼女は本当のことを言っていると思う。

④ I assume he is under great stress.
たぶん、彼はストレスがかなりたまっているのだろう。

⑤ I guess she's not so interested in sports.
彼女はスポーツにあまり興味がないのだろう。

⑥ I suppose it's going to snow.
雪が降ると思う。

⑦ I feel he's avoiding me.
彼は私のことを避けているような気がする。

⑧ I have a feeling something nice will happen.
何かいいことが起こりそうな気がする。

ポイント

- 「～だと思う」を表す表現はいろいろあり、確信の度合いによって使い分ける。
- 最も一般的な言い方はI think ～。
- どの構文も、「～」には、思っていることを文の形で入れる。

構文 42 〜かなぁ。
I wonder 〜.

考え・感想

こんなふうに使います

自分自身に「〜かなぁ」と問いかけるような**軽い疑問や考え**は、I wonder 〜を用いて表します。

「明日は晴れるかなぁ」や「彼らは疲れていたのかなぁ」というように、yes/noで答えられる疑問を表すときは、**I wonder if 〜（文）** とします。

疑問に思っている内容が理由や時、場所などの場合はI wonder why 〜（どうして〜かなぁ）、I wonder when 〜（いつ〜かなぁ）、I wonder where 〜（どこで〜かなぁ）のように表します。いずれも、〈**I wonder ＋疑問詞＋文**〉で表します。

同じように、「誰に〜かなぁ」はI wonder who 〜で、「何を〜かなぁ」はI wonder what 〜で表します。右ページの❼や❾のように、疑問に思う部分（whoやwhat）が主語になることもあります。

まとめると、以下のような形になります。

- **I wonder if 〜（文）**　「〜かなぁ」
- **I wonder why 〜（文）**　「どうして〜かなぁ」
- **I wonder when 〜（文）**　「いつ〜かなぁ」
- **I wonder where 〜（文）**　「どこで〜かなぁ」
- **I wonder who 〜（文）**　「誰に（誰と、誰を）〜かなぁ」
- **I wonder who 〜（動詞）**　「誰が〜かなぁ」
- **I wonder what 〜（文）**　「何を〜かなぁ」
- **I wonder what 〜（動詞）**　「何が〜かなぁ」
- **I wonder 〜（howで始まる疑問詞＋文）**　「どのくらい〜かなぁ」

こんなふうに書きます

1 **I wonder if** it'll be sunny tomorrow.
明日は晴れるかなぁ。

2 **I wonder if** they were tired.
彼らは疲れていたのかなぁ。

3 **I wonder why** she always acts like that.
彼女はどうしていつもあんな態度なんだろう。

4 **I wonder when** I'll get a raise.
いつになったら昇給するんだろう。

5 **I wonder where** he's from.
彼はどこの出身だろう。

6 **I wonder who** he's seeing.
彼は誰と付き合っているのかなぁ。
※seeは「〜と付き合う・交際する」という意味。

7 **I wonder who** told her that.
誰が彼女にそれを言ったんだろう。

8 **I wonder what** I should get him for his birthday.
彼の誕生日に、何を買ってあげたらいいかなぁ。

9 **I wonder what** would be the best way to solve this problem.
この問題を解決する最善の方法は何かなぁ。

10 **I wonder how old** he is.
彼はいくつだろう。

構文 43 〜するのがいいのかな。
I might as well 〜.

考え・感想

こんなふうに使います

「気は進まないけれどそうするのがいいのかな」、「まあ〜しても悪くないだろう」と自分の気持ちを控えめに表現するときは、I might as well 〜（動詞の原形）を使います。might の代わりに may を使うこともあります。

こんなふうに書きます

① I might as well go with them.
（気乗りしないが）彼らと一緒に行くことにしようかな。

② I might as well take charge of our high school reunion.
（大変そうだけど）高校の同窓会の幹事を引き受けようかな。
※take charge of 〜は「〜の世話を引き受ける」という意味。

③ I might as well ask for his opinion.
彼の意見を聞くだけ聞いてみてもいいか。

④ I might as well save my breath.
（言ってもムダだから）黙っていたほうがいいか。
※save one's breathは「黙っている、余計なことは言わない」という意味。

⑤ I might as well let her study abroad.
（心配だけど）娘に留学させるのも悪くないのかも。

⑥ I might as well sell my car and use car sharing.
（マイカーもいいけれど）車を売ってカーシェアリングを利用するのがいいかな。

構文 44 　それは〜だと感じた。
I found it 〜.

考え・感想

こんなふうに使います

「それは〜だと感じた」、「それは〜だった」と**感想を書く**ときは、**I found it 〜（形容詞または名詞）**で表します。この found は find（〜だと感じる・わかる）の過去形です。

it の代わりにほかの代名詞（him、her など）や具体的な名詞を入れたり、**I found (that) 〜（文）**の形で書いたりすることもできます。

こんなふうに書きます

1. **I found it interesting.**
   それは興味深いと感じた。

2. **I found it a little expensive.**
   少し高いと思った。

3. **I found the class a lot of fun.**
   その授業はとても楽しかった。

4. **I found him friendly.**
   彼は気さくな人だと思った。

5. **I found it impossible to live with him.**
   彼と暮らしていくのは無理だと感じた。

6. **I found she was a sensible woman.**
   彼女は話のわかる人だと思った。

構文 45　Aは思ったほど〜ではなかった。
A wasn't as 〜 as I thought.

考え・感想

こんなふうに使います

想像や期待、予測と比べて**「思ったほど〜ではなかった」**と感想を書くときは、**A wasn't as 〜（形容詞）as I thought** と表します。wasn't は was not の短縮形です。not as 〜 as ... は「…ほど〜でない」という意味で、ここでは「...」に I thought（私が思っていた）を入れて、「思ったほど〜ではなかった」と表しています。

I thought は I expected（期待していた）と入れ替えて、**A wasn't as 〜 as I expected** とすることもできます。

こんなふうに書きます

1. **The movie wasn't as good as I thought.**
   その映画は思ったほどよくなかった。

2. **Okinawa wasn't as hot as I thought.**
   沖縄は思ったほど暑くなかった。

3. **The amusement park wasn't as large as I thought.**
   その遊園地は思ったほど大きくなかった。

4. **The restaurant wasn't as expensive as I thought.**
   そのレストランは思ったほど高くなかった。

5. **The party wasn't as formal as I thought.**
   そのパーティーは思ったほど堅苦しくなかった。

2章：英語日記でよく使う構文

考え・感想

構文 46 Aは思ったより〜だった。
A was 〜 than I thought.

こんなふうに使います

　想像や期待、予測と比べて「思ったより〜だった」と感想を書くときは、A was 〜（形容詞の比較級）than I thought と表します。〈形容詞の比較級＋than ...〉は「…より（もっと）〜だ」という意味で、ここでは「...」にI thought（私が思っていた）を入れて、「思ったより〜だった」と表しています。
　I thought は I expected（期待していた）と入れ替えて、A was 〜 than I expected と表すこともできます。
　また、A was much 〜 than I thought とすると、「思ったよりずっと〜だった」と強調することができます。A was very 〜 than I thought（×）とは言えないので、注意してください。

こんなふうに書きます

1. **Her new house was larger than I thought.**
　彼女の新居は思ったより大きかった。

2. **The exhibition was more crowded than I thought.**
　展覧会は思ったより混んでいた。

3. **Their prices were lower than I thought.**
　その店の価格は思ったより安かった。

4. **His new book was less interesting than I thought.**
　彼の新刊は思ったより面白くなかった。

5. **Finland was much colder than I thought.**
　フィンランドは思ったよりずっと寒かった。

構文 47 ～は…に違いない。
～ must be ... / ～ must ...

断定・推量

こんなふうに使います

現在または未来のことについて、確固たる証拠はないもののおそらく間違いないだろうという**確信のある事柄**は、**～ must be ...**（名詞、形容詞、動詞の-ing形）または **～ must ...**（動詞の原形）で表すことができます。

この must は**「きっと…なはずだ、…に違いない」**という意味です。「...」に動詞の原形が入るパターンでは、通常、know（～を知っている）や love（～を愛している、～を気に入っている）などの**状態を表す動詞**が入ります。

なお、**「～は…ではないはずだ、～は…であるはずがない」**は、**～ can't be ... / ～ can't ...** で表します。must の否定形 mustn't は「～してはいけない」という禁止の意味なので、注意しましょう。

こんなふうに書きます

1. **They must be brothers.**
彼らはきっと兄弟だろう。

2. **He must be stressed.**
彼はストレスがたまっているに違いない。

3. **He must know me.**
彼は私のことを知っているはずだ。

4. **She must still love him.**
彼女は今でもきっと彼のことを愛しているのだろう。

5. **It can't be true.**
それは本当であるはずがない（＝そんなはずはない）。

構文 48 〜は…だったに違いない。
〜 must've been ... / 〜 must've ...

断定・推量

こんなふうに使います

　過去のことについて、確固たる証拠はないもののおそらく間違いないだろうという確信のある事柄は、〜 must've been ...（名詞、形容詞）または 〜 must've ...（動詞の過去分詞形）で表します。「〜はきっと…だったのだろう、〜は…だったに違いない」という意味です。must've は must have の短縮形で、[マスタヴ] のように発音します。

　なお、「〜は…ではなかったはずだ、〜は…であったはずがない」は、〜 can't have been ... / 〜 can't have ... で表します。can't を couldn't としても同じ意味です。

こんなふうに書きます

1. **He must've been a teacher before.**
   彼は以前、教師だったに違いない。

2. **Her necklace must've been expensive.**
   彼女が着けていたネックレスは高価なものに違いない。

3. **He must've graduated from a prestigious university.**
   彼は名門大学の出に違いない。
   ※prestigious は「権威のある」という意味。

4. **They must've broken up.**
   彼らはきっと別れたのだろう。

5. **It can't have been a real diamond for that price.**
   その値段では、本物のダイヤモンドだったとは考えられない。

構文 49 〜は(もしかしたら)…かもしれない。
〜 might ...

推量

こんなふうに使います

　現在または未来のことについて、自信がないながらもその可能性があると推量するときには、**〜 might ...(動詞の原形)**で表します。
　この might は「**(もしかしたら)…かもしれない**」という意味です。might は may (…かもしれない) の過去形ですが、過去の意味を表すわけではなく、might と may のどちらを使っても意味の差はあまりありません。
　「**…ではないかもしれない**」という否定の文は、**〜 might not ...** か **〜 may not ...** で表します。

こんなふうに書きます

1. **It might snow tomorrow.**
   明日は雪が降るかもしれない。

2. **My daughter might give me some chocolate on Valentine's Day.**
   娘がバレンタインデーにチョコをくれるかもしれない。

3. **There might be a better way.**
   もっとよい方法があるかもしれない。

4. **He might not like me.**
   彼は私のことが好きじゃないのかもしれない。

5. **I might not be able to get a seat if I don't hurry.**
   急がないと席が取れないかもしれない。

2章：英語日記でよく使う構文

構文 50　〜は(もしかしたら)…だったのかもしれない。
〜 might have ...

推量

こんなふうに使います

過去のことについて、その可能性があったかもしれないと推量するときには、〜 might have ...(動詞の過去分詞形)で表します。「〜は（もしかしたら）…だったのかもしれない」という意味です。構文 49 の〜 might ... と同様、might の代わりに may を用いることもできます。

「〜は(もしかしたら)…ではなかったのかもしれない」という否定の文は、〜 might not have ... や 〜 may not have ... で表します。

こんなふうに書きます

1. **I might have insulted her.**
   彼女を傷つけてしまったかもしれない。
   ※insultは「〜を侮辱する」という意味。

2. **He might have known everything.**
   彼はすべて知っていたのかもしれない。

3. **She might have been at the concert, too.**
   彼女もそのコンサートに行っていたのかもしれない。

4. **He might have spent a lot of time on that.**
   彼はそのためにかなりの時間を費やしたのかもしれない。

5. **Something might have happened to her.**
   彼女に何か起きたのかもしれない。

6. **He might not have said that.**
   彼はそうは言わなかったのかもしれない。

139

構文 51 まるで〜のようだった。
It was like 〜.

印象

こんなふうに使います

見たものや聞いたこと、出来事などについて、「まるで〜のようだった」と何かに例えながら印象や感想を書くときは、**It was like 〜（名詞または動詞の -ing 形）**が便利です。この like は「〜のような」という意味です。「〜」に名詞を入れると**「まるで〜のようだった」**、「〜」に動詞の -ing 形を入れると**「まるで〜しているかのようだった」**となります。like の前に just を置いて It was just like 〜とすると、「まさに〜のようだった」と強調することができます。

こんなふうに書きます

1. **It was like a dream.**
   まるで夢のようだった。

2. **It was just like a movie.**
   まさに映画のようだった。

3. **It was like a maze.**
   まるで迷路のようだった。
   ※maze は「迷路」の意味。

4. **It was like listening to foreign music.**
   まるで外国の音楽を聞いているかのようだった。

5. **It was like being in New York.**
   まるでニューヨークにいるかのようだった。

6. **It was like relaxing in my own living room.**
   まるで自分の家の居間でくつろいでいるかのようだった。

2章：英語日記でよく使う構文

構文 52 〜によると…
According to 〜, ...

伝聞

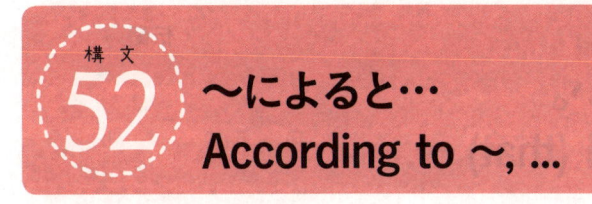

こんなふうに使います

According to 〜, ... は、聞いた内容を情報源を明確にして表すときに使う構文です。通常、文頭に置きます。「〜」には、天気予報、新聞、文献、テレビ、ラジオ、調査結果、人など、情報源となるものが入ります。**「〜によると…らしい、〜が…と言っていた」** というニュアンスです。

こんなふうに書きます

1. **According to the weather forecast, it'll be cloudy tomorrow.**
   天気予報によると、明日は曇りのようだ。

2. **According to her, grapefruit is good for burning body fat.**
   彼女によると、グレープフルーツは脂肪燃焼に効くらしい。

3. **According to statistics, business picks up at this time every year.**
   統計によると、毎年この時期に景気がよくなるらしい。
   ※statisticsは「統計」の意味。

4. **According to the salesperson, it's the best-selling item at their shop.**
   その店ではそれが一番売れていると、店の人が言っていた。

5. **According to Shelly, David is making plans to open a restaurant.**
   デイビッドがレストランをオープンする予定だと、シェリーが言っていた。

構文 53 〜らしい。
I heard (that) 〜.

伝聞

こんなふうに使います

耳にしたことを述べるときは、I heard (that) 〜（文） を用います。構文 52 の According to 〜, ...（〜によると…）は情報源を明確に示すのに対し、この構文は、聞いた内容だけを表します。heard は hear（〜を耳にする、〜を聞く）の過去形で、〜には、聞いた内容を文の形で入れます。that は省略しても OK です。

文法的には、that 以下の文は、I heard 〜 という過去形の文に時制を一致させます（時制の一致については、p. 75 を参照）。つまり、it will be 〜 や she has 〜 といった文が続く場合は、it would be 〜 や she had 〜 と過去形にするわけです。ただ、実際には時制の一致を無視するネイティブ・スピーカーも多いようです。また、I heard 〜 は I hear 〜 と現在形で表すこともあり、この場合、時制の一致は受けません。

こんなふうに書きます

1. I heard their sweets were〈are〉really good.
   その店のスイーツはすごくおいしいらしい。

2. I heard his son entered A University.
   彼の息子さんが A 大学に入学したそうだ。

3. I heard there would〈will〉be a convenience store across the street.
   道路の向かい側にコンビニができるらしい。

4. I heard the amount of cedar pollen in the air this spring was〈is〉expected to be the highest ever.
   この春のスギ花粉の量は、過去最高になるようだ。

2章：英語日記でよく使う構文

構文 54 〜だといううわさだ。
Rumor has it that 〜.

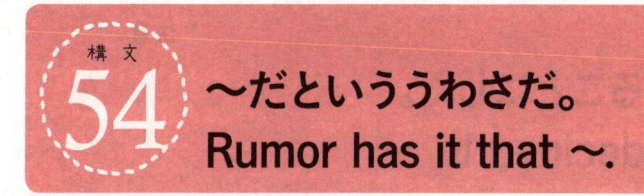

伝聞

こんなふうに使います

Rumor has it that 〜(文) は、構文 53 の I heard (that) 〜（〜らしい）と同じく、耳にしたことについて書くときに使います。**「〜だといううわさだ、〜だとうわさで聞いた、うわさでは〜らしい」**というニュアンスです。There's a rumor that 〜 や The rumor is that 〜 と表すこともあります。

こんなふうに書きます

1. **Rumor has it that the store will be closed.**
   あの店は閉店するといううわさだ。

2. **Rumor has it that Yamada-san is moving to Hokkaido.**
   うわさでは、ヤマダさんは北海道へ引っ越すらしい。

3. **Rumor has it that Mamoru became a professor.**
   マモルが教授になったといううわさを耳にした。

4. **Rumor has it that Mi-chan built a mansion.**
   みいちゃんが豪邸を建てたと、うわさで聞いた。
   ※mansion は「大邸宅」という意味。

5. **Rumor has it that Ms. Sato is in the hospital.**
   サトウ先生が入院しているといううわさだ。

6. **Rumor has it that Ikumi is getting married in September.**
   イクミが 9 月に結婚する予定だと、うわさで聞いた。

構文 55 〜することにした。
I've decided to 〜.

決意

こんなふうに使います

「〜することにした」という**決断**は、**I've decided to 〜（動詞の原形）**で表します。**I decided to 〜**と過去形で表しても構いません。

「〜しないことにした」と否定文にする場合は、notの位置に注意が必要です。**I've decided not to 〜（動詞の原形）**のように、**notをtoの前**に置きます。

いずれの場合も、on second thought（いろいろ考えて、考え直した結果）や in the end（結局、最終的には、なんだかんだ言ってやっぱり）などのフレーズを加えてもよいでしょう。

こんなふうに書きます

1. **I've decided to tell her how I feel.**
   彼女に思いを伝えることにした。

2. **I've decided to take over my father's business.**
   父の商売を継ぐことにした。

3. **I've decided to drive to Osaka.**
   車で大阪に行くことにした。

4. **On second thought, I've decided to accept the transfer to Tokyo.**
   いろいろ考えて、東京への赴任を受け入れることにした。

5. **In the end, I've decided not to quit my job.**
   結局、仕事を辞めないことにした。

2章：英語日記でよく使う構文

構文 56 何があっても〜するぞ。
No matter what, I will 〜.

決意

こんなふうに使います

「何があっても〜するぞ」という**強い意志**は、**No matter what, I will 〜（動詞の原形）**で表します。No matter what は No matter what happens（何が起きても、どんなことがあっても）を短くした形です。

「何があっても〜しないぞ」という否定は、**No matter what, I will not 〜（動詞の原形）**で表します。No matter what, I will never 〜（動詞の原形）のように not を never にすると、「何があっても絶対に〜しないぞ」という強い意志をさらに強調できます。

こんなふうに書きます

1. **No matter what, I will stand by him!**
   何があっても彼の味方をする！

2. **No matter what, I will love her forever.**
   何があっても彼女を一生愛し続ける。

3. **No matter what, I will become a lawyer.**
   何があっても弁護士になるぞ。

4. **No matter what, I will lose 10kg!**
   何がなんでも10キロやせるぞ！

5. **No matter what, I will never lose to him!**
   何があってもあいつには絶対に負けないぞ！

145

構文 57 〜するために、〜しに (in order) to 〜

目的

こんなふうに使います

「すしを食べに築地へ行った」の「すしを食べに」のような、「〜しに、〜するために」という目的は、to 〜（動詞の原形）または in order to 〜（動詞の原形）で表します。in order to 〜のほうが「〜するために」という意味が強調され、また、少しかしこまった響きがあります。

こんなふうに書きます

1. **I went to Tsukiji to eat sushi.**
   すしを食べに築地へ行った。

2. **I went to Denver to see Peggy.**
   ペギーに会いにデンバーへ行った。

3. **I went to the library to return the books.**
   本を返却しに図書館へ行った。

4. **My boyfriend called me to say he loves me.**
   好きだよと言うために、彼氏が電話をくれた。

5. **I stopped by the gas station to check the air pressure of the tires.**
   タイヤの空気圧をチェックするために、ガソリンスタンドに寄った。

6. **I sold my car in order to save money.**
   お金をためるために車を売った。

構文 58 〜で、〜のせいで、〜のため
because of 〜 / due to 〜

【原因・理由】

こんなふうに使います

「雨で試合が延期になった」の「雨で」のような、「〜で、〜のせいで、〜のため」といった原因や理由は、because of 〜（名詞）または due to 〜（名詞）で表します。

どちらも同じ意味ですが、because of 〜はより口語的なニュアンスで、どんな状況でも使うことができます。一方、due to 〜は、交通機関の遅延理由や会議に出席できなかった理由など、よりかしこまった状況を表すときに使います。

こんなふうに書きます

1. **The game was postponed because of the rain.**
   雨で試合が延期になった。

2. **I was late because of him.**
   彼のせいで遅刻しちゃった。

3. **We lost the match because of me.**
   私のせいで試合に負けちゃった。

4. **The train stopped for about 30 minutes due to the earthquake.**
   地震のため、電車が30分ほど運転を見合わせた。

5. **I couldn't attend the meeting due to other commitments.**
   ほかに約束があったため、会議に出席できなかった。
   ※commitmentは「(破れない)約束」という意味。

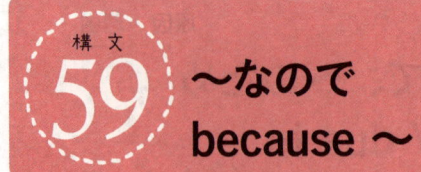

構文 59 〜なので
because 〜 / as 〜 / since 〜

原因・理由

こんなふうに使います

「疲れていた<u>ので</u>、1日中家にいた」のように**「〜なので」と理由を表すとき**は、because 〜(文)、as 〜(文)、since 〜(文)で表します。

because 〜は、理由を強調した表現です。文の後半に置くのが一般的で、**結果を表す文の直後に because 〜を続けます**(右の例文 ❶ 〜 ❸ 参照)。because 〜の前にコンマは不要です。ちなみに、会話では、理由を尋ねる疑問文に対する答えはBecause で始めるのが一般的です(例:Why are you mad at him? [どうして彼のこと怒ってるの?] → Because he forgot my birthday. [だって私の誕生日を忘れてたんだもん])。

as 〜と since 〜も同じく理由を表すときの表現で、こちらは**文頭に置くのが一般的**です(右の例文 ❹ 〜 ❼ 参照)。As 〜, や Since 〜, のように、**理由を表した後にコンマを置いてから結果を続けます**。

as 〜には「〜なため」といった、ややフォーマルな響きがあります。since はどのような状況でも使える表現で、特にアメリカ英語でよく使われます。

2章：英語日記でよく使う構文

こんなふうに書きます

1. **I stayed home all day because it was too hot.**
暑かったので、一日中家にいた。

2. **I broke up with him because he cheated on me.**
彼が浮気をしたので別れた。
※cheat on 〜は「〜を裏切って浮気をする」の意味。

3. **I did all the household chores today because it was my wife's birthday.**
妻の誕生日だったので、今日は家事を全部私がやった。
※do the household choresは「家事雑用をする」という意味。choreは[チョア]のように発音。

4. **As the plane was delayed, I missed the meeting.**
飛行機が遅延したため、会議に出席できなかった。

5. **As the party was canceled, we had some free time.**
パーティーが中止になったため、自由時間ができた。

6. **Since I was full, I gave my dessert to Julia.**
おなかがいっぱいだったので、デザートをジュリアにあげた。

7. **Since it was expensive, I decided not to buy it.**
高かったので、買わないことにした。

ポイント

- 理由は because 〜（文）、as 〜（文）、since 〜（文）で表す。
- because 〜は、結果を表す文の直後に続けるのが一般的。
- as 〜、since 〜は文頭に置くことが多い。

149

構文 60 〜して（感情の原因） to 〜

原因・理由

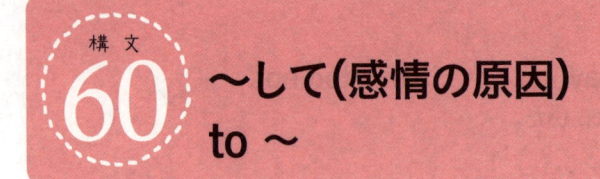

こんなふうに使います

「お会いできてうれしかったです」のように、「〜して（うれしかった、驚いた、がっかりしたなど）」という感情の原因は、to 〜（動詞の原形）で表します。

こんなふうに書きます

1. **I was happy to meet her.**
   彼女に会えてうれしかった。

2. **I was sad to lose the key ring Aki gave me.**
   アキがくれたキーホルダーをなくして悲しかった。

3. **I was surprised to hear his mother went to New York by herself.**
   彼のお母さんが１人でニューヨークへ行ったと聞いて驚いた。

4. **I was disappointed to hear they lost the game.**
   彼らが試合に負けたと聞いてがっかりした。

5. **I was so excited to shake hands with Maria Sharapova.**
   マリア・シャラポワと握手してすごく興奮した。

6. **I was upset to learn he quit his job.**
   彼が会社を辞めたと知って動揺した。

2章：英語日記でよく使う構文

忙しい

構文 61　〜で忙しい。
I'm busy 〜.

こんなふうに使います

忙しい理由について書くときは、I'm busy 〜を使って、次のように表します。

● I'm busy with 〜(名詞)　「〜で忙しい」
● I'm busy 〜(動詞の -ing 形)　「〜するのに忙しい、忙しく〜している」

　一日を振り返って、「今日は〜で(〜するのに)忙しかった」と日記に書くなら、I was busy with 〜または I was busy 〜ing と過去形で表します。「ここのところ〜で(〜するのに)忙しい」のように、忙しさが続いていることを強調する場合は、現在完了形を使って、I've been busy with 〜または I've been busy 〜ing と表しましょう。

こんなふうに書きます

1. **I'm busy with the housework.**
   家事で忙しい。

2. **I'm very busy with my club activities.**
   部活動ですごく忙しい。

3. **I was busy with the report all day today.**
   今日は1日中、報告書（を書くこと）で忙しかった。

4. **I've been busy packing my suitcase.**
   ここのところ、旅行の荷造りで忙しい。

5. **We've been really busy preparing for our wedding.**
   ここのところ、結婚式の準備ですごく忙しい。

151

構文 62 〜のせいで忙しい。
〜 keeps me busy.

忙しい

こんなふうに使います

〜（名詞）keeps me busy は、忙しい理由を主語にした構文です。I が主語の文が続いて日記が単調になったときは、こうした構文を使ってみるのもいいでしょう。

〜には、「人」と「物」のどちらも入れることができます。人の場合は「〜のせいで忙しい、〜の世話で忙しい」、物の場合は「〜で忙しい」というニュアンスです。〜に入る名詞が複数形の場合は、〜 keep me busy としましょう。

一時的に忙しいなら、〜 is〈are〉keeping me busy と現在進行形で表します。「〜で忙しかった」と過去のことについて書くなら、〜 kept me busy と keep を過去形(kept)にします。

こんなふうに書きます

1. **My job keeps me busy.**
   仕事で忙しい。

2. **Housework keeps me busy every day.**
   毎日、家事で忙しい。

3. **My grandchildren keep me busy.**
   孫たちの世話で忙しい。

4. **My farm work is keeping me very busy.**
   農作業でとても忙しい。

5. **PTA meetings kept me busy last year.**
   去年は PTA の会合で忙しかった。

構文 63 あまりに…だったので〜できなかった。
A was too ... to 〜.

不可能

こんなふうに使います

「Aがあまりに…だったので〜できなかった」と書くときは、A was too …（形容詞） to 〜（動詞の原形）を使います。直訳すると「Aは〜するには…過ぎた」ですが、これで「〜できなかった」という否定の意味を表します。

また、to 〜の前に〈for＋人〉を入れると、「（人）にとってAはあまりに…だったので、〜できなかった」という意味を表せます（例文 ⑤ 参照）。

こんなふうに書きます

① I was too tired to cook tonight.
今夜はあまりに疲れていて、料理できなかった。

② We were too busy to see each other last month.
先月は、お互い忙しすぎて会えなかった。

③ I was too sleepy to go walking this morning.
今朝はあまりに眠くて散歩に行けなかった。

④ The chair was too dirty to sit on.
そのいすは、あまりに汚れていて座れなかった。

⑤ The jeans were too tight for me to wear.
そのジーンズは、私にはきつくてはけなかった。

構文 64 〜できなかった。
I couldn't 〜.

不可能

こんなふうに使います

「〜できなかった」は、I couldn't 〜（動詞の原形）で表します。couldn't は could not の短縮形で、could は can（〜できる）の過去形です。

「予定していたり、そうしたいと思っていたもののできなかった」ことは、I was going to 〜, but I couldn't.（〜するつもりだったけど、できなかった）、あるいは、I wanted to 〜, but I couldn't.（〜したかったけれど、できなかった）で表しましょう。いずれも、couldn't の後には do it が省略されています。

こんなふうに書きます

1. **I couldn't get the ticket.**
   チケットが取れなかった。

2. **I couldn't sing very well.**
   あまりうまく歌えなかった。

3. **I couldn't explain it well.**
   うまく説明できなかった。

4. **We couldn't get in the art museum because it was closed.**
   閉まっていたので、美術館の中に入ることができなかった。

5. **I was going to answer all the questions, but I couldn't.**
   すべての問題を解くつもりだったけど、できなかった。

6. **I wanted to see the polar bears, but I couldn't.**
   シロクマが見たかったけど、見られなかった。

2章：英語日記でよく使う構文

構文 65 〜する余裕がない。 I can't afford 〜.

不可能

こんなふうに使います

「(時間的、金銭的に)〜する余裕がない」と書きたいときは、I can't afford 〜で表します。〜には名詞または〈to ＋動詞の原形〉が入ります。〜に入るのが名詞の場合でも、日本語に訳すときは動詞を補った形で考えると自然です。例えば、I can't afford a new car. は直訳すると「新車の余裕がない」ですが、「新車を買う余裕がない」のように「〜を買う」を補った訳にするとわかりやすくなります。

また、状況によっては「〜は許されない」や「〜するわけにはいかない」というニュアンスにもなります(例文 ❹ ❺)。to の前に not を入れて I can't afford not to 〜(動詞の原形)とすると、「〜しないわけにはいかない」という意味になります。

こんなふうに書きます

① **I can't afford** a new PC.
新しいパソコンを買う余裕がない。

② **I can't afford** to buy a house.
一軒家を買う余裕がない。

③ **I can't afford** time to travel.
旅行に行く時間がない。

④ **I can't afford to** fail on this project.
この企画で失敗は許されない。

⑤ **I couldn't afford not to** accept the conditions.
その条件をのまないわけにはいかなかった。
※acceptは「〜を受け入れる」という意味。

構文 66 〜は…が上手だ。
〜 is good at ...

得意

こんなふうに使います

人の趣味や特技などについて**「〜は…が上手だ、〜は…が得意だ」**と書くときは、**〜(人) is good at ...(名詞または動詞の -ing 形)** で表します。

「…がとても上手だ・かなり得意だ」と強調するときは、〜 is really good at ... や 〜 is great at ... としましょう。

反対に**「〜は…が上手ではない」**なら、**〜 isn't so good at ...** で表すことができます。so は、very としても構いません。また、〜 is poor at ... とすると、「〜は…が下手だ」という直接的な表現になります。

こんなふうに書きます

1. **Nobuko is good at cooking.**
   ノブコは料理が上手だなぁ。

2. **Masako is really good at drawing.**
   マサコは絵を描くのがとてもうまい。

3. **Tetsu is good at all sports.**
   テツはスポーツ万能だ。

4. **Naomi is great at impressions of celebrities.**
   ナオミは芸能人の物まねがすごく上手だ。

5. **I'm not so good at singing karaoke.**
   私はカラオケがあまり得意じゃない。

2章：英語日記でよく使う構文

構文 67 〜しやすかった。
It was easy to 〜.

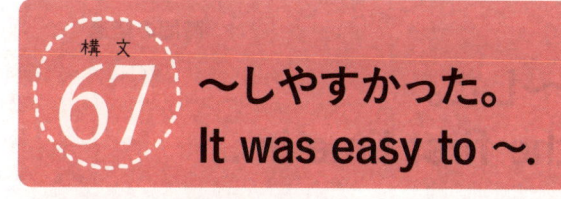

容易

こんなふうに使います

「〜しやすかった、〜するのは容易だった」と書くときは、**It was easy to 〜（動詞の原形）**と表します。反対に「**〜しづらかった、〜するのは大変だった**」と書きたいなら、**It was hard to 〜（動詞の原形）**とします。

日記を書いているときにそう感じているなら、It's easy〈hard〉 to 〜のように現在形で表します。It の部分は、具体的な名詞や人にしても OK です。

こんなふうに書きます

1. **It was easy to use.**
   使いやすかった。

2. **It was easy to understand.**
   わかりやすかった。

3. **It was easy to remember.**
   覚えやすかった。

4. **Michelle's English is easy to understand.**
   ミッシェルの英語はわかりやすい。

5. **Kaoru is easy to talk to.**
   カオルは話し掛けやすい人だ。

6. **His house was hard to find.**
   彼の家は見つけるのが大変だった。

構文 68　…ぶりに〜した。
I 〜 for the first time in ...

時間の経過

こんなふうに使います

久しぶりにした行動について書くときは、I 〜 for the first time in ... と表します。「〜」には動詞の過去形を、「...」にはどのくらい久しぶりなのかを表す期間を入れます。

for the first time は「初めて」という意味です。この構文からもわかるように、英語では「〜ぶりに」を、for the first time in ...（…の期間で初めて）と表現します。「2年ぶりに」なら for the first time in two years（2年間で初めて）という具合です。「久しぶりに」と書く場合は、「長い間で初めて」と考えて、for the first time in ages とします。ages は「長い間」という意味で、an age や a long time としても OK です。

これからする事柄について「…ぶりに〜する」と書く場合は、I'm going to 〜（動詞の原形）for the first time in ... / I'm 〜ing for the first time in ... で表しましょう。

こんなふうに書きます

1. **I did my laundry for the first time in three days.**
   3日ぶりに洗濯した。

2. **I had okonomiyaki for the first time in two months.**
   2カ月ぶりにお好み焼きを食べた。

3. **My husband and I ate out for the first time in a month.**
   ダンナと1カ月ぶりに外食した。

4. **I took my children to Disneyland for the first time in five years.**
   子どもたちを5年ぶりにディズニーランドへ連れて行った。

5. **I listened to Shania Twain's CD for the first time in ages.**
   久しぶりにシャナイア・トゥエインのCDを聞いた。

6. **My co-workers and I went bowling for the first time in a few years.**
   同僚たちと数年ぶりにボウリングをしに行った。

7. **I'm meeting Diane this weekend for the first time in ten years.**
   今週末、10年ぶりにダイアンに会う。

ポイント

- ■「…（期間）ぶりに」は for the first time in ... で表す。
- ■「...」には two years（2年）、five months（5カ月）などが入る。
- ■「久しぶりに」は、for the first time in ages で表す。

時間の経過

構文 69 …して以来、〜(期間)になる。
It's been 〜 since …

こんなふうに使います

　過去を振り返り、「(ある時から)〜の期間がたつなぁ」と懐かしく思ったり、時の早さに驚いたりしたことを日記に書くときは、It's been 〜 since … で表します。It's been 〜 は It has been の短縮形で、「〜」にどのくらい時間がたったのかを表す語句を入れると、「〜の期間になる、〜の時がたつ」という意味を表せます。

　since … は「…(して)以来」という意味です。… には普通、過去形の文を入れますが、graduation（卒業）のように名詞が入ることもあります（右ページの例文 ❻ 参照）。

　「…して以来、明日で〜(期間)になる」と書く場合は、It'll be 〜 tomorrow since … としましょう。

2章：英語日記でよく使う構文

こんなふうに書きます

1. **It's been** three years **since** we started seeing each other.
   私たちが付き合い始めて3年になる。

2. **It's been** 30 years **since** we got married.
   結婚して30年になる。

3. **It's been** a year **since** I quit smoking.
   禁煙して1年になる。

4. **It's been** almost 15 years **since** we moved here.
   ここに引っ越してきて15年近くになる。

5. **It's been** only eight months **since** I started working for this company.
   この会社で働き始めて、まだ8カ月だ。

6. **It's** already **been** 40 years **since** graduation.
   卒業してもう40年になる。

7. **It'll be** five years **tomorrow since** I opened my restaurant.
   レストランを開店して、明日で5年になる。

ポイント

- It's been 〜の「〜」には、どのくらい時間がたったかを表す語句を入れる。
- since の後には、過去形の文を続ける。
- since の後に名詞を続けてもよい。

構文 70 ここ〜(期間)…していないなぁ。
It's been 〜 since I last …

時間の経過

こんなふうに使います

構文 69 の It's been 〜 since …（…して以来、〜になる）は出来事や行動を起こした日を起点としてその経過を振り返る構文です。一方、It's been 〜 since I last … は最後にその行動をした時点から今までを振り返り、「しばらく…していないなぁ」と書くときの表現です。「…」には行動を動詞の過去形で入れ、「〜」には、その行動をしていない期間を入れましょう。since I last … は「最後に…してから」が直訳で、構文全体で「最後に…してから〜の期間がたつ」、つまり「ここ〜(期間)…していないなぁ」というニュアンスになります。

「私が最後に…してから、明日で〜(期間)になる」と書くなら、It'll be 〜 tomorrow since I last … とします。

こんなふうに書きます

1. **It's been** a few years **since I last** went to the movies.
   ここ2〜3年、映画を見に行ってないなぁ。

2. **It's been** three weeks **since I last** aired my futon.
   ここ3週間、布団を干していないなぁ。

3. **It's been** several years **since my wife and I last** went on a trip.
   ここ数年、妻と旅行に出かけていないなぁ。
   ※個人により感覚の違いはあるものの、several yearsは7〜8年くらいを指す。

4. **It'll be** three months **tomorrow since we last** met.
   私たちが最後に会ってから、明日で3カ月になる。

構文 71 〜し忘れた。／〜のことを忘れてた。
I forgot to 〜. / I forgot about 〜.

忘れたこと

こんなふうに使います

「やろうと思っていたのにし忘れた」ことは、I forgot to 〜（動詞の原形）で表します。forgot to 〜は「〜し忘れた、〜するのを忘れた」という意味です。I forgot 〜ing とすると、「（実際はそれをしたのに）〜した事実を忘れていた」という意味になるので注意しましょう。例えば、I forgot to buy a present for her. なら「彼女へのプレゼントを買い忘れた」ですが、I forgot buying a present for her. なら「彼女へのプレゼントを買ったことを忘れていた」という意味になります。

I forgot about 〜（名詞または動詞の -ing 形）なら、「（うっかりして）〜のことを忘れていた」という意味になります。I totally forgot about 〜や I completely forgot about 〜とすると、「〜のことをすっかり忘れていた」となり、そのことが完全に頭から抜けていた、と強調できます。

こんなふうに書きます

1. **I forgot to** say thank you to Shizuko.
   シズコにお礼を言い忘れた。

2. **I forgot to** take my suit to the cleaners.
   スーツをクリーニング店に出し忘れた。

3. **I forgot to** return the pen to Keita again.
   またケイタにペンを返すのを忘れちゃった。

4. **I forgot about** the three-day weekend!
   3連休だってこと忘れてた！

5. **I totally forgot about** babysitting for my niece on Friday.
   金曜日にめいの子守りをすること、すっかり忘れてた。

構文 72 〜せずにはいられなかった。
I couldn't help 〜ing.

結果

こんなふうに使います

「手伝う」や「助ける」という意味でおなじみの help ですが、I couldn't help 〜（動詞の -ing 形）の形で用いると、「〜せずにはいられなかった、つい〜してしまった、思わず〜してしまった」という意味になります。

少しくだけた表現として、I couldn't help but 〜（動詞の原形）もあります。意味は I couldn't help 〜ing と同じです。

こんなふうに書きます

1. **I couldn't help worrying about her.**
   彼女のことを心配せずにはいられなかった。

2. **I couldn't help telling him about it.**
   思わずそのことを彼に話してしまった。

3. **I couldn't help complaining.**
   つい愚痴を言ってしまった。

4. **I couldn't help boasting that I shook hands with Ryo-kun.**
   リョウくんと握手したことを自慢せずにはいられなかった。

5. **I couldn't help but cry when I saw her photo.**
   彼女の写真を見て、思わず泣いてしまった。

構文 73 結局〜してしまった。
I ended up 〜ing.

結果

こんなふうに使います

　意志や予定に反して「結局〜してしまった」と書く場合は、I ended up 〜（動詞の-ing形）で表しましょう。この構文は、「そうするつもりはなかったのに、誘惑に負けて〜してしまった」「そうするつもりはなかったのに、気が付いたら〜していた」「そうしたくはなかったのに、〜するはめになった」といったニュアンスを含んでいます。

　「結局〜できなかった、結局〜できずじまいだった」は、I ended up not 〜ing で表します。not の位置に注意しましょう。

こんなふうに書きます

1. **I ended up eating too much.**
   結局、食べ過ぎてしまった。

2. **I ended up speaking Japanese at the international party.**
   国際交流パーティーでは、結局、日本語を話してしまった。

3. **I was going to just take a nap but I ended up sleeping until morning.**
   ちょっと仮眠するつもりが、朝まで寝てしまった。

4. **I ended up buying the pot set.**
   結局、その鍋セットを買ってしまった。

5. **I ended up not eating soki-soba in Okinawa.**
   結局、沖縄でソーキそばを食べずじまいだった。

構文 74 ようやく〜に慣れた。
I've finally gotten used to 〜.

慣れ

こんなふうに使います

　今までうまくできなかったことが「慣れてできるようになってきた」ときや、新しい環境に「ようやく慣れた」ときなどには、I've finally gotten used to 〜（名詞または動詞の -ing 形）と書くことができます。I've は I have の短縮形です。「〜」に名詞を入れると「ようやく〜に慣れた」、動詞の -ing 形を入れると「ようやく〜することに慣れた」という意味になります。I finally got used to 〜と過去形を使って表しても OK です。

　「〜に慣れつつある、〜に慣れてきた」と書きたいなら、I'm getting used to 〜 とします。「まだ〜に慣れない」という否定の文は、I haven't gotten used to 〜 yet としましょう。

こんなふうに書きます

1. **I've finally gotten used to my new job.**
新しい仕事にようやく慣れた。

2. **I've finally gotten used to speaking English.**
英語を話すことにようやく慣れた。

3. **I've finally gotten used to commuting by train.**
電車通勤にもようやく慣れた。

4. **I'm getting used to living alone.**
一人暮らしに慣れてきた。

5. **I haven't gotten used to British English yet.**
まだイギリス英語に慣れない。

3章
間違えやすいポイント

英語日記を書く上で間違えやすいポイントを取り上げました。
正しい英文を書くためのヒントが満載です。

ポイント1 食べたものを表すとき

> 例 今日はカレーライスだった。
>
> ✗ Today was curry and rice.
>
> ○ I had curry and rice today.

「イコールで結べるかどうか」がポイント

「今日はカレーライスだった」を訳すと Today was curry and rice. になりそうですが、これは正しい英語ではありません。today（今日）と curry and rice（カレーライス）は**イコールの関係ではない**からです。

下の例文のように、2つのものがイコールの関係になっている場合は、be 動詞（過去形は was、were）でつなぐことができます。それぞれ、today = my birthday、today = my payday、today's dinner = curry and rice という関係が成り立っていますね。

- **Today** was **my birthday**.（今日は私の誕生日だった）
- **Today** was **my payday**.（今日は給料日だった）
- **Today's dinner** was **curry and rice**.（今日の夕食はカレーライスだった）

食べたものは I had 〜 で表す

より自然な英文を目指すなら、**I had** curry and rice today.（今日、カレーライスを食べた）と書いてみましょう。have（過去形は had）は、このように eat（〜を食べる）や drink（〜を飲む）という意味でもよく使われます。eat の過去形 ate を使って、**I ate** curry and rice today. としても OK です。

ちなみに、レストランなどで注文する際、「私はコーヒー」のつもりで I'm coffee.（×）と言うのも誤りです。これでは、I = coffee の関係になってしまいます。この場合は、I'll have coffee.（コーヒーをください）のように言いましょう。

3章：間違えやすいポイント

ポイント 2 天気について書くとき

> 例 今日は雨だった。
>
> ✗ It **was rain** today.
> 　　　　↓
> ○ It **rained** today.

天気は動詞や形容詞で表そう

　天気について表すとき、日本語では、「雨」や「雪」という名詞を使って「今日は雨だった」「明日は雪だ」のように言うことが多いですね。でも、英語では、**rain**（雨が降る）や **snow**（雪が降る）といった動詞をよく使います。

　「今日は雨だった」なら、「今日は雨が降った」と考えて It **rained** today. とします。この it は、**「天候を表す it」**です。

　明日の天気や、日記を書いているとき（現在）の天気について書く場合は、時制を変えて次のように表しましょう。

- It's **going to snow** tomorrow.（明日は雪が降るようだ）
- It's **raining** now.（今、雨が降っている）
- It's **snowing** now.（今、雪が降っている）

　また、**rainy**（雨降りの）や **snowy**（雪の降る）という形容詞を使って、次のように天気を表すこともできます。

- It was **rainy** today.（今日は雨だった）
- It's going to be **snowy** tomorrow.（明日は雪になるだろう）

ポイント3 「〜は親切だ」と書くとき

例 彼は親切だ。

✗ He is kindness.
○ He is kind.

kindness は「親切心」のこと

　和英辞書で「親切」を引くと kindness と載っていることが多いためか、「彼は親切です」を He is kindness. としてしまう人が多いようです。でも、kindness は「親切心、親切な行為」を指す名詞です。人の性格や行動について「親切だ、親切な」と書く場合は、kind（親切な、心優しい）という形容詞を使って、He is kind. とするのが正解です。

　kindness は、下の例文のように「親切心」そのものについて述べるときに使います。kind との違いを感じてみてください。

- Thank you for your kindness.（ご親切にありがとうございます）
- I'll never forget your kindness.（あなたのご親切は、決して忘れません）
- He just did it out of kindness.（彼は親切心からそうしただけだ）

sickness は「病気」そのもの

　同じように、「息子が病気です」は My son is sickness.（×）ではなく、My son is sick. と表します。sickness は「病気」そのものを表す名詞なので、My son is sickness.（×）とすると、「息子が病気そのもの」であるかのように聞こえてしまいます。病気や体調の悪さについて書くときは、sick（病気で、体調を崩して）という形容詞で表しましょう。

ポイント4 「すごく〜」と表すとき

例 ヨシダ課長はすごく怒っていた。

✗ Mr. Yoshida was angry very much.

○ Mr. Yoshida was very angry.

very は形容詞、very much は動詞を修飾

　very と very much を混同している人が少なくないようです。He was angry very much.（×）や I very like it.（×）のような文を見聞きすることがありますが、これらはいずれも誤り。**very が形容詞を修飾**するのに対し、**very much は動詞を修飾**します。〈very ＋形容詞〉と〈動詞＋ very much〉を意識しながら、正しい例文を確認してみましょう。

- He was very angry.（彼はすごく怒っていた）
- It's very cold today.（今日はすごく寒い）
- She's very pretty.（彼女はとてもかわいい）

- I like it very much.（それをすごく気に入った）
- I enjoyed it very much.（すごく楽しかった）
- I regret it very much.（そのことをすごく後悔している）

ポイント5 「がっかりした」と書くとき

例 私はがっかりした。

✗ I was **disappointing**.
　↓
○ I was **disappointed**.

-ed/-ing 形の形容詞を使い分ける

I was disappointed. は「がっかりした」という気持ちを表す表現ですが、I was disappointing. だと「私はほかの人をがっかりさせるような人間だった」という意味になってしまいます。**disappointed は「(人が) がっかりした」、disappointing は「(人を) がっかりさせる」**という意味の形容詞です。一見似ているため、この2つを混同してしまうのも無理はありません。

実は、disappointed は、disappoint（〜をがっかりさせる）という動詞の過去分詞形です。過去分詞形は受け身の意味を表すので、disappointed は「(人が) がっかりさせられた」、すなわち「(人が) がっかりした、失望した」という意味になります。一方、disappoint の -ing 形である disappointing の場合は、「(人を) がっかりさせる、期待外れの」という意味になります。

- The movie **disappointed** me.（その映画は私をがっかりさせた）
  ※この disappointed は動詞 disappoint（〜をがっかりさせる）の過去形。
- I **was disappointed** with the movie.
  （私はその映画にがっかりさせられた＝がっかりした）
- The movie was **disappointing**.
  （その映画は期待外れだった）
- It was a **disappointing** movie.
  （それは期待外れの映画だった）

感情を表すときは -ed 形

このように -ed 形、-ing 形の両方を持つ形容詞は、disappointed/disappointing のほかにもいろいろあります（下の表を参照）。使い分けに迷ったときは、「**-ed 形は、人の感情や気持ちを表す**」「**-ing 形は、人をそのような気持ちにさせる**」と考えましょう。

次の例文で比較してみましょう。

- My children were **tired**.（子どもたちは疲れていた）
- The trip was **tiring**.（その旅行は疲れるものだった）

- I was **surprised** by his letter.（彼の手紙に驚いた）
- The results were **surprising**.（その結果は驚くべきものだった）

- I'm so **excited** about going to Italy.（イタリアへ行くことにワクワクしている）
- His stories are always **exciting**.（彼の話はいつも面白い）

-ed/-ing 形の両方を持つ形容詞

-ed 形（〈人が〉〜した、〜して）	-ing 形（〈人や物事が〉〜な、〜させる）
amazed　驚いた	amazing　驚異的な、驚くべき
bored　退屈した	boring　退屈な
confused　混乱した、まごついた	confusing　混乱させる、人をまごつかせる
disappointed　がっかりした	disappointing　がっかりさせる
embarrased　恥ずかしい	embarrassing　恥ずかしい思いをさせる
excited　ワクワクした	exciting　ワクワクさせる
interested　興味を持っている	interesting　興味深い
shocked　ショックを受けて	shocking　衝撃的な、ショッキングな
surprised　驚いた	surprising　驚くべき
tired　疲れた	tiring　疲れる、面倒な
touched　感動して	touching　感動的な

ポイント6 「〜の…」と表すとき

> 例 仙台の親せきに会いに行った。
>
> ✗ I visited **Sendai's relatives**.
>
> ○ I visited **my relatives in Sendai**.

「仙台の」は前置詞 in で表す

「A の B」と言うときは、**Hitomi's pen** のように、**A's B** の形で表すことができます。ただし、これは A が人や動物で、A が B を所有している場合です。

- my uncle's house（おじの家）
- the cat's tail（その猫のしっぽ）

「仙台の親せき」の場合、Sendai's relatives とすると、「仙台という都市が親せきを所有している」ように聞こえてしまうので、〜's を用いることができません。
「仙台の親せき」のように「〜（場所）にいる・ある」や、「〜（機関など）に所属している」という意味の「〜の」は、**in や at などの前置詞**を使って表しましょう。この場合は、my relatives in Sendai とします。前置詞の使い方は、p. 32 も参考にしてみてください。

- a clock **on** the wall（壁の時計）
- a student **at** G University（G 大学の学生）
- a roof **of** my house（わが家の屋根）

ただし、A に today や next week のような「時」を表す語句が入る場合は、**A's B** の形を使うこともあります。

- today's paper（今日の新聞）
- next week's game（来週の試合）

ポイント7 「私とAさん」を主語にするとき

> 例 私とユミとトシでボウリングをした。
>
> ✗ I, Yumi and Toshi went bowling.
>   ↓
> ○ Yumi, Toshi and I went bowling.

私（I）は主語の最後に置く

「Aさんと私」「私とAさん」「私とAさんとBさん」のように、自分を含む複数が主語になる場合、英語では自分(I)を最後に持ってくるというルールがあります。例えば、「私とユミとトシ」なら「ユミとトシと私」のように順番を入れ替えて、Yumi, Toshi and I とします。and は I の前だけに入れます。同じように、「私と彼」が主語なら、英語では he and I の語順にします。

ちなみに「午後、ミユとテニスをした」という文は、I played tennis with Miyu this afternoon. と表しますが、次の例文のように、主語を Miyu and I にして表すこともよくあります。

● I played tennis with Miyu this afternoon. （午後、ミユとテニスをした）
　→ Miyu and I played tennis this afternoon.

かなりくだけたシーンでは、Me and my brother played tennis today.（今日、弟とテニスをした）のように、I ではなく me を主語にして、さらに me を最初に持ってくる表現が使われることもあります。ただ、皆さんは、〜 and I という基本の表現を覚えておいてくださいね。

ポイント8 「仕事がある」と書くとき

> 例 明日は仕事がある。
>
> ✗ I **have a job** tomorrow.
> ↓
> ○ I **need to work** tomorrow.

「仕事がある」は work で表す

「仕事がある」は I have a job. としたくなるかもしれませんが、これだと、「私には職がある」というニュアンスになってしまいます。「明日は仕事がある」という場合、英語では「明日は働かないといけない」と考えます。「働く」は、**work**(働く、仕事をする)や **go to work**(会社に行く、仕事に行く)で表します。「〜しないといけない」は need to 〜(動詞の原形)や have to 〜(動詞の原形)で表しましょう。

- **I need to work** tomorrow.(明日は働かないといけない)
- **I have to go to work** tomorrow.(明日は仕事に行かないといけない)

job は「仕事、職」という意味の名詞ですが、「働く、仕事をする」という動詞の意味はありません。この点にも注意してください。

名詞 work と job の使い分け

work には「仕事、職」という名詞の意味もあります。そのため、job との使い分けに迷うことがあるかもしれません。名詞の work と job はどちらを使ってもよい場合が多いのですが、**work は数えられない名詞、job は数えられる名詞**というのが大きな違いです。そのため、同じことを表す場合でも **work には a や an を付けませんが、job には a や an が必要です**(文脈によっては the にします)。

では、次のページで例文を見てみましょう。

- 仕事を探している。
    - I'm looking for **work**. / I'm looking for **a job**.
- 仕事（就職先）が見つかった。
    - I got **work**. / I got **a job**.
- 失業中だ。
    - I'm out of **work**. / I'm out of **a job**.
- 仕事で忙しい。
    - I'm busy with **work**. / I'm busy with **the job**.

tough（大変な）、easy（ラクな）などの形容詞を使って表すときも、work には a や an を付けませんが、job には a や an が必要です。

- 大変な仕事
    - tough **work** / **a** tough **job**
- ラクな仕事
    - easy **work** / **an** easy **job**
- やりがいのある仕事
    - challenging **work** / **a** challenging **job**
- 給料のいい仕事
    - high-paying **work** / **a** high-paying **job**

「労働」や「作業」といった意味に主眼を置く場合は、work が使われることが多いです。

- 今日はやるべき仕事がたくさんあった。
    - I had a lot of **work** to do today.
- 仕事がたくさんたまっている。
    - I have a lot of unfinished **work**.
- まだ仕事が終わらない。
    - I haven't finished my **work** yet.

ポイント9 「台所を掃除した」と書くとき

> **例** 台所を掃除した。
>
> ✗ I cleaned **a** kitchen.
> ○ I cleaned **the** kitchen.

a は複数あるものの中の一つを指す

　I cleaned a kitchen. は、文法的には間違いではありません。ただ、a kitchen とすると、聞き手や読み手は「台所が2つ以上ある大きな家に住んでいるんだろうな」と想像します。**a は、複数あるものの中の不特定の一つを指す**からです。

　ですから、台所や車庫など、通常、**家に一つだけあるようなものには the を使いましょう**。「私の」や「わが家の」という気持ちを込めて、I cleaned **my** kitchen. とすることもできます。

　ただし、take a bath（お風呂に入る）や go to bed（就寝する）は例外です。これらのフレーズは、a が付いたり（a bath）、冠詞がなかったり（bed）しますが、セットフレーズとしてこのまま丸ごと覚えてくださいね。

　ちなみに、I fed a hamster.（ハムスターにエサをやった）という文も、少し違和感を与えます。「ほかにもハムスターがいるのに、1匹にしかエサをやらなかった」というニュアンスが出てしまうからです。ハムスターを1匹だけ飼っていて、そのハムスターにエサをやったのであれば、I fed **my** hamster. のように表しましょう。

　a/an や the、my などの使い分けは難しく感じるかもしれませんが、少しずつ英語の感覚に慣れていきましょう。

3章：間違えやすいポイント

ポイント 10 「昼食をとった」と書くとき

例 イタリアンレストランで昼食をとった。

✗ I had a lunch at an Italian restaurant.

○ I had lunch at an Italian restaurant.

have lunch には a/an や the が付かない

　lunch（昼食）や breakfast（朝食）、supper/dinner（夕食）、brunch（遅い朝食、ブランチ）は、いずれも食事を表す語句です。実は、これらの語句は a/an や the（冠詞）を付けずに用いることがよくあります。例えば、「昼食をとった」は had lunch のように表します。また、for breakfast（朝食に）や go out for dinner（夕食に出かける）といったフレーズも、同じく a/an や the が付きません。

- I had a sandwich **for breakfast**.（朝食にサンドイッチを食べた）
- I **went out for dinner** at 7:30.（7時半に夕食に出かけた）

　例文のように、I had a lunch ～（×）とするのは誤りです。〈have ＋食事〉〈for ＋食事〉〈go out for ＋食事〉は日記でよく使うので、このまま覚えておくと便利です。

食事に a/an や the が付く場合

　ただし、「どんな食事だったか」を具体的に表す場合や、「あの時のあの食事」と特定する場合などは、食事を表す語句の前に a/an や the を付けます。

- I had **a big breakfast** this morning.（今朝はたっぷり朝食をとった）
- I had **a light lunch**.（軽い昼食をとった）
- It was **an expensive dinner**.（高級なディナーだった）
- I had **the lunch Keiko made**.（ケイコが作ってくれたお昼ご飯を食べた）
- **The dinner we had at Rouge** was excellent.
（ルージュで食べたあのディナーは素晴らしかった）

ポイント11 交通手段を表すとき

> **例** 今日はマイカーで出勤した。
>
> ✗ I went to work **by my car** today.
>
> ○ I went to work **by car** today.

交通手段は〈by＋名詞の単数形〉

　車や電車、バス、飛行機、自転車といった**交通手段**や、メールや手紙、ファクス、電話といった**通信手段**は、**〈by＋名詞の単数形〉**で表します。このとき、名詞の前に a/an や the、my などは付けません。つまり、「車で」なら by a car（✗）や by my car（✗）ではなく、**by car** となります。車を具体的な物としてではなく、手段として意識しているため、冠詞や代名詞（の所有格）が付かないのです。「マイカーで」は by my car（✗）としたくなるかもしれませんが、これは誤りです。

交通手段・通信手段を表すフレーズ

by car	車で	by air	航空便で
by train	電車で	by mail	郵送で
by bus	バスで	by e-mail	Eメールで
by plane	飛行機で	by fax	ファクスで
by bike	自転車で	by phone	電話で

「マイカーで」と書きたいときは

では、「(ほかの車ではなく)マイカーで」とあえて具体的に書きたいときは、どう表せばよいのでしょうか？ このような場合は、前置詞を by ではなく in にして、I went to work in my car. のようにします。同様に、「2台の車で」なら in two cars です。

また、電車や自転車について具体的に表すときは、on を使います。「9時10分発の電車で」なら on the 9:10 train、「妹の自転車で」なら on my sister's bike となります。

ところで、「徒歩で」はどう表せばよいでしょうか？ この場合は、on を使って on foot と表します。by walk（×）とは言わないので、気を付けましょう。

移動手段を動詞で表すのも◎

そのほか、〈by＋交通手段〉を用いずに、drive（〜を運転する）や ride（〜に乗る）のように移動手段を動詞で表す方法もあり、日常的にはとてもよく使われます。「徒歩」の場合は、walk（歩く）という動詞を使います。

- I went to work **by car** today.（今日は車で出勤した）
  ＝ I **drove (my car)** to work today. ［drove は drive（〜を運転する）の過去形］

- I went to the airport **by train**.（電車で空港まで行った）
  ＝ I **took a train** to the airport. ［took は take（〜に乗る）の過去形］

- I go to school **by bike**.（自転車通学だ）
  ＝ I **ride my bike** to school.
  ＝ I **bike** to school. ［この bike は「自転車で行く」という意味の動詞］

- I went to the station **on foot**.（駅まで歩いて行った）
  ＝ I **walked** to the station.

ポイント 12 ズボンや眼鏡を数えるとき

例 ジーンズを2本買った。

✗ I bought **two** jeans.

○ I bought **two pairs of** jeans.

対になったものは pair of 〜 で数える

　日本語ではジーンズを「1本、2本……」と数えるため、英語でも one jeans（✗）、two jeanses（✗）と表したくなるかもしれません。でも、jeans のように左右一対になっているものは、英語では **pair of 〜** を用いて数えます。ジーンズ1本なら、**a pair of jeans** または **one pair of jeans**。2本なら **two pairs of jeans** と、pair を複数形にします。ほかにも、手袋や靴のようにペアで使う物や、ズボンや眼鏡のように左右が対になっている物は、pair of 〜 を使って数えます（下の表を参照）。

　気を付けたいのは、**これらの名詞は常に複数形になる**ということです。左右一対になっているため、1組の手袋、1足の靴下でも、**a/one pair of gloves**、**a/one pair of socks** のように複数形で表すのです。2組、3組……なら、**two pairs of gloves**、**three pairs of gloves** のように、pair も複数形にします。

　ちなみに、手袋や靴下などの「片方」は、a glove や a sock のように単数形で表します。「手袋を片方なくした」なら、I lost a glove. や I lost one of my gloves. などと書きましょう。

---

pair of 〜を使って表す名詞

pants	ズボン	gloves	手袋
socks	靴下	mittens	ミトン
shoes	靴	glasses	眼鏡
heels	ハイヒール	sunglasses	サングラス
boots	ブーツ	chopsticks	はし

ポイント13 「買い物に行った」と書くとき

> **例** 午後、買い物に行った。
>
> ✗ I went to shopping this afternoon.
> ↓
> ○ I went shopping this afternoon.

「〜しに行く」は go 〜ing

「買い物」は shopping、「〜に行った」は went to 〜。ですから、「午後、買い物に行った」は I went to shopping this afternoon.（✗）としたくなるかもしれません。でも、これは誤りです。**「買い物に行く」は go shopping** と表し、**to は不要**。全体で I went shopping this afternoon. とするのが正解です。**go 〜ing は、「〜しに行く」という表現**です。

ほかにも、go 〜ing で表す表現には次のようなものがあります。

go 〜ing（〜に行く）の例			
go swimming	泳ぎに行く	go hiking	ハイキングに行く
go fishing	釣りに行く	go bowling	ボウリングに行く
go jogging	ジョギングに行く	go camping	キャンプに行く
go skiing	スキーをしに行く	go horseback riding	乗馬をしに行く
go ice-skating	スケートをしに行く		

これらの表現に場所が伴うときは、in や at、on などを使って表します。

- go shopping **in** Shinjuku（新宿へ買い物に行く）
- go shopping **at** the mall（ショッピングセンターへ買い物に行く）
- go fishing **in** the river（川へ釣りに行く）
- go ice-skating **on** the lake（湖にスケートをしに行く）

ポイント 14 「そこへ行く」と表すとき

例 またそこへ行きたいな。

✗ I want to **go to there** again.
 ↓
○ I want to **go there** again.

there や here に to は不要

「〜へ行く＝go to 〜」と覚えている人も多いでしょう。この場合、〜には Kanazawa（金沢）や Florida（フロリダ）などの地名、my sister's house（妹の家）や the temple（そのお寺）などの名詞が入ります。

これと同じように、「そこへ行く」というときにも go to there（×）と to を入れてしまいがちです。でも、**there** は「そ<u>こへ</u>、そ<u>こに</u>」という意味で、**単語の中にすでに「〜へ」「〜に」が含まれています**。そのため、to を付ける必要はなく、go there とするのが正解です。**here**（こ<u>こへ</u>、こ<u>こに</u>）も、「〜へ」「〜に」が意味に含まれているので、come to here（×）ではなく come here のように表します。

「エリコがここに来た」
✗ Eriko **came to here**.
○ Eriko **came here**.

come home と go home にも注意

come home（家に帰って来る）、go home（家に帰る）の **home は「家<u>へ</u>、家<u>に</u>」という意味**。there や here と同じく、home にも「〜へ」「〜に」が含まれています。そのため、come to home（×）や go to home（×）とするのは誤りです。come home / go home は、このままセットで覚えてしまいましょう。

ちなみに、come home（家に帰って来る）と go home（家に帰る）の使い分けはわかりますか？ 家で日記を書くときは、「家に（戻って）来る」と考えて <u>come home</u> を使います。一方、オフィスや滞在先のホテルなど、出先で日記を書くときは、「家に（戻って）行く」と考えて <u>go home</u> を使います。

[家にいる場合]
- I came home late today.（今日は帰宅が遅かった）
- My husband hasn't come home yet.（ダンナはまだ帰宅していない）

[出先の場合]
- I'm going home tomorrow.（明日、家に帰る）
- I wish I could go home early.（あ〜、早く家に帰れたらいいのになぁ）

abroad や overseas も to が不要

「海外へ、海外で」を表す abroad や overseas にも、to や in などの前置詞は不要です。例えば、I want to study abroad.（留学したいな）、I want to live overseas.（外国に住みたいな）という具合です。

ただし、foreign country は「外国、海外」という意味で、「〜へ」「〜に」は含まれていません。従って、この場合は I want to go to a foreign country.（外国に行ってみたいな）のように to を使って表します。

また、「人の家」に行く場合も、go to Naoko's home（ナオコの家に行く）や go to my parents' home（実家に帰る）のように、to を入れて表します。

ポイント15 「～と結婚する」と表すとき

> 例 ハルキがカナコと結婚した！
>
> ✗ Haruki **married with** Kanako!
>   ↓
> 〇 Haruki **married** Kanako!

「～と結婚する」は marry ～

　「～と結婚する」と書くとき、marry with ～（✗）とする人が非常に多いようです。日本語の「～と」を with ～に置き換えているのだと思いますが、この場合は誤りです。**marry は「～と結婚する」という意味**で、すでに「～と」を含んでいるため、直後には「結婚する相手」を続けるだけでよいのです。つまり、「ハルキがカナコと結婚した」なら、Haruki married Kanako. となります。

- I want to **marry** him.（彼と結婚したい）
- Will you **marry** me?（僕と結婚してくれませんか？）
- My sister **married** a doctor.（姉は医者と結婚した）

「結婚する」は get married

　「いつ」「どこで」結婚する（した）のかと具体的に述べる場合は、**get married**（結婚する）というフレーズが便利です。

- They **got married** yesterday.（彼らは昨日結婚した）
- They **got married** in Tahiti.（彼らはタヒチで結婚した）
- When did you **get married**?（いつ結婚したの？）

　「誰と」結婚したのかを表すときは、**get married to ～（人）** とします（with ～は誤り）。例えば、My sister **got married to** her high school sweetheart today.（妹は、高校時代に好きだった人と今日結婚した）といった具合です。

結婚に関するさまざまな表現

　結婚にまつわる表現は、ほかにもあります。be married は「結婚している」という状態を表します。また、marriage は「結婚、結婚生活」という意味の名詞です。

- She's **married**.（彼女は結婚している＝既婚者だ）
- She **was married** until last year.
（彼女は昨年まで結婚していた＝今は離婚して独身だ）
- She's **married** with three children.（彼女は結婚して、子どもが3人いる）
- We've **been married** for two years.（結婚して2年になる）

- We have a happy **marriage**.（結婚して楽しく暮らしている）
- Their **marriage** didn't last long.（彼らの結婚は長くは続かなかった）

　ちなみに、「結婚した」を marriaged（×）と表すミスもよく見聞きします。marriage は「結婚」という意味の名詞であり、動詞ではないので、-d を付けて過去形にすることはできません。注意しましょう。

ポイント 16 「〜日後」の表し方

> 例 2日後にヒロシが遊びに来る。
>
> ✗ Hiroshi is visiting us **after** two days.
>
> ○ Hiroshi is visiting us **in** two days.

「今から〜後」は in で表す

「2日後」は after two days（✗）と表したくなるかもしれません。でも実は、未来のことについて述べるときの「〜後」には、after ではなく in を使います。この in 〜は「今から〜後に、あと〜後に」という意味です。「2日後にヒロシが遊びに来る」は未来の事柄なので、Hiroshi is visiting us in two days. のように in で表すのです。以下の文も見てみましょう。

- The job interview is coming up **in a week**.（1週間後に採用面接がある）
- I can see him **in two hours**!（2時間後に彼に会える！）

一方、after 〜は、ある特定の時を基準にして、「そこから〜後に」という場合に使います。

- I proposed to her six months **after I met her**.
  （出会って半年後に、彼女にプロポーズした）
- Two days **after the job interview**, I got a call from the company.
  （採用面接の2日後、その会社から電話があった）

上の2つの例文は、いずれも「彼女と出会った日」「採用面接の日」という特定の時を基準にして、「それから〜後」を表しています。in と after、それぞれのイメージがつかめたでしょうか？

ポイント17 「〜を教える」と書くとき

> **例** マリコがメールアドレスを教えてくれた。
>
> ✗ Mariko **taught** me her e-mail address.
> ↓
> ○ Mariko **gave** me her e-mail address.

「教える」を表すさまざまな動詞

　日本語の「教える」は、学問や技術などの専門的なことから、メールアドレスや電話番号、店の名前などのちょっとした情報まで、さまざまな「教える」に使うことができますが、英語では使い分けが必要です。

　teach は、学校で教科を教えたり、技術や知識を身に付けさせたり、道理や教訓を悟らせたりするときに使います。

　メールアドレス、店や人の名前といった**情報を教える場合は、give** を使います。例文は「情報を伝える」という意味の「教える」なので、Mariko gave me her e-mail address. と gave（give の過去形）で表すのが正解です。

　口頭で教えてもらったなら、tell（過去形は told）を使って Mariko told me her e-mail address. とすることもできます。一方、**図を描いたり実演したりして教える場合は、show** を用います。例えば、道具の使い方などがわからず、やり方を見せながら教えてもらった場合は、He showed me how to use it.（それの使い方を彼が教えてくれた＝やって見せてくれた）となります。

　tell と show の違いを、もう少し確認してみましょう。「その女性が駅までの道を教えてくれた」という場合、The woman told me the way to the station. なら、口頭で教えてくれたことになります。一方、The woman showed me the way to the station. の場合は、実際に目的地まで案内してもらったり、地図を紙に描いてもらったりしたことを表します。

189

ポイント 18 「〜までに…する」と表すとき

例 10時までにオフィスに行かなきゃ。

✗ I need to be at the office **until** 10:00.

○ I need to be at the office **by** 10:00.

by は「〜までに」、until は「〜までずっと」

　by と until の使い方を混同している人が多いようです。意味が異なる言葉なので、ここでしっかり整理しておきましょう。**by 〜は「〜までに動作を完了すること」**を、**until 〜は「〜までずっと、ある状態が続くこと」**を表します。

　ですから、上の例のように I need to be at the office until 10:00. とすると、「10時までずっとオフィスにいないといけない」という意味になってしまいます。「10時までにオフィスに行かないといけない」と表す場合は、by 〜を使いましょう。

- I need to be at the office **by** 10:00.
  （10時までにオフィスに行かないといけない。
  ＝ 10時までに be at the office ［オフィスにいる］という行為を完了させる）
- I need to be at the office **until** 10:00.
  （10時までずっとオフィスにいないといけない。
  ＝ 10時までずっと be at the office ［オフィスにいる］という状態が続く）

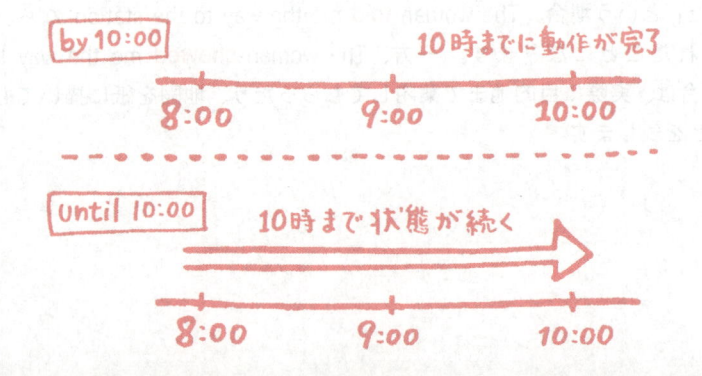

by 10:00　10時までに動作が完了
8:00　9:00　10:00

until 10:00　10時まで状態が続く
8:00　9:00　10:00

by、until と結び付きやすい動詞

　動詞の中には、一般的に by と結び付きやすい動詞、until と結び付きやすい動詞があります。通常、**by** は finish（〜を終える）など**「動作の完了」を表す動詞と結び付きやすく**、**until** は sleep（寝ている）など**「継続する動作や状態」を表す動詞と結び付きます**。

by と結び付きやすい動詞の例		**until と結び付きやすい動詞の例**	
finish	〜を終える	sleep	眠る、寝る
return	〜を返す	stay	滞在する
get to work	出社する	continue	〜を続ける、続く
leave	〜を出発する	wait	待つ
let 〜(人) know	〜に知らせる		

- I need to **finish** my homework **by** 3:00.
   （3時までに宿題を終えないといけない）
- I **stayed** at the hotel **until** October 5.
   （10月5日まで、そのホテルに滞在した）

「〜までに」「〜まで」の関連表現をチェック

　「〜までに」「〜まで」に関連して、次の点も押さえておきましょう。
　まず、「父が帰ってくるまでに」のように、「〜までに」の内容に〈主語＋動詞〉が入る場合は by が使えません。この場合は、**before** または **by the time** を使って、I made dinner **before**〈**by the time**〉my father came home.（父が帰ってくるまでに夕飯を作った）のように表します。一方、until は、「〜まで」の内容に〈主語＋動詞〉が続く場合も使えます。例えば、I slept **until** my husband came back home.（ダンナが帰ってくるまで寝た）という具合です。
　また、until と同じ意味の語に、**till** があります。「until は少し重い響き、till はくだけた響き」と感じるネイティブ・スピーカーもいるようですが、基本的にはどちらを使っても OK です。

ポイント 19 「〜なので」と理由を表すとき

> **例** おなかがすいたので、たい焼きを食べた。
>
> ✗ I was hungry because I ate a taiyaki.
> ○ I ate a taiyaki because I was hungry.

理由は because の「後」に置く

「〜なので…」のように理由と結論を述べるときは、次のように表します。

❶ 結論を表す文＋ because ＋理由を表す文
❷ 理由を表す文＋ so ＋結論を表す文

　because の後には理由を表す文を、so の後には結論を表す文を続けるのがルールです。上の例文で言うと、I was hungry（おなかがすいた）が理由の文、I ate a taiyaki（たい焼きを食べた）が結論の文ですね。この 2 つを正しくつなげると、次のようになります。

❶ I ate a taiyaki because I was hungry.
❷ I was hungry, so I ate a taiyaki.

　because に結論の文を続けたり、so に理由の文を続けたりすると、おかしな意味になってしまいます。例えば I was hungry because I ate a taiyaki.（×）や I ate a taiyaki, so I was hungry.（×）とすると、「たい焼きを食べたので、おなかがすいた」という意味になり、つじつまが合わなくなってしまうのです。

　なお、Because I was hungry, I ate a taiyaki. のように、〈because ＋理由を表す文〉を文頭に持ってきても OK ですが、文の後半に持ってくるほうが一般的です。

ポイント 20 「楽しかった」と書くとき

> 例 楽しかった。
>
> ✗ I enjoyed.
> ↓
> ○ I enjoyed it.

enjoy の後には目的語を入れる

「楽しかった」を I enjoyed.（✗）と表す人がいますが、これは誤りです。**enjoy は「〜を楽しむ」という意味の動詞で、直後に「〜を」にあたる言葉（目的語）を続ける必要がある**からです。

「楽しかった」という日本語には、「何を楽しんだのか」が含まれていません。それでもやはり、enjoyed の後には「〜を」にあたる目的語を入れるのが英語のルールです。I went skiing.（スキーに行ってきた）などの文に「楽しかった」と続ける場合は、スキー（skiing）を代名詞の it に置き換えて、**I enjoyed it.** としましょう。または、I enjoyed myself. のように myself（自分自身）を続けても OK。**enjoy oneself** で**「楽しい時を過ごす、楽しむ」**という意味になります。

ちなみに、レストランで店員が客に料理をサーブする際、Enjoy!（楽しんでくださいね！）とだけ言うことがあります。これは、Enjoy your meal!（お食事を楽しんでくださいね！）の your meal を省略したもので、例外的な使い方です。普段は「enjoy の後には目的語が必要」と覚えておきましょう。

ほかに、**like**（〜が好き）、**love**（〜が大好き）、**hate**（〜が大嫌い）なども**直後に目的語が必要**な動詞です。会話で Do you like it?（これ、好き？）と尋ねられて、Yes, I like.（✗）のように目的語ナシで答えてしまうケースをよく耳にします。この場合は、Yes, I do. または **Yes, I like it.** が正しい表現。これらの動詞を使うときは、特に注意してくださいね。

ポイント21 「〜を借りた」と書くとき

> 例 図書館で小説を借りた。
>
> ✗ I **rented** a novel from the library.
>
> ○ I **borrowed** a novel from the library.

有料か無料かで使い分ける

「〜を借りる」という意味の単語には、borrow と rent の2つがあります。両者の違いは、無料か有料かです。友だちや家族、図書館などから本や物を借りる場合は、**borrow（[無料で]〜を借りる）** を用います。borrow A from B で「B に A を借りる」という意味です。

一方、**rent は「[有料で]借りる」** 場合に使います。例えば、DVD やスキーの板などを店でレンタルしたり、家やマンションなどを家賃を払って借りたりする場合がそうです。こちらも、rent A from B で「B に A を借りる」という意味です。

ちなみに、borrow は「借りて持っていく」ことを前提とする場合に使う単語です。ペンや辞書などを**その場でちょっと借りる**場合や、固定電話やトイレなど備え付けで**持ち運びできないものを借りる**場合は **use** を使います。

また、**「〜を（無料で）貸す」** は、**lend** または **lend out** 〜を使います。lend は、〈lend ＋物＋ to ＋人〉または〈lend ＋人＋物〉で「…に〜を貸す」、lend out 〜は「〜を貸し出す」という意味です。**「〜を（有料で）貸す」** は、**rent out** 〜で表します。

「〜を借りる」「〜を貸す」を表す表現を、例文で確認してみましょう。

- I **borrowed** a book from the library.（図書館で本を1冊［無料で］借りた）
- I **rented** a car for two weeks.（車を2週間［有料で］借りた）
- Can I **use** the bathroom?（お手洗いを借りてもいいですか？）
- I don't want to **lend out** my computer.
  （自分のパソコンを［無料で］貸し出すのはイヤだなぁ）
- I planning to **rent out** my apartment while I work overseas.
  （海外で働く間、マンションを［有料で］貸し出すつもりだ）

borrow
（無料で借りる）

rent
（有料で借りる）

use
（無料で借りて、その場で使う）

ポイント22 「〜を聞いた」と書くとき

> 例 電車で音楽を聞いた。
>
> ✗ I **listened** music on the train.
>
> ○ I **listened to** music on the train.

「〜を聞く」は listen to 〜

　listen は「（注意して）聞く、耳を傾ける」という意味です。「ラジオを聞く」「彼の言葉に耳を傾ける」など、「何を」聞くのか、「何に」耳を傾けるのかは、<u>listen to 〜</u>（〜を聞く）で表します。「ラジオを聞く」なら、**listen to** the radio、「彼の言葉に耳を傾ける」なら、**listen to** his words となります。上の例の「電車で音楽を聞いた」も、I **listened to** music on the train. と、to が必要です。

listen to 〜と hear の違い

　listen to 〜と hear はいずれも「〜を聞く」ですが、**listen to 〜**は自分から聞こうと意識して聞いたり耳を傾けたりする場合に、**hear** は自分の意志とは関係なく自然と耳に入ってくる場合に用います。多くの場合、hear は「〜が聞こえる」というニュアンスで使われます。そのため、hear はうわさを聞いたり、物音が聞こえたりした場合によく使います。下の例文で確認してみてください。

- I enjoyed **listening to** his jokes.（彼の冗談を聞いて、楽しかった）
- I **heard** someone knocking on my door.（誰かがドアをノックするのが聞こえた）

ポイント **23** 「〜が楽しみ！」と書くとき

> 例 （商品を注文して）届くのが楽しみ！
>
> ✘ I'm looking forward to **receive** it!
> ↓
> ○ I'm looking forward to **receiving** it!

look forward to の後は動詞の -ing 形

「to 不定詞」という言葉を耳にしたことがある人も多いと思います。to 不定詞とは〈to ＋動詞の原形〉の形を指し、次の例のようにさまざまな文で使われます。

- I was glad **to meet** him.（彼に会えてうれしかった）
- I have no time **to watch** TV.（テレビを見る時間がない）
- I bought a sewing machine **to make** clothes.（服を作るためにミシンを買った）

　このように、to 不定詞の場合は、to に続く動詞が原形になります。そのため、「〜（すること）を楽しみにする」という意味の look forward to 〜にも動詞の原形を続けてしまう人が多いようです。でも、これは誤り。実は、look forward to 〜の to は不定詞の to ではなく、**前置詞の to** なのです。

　ですから、**look forward to 〜の後には、名詞または動詞の -ing 形が入ります**。この場合の動詞の -ing 形は、「〜すること」という意味の動名詞で、名詞のような働きをします。上の例は、動詞 receive（〜を受け取る）の -ing 形を使って、I'm looking forward to **receiving** it. とするのが正解です。

　ちなみに、「〜（すること）に慣れている」という意味の **be used to 〜**にも注意が必要です。この to もやはり、**to 不定詞ではなく前置詞**。to の後には、名詞または動詞の -ing 形を入れて、次のように表しましょう。

「大都市で運転することに慣れている」
✘ I'm used to **drive** in the big city.
○ I'm used to **driving** in the big city.

ポイント24 「〜を車で迎えに行く」と表すとき

例 仕事の後、彼女を車で迎えに行った。

✗ I **picked up her** after work.
　　　　　↓
◯ I **picked her up** after work.

代名詞を入れる位置に要注意

　pick up は「〜を車で迎えに行く」という意味です。「誰を」迎えに行くのかを明確にする必要がありますが、このときに注意しなければならないのが、「誰を」を入れる位置です。her（彼女を）や him（彼を）、me（私を）のような**代名詞は、pick と up の間に入れます**。つまり、**pick 〜（代名詞）up** という形です。

　一方、「誰を」が my girlfriend（ガールフレンド）といった名詞や Ayaka（アヤカ）など人の名前の場合は、pick 〜 up または pick up 〜 のどちらでも構いません。つまり、「ガールフレンドを車で迎えに行く」なら、pick my girlfriend up と pick up my girlfriend のどちらでも OK です。

　正しい言い回し、間違った言い回しをまとめると、次のようになります。

「彼女を車で迎えに行く」
✗ pick up her
◯ pick her up

「ガールフレンドを車で迎えに行く」
◯ pick up my girlfriend
◯ pick my girlfriend up

「アヤカを車で迎えに行く」
◯ pick up Ayaka
◯ pick Ayaka up

代名詞の位置に注意が必要なフレーズ

　pick up のほか、代名詞の位置に注意が必要なフレーズには次のようなものがあります。

● drop off（〈車から〉〜を降ろす）
　　「彼〈息子〉を駅で降ろした」
　　　✗ I dropped off him at the station
　　　○ I dropped him off at the station.
　　　○ I dropped off my son at the station.
　　　○ I dropped my son off at the station.

● turn on（〜〈テレビなど〉の電源を入れる）
　　「それ〈テレビ〉をつけた」
　　　✗ I turned on it.
　　　○ I turned it on.
　　　○ I turned on the TV.
　　　○ I turned the TV on.

● look up（〜〈単語や電話番号など〉を調べる）
　　「それ〈その単語〉を辞書で調べた」
　　　✗ I looked up it in my dictionary.
　　　○ I looked it up in my dictionary.
　　　○ I looked up the word in my dictionary.
　　　○ I looked the word up in my dictionary.

● put off（〜を延期する）
　　「雨でそれ〈野球の試合〉を延期せざるを得なかった」
　　　✗ We had to put off it because of the rain.
　　　○ We had to put it off because of the rain.
　　　○ We had to put off the baseball game because of the rain.
　　　○ We had to put the baseball game off because of the rain.

　代名詞の位置に注意が必要なフレーズを次ページの表にまとめたので、確認してみてください。

代名詞の位置に注意が必要なフレーズ

carry out	～を実行する	turn down	～（温度や音量など）を下げる
drop off	（車から）～を降ろす		
figure out	～を理解する	turn up	～（温度や音量など）を上げる
look up	～（単語など）を調べる		
pick up	～を車で迎えに行く	turn off	～（テレビなど）の電源を切る
put away	～を片付ける		
put off	～を延期する	turn on	～（テレビなど）の電源を入れる
put on	～を着る		
take off	～を脱ぐ		

ポイント 25　「〜したほうがいい」と書くとき

例 彼は医者に診てもらったほうがいいと思う。

✗ I think he **had better** see a doctor.

◯ I think he **should** see a doctor.

had better は「〜しなさい」

　had better 〜（動詞の原形）は「〜したほうがよい」という意味で覚えている人も多いのではないでしょうか。でも、この和訳を信じて had better を使うと、失礼な表現になることがあるので要注意です。

　had better（＝'d better）は「〜すべきだ」という強い響きがあり、**「〜しなさい」という軽い命令**で使います。状況によっては**「絶対に〜しなさい（＝言うとおりにしないと大変なことになるよ）」という警告めいた感じ**に聞こえることもあります。

　I had better go now.（そろそろ行かないと）のように、自分（I）または自分を含めた複数（We）について用いる場合は問題ないのですが、You had better take a train. のように人に対して had better を用いると、「電車で行きなさい」と上から命令しているような響きになります。その場にいない第三者について話すときも同様です。

　一方、should は「〜すべき」と習った人が多いかもしれませんが、必ずしもそうとは限りません。**should は「〜したほうがいいんじゃないかな」という柔らかい提案や弱い義務を表す**ことも多く、had better と比べると、ずっと穏やかな響きがあります。

- You **should** go to bed early tonight.
  （今夜は早く寝たほうがいいんじゃないかな）
- I **should** be more careful next time.（次はもっと気をつけなくちゃ）

　上の例では、「彼は……」と自分以外の人のことについて言っているので、had better を使うと失礼になります。should を使って、I think he **should** see a doctor. としましょう。

ポイント26 「~するのをやめた」と表すとき

例 父はお酒を飲むのをやめた。

✗ My father stopped to drink.
　　　　　　　　　　　↓
○ My father stopped drinking.

「~するのをやめる」は stop ~ing

　stop（~をやめる）に動詞を続ける場合、stop to ~（動詞の原形）か、stop ~（動詞の -ing 形）かで意味が異なります。
　stop to ~は「~するために立ち止まる、立ち止まって~する」という意味です。これに対して、**stop ~ing は「~するのをやめる」**という意味。つまり、前者は「ある行為をこれからするために立ち止まる」、後者は「今までしていた行為をやめる」となり、意味が大きく異なるのです。
　My father stopped to drink. とすると、「父はお酒を飲むために立ち止まった」という意味になってしまいます。「父はお酒を飲むのをやめた」と書くなら、My father stopped drinking. とするのが正解です。
　ほかに、後ろに to ~が続く場合と~ ing が続く場合とで、意味が大きく異なる動詞には、次のようなものがあります。

- **forget**
　　forget to ~ 「~し忘れる」
　　forget ~ing 「~したことを忘れる」
- **remember**
　　remember to ~ 「~することを覚えている、忘れずに~する」
　　remember ~ing 「~したことを覚えている」
- **regret**
　　regret to ~ 「~することを残念に思う、残念ながら~する」
　　regret ~ing 「~したことを後悔している」

ポイント 27 かかった時間を表すとき

> **例** このセーターを編むのに2週間かかった。
>
> ✗ **I took** two weeks to knit this sweater.
> ↓
> ○ **It took** two weeks to knit this sweater.

かかった時間は It took 〜で表す

　何かをするのにかかった時間は、主語を it にして、**It took 〜（時間）to ...（動詞の原形）** と表します。これで「…するのに〜の時間がかかった」という意味です。「このセーターを編むのに2週間かかった」なら、〜に two weeks（2週間）、... に knit this sweater（このセーターを編む）を入れて、**It took** two weeks **to** knit this sweater. と表します。

　I took two weeks to knit this sweater. のように主語を I にすると、「このセーターを編むのに2週間かけた」という意味になり、意図的に時間をかけたような響きになります。文法的には間違ってはいませんが、上の例の日本語のニュアンスとは異なりますね。

　ちなみに、took の直後に「人」を表す語を入れると、「ほかの人の場合はともかく、〈人〉が…するのに〜の時間がかかった」という意味になります。

● **It took me** two weeks **to** knit this sweater.
　（[ほかの人の場合はともかく] 私がそのセーターを編むのに2週間かかった）

ポイント28 「〜しないことにした」と書くとき

> 例 車を買い替えないことにした。
>
> ✗ I didn't decide to change my car.
>   ↓
> ○ I decided not to change my car.

「〜しないことにした」はnotの位置に注意

「〜した」という文を「〜しなかった」と否定文にするときは、通常、次のように一般動詞を〈didn't＋動詞の原形〉にして表します。

- I studied for the exam.（試験に向けて勉強をした）［肯定文］
  → I didn't study for the exam.（試験に向けて勉強をしなかった）［否定文］

ところが、「〜することにした」という意味のdecided to 〜（動詞の原形）を使って、「〜しないことにした」と表すときは、notの入る位置に注意が必要です。

例えば、「車を買い替えることにした」は、I decided to change my car. です。では、「車を買い替えないことにした」とするときは、どのように表せばいいのでしょうか？ didn'tを用いてI didn't decide to change my car.（×）とすると、「車を買い替えるかどうかは決めなかった」という意味になってしまいます。didn'tという否定の言葉がdecide（決める）という動詞にかかり、「決めなかった」という意味になるのです。

ここでは「決めなかった」のではなく、「車を買い替えないことに決めた」のですから、否定するのはdecideではなくto change my carのほうです。そこで、notをto change my carの前に置きます。全体で、I decided not to change my car. となります。I は、I'veとしてもOKです。

このように、「〜しないことにした」は、decided not to 〜のように、to の前に not を入れることを覚えておきましょう。

- I decided to change my car.（車を買い替えることに決めた）
    → I decided not to change my car.（車を買い替えないことに決めた）
    → I didn't decide to change my car.（車を買い替えるかどうかは決めなかった）

not の位置に注意したいフレーズ

主となる動詞（ここでは decide）を否定するのではなく、それに付随する部分（ここでは to change my car）に not を付けて否定するタイプのフレーズには、ほかにも次のようなものがあります。not の位置に注意しながら、それぞれの文の意味を比べてみましょう。

- try to 〜　「〜しようと努める、〜しようと頑張る」
    I'm trying not to eat too much.（食べ過ぎないようにしている）
    I'm not trying to eat too much.（食べ過ぎようとしているわけではない）

- tell …（人）to 〜　「…に〜するように言う」
    I told him not to push himself too hard.（彼にあまり無理しないように言った）
    I didn't tell him to push himself too hard.（彼に無理するようにと言わなかった）

- ask …（人）to 〜　「…に〜するように頼む」
    I asked her not to leave the door open.
    （彼女にドアを開けっ放しにしないように頼んだ）
    I didn't ask her to leave the door open.
    （彼女にドアを開けっ放しにしておくようにと頼まなかった）

ポイント29 「みんな〜しなかった」と表すとき

例 みんなそのうわさを信じなかった。

✗ **Everyone didn't believe** that rumor.
　↓
○ **No one believed** that rumor.

「誰も〜ない」は no one 〜で表す

　「みんなそのうわさを信じなかった」を英語にするとき、「みんな」を表す everyone と「信じなかった」を表す didn't believe を使って、Everyone didn't believe that rumor. としたくなるかもしれません。でも、これは自然な英語とはいえません。「みんな〜ない」を英語で表す場合は、**no one（誰も〜ない）を主語にして、後には肯定形の動詞を続けます**。ですから、上の例文は No one believed that rumor. とするのが自然です。no one は、くだけた表現では **nobody** とすることもあります。

　no one は、he や she と同様に単数扱いです。そのため、be 動詞の場合は is/was を使い、一般動詞の現在形には -s や -es を付けます。また、no one は主語だけでなく、目的語にもなります。

- **No one** knows her phone number.（誰も彼女の電話番号を知らない）
- **No one** was surprised.（誰も驚かなかった）
- **Nobody** knows how old he is.（彼が何歳なのか、誰も知らない）
- He helped **no one**.（彼は誰も助けなかった）

「何も〜ない」は nothing を使う

　人の場合は no one や nobody を使いますが、物や事柄の場合は、**nothing（何も〜ない）** を使います。

- **Nothing** can stop me．（何も私を止められない）
- I bought **nothing**．（何も買わなかった）
- I had **nothing** to do today．（今日は何もすることがなかった）

　また、no one や nothing を使わず、動詞を否定の形にして「誰も〜ない」「何も〜ない」を表すこともできます。その場合は、no one を **not anyone** に、nothing を **not anything** にします。no one や nothing のほうが、not anyone や not anything よりも意味が強くなります。

- 「今日は誰にも会いたくない気分だ」
  I feel like seeing **no one** today.
  → I **don't** feel like seeing **anyone** today.

- 「彼は何も言わなかった」
  He said **nothing**.
  → He **didn't** say **anything**.

ポイント 30 「よく〜する」と書くとき

例 タカダくんはよくミスをするなぁ。

✗ Mr. Takada **makes often** mistakes.

○ Mr. Takada **often makes** mistakes.

頻度を表す副詞は位置に注意

often（よく、頻繁に）や sometimes（時々）といった**頻度を表す副詞は、一般動詞の前、be 動詞の後、助動詞（can など）の後に置く**のが一般的です。上の例の場合、often は一般動詞 makes の前に置きます（ただし、意味を強調するために、文頭や文末に置く例外的な用法もあります）。

例文で、副詞の入る位置を確認しましょう。

- She **sometimes** calls me.（彼女は時々電話をくれる）［一般動詞の前］
- He is **always** busy.（彼はいつも忙しい）［be 動詞の後ろ］
- I can **never** go home without working overtime.［助動詞の後ろ］
  （残業しないで帰れる日がまったくない）

頻度を表す副詞のニュアンス

　頻度を表す副詞には、次のようなものがあります。下へ行けば行くほど、頻度が低くなります（文脈や個人によって、感じ方は多少異なります）。

（多い ↕ 少ない）
- always（いつも）
- almost always（ほとんどいつも）
- usually（たいてい、いつも）
- often（よく、頻繁に）
- sometimes（時々）
- occasionally（時々〈sometimes より頻度が低い〉）
- rarely / seldom（めったに～ない）
- almost never（ほとんど～ない）
- never（まったく～ない）

　あくまで私の感覚ですが、上記の副詞を使って「料理する頻度」を表すと、次のようになります。

- I always cook.（毎日決まって料理する）
- I almost always cook.（ほぼ毎日料理する）
- I usually cook.（月に 24 日以上料理する）
- I often cook.（月に 20 日以上料理する）
- I sometimes cook.（月に 3～7 日は料理する）
- I occasionally cook.（月に 1～2 日は料理する）
- I rarely cook. / I seldom cook.（数カ月に 1 度料理することがある）
- I almost never cook.（数年に 1 度くらいしか料理しない）
- I never cook.（まったく料理しない）

ポイント31 「〜ではないと思う」と書くとき

例 マサヤは映画好きではないと思う。

△ I think Masaya doesn't like movies.
↓
○ I don't think Masaya likes movies.

否定は I don't think 〜が一般的

　日本語で自分の意見を言うとき、「〜だと思う」「〜ではないと思う」という言い方がよく使われます。「〜とは思わない」と否定する言い方は、少し強い響きにも聞こえます。

　一方、英語では、〈I think＋否定文〉とすることはまれで、通常は〈I don't think＋肯定文〉のように表します。つまり、「〜ではないと思う」は、I don't think 〜（〜とは思わない）で表すのが一般的です。「マサヤは映画好きではないと思う」なら、I don't think に Masaya likes movies（マサヤは映画好きだ）を続けて、I don't think Masaya likes movies. と表します。I think Masaya doesn't like movies. は文法的には誤りではありませんが、I don't think 〜で表すほうがより自然な英語だと覚えておきましょう。

　以下の例文で、英語と日本語の表現の違いを比較してみましょう。

- I don't think it will rain tomorrow.
  （明日は雨が降らないと思う［＝雨が降るとは思わない］）
- I don't think he's in charge of this project.
  （彼はこのプロジェクトの責任者ではないと思う［＝責任者だとは思わない］）
- I didn't think she was telling the truth.
  （彼女は本当のことを言っていないと思った［＝本当のことを言っているとは思わなかった］）

4章
英語日記フレーズ集

普段の生活について英語で書くときに使える表現を、たっぷり収録。
そのまま書き写すだけでも、立派な英語日記になります。

1 天気・季節

天気

天気を表す単語

晴れた	sunny		
快晴の	clear		
曇りの	cloudy	虹	rainbow
雨の	rainy	風が強い	windy
小雨	light rain	風が心地いい	breezy
大雨、豪雨	heavy rain	気持ちのよい風	nice breeze
にわか雨	light shower	暖かい	warm
雪の	snowy	暑い	hot
大雪	heavy snow	肌寒い	chilly
粉雪	powder snow	涼しい	cool
霧の	foggy	寒い	cold
あられ、ひょう	hail	乾燥した、カラッとした	dry
雷、雷鳴	thunder	じめじめしている	humid
雷、稲光	lightning	蒸し暑い	muggy [マギー]
台風	typhoon	うだるように暑い	boiling hot
竜巻	tornado	凍えるように寒い	freezing cold

晴れ

今日はいい天気だった。	The weather was nice today.
今日は本当にいい天気だった。	It was a really nice day today.
雲一つない青空だった。	There wasn't a single cloud in the clear, blue sky.
穏やかな日だった。	It was a calm day.

＊calm[カーム]＝穏やかな

4章：英語日記フレーズ集　1 天気・季節

さわやかな天気だった。	The weather was refreshing.
3日ぶりに晴れた。	It was the first clear day in three days.
台風一過の秋晴れだった。	After the typhoon passed, it was a nice autumn day.
明日は晴れるといいな。	I hope the weather is nice tomorrow.

📖 曇り

今日は曇りだった。	It was cloudy today.
一日中曇っていた。	It was cloudy all day.
どんよりした一日だった。	It was an overcast day.

＊overcast＝どんよりした

曇りの日が続くなあ。	It has been cloudy for several days now.
空に雲が立ち込めていた。	The sky was full of clouds.

＊full of ～＝～でいっぱいで

午後から雲が出てきた。	It got cloudy in the afternoon.

👓 雨

今日は雨だった。	It was rainy today.
今日もまた雨だった。	It was rainy again today.
4日も雨が続いてる。	It has been raining for four days.
夕方になって雨が降り始めた。	It started raining early in the evening.
朝、にわか雨が降った。	There was a light shower in the morning.
午後はどしゃ降りだった。	It poured in the afternoon.

＊pour[ポーァ]＝(雨が)激しく降る

だんだん雨脚が強まっていった。	The rain got heavier and heavier.

＊「弱まっていった」なら、got lighter and lighter

外は小雨が降っている。	It's drizzling outside.

＊drizzle＝霧雨が降る

外は今にも雨が降りそうだ。	It looks like it's going to rain any time now.
午後に雨が止んだ。	It stopped raining in the afternoon.
早く雨が止まないかなぁ。	I hope it stops raining soon.
ここのところ雨ばかりで、憂うつだ。	It has been raining a lot lately, and I'm feeling down.
雨だったので、出かけるのをやめた。	It rained, so I decided not to go out.
私、雨女なのかなあ?	Am I a rain bringer?

＊rain bringer＝雨を連れてくる人

傘を持っていない日に限って、雨が降る。	It only rains on days when I don't bring my umbrella.
足元がびしょぬれになった。	My feet were soaking wet.

＊soaking wet＝びしょぬれで

全身ずぶぬれになった。	My whole body was wet.

雪・みぞれ

雪が降った。	It snowed.
雪が降ってきた。	It's starting to snow.
みぞれが降った。	It sleeted.

＊sleet＝みぞれが降る

粉雪だった。	It was powder snow.
ぼたん雪だった。	The snowflakes were really big.

＊snowflake＝雪片、雪の1片

初雪が降った。	We had the first snow of the season.
今年の初雪は、例年より10日遅かった。	The first snow of the year was ten days later than normal.
雪が降りそうな寒さだ。	It's cold enough to snow.
起きたら雪が積もっていた。	When I woke up, there was snow on the ground.
雪はすっかり溶けてしまった。残念!	All the snow melted. Too bad!

＊「よかった!(安心した!)」なら、Phew![フュー]に

雪はすぐに溶けてしまった。	The snow melted right away.
家の前の雪かきをした。	I cleared away the snow in front of my house.
2回も転んでしまった。	I slipped and fell twice. *slip＝滑る　fall＝転ぶ。過去形はfell
雪のせいで、ダイヤが大幅に乱れていた。	The snow messed up the train schedule. *mess up ～＝～を乱れさせる

風

風が心地よかった。	The breeze felt nice.
そよ風が気持ちいい日だった。	It was a nice breezy day.
風が冷たかった。	The wind was cold. *「暖かかった」なら、warm
風が激しい日だった。	It was a gusty day. *gusty［ガスティ］＝（風雨などが）激しい
ものすごい風で、吹き飛ばされそうになった。	I was almost blown away by the strong wind. *blown＝blow（～を吹き飛ばす）の過去分詞形
強風で、傘が折れてしまった。	The strong wind broke my umbrella.
強風で、傘が使い物にならなかった。	My umbrella was useless in the strong wind. *useless［ユースレス］＝使い物にならない
春一番が吹いた。	We had our first spring gale of the year. *gale＝強風

豪雨・台風

帰宅途中、夕立に遭った。	I got caught in a shower on my way home. *shower＝にわか雨
激しい雷雨だった。	It was a violent thunderstorm. *violent＝激しい、猛烈な
夕方、ゲリラ豪雨に見舞われた。	The cloudburst came early in the evening. *cloudburst＝突然の豪雨
台風が近づいているようだ。	I hear there's a typhoon coming.
台風の影響で、すごい雨だった。	It rained heavily because of the typhoon.

今年は台風が多いらしい。	They say there will be a lot of typhoons this year.
スコールのようだった。	It was like a squall.
バケツをひっくり返したようだった。	It was like a bucket of water had been turned over.

＊turn over 〜＝〜をひっくり返す

⏰ 雷・ひょう

雷がゴロゴロ鳴った。	I could hear the thunder.
雷が鳴って、怖かった。	The thunder scared me.

＊scare＝〜をおびえさせる

家の近所に雷が落ちた。	The lightning hit in my neighborhood.
すごい音だった。	The sound was incredible.

＊incredible＝信じられない

遠くに稲光が見えた。	I could see the lightning in the distance.
ピカピカ、ドーン！	Flash and boom!

＊boom＝(雷などの)とどろく音

午後、ひょうが降った。	It hailed in the afternoon.

＊hail＝ひょうが降る

☕ 暑い

暑かった。	It was hot.
めちゃくちゃ暑かった。	It was boiling hot.
蒸し暑い1日だった。	It was really hot and humid.

＊humid＝蒸し蒸しする

暑くて死にそう。	It's so hot that I feel like I'm going to die.
この暑さには参るなぁ。	This summer heat makes me sick.
このところ毎日、焼けつくような暑さだ。	It's burning hot almost every day.

＊burning＝焼けつくような

ゆうべは蒸し暑くて眠れなかった。	It was too muggy to sleep last night.

＊muggy[マギー]＝蒸し暑い

4章：英語日記フレーズ集　1 天気・季節

暑くて、一歩も外に出たくなかった。	It was so hot that I didn't want to take a step outside.
1週間連続、真夏日だ。	It has been extremely hot for a week.
ゆうべも熱帯夜だった。	It was a hot and humid night again yesterday.
気温は38℃まで上がった。	The temperature went up to 38℃.
エアコンなしなんてムリ。	I would die without an air-conditioner.
扇風機で我慢しよう。	I'll try to get by with an electric fan.

＊get by＝何とかやっていく

✒ 寒い

寒かった。	It was cold.
凍える寒さだった。	It was freezing cold.
寒くて死にそう。	I'm freezing to death.
この寒さはいつまで続くんだろう？	I wonder how long it's going to be this cold.
少し肌寒かった。	It was a little chilly.
日が落ちた途端に、寒くなった。	As soon as the sun went down, it got cold.
朝晩はだいぶ冷え込む。	It's pretty cold in the morning and at night.
気温が氷点下まで下がった。	The temperature went down to below zero.
手がかじかんだ。	My hands were numb.

＊numb[ナム]＝しびれた、感覚を失った

手足が冷たかった。	My hands and feet were cold.
こたつから離れられないよ。	It's hard to get out of the kotatsu.
使い捨てカイロは必需品だ。	Hand warmers are a must-have.

＊「使い捨てカイロ」は、hot packsとも言う

暖かい

暖かい一日だった。	It was a warm day.
暖かくなってきた。	It's starting to get warm.
今日はポカポカ陽気だった。	It was nice and warm today.
小春日和だった。	We had an Indian summer today.
	＊Indian summer＝小春日和
3月にしては暖かかった。	It was warm for March.

涼しい

涼しかった。	It was cool.
だんだん涼しくなってきた。	It's getting cooler.
だいぶ涼しくなってきた。	It has cooled down considerably.
	＊considerably＝かなり、ずいぶん
夕方になって涼しくなった。	It cooled down early in the evening.
7月にしては涼しかった。	It was cool for July.

じめじめ・乾燥

今日はじめじめしていた。	It was humid today.
空気が乾燥していた。	The air was dry.
空気が乾燥して、のどが痛い。	I've got a sore throat because of the dry air.
	＊sore[ソァ]＝痛い　throat[スロウト]＝のど
空気の乾燥で唇がひび割れちゃった。	I got chapped lips because of the dry air.
	＊chapped＝(皮膚などが)ひびわれた
肌がかさかさだ。	My skin is dry.

天気予報

天気予報が当たった。	The weather forecast was right.
天気予報が外れた！	The weather forecast was wrong.
明日の予報は、晴れのち曇り。	It'll be clear, then cloudy tomorrow.

4章：英語日記フレーズ集

1 天気・季節

降水確率は60パーセント。	There's a 60% chance of rain. *chance＝可能性
傘を持っていったほうがよさそうだ。	I'd better take an umbrella with me.
今日の最高気温は33℃だった。	Today's high was 33℃.
今日の最低気温はマイナス1℃だった。	Today's low was -1℃.
明日は寒くなるらしい。	They say it's going to be cold tomorrow. *「さらに寒くなる」なら、coldをcolderに
明日は暖かくなるらしい。	They say it's going to be warm tomorrow. *「さらに暖かくなる」なら、warmをwarmerに
明日から暑さが厳しくなるらしい。	They say it's going to be hotter from tomorrow.
明日は雨になりそうだ。	It looks like it's going to rain tomorrow.
週末、晴れるかなぁ。	I wonder if it'll be sunny on the weekend.
今週末、雨が降らないといいな。	I hope it doesn't rain this weekend.

気象

今年は異常気象だ。	The weather is really strange this year.
やっぱり、地球温暖化が進んでいるのかな。	Maybe it's because global warming is getting worse.
10年ぶりの寒波が来ているらしい。	This is the first cold wave in ten years, I hear. *cold wave＝寒波

季節

春

桜が五分咲きだった。	The cherry trees were at half-bloom. *bloom＝開花

219

来週あたりに満開になりそう。	I think they'll probably be in full bloom next week.
	*in full bloom＝満開で
桜が満開だった！	The cherry trees were in full bloom!
お花見日和だった。	It was a perfect day to see the cherry blossoms.
春の新緑って好き。	I like the fresh green leaves in spring.
今日は黄砂がすごかった。	There was a lot of yellow sand today.

夏

もう梅雨に入ったのかな？	I wonder if the rainy season has already started.
今年の梅雨はやけに長いな。	The rainy season this year is really long.
早く梅雨が明けないかなぁ。	I hope the rainy season is over soon.
	*over＝過ぎて
夏はもうすぐそこだ。	Summer is just around the corner.
暑いけど、やっぱり夏が好きだなぁ。	It's really hot, but I still like summer.
熱中症に気を付けないと。	I need to be careful not to get heat stroke.
	*heat stroke＝熱中症
今年は冷夏だ。	This summer is unusually cool.

秋

もう秋だ。	It's already fall.
秋の風が心地いい。	The autumn breeze feels nice.
まだまだ残暑が厳しい。	The lingering summer heat is still severe.
	*lingering＝長引く　severe[スィヴィァ]＝厳しい
各地で紅葉が見られる。	We can see the autumn colored leaves everywhere.

虫の声が聞こえる。	I can hear the insects.
食欲の秋。ついつい食べ過ぎちゃう。	I have a big appetite in the fall. I can't help overeating. ＊appetite[アパタイト]＝食欲　can't help ～ing＝ついつい～してしまう、～せずにはいられない
秋は何でもおいしい季節だな。	Everything tastes great in the fall.
読書の秋。	Autumn is the season for reading.
スポーツの秋。	Autumn is the season for sports.
芸術の秋。	Autumn is the season to enjoy the arts.
今日は運動会日和だった。	It was a perfect day for a sports festival.　＊「運動会」は、field dayとも言う

☕ 冬

軒先につららができていた。	There were icicles hanging off the eaves. ＊icicle[アイスィコゥ]＝つらら　eaves[イーヴズ]＝軒
霜柱を踏んだら、サクサクと音がした。	When I stepped on the frost, I could hear it crackling. ＊frost＝霜　crackle＝バリバリ音を立てる
手が霜焼けになった。	I got chilblains on my hands. ＊chilblains＝霜焼け。重度の場合は、frostbite
雪だるまを作った。	I made a snowman.
かまくらを作った。	I made a snow house.
童心に返って雪合戦をした。	I was in a snowball fight, and felt like a kid again.
今年は暖冬だ。	This winter is unusually warm.

空・天体

✒ 日が長い・短い

日が短くなってきた。	The days are getting shorter.
だいぶ日が長くなった。	The days are much longer now.

家を出たとき、まだ外は真っ暗だった。	It was dark when I left my house.
朝5時には、もう空が明るい。	It's already light outside at 5:00.
夜7時になっても、まだ明るかった。	It was still light outside at 7:00.

雲

うろこ雲が広がってきれいだった。	The sky was beautiful with light fleecy clouds.　＊fleecy＝ふわふわした
大きな入道雲が見えた。	I saw big thunderheads.　＊thunderhead＝入道雲
一直線に雲が伸びていた。	The clouds were stretched out in a line.　＊stretched out＝伸びて
飛行機雲が見えた。	I saw a contrail.　＊contrail＝飛行機雲
雲がすごい速さで流れていった。	The clouds were moving so fast.

太陽

太陽がまぶしかった。	The sun was really bright.
朝日がきれいだった。	The rising sun was beautiful.　＊「夕日」なら、rising sunをsunsetに
夕日がすごく大きく見えた。	The sunset looked enormous.　＊enormous[イノーマス]＝大きい、巨大な
今日は日食だった。	There was a solar eclipse today.　＊solar eclipse[ソゥラー イクリプス]＝日食
明日は25年ぶりの金環日食だ。	Tomorrow will be the first annular eclipse in 25 years.　＊annular[アニュラー]＝環状の
悪天候で皆既日食が見られなかった。	We couldn't see the total solar eclipse because of the bad weather.

月

月がきれいだった。	The moon was beautiful.
おぼろ月が見えた。	The moon looked hazy.　＊hazy＝かすみがかった
三日月だった。	It was a crescent moon.　＊crescent[クレスント] moon＝三日月。「半月」はhalf moon、「満月」はfull moon、「新月」はnew moon
今日は月食だった。	There was a lunar eclipse today.　＊lunar eclipse＝月食

4章：英語日記フレーズ集

1 天気・季節

皆既月食を見た。	We saw a total lunar eclipse.

＊「部分月食」は、partial lunar eclipse

👓 星

星座を表す単語

おひつじ座	Aries	いて座	Sagittarius [サジタァリアス]
おうし座	Taurus	やぎ座	Capricorn
ふたご座	Gemini [ジェマナィ]	みずがめ座	Aquarius
かに座	Cancer	うお座	Pisces [パイスィーズ]
しし座	Leo	オリオン座	Orion [アラィアン]
おとめ座	Virgo [ヴァォゴウ]	カシオペア座	Cassiopeia [カスィアピーア]
てんびん座	Libra	おおぐま座	Ursa [アーサ] Major
さそり座	Scorpio	こぐま座	Ursa Minor

星がきれいだった。	The stars were beautiful.
流れ星を見た。	I saw a shooting star.

＊「流れ星」は、falling star とも言う

あっという間に消えちゃった。	It was gone in no time.
急いで願い事をした。	I hurried to make a wish.
願い事を言い終える前に消えてしまった。	It disappeared before I could make a wish.
天の川が見えた。	I was able to see the Milky Way.
オリオン座がくっきりと見えた。	I saw the Orion really clearly.
しし座流星群を見た。	I saw the Leonids meteor shower.

＊Leonids meteor shower＝しし座流星群

冬の夜空はきれいだな。	The winter night sky is beautiful.

🌈 虹

雨が上がった後、虹が見えた。	When the rain stopped, I saw a rainbow.
久しぶりに虹を見た。	It's been a long time since I last saw a rainbow.

天気・季節について英語日記を書いてみよう

日々の天気について、英語で書いてみましょう。

✏ ポカポカ陽気

It was nice and warm today. I couldn't help nodding off while watching TV.

訳
今日はポカポカ陽気だった。テレビを見ながら、ついウトウトしてしまった。

ポイント　「今日はポカポカ陽気」は nice and warm today（心地よく暖かい日）で、「つい〜してしまう」は can't help 〜ing（〜せずにはいられない）で表すとよいでしょう。「ウトウトする」は nod off と表します。「〜しながら」は、while 〜ing を使いましょう。

✏ また雨！

It has been raining for five days now. My laundry won't dry and I feel blue. I hope it's sunny tomorrow.

訳
5日連続の雨。洗濯物はなかなか乾かないし、気持ちも憂うつ。明日は晴れてほしいな。

ポイント　It has been 〜ing は現在完了進行形で、「ずっと〜の状態が続いている」という継続を表します。My laundry won't dry の won't は will not の短縮形で、「どうしても〜しない・しようとしない」という意味。I hope it's ... は、I hope it'll be ... でも OK です。

4章：英語日記フレーズ集　　1 天気・季節

🖉 暑〜い！

> Today's high was 37.6℃. It was unbelievably hot. This month's electricity bill will probably go through the roof. (Sigh)

訳
今日の最高気温は37.6度。信じられないくらい暑かった。今月の電気代、すごいことになりそう。(はぁ〜)

ポイント　「今日の最高気温」は today's high で、「今日の最低気温」なら today's low。「信じられないくらい暑い」は unbelievably hot と表しましたが、really hot (本当に暑い) でも OK です。go through the roof は「(価格などが)非常に高くなる」という意味。

🖉 強風で…

> It was really windy today. The headwind pushed against my bike and messed up my hair before I got to school. It was terrible!

訳
今日はとても風が強かった。向かい風で自転車は前に進まないし、学校に着く前に髪はボサボサになるし。もう最悪！

ポイント　「向かい風」は headwind で、「追い風」なら tailwind です。「向かい風で自転車は前に進まない」は意訳して、The headwind pushed against my bike (向かい風が私の自転車を押した) と表現しました。mess up 〜は「〜をめちゃくちゃにする」の意味。

2 体調

体調について

体調がいい

今日は体調がよかった。	I felt great today.
最近、体調がいい。	I've been in good shape lately.
	*in good shape＝調子がいい。「体調が悪い」なら、in bad shapeに
だんだん体調がよくなってきた。	My health is getting better.
体が軽い気がする。	My body feels light.
おじいちゃんは今日、体調がよさそうだった。	Grandpa looked well today.
タカシは元気いっぱいだった。	Takashi was full of energy.

体調が悪い

今日は体調があまりよくなかった。	I didn't feel so good today.
最近、どうも体調が悪い。	I haven't been feeling very good lately.
一日中、具合が悪くて寝ていた。	I was sick in bed all day.
寒気がする。	I have the chills.　*chill＝寒気
マリコは体調が悪そうだった。	Mariko looked sick.
今日は仮病を使っちゃった。	I faked being sick today.
	*fake＝〜のふりをする
昔より体が弱くなったなぁ。	I'm not as strong as I used to be.

病名を表す単語

風邪	cold
インフルエンザ	flu [フルー]
頭痛	headache
腹痛	stomachache
歯痛	toothache
生理痛	cramps
はしか	measles [ミーズォズ]
水ぼうそう	chicken pox
おたふく風邪	mumps [マンプス]
ぜんそく	asthma [アズマ]
〜のアレルギーで	allergic to 〜
花粉症で	allergic to pollen
高血圧(症)	hypertension
低血圧(症)	hypotension
貧血	anemia [アニーミア]
中耳炎	otitis media
外耳炎	external otitis
結膜炎	conjunctivitis
白内障	cataract
緑内障	glaucoma
肺炎	pneumonia [ニューモゥニア]
糖尿病	diabetes [ダイアビーティス]
脳卒中	stroke
がん	cancer
心臓発作	heart attack
胃かいよう	stomach ulcers
うつ病	depression
更年期障害	climacteric disorder

体の部位を表す単語

頭	head
髪	hair
額	forehead
顔	face
まゆ毛	eyebrow
まつ毛	eyelash
まぶた	eyelid
目	eye
鼻	nose
耳	ear
ほお	cheek
口	mouth
唇	lip
舌	tongue [タング]
ひげ	facial hair
口ひげ	mustache [マスタッシュ]
あごひげ	beard [ビアード]
あご	chin
首	neck
胸部	chest
胸、乳房	breast
肩	shoulder
腕	arm
ひじ	elbow
手	hand
親指	thumb [サム]
人差し指	index finger
中指	middle finger
薬指	ring finger
小指	little finger / pinkie
足の指	toe
つめ	nail
背中	back
腰	lower back
おなか	stomach
へそ	bellybutton / navel
おしり(全体)	buttocks / butt
脚	leg
ひざ	knee [ニー]
足先	foot

風邪

風邪気味だ。	I have a slight cold.
きっと風邪だ。	I think I have a cold.
風邪をひいちゃった。	I have a cold.
ひどい風邪だ。	I have a bad cold.
会社でうつされたのかもしれない。	I might have caught it at work.
風邪が長引いている。	I have a persistent cold. *persistent＝継続する、なかなか治らない
風邪が治った。	I got over my cold. *get over ～＝～(病気)から回復する
最近、風邪がはやっている。	There's a cold going around these days.
風邪をひかないようにしなきゃ。	I need to be careful not to catch a cold.
外出時はマスクをしよう。	I'm going to wear a mask when going out.
手洗いとうがいを忘れないようにしよう。	I need to remember to wash my hands and gargle. *gargle＝うがいをする
今年の風邪はのどにくるらしい。	I hear this year's cold affects the throat. *affect＝～に変調をきたす
今年の風邪は長引くらしい。	I hear this year's cold is persistent. *persistent＝なかなかよくならない、永続的な

インフルエンザ

最近、インフルエンザがはやっている。	A lot of people have been coming down with the flu lately. *come down with ～＝～(病気)にかかる flu＝インフルエンザ
今年は香港A型がはやっているらしい。	I heard the type-A Hong Kong flu is going around this year. *go around＝(病気などが)広がる
インフルエンザの予防接種を受けた。	I got a flu shot. *shot＝注射

インフルエンザにかかったかも。	I might be coming down with the flu.
インフルエンザにかかった。	I have the flu.

頭痛

朝からずっと頭が痛い。	I've had a headache since this morning.
一日中、頭が痛かった。	I've had a headache all day.
頭が重かった。	My head felt heavy.
頭がズキズキ痛んだ。	My head was throbbing. ＊throb[スロブ]＝ズキズキする
頭がガンガンする。	I have a pounding headache. ＊pounding＝(頭が)ガンガンするような
ひどい頭痛だ。	I have a bad headache.
今もまだ頭が痛い。	My head is still aching. ＊ache[エイク]＝痛む
このところ、片頭痛が続いている。	I've been having migraines. ＊migraine[マイグレイン]＝片頭痛
頭痛薬を飲んだ。	I took medicine for headache.
薬を飲んでしばらくしたら、頭痛が治まった。	Some time after I took the medicine, the headache was gone.

発熱

なんだか熱っぽい。	I feel a little feverish. ＊feverish＝熱っぽい
高熱が出た。	I had a high fever. ＊「微熱」は、slight fever
38℃の熱が出た。	I had a fever of 38℃. ＊「38℃近い熱」なら、a fever of almost 38℃
おでこに保冷剤を当てた。	I put an ice pack on my forehead.
熱にうなされた。	The fever made me delirious. ＊delirious＝(熱などで)うわごとを言う
熱が全然下がらない。	My fever won't go down.
熱が下がってきた。	My fever is going down.

腹痛

急におなかが痛くなった。	**I suddenly got a stomachache.**
夕食後、おなかが痛くなった。	**I got a stomachache after dinner.**
食べ過ぎておなかが痛くなった。	**I got a stomachache from eating too much.**
おなかに差し込むような痛みを感じた。	**I felt a sharp pain in my stomach.**
胃がシクシク痛んだ。	**I had a dull pain in my stomach.** *dull＝鈍い
ノロウイルスに感染した。	**I caught the norovirus.**
食中毒で具合が悪くなった。	**I got sick from food poisoning.** *food poisoning＝食中毒
胃薬を飲んだ。	**I took medicine for stomachache.**

下痢

おなかを下している。	**I have the runs.** *have the runs＝下痢をしている
一日中、おなかがゴロゴロいっていた。	**My stomach has been rumbling all day.** *rumble＝（おなかなどが）ゴロゴロ音を立てる
便がゆるかった。	**My stool was watery.** *stool[ストゥーゥ]＝便通
何度もトイレに駆け込んだ。	**I dashed to the toilet a hundred times.** *a hundred times＝何度も
下痢止めを飲んだ。	**I took medicine for diarrhea.**

便秘

便秘だ。	**I'm constipated.** *constipated[カンスティペイティッド]＝便秘で
最近、便秘ぎみだ。	**I get constipated a lot these days.**
もう3日も出ていない。	**I've been constipated for three days now.**
おなかが張っている感じがする。	**My stomach feels tight.**

トイレで20分頑張ったけど、ダメだった。	I sat on the toilet for 20 minutes, but nothing happened.
便秘薬を飲んだ。	I took medicine for constipation.

🤮 吐き気

吐き気がした。	I felt like throwing up.
	*throw up＝吐く、戻す
戻しそうだった。	I was about to throw up.
	*be about to 〜＝まさに〜するところだ
吐き気を我慢した。	I tried not to throw up.
吐いてしまった。	I threw up. *threw[スルー]＝throwの過去形
食べたものを全部戻してしまった。	I threw up everything I ate.

✏️ 胸焼け・胃もたれ

胃がムカムカした。	I had an upset stomach.
	*upset＝(胃の)調子がおかしい
胃がもたれた。	My stomach felt heavy.
胸焼けした。	I had heartburn. *heartburn＝胸焼け
脂っこい物を食べ過ぎたようだ。	I think I ate too much greasy food.
	*greasy＝脂っこい
消化不良を起こしたみたいだ。	I think I have indigestion.
	*indigestion[インディジェスチョン]＝消化不良

📖 二日酔い

ひどい二日酔いだった。	I had a terrible hangover.
	*hangover＝二日酔い
二日酔いで頭が痛かった。	I had a headache because of my hangover.

👓 生理・生理痛

生理になった。	I'm on my period. *period＝生理
今日は2日目だったので、つらかった。	I was on the second day of my period, so it was rough.
	*rough[ラフ]＝つらい、苦しい

生理で一日中眠かった。	I was sleepy all day because of my period.
生理痛がひどい。	I have really bad cramps.
	*cramps＝生理痛
生理痛の薬を飲んだ。	I took medicine for cramps.
生理が終わった。	My period is over.
生理不順なのが心配。	I'm worried about my menstrual irregularity.
	*menstrual＝生理の　irregularity＝不順
予定より生理が早かった。	My period came early.
	*「遅かった」なら、earlyをlateに
生理が1週間遅れている。	My period is a week late.
生理前のイライラがひどい。	I have bad PMS.
	*PMS＝premenstrual syndrome（月経前症候群）

食欲がある・ない

食欲がない。	I don't have an appetite.
	*appetite[アパタイト]＝食欲
最近、食欲がない。	I don't have much of an appetite these days.
今日は食欲がなかった。	I didn't have an appetite today.
何も食べる気がしなかった。	I didn't feel like eating anything.
食欲が出てきた。	I worked up an appetite.
最近、食欲が旺盛だ。	I have a big appetite these days.

貧血・立ちくらみ

最近、貧血気味だ。	I've been feeling anemic recently.
	*anemic[アニーミック]＝貧血の
貧血で倒れてしまった。	I fainted from anemia.
	*faint＝気を失う　anemia＝貧血
頭がぼーっとした。	My head felt fuzzy.
めまいがした。	I felt dizzy.
立ちくらみがした。	I got dizzy when I stood up.

もっと鉄分をとらないと。	**I need to get more iron.**
	*iron[アィァン]＝鉄分

🔥 疲労

なんだか体がだるいなあ。	**I feel kind of sluggish.**
	*sluggish[スラギッシュ]＝活気のない、のろのろした
一日中、体がだるかった。	**I felt sluggish all day.**
体が重かった。	**My body felt heavy.**
疲れがたまってるみたいだ。	**I think my fatigue is building up.**
	*fatigue[ファティーグ]＝疲労
疲れ過ぎて、起き上がれなかった。	**I was too tired to get up.**

⏰ 寝不足

最近、寝不足だ。	**I haven't been getting enough sleep lately.**
寝不足で頭がふらふらした。	**The lack of sleep made me light-headed.** *light-headed＝頭がふらふらする
寝不足で集中できなかった。	**I couldn't concentrate because I didn't get enough sleep.**
	*concentrate＝集中する
このところ、寝付きが悪い。	**I've been having a hard time falling asleep.**
夜中に何度も目が覚めてしまう。	**I keep waking up in the middle of the night.**
昨日は3時間しか眠れなかった。	**I only slept for three hours last night.**

☕ 花粉症・アレルギー

ついに花粉症の季節がやってきた。	**The hay fever season has already begun.** *hay[ヘィ] fever＝花粉症
もしかして、花粉症になったかなぁ。	**I might have hay fever.**
ついに今年、花粉症になってしまったようだ。	**Hay fever finally caught up with me this year.**
花粉症はつらい。	**Hay fever is awful.**

2 体調

4章：英語日記フレーズ集

233

今日は花粉が多くてつらかった。	I had a hard time today because of all of the pollen. *pollen[パールン]＝花粉
今日は花粉が少なくて楽だった。	It was easier today because there wasn't much pollen.
今年は花粉が結構多いらしい。	The pollen count is expected to be quite high this year. *pollen count＝花粉飛散数。「少ない」なら、highをlowに
今年は去年より花粉が多いらしい。	The pollen count is expected to be higher this year than last year.
今年の花粉は例年並みだ。	The pollen count is going to be the usual amount.
目がかゆかった。	My eyes were itchy. *itchy[イッチィ]＝かゆい
目がかゆくて、涙が出た。	My eyes were itchy and teary. *teary[ティアリィ]＝涙の
鼻も耳もかゆい。	My nose and ears are itchy.
くしゃみが止まらなかった。	I kept sneezing.
花粉のせいで、肌が荒れている。	My skin is rough because of pollen. *rough＝荒い、ざらざらの
外出時はマスクが必需品だ。	I always wear a mask outside.
スギ花粉のアレルギーだ。	I'm allergic to Japanese cedar pollen. *allergic[アラージック] to ～＝～に対するアレルギーの cedar[スィーダー]＝スギ
ハウスダストのアレルギーだ。	I'm allergic to house dust.
猫アレルギーだ。	I have a cat allergy. *allergy[エラジィ]＝アレルギー

目の不調

左目が痛い。	My left eye hurts.
朝起きたら、まぶたがはれていた。	When I woke up this morning, my eyelids were swollen. *swollen[スウォウルン]＝はれた
ものもらいになってしまった。	I have a sty on my eye. *sty[スタィ]＝ものもらい

1日、眼帯をして過ごした。	I wore an eye patch all day.
ドライアイだ。	My eyes are dry.
視力が落ちてきた。	My eyesight is getting worse. ＊eyesight＝視力
最近、目がかすむ。	My eyesight has been getting cloudy.
遠くのものが見えづらい。	I'm near-sighted. ＊near-sighted＝近視の
近くのものが見えづらい。	I'm far-sighted. ＊far-sighted＝遠視の
小さい文字が見えにくくなってきた。	I'm having a hard time reading small letters these days.
老眼になってきたかも。	Maybe I'm getting far-sighted with age.
乱視気味だ。	I have slight astigmatism. ＊astigmatism[アスティグマティズム]＝乱視
コンタクトを入れると目が痛くなる。	My eyes hurt when I wear contact lenses. ＊comtact lensesは、contactsとしてもOK
家では眼鏡を掛けよう。	I'll wear my glasses in the house.
レーシックの手術、受けてみようかな。	I'm thinking about getting LASIK surgery done. ＊surgery[サージュリィ]＝手術

耳の不調

耳が聞こえづらい。	I'm finding it hard to hear.
耳がかゆい。	My ears are itchy. ＊itchy[イッチィ]＝かゆい
中耳炎になった。	I got an inner-ear infection. ＊infection＝伝染、感染。「中耳炎」は、otitis mediaとも
外耳炎になった。	I got external otitis. ＊external otitis[オゥタイティス]＝外耳炎
耳鳴りがする。	My ears are ringing.

鼻の不調

鼻が詰まっている。	I have a stuffy nose. ＊stuffy＝詰まった
鼻水が出る。	I have a runny nose.

鼻水が止まらない。	My nose won't stop running.
鼻がむずむずする。	My nose is itchy.
慢性的な鼻炎だ。	I have chronic nasal inflammation.

＊chronic＝慢性的な
nasal[ネイゾォ] inflammation＝鼻炎

鼻血が出た。	I got a nosebleed.

📖 歯・口の不調

歯が痛い。	I have a toothache.

＊toothache[トゥーセイク]＝歯痛

親知らずが痛い。	My wisdom tooth hurts.

＊「親知らず」が複数なら、toothをteethに

親知らずを抜いてもらった。	I had a wisdom tooth pulled.
歯がズキズキ痛む。	I have a throbbing toothache.

＊throb[スロブ]＝ズキズキする

マズい、虫歯になったかも。	Oh, no. I think I have a cavity.

＊cavity＝虫歯

虫歯になっちゃった。	I have a cavity.
歯の治療をしたほうがいいかな。	Maybe I should get it fixed.
歯が1本、ぐらぐらしている。	One of my teeth is loose.

＊「奥歯」なら、teethをmolars(奥歯)に

歯石を取ってもらわなきゃ。	I need to have the tartar removed from my teeth.

＊tartar＝歯石

口臭が気になる。	I'm worried about bad breath.
歯みがきをしていたら、歯茎から血が出た。	My gums bled when I brushed my teeth.

＊gum＝歯茎　bled＝bleed(出血する)の過去形

歯周病かも。	I think I have gum disease.
口内炎ができた。	I have a mouth ulcer.

＊mouth ulcer[アルサー]＝口内炎

口内炎が痛い。	My mouth ulcer hurts.
歯槽のう漏になった。	I got pyorrhea.

＊pyorrhea[パイアリーァ]＝歯槽のう漏

歯に詰め物をしてもらった。	I got a filling.

4章：英語日記フレーズ集

歯の詰め物が取れちゃった。	My filling fell out.
歯並びが悪いのが気になる。	I don't like my crooked teeth.

*crooked[クルーキッド]＝曲がった、ゆがんだ

のどの不調・せき

のどが痛い。	I have a sore throat.

*sore[ソァ]＝痛い

つばを飲み込むとのどが痛い。	My throat hurts when I swallow.
せきがひどい。	I have a bad cough.

*cough[カーフ]＝せき

夜中じゅう、ずっとせきをしていた。	I was coughing all night.

*cough＝せきをする

のどがいがらっぽい。	My throat is scratchy.

*scratchy＝(のどが)いがらっぽい

たんがからむ。	My throat is full of phlegm.

*phlegm[フレム]＝たん

首・肩の不調

首が回らない。	My neck is really stiff.

*stiff＝こわばった

首を寝違えた。	I got a crick in my neck while sleeping.

*crick＝筋違え

首を左に回すと痛む。	It hurts when I move my head to the left.
むち打ちになってしまった。	I have whiplash.

*whiplash[ウィップラッシュ]＝むち打ち

肩こりがひどい。	My shoulders are stiff.

*首に近いところなら、My neck is stiff.

肩が痛くて、右腕が上がらない。	I can't move my right arm because of the pain in my shoulder.

肌荒れ・虫刺され

ニキビができた。	I got pimples.

*pimple＝ニキビ

背中にしっしんができた。	I got a rash on my back.

*rash＝しっしん、吹き出物

息子にあせもができた。	My son got a heat rash.

*heat rash＝あせも

ダニに刺されたみたい。	I think I got bitten by mites.

*bite＝〜をかむ・刺す。過去分詞形はbitten　mite＝ダニ

蚊に刺されたところがかゆくてたまらない。	These mosquito bites are so itchy. ＊bite＝刺された跡

足の不調

足がしびれた。	My feet went numb. ＊numb［ナム］＝しびれた
足がむくんだ。	My legs are swollen. ＊legは、ひざ（またはもも）から足首まで。足首から下の部分は、foot（複数形はfeet）で表す
右足がつった。	I got a cramp in my right leg. ＊cramp＝（筋肉の）けいれん
靴ずれした。	I got a blister on my foot. ＊blister＝まめ
足にうおのめができた。	I got a corn on my foot. ＊corn＝うおのめ、たこ

体の痛み

痛い！	Ouch! ＊Ow!［アゥ］とも言う
体中が痛かった。	My body ached all over. ＊ache［エイク］＝痛む
右ひざがすごく痛い。	My right knee hurts really bad. ＊hurt＝痛む。過去形もhurt
右腕が痛かった。	My right arm hurt.
痛みを我慢できなかった。	I couldn't stand the pain. ＊can't stand 〜＝〜を我慢できない

腰痛

腰が痛い。	My lower back hurts.
最近、腰痛がひどい。	I've been having bad lower-back pain recently.
姿勢が悪いからだな。	It's because I have bad posture. ＊posture＝姿勢
ぎっくり腰になってしまった。	I strained my back. ＊strain＝〜（筋など）を違える
椎間板ヘルニアかもしれない。	Maybe I have a hernia. ＊hernia［ハーニァ］
腰が痛くて、前かがみの姿勢を取れない。	I can't bend over because of my back pain. ＊bend＝上半身を曲げる、かがむ

筋肉痛

筋肉痛になった。	My muscles are sore. *sore[ソァ]=痛い
全身、筋肉痛だ。	I have sore muscles all over.
筋肉痛で、歩くのがつらかった。	It was hard to walk because my muscles were so sore.

骨折・打撲・ねんざ

歩いていて転んじゃった。	I fell when I was walking.
階段から落ちた。	I fell on the stairs.
左足を骨折した。	I broke my left leg.
全治1カ月だって。トホホ。	It'll take a month to heal completely. Boo-hoo. *boo-hoo[ブーフー]=トホホ、えーん(泣)
骨にひびが入っていた。	The bone was cracked. *「足の骨に」なら、My leg bone was cracked.
骨折していなくてよかった。	I'm lucky my bone wasn't broken.
足首をねんざした。	I sprained my ankle. *sprain=～をねんざする
右肩を打撲した。	I bruised my right shoulder. *bruise[ブルーズ]=～を打撲する
左手首をひねってしまった。	I twisted my left wrist.
左の人さし指を突き指した。	I sprained my left index finger.
左腕が赤くはれ上がった。	My left arm was red and swollen. *swollen[スウォウルン]=はれた
青いあざができた。	There was a bruise. *bruise[ブルーズ]=あざ
額にたんこぶができた。	I have a bump on my forehead. *bump=たんこぶ

切り傷・すり傷

| 包丁で人さし指を切っちゃった。 | I cut my index finger with a knife. |
| 転んでひざをすりむいてしまった。 | I fell and grazed my knee. *graze=～をすりむく |

マオは額を3針縫った。	Mao got three stitches on her forehead.
跡にならないといいな。	I hope it won't leave a scar.

*leave＝〜を残す　scar＝跡、傷跡

血が出た。	It was bleeding.

*bleed＝出血する

なかなか血が止まらなかった。	It wouldn't stop bleeding.

📖 やけど

左手をやけどした。	I burned my left hand.

*burn＝〜をやけどさせる

すぐに冷水で冷やした。	I cooled it down with cold water.
水ぶくれができちゃった。	I got a water blister.

*water blister＝水ぶくれ

やけどしたところがまだ痛む。	It still hurts where it got burned.

病院・医院

病院にまつわる単語

※「〜科」はdepartment of 〜で表します。〜には、以下の単語が入ります（「麻酔科＝anesthesiology」まで）。

内科	internal medicine		放射線科	radiology
外科	surgery		麻酔科	anesthesiology
小児科	pediatrics			
産婦人科	obstetrics and gynecology		内科医	physician
眼科	ophthalmology		外科医	surgeon
歯科	dentistry		皮膚科医	skin doctor
耳鼻咽喉科	ENT (ear, nose, throatの略)		歯科医	dentist
整形外科	orthopedic surgery		漢方医	herb doctor
皮膚科	dermatology		薬剤師	pharmacist
精神科	psychiatry		手術室	OR (operating roomの略)
脳外科	cerebral surgery		救急処置室	ER (emergency roomの略)
泌尿器科	urology		薬局	pharmacy

👓 病院に行く

病院に行かなきゃ。	I need to see a doctor.

*see a doctor＝医者に診てもらう、病院に行く

明日、皮膚科に行ってこようっと。	I'll see a skin doctor tomorrow.

＊英語では「〜科医に診てもらう」と表すことが多い

明日は2時に歯医者だ。	I have a dentist appointment at 2:00 tomorrow.
朝一番で、タカハシ医院に行った。	I went to Takahashi Clinic first thing in the morning.

＊first thing in the morning＝朝一番で

午前中、足のリハビリに行った。	In the morning, I went to rehab for my leg.

＊rehabは、rehabilitation（リハビリテーション）の略

3時間も待たされた。	I had to wait for three hours.
救急車を呼んだ。	I called an ambulance.

＊ambulance[アンビュランス]＝救急車

初めて救急車で病院に運ばれた。	It was my first time to be taken to the hospital by ambulance.
救急指定病院に駆け込んだ。	I rushed to an emergency hospital.

診察

タカハシ先生が診察してくれた。	Dr. Takahashi examined me.

＊examine[イグザミン]＝〜を診察する

診察は5分ほどで終わった。	The examination was only about five minutes long.

＊examination＝診察

丁寧な診察だった。	It was a thorough examination.

＊thorough[ソーロゥ]＝徹底的な

ただの風邪だった。	It was just a cold.
インフルエンザだった。	It was the flu.
ストレス性の胃炎と診断された。	I was diagnosed with stress-related gastritis.

＊be diagnosed[ダイアグノウスト] with 〜＝〜と診断される　gastritis＝胃炎

念のため、別のお医者さんにも診てもらおう。	I'll get a second opinion from another doctor just in case.

＊just in case＝念のため

健康診断

健康診断を受けた。	I had a check-up.

＊check-up＝健康診断。physicalとも言う

前日の夜から食事禁止だった。	I wasn't allowed to eat anything from the night before.
これから健康診断が終わるまで、何も食べられない。	I can't eat anything until after my check-up.
健康診断の結果が心配だ。	I'm worried about my check-up results.
がん検診を受けた。	I was screened for cancer. *screen=〜を検査する　cancer=がん
婦人科検診を受けた。	I had a gynecological exam. *gynecological[ガイナカロジコゥ]=婦人科の
血液検査をした。	I had a blood test.
視力検査をした。	I had an eye exam.
視力は右が1.2、左が1.0だった。	My eyesight is 1.2 in the right eye and 1.0 in the left eye.
裸眼は、両目とも0.7だった。	My naked eyesight is 0.7 for both eyes.
聴力検査をした。	I had an ear exam.
尿検査をした。	I had a urine test.　*urine[ユーリン]=尿
検便をした。	I had a stool test.　*stool[ストゥーゥ]=便
メタボ気味だと言われた。	I was told that I might have metabolic syndrome.
生活習慣病の恐れがあるらしい。	I might have a lifestyle-related disease in the future.
食生活についての指導を受けた。	The doctor advised me on what to eat.
血圧を測った。	They measured my blood pressure.
血圧が少し高かった。	My blood pressure was a little high. *「低かった」なら、highをlowに
血圧は正常だった。	My blood pressure was fine.
血圧は上が125、下が86だ。	My blood pressure is 125 over 86.

鼻から胃カメラを入れた。	They inserted a gastric camera through my nose. *gastric＝胃の
胃カメラは苦しかった。	The gastric camera really hurt.
バリウムを飲んだ。	I drank a barium solution. *drankは、swallowed（～を飲み込んだ）としてもOK
胸部のレントゲンを撮った。	I had a chest X-ray. *X-ray＝レントゲン撮影
再検査になっちゃった。	I have to get checked again.
大きな病院で精密検査をすることになった。	I was told that I need to get a detailed exam at a big hospital.

入院

明日から入院することになった。	I'm checking into the hospital tomorrow.
入院は1週間の予定だ。	I'll be in the hospital for a week.
病院に行って、そのまま入院した。	I went to the hospital and ended up being admitted. *be admitted＝入院する
検査入院した。	I was admitted for several exams.
4人部屋だった。	It was a room for four people. *「個室」なら、private room
病院食はあまりおいしくない。	Hospital food doesn't taste very good.
ここの病院は、ご飯がおいしくてうれしい！	I'm glad the food at this hospital tastes so good!

手術

盲腸の手術をした。	I had an appendectomy. *appendectomy[アペンデクトミィ]＝虫垂切除術
明日は手術だ。緊張する。	I'm having an operation tomorrow. I'm nervous. *operation＝手術
母の手術がうまくいきますように。	I hope my mother's operation goes well. *go well＝うまくいく
手術が終わるまで落ち着かなかった。	I couldn't relax during the operation.

手術は無事、成功した。	The operation was successful.
手術は2時間ほどかかった。	The operation took about two hours.

☕ 退院

あさって、退院できることになった。	I'll be able to leave the hospital the day after tomorrow.
早く退院したいなぁ。	I want to leave the hospital soon.
どのくらいで退院できるのかなぁ。	I wonder when I can leave the hospital.
今日の午後、退院した。	I left the hospital this afternoon.
セイラが退院した。よかった！	Good news! Seila was discharged from hospital! *discharge＝〜を退院させる

整体・しんきゅう院

整体に行った。	I went to a seitai clinic.
整骨院に行った。	I went to an orthopedic clinic. *orthopidic[オーサピディック]＝整形外科の
カイロプラクティックに行った。	I went to see a chiropractor. *chiropractor＝カイロプラクティック療法士
気功に行ってきた。	I went for Qigong. *Qigong[チーゴン]＝気功
しんきゅう院に行った。	I went to an acupuncture and moxibustion clinic. *acupuncture[アキュパンクチュア]＝はり moxibustion[マクサバスション]＝きゅう
おきゅうをしてもらった。	They did a cauterization. *cauterization[コーテリィゼィション]＝きゅうをすえること
腰のマッサージをしてもらった。	I got a back massage.
肩の痛みが和らいだ。	It eased the pain in my neck. *ease＝〜を和らげる
スッキリした。	I felt much better.
治療の後、体がポカポカしてきた。	After the treatment, my body got warmer.

あまり効果を感じなかった。	I didn't really feel the difference.
ほかの所に行こうかな。	Maybe I should go somewhere else.
定期的に通ったほうがいいと言われた。	He advised me to go there regularly.

薬・手当て

薬

1週間分の薬を出してもらった。	I got medicine for one week.
漢方薬をもらった。	I got Chinese medicine.
抗生物質が処方された。	The doctor prescribed an antibiotic. *prescribe=〜を処方する　antibiotic=抗生物質
薬を飲んで、しばらく様子を見てみよう。	I'll take the medicine and see what happens. *see=〜を見てみる・確かめる
食後に薬を飲んだ。	I took the medicine after my meal.
市販の頭痛薬を飲んだ。	I took over-the-counter headache medicine. *over-the-counter=(薬が)市販の、店頭販売の
目薬を差した。	I used eye drops.
点鼻薬を差した。	I used nose drops.
座薬を入れた。	I used a suppository. *suppository[サパザトゥリィ]=座薬

けが・痛みの手当て

傷口にばんそうこうを張った。	I put a Band-Aid on the cut. *Band-Aid(バンドエイド)は商標
傷口に軟こうを塗った。	I put ointment on the wound. *ointment=軟こう　wound[ウーンド]=傷
傷口を消毒した。	I disinfected the wound. *disinfect=〜を消毒する
タオルを巻いて止血した。	I used a towel to stop the bleeding. *bleeding=出血
右腕に包帯を巻いてもらった。	I put a bandage on my right arm. *bandage=包帯
腰に湿布を張った。	I put a compress on my back. *compress=湿布

体調について
英語日記を書いてみよう

その日の体調について、英語で書いてみましょう。

🖊 体調がよさそう

> I went to see my father-in-law in the nursing-care facility. He looked well today and recognized me. I was happy.

訳 介護施設へ義父に会いに行った。今日は体調がよさそうで、私のこともわかってくれた。うれしかった。

ポイント 「義父」は father-in-law で、「義母」なら mother-in-law です。「介護施設」は nursing-care facility としましたが、assisted living でも OK です。「～の顔を見てわかる、～が誰だかわかる」というときの「わかる」は、recognize を使います。

🖊 花粉症で目がかゆい

> My eyes were really itchy because of my hay fever. I don't like this time of the year. I wish I could go out to enjoy the beautiful cherry blossoms.

訳 花粉症で目がすごくかゆかった。この時期はイヤ。花見を楽しみに外出できたらいいのになぁ。

ポイント 「花粉症」は hay fever と言います。「この時期」は this time of the year としましたが、this season とすることもできます。I wish I could ～ は「(実際はそうできないけれど)～できたらいいのになぁ」という意味。cherry blossoms は「桜の花」です。

ぎっくり腰になった

I strained my back when I tried to pick up something off the floor. It's really painful and I can't move. Even just lying down in bed is unbearable.

訳　床に落ちたものを拾おうとして、ぎっくり腰になった。めちゃくちゃ痛くて動けない。ベッドに横になっているだけでもツライ。

ポイント　「ぎっくり腰になった」は strained my back。strain は「〜（体・筋肉）を痛める」の意。「拾おうとして」は「〜しようとしたときに」と考えて、when I tried to ... とします。lying は lie（横たわる）の -ing 形。「ツライ」は unbearable（耐えられない）と表現しました。

気管支炎と診断

I went to see a doctor because I couldn't stop coughing. I was diagnosed with bronchitis. The doctor prescribed antibiotics for it.

訳　せきが止まらなかったので病院へ行った。気管支炎と診断された。抗生物質を処方された。

ポイント　「せきが止まらなかった」は couldn't stop coughing（せきを止められなかった）と表します。「〜だと診断された」は was diagnosed with〈as〉〜。「抗生物質を処方された」は、I got antibiotics.（抗生物質をもらった）でも OK。prescribe は「〜を処方する」。

3 行事・イベント

祝日・行事を表す単語

元日	New Year's Day		
成人の日	Coming-of-Age Day		
建国記念の日	National Foundation Day		
春分の日	Vernal Equinox Day		
昭和の日	Showa Day	ひな祭り	Doll Festival
憲法記念日	Constitution Day	ホワイトデー	White Day
みどりの日	Greenery Day	花見	cherry blossom viewing
こどもの日	Children's Day		
海の日	Marine Day	端午の節句	Boy's Festival
敬老の日	Respect-for-the-Aged Day	母の日	Mother's Day
秋分の日	Autumnal Equinox Day	父の日	Father's Day
体育の日	Health and Sports Day	七夕	Star Festival
文化の日	Culture Day	花火大会	fireworks show
勤労感謝の日	Labor Thanksgiving Day	お盆休み	Obon holiday
天皇誕生日	The Emperor's Birthday	ハロウィーン	Halloween
振替休日	observed holiday	七五三	Shichi-go-san
正月休み	New Year's holiday	クリスマス・イブ	Christmas Eve
新年会	New Year's party	クリスマス	Christmas
節分	Setsubun	忘年会	year-end party
バレンタインデー	Valentine's Day	大みそか	New Year's Eve

お正月

✏️ 新年を迎えて

あけましておめでとう!	Happy New Year!
新しい年の始まりだ。	A new year has started.
いい一年になりますように。	I hope this will be a good year.

家族が健康でいられますように。	I hope my family stays healthy.

📖 お正月の過ごし方

今年も寝正月だ。	I'm spending the New Year's holiday relaxing at home this year again.
お正月は、実家に帰省しただけ。	All I did was go to my parents' home for New Year's.
おじいちゃんの家に、新年のあいさつに行った。	I went to my grandpa's for a New Year's visit.
みんなでおせち料理を食べて、テレビを見た。	We ate osechi and watched TV.
海外で過ごすお正月は、何だか特別。	It's really great to spend New Year's overseas.
お正月休みは、たっぷり休むことができた。	I had a good rest during my New Year's holiday.
お正月休みも今日で終わりか。あ〜あ。	Today is the last day of the New Year's holiday. (Sigh) ＊sigh[サィ]＝ため息
お正月気分がなかなか抜けない。	I can't get out of the New Year's mood.

👓 年賀状

年賀状が30枚きていた。	I got 30 New Year's cards. ＊「年賀状」は、New Year's greeting cardとも言う
ツツミさんから年賀状がきていた。	I got a New Year's card from Tsutsumi-san.
すぐに返事を出した。	I wrote him a reply right away.
ユウコの年賀状がすてきだった。	The New Year's card from Yuko was beautiful.
年賀はがきで「お年玉切手シート」が3枚当選した。	I won three sheets of stamps from the New Year's postcard lottery. ＊lottery＝くじ
年賀はがきは全部はずれた。あ〜あ。	I didn't win anything in the New Year's postcard lottery. (Sigh)

📅 初詣で

明治神宮に初詣でに行った。	I went to Meiji Shrine for my first shrine visit of the year.
	*「近所の神社」なら、a shrine nearby
おさい銭として15円入れた。	I put 15 yen in the offering box.
	*offering box＝さい銭箱
いい一年になるよう祈った。	I prayed for a good year.
家族の健康を祈った。	I prayed for my family's health.
ユミが大学に合格するよう祈った。	I prayed that Yumi will pass the college entrance exam.
おじいちゃんの病気が早くよくなるよう祈った。	I prayed for my grandpa's quick recovery. *recovery＝回復
おみくじは大吉だった。	The omikuji said, "Great Luck."
	*omikujiは、fortune paperとしてもOK
おみくじは凶だった。最悪！	The omikuji said, "Unlucky." That's the pits! *the pits＝ひどい状況、最低
おみくじを境内の木に結んできた。	I tied the omikuji to a tree branch at the shrine. *tie＝〜を結ぶ branch＝枝

🔒 厄年・おはらい

今年は厄年だ。	This is an unlucky year for me.
今年は前厄だ。	This is the year before my unlucky year. *「後厄」なら、beforeをafterに
おはらいをしてもらったほうがいいかな。	Maybe I should get a purification ceremony at the shrine.
	*purification[ピュリフィケイション]＝浄化、清め
おはらいに行った。	I had a rite of purification performed at the shrine. *rite＝儀式
今年は厄年だけど気にしない。	This is an unlucky year for me, but I don't mind. *mind＝〜を気にする・心配する

💡 初日の出

筑波山へ初日の出を見に行った。	I went to Mt. Tsukuba to see the first sunrise of the year.

初日の出がきれいだった。	The first sunrise of the year was beautiful.
曇っていて、初日の出は見えなかった。	It was cloudy, so I couldn't see the first sunrise of the year.
今年は初日の出が見えなくて残念。	It's too bad that I didn't get to see the first sunrise of the year.

初夢

初夢はいい夢だった。	My first dream of the year was great.
初夢に富士山が出てきた！	I dreamed of Mt. Fuji in my first dream of the year!
初夢は大した夢じゃなかった。	My first dream of the year was pretty ordinary.　＊ordinary＝普通の、平凡な

お正月の食事

おせちを食べた。	I ate osechi.　＊osechiは、Japanese New Year's dishesでも
デパートで注文した高級おせちを食べた。	I ate fancy osechi from a department store.　＊fancy＝高級な、極上の
もうおせちは食べ飽きた。	I'm tired of eating osechi every day.
雑煮を食べた。	I ate zoni.　＊zoniは、rice cakes in soupとしてもOK
白みそ仕立ての雑煮だった。	The zoni was in white bean paste soup.　＊「すまし仕立て」なら、clear soup
甘酒がおいしかった。	The amazake was delicious.

お年玉

お年玉を10人分用意しなきゃ。	I need to prepare otoshidama for ten children.
お年玉で懐がさみしいなぁ。	I gave a lot in otoshidama, so I'm low on money.　＊low on ～＝～が乏しい
今年から、お年玉をあげる番だな。	This year, it's my turn to start giving otoshidama.

3　行事・イベント

初売り・福袋

明日はデパートの初売りだ！	Department stores are having their New Year's opening sale tomorrow!
福袋を買いに行かなきゃ！	I should go get a lucky bag!
福袋を買うために、朝8時から並んだ。	I stood in line at 8:00 in the morning to get a lucky bag.
お目当ての福袋が買えてうれしい！	I'm so happy that I got the lucky bag I wanted!
福袋には、すてきな服がたくさん入っていた。	There were lots of nice clothes in my lucky bag.
福袋には、あまり気に入る物が入っていなかった。	I didn't really like the stuff in my lucky bag. *stuff[スタッフ]＝物
福袋はハズレだった。	No luck with my lucky bag.
福袋は売り切れていた。残念！	All the lucky bags were already sold out. Too bad!

いろいろな行事

成人式

今日は成人式だった。	It was Coming-of-Age Day today.
振り袖姿の人をたくさん見かけた。	I saw a lot of girls in their long-sleeved kimonos.
朝早くから美容院に行った。	I went to the hair salon early in the morning. *hair salonは、beauty salonやhairdresser'sでもOK
メイクと着付けをしてもらった。	I had my makeup and hair done and got dressed in a kimono.
赤い花模様の着物を着た。	I wore a kimono with a red flowery design. *flowery＝花の
初めて振り袖を着て、うれしかった。	I was happy to wear a furisode for the first time in my life.

成人式に出席した。	I attended the Coming-of-Age ceremony.
久しぶりに同級生と顔を合わせて、懐かしかった。	It was really good to see my old classmates.
娘の晴れ着姿がかわいかった。	My daughter looked adorable in her kimono.

＊adorable［アドーラボォ］＝かわいい、愛らしい

📖 節分

今日は節分だった。	Today was Setsubun.
家で豆まきをした。	We had a bean-throwing festival at home.
鬼は外、福は内！	Out with the demon! In with good fortune!

＊demon＝悪魔、鬼　fortune＝運

子どもたちのお面作りを手伝った。	I helped my kids make masks.
ダンナは、お面をかぶって鬼の役をした。	My husband put on a mask and played the role of the demon.
子どもたちが鬼に豆を投げつけた。	The kids threw beans at the demon.
サユリは鬼を怖がって、泣いてしまった。	Sayuri was so scared of the demon that she cried.
年の数だけ豆を食べた。	I ate as many beans as my age.
今年の恵方は北北西。	This year's lucky direction is north-northwest.

＊direction＝方角

北北西の方角を向いて、恵方巻きを食べた。	I ate my ehomaki sushi roll, facing north-northwest.

👓 バレンタインデー

今日はバレンタインデー。	Today is Valentine's Day.
今年はチョコを手作りしようかな。	Maybe I'll try making homemade chocolate this year.

近所のスーパーで、6人分の義理チョコを買った。	I bought giri-choco for six people at the nearby supermarket.
上司と、同僚の3人にチョコをあげた。	I gave chocolate to my boss and three co-workers. *co-worker＝同僚
社内の義理チョコなんて、やめればいいのに。	I wish they would end the custom of giri-choco in the office. *custom＝習慣
ダンナとヒデユキにチョコをあげた。	I gave chocolate to my husband and Hideyuki.
今年はチョコを何個もらえるかな？	I wonder how much chocolate I'll get this year.
今年はチョコをもらえなかった。	No chocolate for me this year.
1つしかもらえなかった。	I only got one box of chocolate.
ユイカからチョコをもらった。	Yuika gave me chocolate.
会社で8個、チョコをもらった。	I got eight boxes of chocolate at work.
本命チョコはなしか…。	No true-love chocolate for me…
カナエと「友チョコ」を交換した。	Kanae and I gave each other "tomo-choco."

🎎 ひな祭り

おひなさまを飾った。	We displayed our hina-dolls.
ひなあられを食べた。	We ate hina-crackers.
ひな祭りのパーティーを開いた。	I threw a doll festival party. *threw[スルー]＝throw(〜を催す)の過去形
みんなでちらしずしを食べた。	We ate chirashi-zushi.
おひなさま、早く片付けなくちゃ。	I need to hurry up and put away the dolls.
ミナの婚期が遅れちゃう！	Mina might miss the right time for marriage!

ホワイトデー

バレンタインのお返し、めんどくさいなぁ。	Giving candy in return for Valentine's chocolate is a real pain. ＊in return＝お返しに　pain＝苦痛
女性社員向けに、箱入りクッキーを10個買った。	I bought ten boxes of cookies for the women at the office.
リナが欲しがっていたピアスをあげよう。	I'm going to buy Rina the pair of earrings she wanted.
妻に小さな花束を贈った。	I bought my wife a small bouquet. ＊bouquet[ブウケィ]＝花束、ブーケ
ユウキがホワイトデーにクッキーとCDをくれた。	Yuki gave me cookies and a CD for White Day.

花見

近所の公園に花見に行った。	I went to the nearby park to see the cherry blossoms.
今日は会社の花見だった。	Our office had a cherry-blossom-viewing party today.
桜は七分咲きだった。	The cherry blossoms were 70 percent out.
満開の桜がきれいだった。	The cherry trees in full bloom were gorgeous.
桜は少し葉が出てきていた。	Some of the cherry trees had leaves sprouting. ＊sprout[スプラウト]＝芽を出す
公園は花見客でいっぱいだった。	The park was full of cherry blossom viewers.
桜の下で飲むお酒は最高だ。	Drinking under the cherry blossoms is so much fun.

こどもの日

ベランダにこいのぼりを飾った。	We put up carp streamers on the balcony.　＊carp＝こい　streamer＝吹き流し

部屋によろいかぶとを飾った。	We put a set of samurai armor on display in our room. *armor＝よろい、かっちゅう
両親が五月人形を贈ってくれた。	My parents gave us a doll for the Boy's Festival.
ちまきとかしわもちを食べた。	We ate chimaki and kashiwamochi.
新聞紙でかぶとを折った。	We folded a newspaper into a samurai helmet.
しょうぶ湯に入った。	I took a bath with sweet flag blades. *sweet flag blade＝しょうぶの葉

☕ 母の日・父の日

母の日にカーネーションをあげた。	I gave my mom some carnations for Mother's Day.
母にワインをあげた。	I gave my mother a bottle of wine.
タダシから花束が届いた。	Tadashi sent me a bunch of flowers. *a bunch of 〜＝〜の束
毎年、母の日を忘れずにいてくれてうれしい。	I'm happy that he always remembers Mother's Day.
父の日にネクタイをあげた。	I gave my dad a tie for Father's Day. *tie[タィ]＝ネクタイ
父の日に似顔絵をもらった。	I got a portrait of myself for Father's Day. *portrait＝肖像、似顔絵
感激して、泣きそうになった。	I was so touched that I almost cried. *touched＝感動して

🖌 七夕

明日は七夕だ。	Tomorrow is the Star Festival.
短冊に願い事を書いた。	I wrote my wishes on strips of colored paper. *strip of paper＝細長い紙切れ
縁側にささの葉を飾った。	I put up a bamboo branch on the veranda. *veranda＝縁側

折り紙で輪つなぎを作った。	I made a paper chain with origami paper.
商店街にささが飾ってあった。	The shopping area was decorated with bamboo branches.
夫の願い事は「宝くじが当たりますように」だって。	My husband's wish was to win the lottery.

お盆・帰省

お盆は何日に帰省しようかな。	What day should I go back home for Obon?
新幹線が満席だった。	The shinkansen seats were completely full. *shinkansenは、bullet[ブレット] trainでもOK
やっぱり実家は落ち着く。	There's nowhere more relaxing than my parents' home.
夫〈妻〉の実家は落ち着かない。	I don't feel comfortable at my in-law's home. *in-law=姻族

夏休み

明日から夏休みだ。	My summer vacation starts tomorrow.
子どもたちと盆踊りに行った。	My kids and I went bon-dancing.
縁日で金魚すくいをした。	I scooped goldfish at the shrine festival. *scoop=〜をすくい取る
久々に浴衣を着た。	I wore a yukata for the first time in ages. *for the first time in ages=久しぶりに
フミに浴衣を着せてあげた。	I dressed Fumi in a yukata. *dress=〜に服を着せる
花火大会に行った。きれいだった！	I went to the fireworks show. It was amazing!
ユウスケと昆虫採集に行った。	Yusuke and I went bug catching. *bug=虫
セミ取りに行った。	We went to catch cicadas. *cicada[スィケイダ]=セミ

敬老の日

敬老の日に、おばあちゃんにスカーフをあげた。	I gave my grandma a scarf for Respect-for-the-Aged Day.
	*grandmaは、grandmother（おばあちゃん）の略語
おじいちゃんに電話した。	I called my grandpa.
	*grandpaは、grandfather（おじいちゃん）の略語
おじいちゃんの肩をもんであげた。	I gave my grandpa a neck massage.
	*neck massageは、neck rubとしてもOK
おじいちゃんとおばあちゃんが、元気で長生きしますように。	I hope my grandparents live a long and happy life.

ハロウィーン

子どもたちとかぼちゃのランタンを彫った。	My kids and I carved a jack-o-lantern out of a pumpkin.
	*carve=〜を彫る　lantern=ランタン、ちょうちん
ハロウィーンの仮装パーティーに参加した。	I participated in the Halloween costume party.
	*participate in 〜=〜に参加する
保育園でハロウィーンのパーティーがあった。	The preschool had a Halloween party.
ダイスケはフランケンシュタインの仮装をした。	Daisuke dressed up as Frankenstein.
ヒナコは魔女の仮装をした。	Hinako dressed up as a witch.
「トリック・オア・トリート！」と言いながら近所の家を回った。	We went around the neighborhood saying, "Trick or treat!"
	*Trick or treat.=「お菓子をくれなきゃいたずらするぞ」
お菓子をたくさんもらった。	We got lots of candy.

七五三

マリエの初めての七五三だった。	It was the first Shichi-go-san for Marie.
晴れ着がよく似合っていた。	She looked so cute in her kimono.
神社にお参りに行った。	We went to the shrine.
家族で記念撮影をした。	We had a family photo taken.

4章：英語日記フレーズ集

🎁 クリスマス

メリークリスマス！	Merry Christmas! / Happy Holidays!
イブは彼女と過ごしたいな。	I want to spend Christmas Eve with my girlfriend. *「彼氏と」なら、with my boyfriend
今年も一人のクリスマス。	I'll be all by myself again this Christmas.
あ〜あ。明日はクリスマスなのに、何の予定もないや。	Ah... Tomorrow is Christmas, and I have no plans.
クリスマスケーキを予約した。	I ordered a cake for Christmas.
クリスマスケーキ、今年は手作りしよう。	I'm going to bake a cake for Christmas this year.
ブッシュ・ド・ノエルが上手にできた。	My yulelog cake turned out really well. *yulelog[ユーオログ] cake＝ブッシュ・ド・ノエル
ローストチキンを予約した。	I ordered a roasted chicken.
ノリコの家でクリスマスパーティーを開いた。	We had a Christmas party at Noriko's.
子どもたちとクリスマスツリーの飾り付けをした。	My kids and I decorated our Christmas tree.
テツシへのクリスマスプレゼント、何がいいかなぁ。	I wonder what I should get Tetsushi for Christmas. *「子どもたちへ」なら、Tetsushiをmy kidsに
ソウイチは自転車が欲しいって。	Soichi told me he wants a bike.
子どもたちは、サンタさんからのプレゼントを楽しみにしている。	The children are looking forward to getting presents from Santa Claus.
子どもたちの枕元にプレゼントを置いてきた。	I left presents for the children by their pillows. *pillow＝枕
明日の朝、子どもたちがどんな反応をするのか楽しみ。	I'm looking forward to seeing their reactions tomorrow morning.
プレゼントに財布をもらった。	I got a wallet as a present.

3 行事・イベント

年末

今年も残すところあと3日か。	There are only three days left in the year. *left=残って
今日も忘年会、明日も忘年会。	I have another year-end-party today. And another one tomorrow.
今日は納会だった。	We had the last meeting of the year today.
今日で仕事納めだった。	Today was the last working day of the year.
大掃除、面倒くさいな。	Year-end cleaning is a pain.
大掃除で家中ピカピカになった。	I finished my year-end cleaning, so now my house is spick-and-span. *spick-and-span=こざっぱりした、こぎれいな
おせちの準備を始めなくちゃ。	I need to get ready to make osechi.
今年はおせちを手作りすることにした。	This year, I've decided to cook osechi myself.
デパートのおせちを予約した。	I ordered osechi at a department store.
年賀状を書かなきゃ。	I need to write New Year's greeting cards. *「年賀状」は、New Year's cardとも言う
やっと年賀状を書き終えた。	I've finally finished writing my New Year's greeting cards.
今年は早めに年賀状を出せた。	I was able to mail my New Year's greeting cards early this year. *mail=〜を投かんする
ようやく年賀状を出せた。	I've finally sent out my New Year's greeting cards. *send out 〜=〜を発送する。sentはsendの過去形
年賀状を90枚出した。	I sent 90 New Year's greeting cards.
年越しそばを食べた。	We ate buckwheat noodles for New Year's Eve. *buckwheat[バックウィート]=そば粉
「紅白歌合戦」を見た。	We watched Kohaku on TV.

除夜の鐘が聞こえてきた。	Now I can hear the temple bells ringing on New Year's Eve.
今年も一年、無事に過ごせてよかった。	I'm glad we made it through another year in health and safety.

*make it through 〜＝〜をうまくやり遂げる

🕰 誕生日

誕生日おめでとう！	Happy birthday!
今日は私の誕生日。	Today is my birthday.
もう祝ってもらうような年じゃないけど。	At my age, I don't really expect anyone to celebrate my birthday.
いくつになっても、誕生日はうれしいな。	Birthdays are special no matter how old you are.

*このyouは、「一般的な人々」を指す

誕生日に革のブックカバーをもらった。	I got a leather book cover for my birthday.
友達や家族にお祝いしてもらって、うれしかった。	I was happy my friends and family celebrated my birthday.
レストランで誕生日のディナーを食べた。	We had my birthday dinner at a restaurant.
店員さんがハッピーバースデーの歌を歌ってくれた。	The staff at the restaurant sang happy birthday to me.
ちょっと恥ずかしかったけど、うれしかった。	I was a little embarrassed but happy.
誕生日なのに、ヒロは電話もくれなかった。	Hiro didn't even call to wish me a happy birthday.
ハナの7歳の誕生日だった。	It was Hana's seventh birthday.
息子ももう20歳かぁ。	My son is already 20.
ユリの誕生日パーティーに、友だちがたくさん来てくれた。	A lot of friends came to celebrate Yuri's birthday.
ユウヤの誕生日ケーキを焼いた。	I baked a birthday cake for Yuya.

4章：英語日記フレーズ集

3 行事・イベント

	彼に誕生日プレゼントをあげた。	I gave him a birthday present.

☕ 記念日

今日は15回目の結婚記念日だ。	Today is our 15th wedding anniversary.	*anniversary＝記念日
明日は結婚記念日だ。	Tomorrow is our wedding anniversary.	
明日は花を買って帰ろう。	I should get some flowers on the way home tomorrow.	
結婚記念日のディナーに、レストランを予約しようかな。	Maybe I should make a reservation for our anniversary dinner.	
今日で、マユと付き合い始めて1周年。	Today is my first anniversary with Mayu.	

🖌 お葬式・法事

今日はおじいちゃんのお葬式だった。	Today was grandpa's funeral.	
享年90歳だった。	He was 90 years old.	
冥福を祈る。	May his soul rest in peace.	*rest＝(遠回しに)永眠する
母は天寿を全うした。	My mother died of natural causes.	*die of ～＝～で死ぬ　cause＝原因
今日は祖父の命日だった。	Today was the anniversary of my grandfather's death.	
今日はおばあちゃんの三回忌だった。	Today was the second anniversary of my grandma's death.	*「三回忌」は、英語では「2回目の記念日」と表す
祖母のお墓参りに行ってきた。	I visited my grandmother's grave.	*grave＝墓

飲み会・パーティー

🍺 飲み会

飲み会だった。	I had a drinking session today.

4章：英語日記フレーズ集

3 行事・イベント

いつものメンツで飲み会をした。	I had a drinking session with my usual buddies. *buddy＝仲間、相棒
朝まで飲んだ。	We drank till dawn. *dawn＝明け方
三次会まで付き合った。	I went along with them to the third drinking session.
終電前に切り上げた。	We finished before the last train.
飲み会の幹事をした。	I was the organizer of the drinking session.

✏️ カラオケ (→ p. 530「カラオケ」を参照)

📖 パーティー・お祝い

国際交流パーティーに参加した。	I took part in an international exchange party.
立食パーティーだった。	It was a buffet-style party. *buffet-style＝立食形式の
フォーマルなパーティーだった。	It was a formal party.
父の還暦のお祝いをした。	We celebrated my father's 60th birthday.
祖母の米寿のお祝いをした。	We celebrated my grandma's 88th birthday.

👓 ホームパーティー

家に友人たちを招いて、パーティーを開いた。	I invited some friends and had a house party.
一人1品ずつ持ち寄った。	Everyone brought one dish.
ハヤセさんがおいしいワインを持ってきてくれた。	Hayase-san brought a nice bottle of wine.
サトウさんの引っ越し祝いにお呼ばれした。	I was invited to Sato-san's housewarming party. *housewarming (party)＝新居披露パーティー
ユウジの家で鍋パーティーをした。	We had a hot-pot party at Yuji's place. *hot-pot＝鍋

行事・イベントについて
英語日記を書いてみよう

さまざまな行事やイベントについて、英語で書いてみましょう。

✏ 娘の運動会

> Misaki has her sports festival tomorrow. Hope she finishes first in the footrace. I'm looking forward to it!

訳 明日はミサキの運動会。かけっこで1位を取れるといいな。楽しみ！

ポイント 「〜だといいな」は、未来のことでもI hope 〜（現在形の文）で表すのが一般的ですが、I hope (that) she'll finish first ... のように、will（短縮形は〜'll）を使っても構いません。また、日記などでは主語を省略して、Hope she ... のように表すことも多いですね。

✏ もうすぐひな祭り

> The Doll Festival is just around the corner. The kids helped me set up the hina dolls. We're all set!

訳 もうすぐひな祭り。子どもたちと一緒にひな人形を飾った。準備はバッチリ！

ポイント 「もうすぐ〜だ」と間近に迫っているイベントは、〜 is (just) around the cornerと表します。2文目は、「子どもたちがひな人形を飾るのを手伝ってくれた」と考えて、help〜（人）...（動詞の原形）で表しました。be all set は「準備完了」という意味。

もちつき大会

> We went to the annual rice-cake pounding and eating event. The rice cakes that had just been pounded were so good! ☺

訳 家族で毎年恒例のもちつき大会へ行った。つきたてのおもちは最高においしかった！☺

ポイント 「家族で」は、we（私たちは）を主語にすればOK。日記では、誰のことかわかりますよね。「毎年恒例の」は annual。「もちつき大会」は、rice-cake pounding and eating event（もちをついて食べるイベント）と具体的に表しました。pounding は making としても OK。

高校の同窓会

> We had our high school reunion at Hotel Okura. I didn't recognize Nami-chan at first. She looked really beautiful. We had a great time talking about the old days.

訳 ホテル・オークラで高校の同窓会があった。最初、ナミちゃんが誰だかわからなかった。スゴくきれいになっていた。昔の話に花が咲いて楽しかった。

ポイント 「高校の同窓会」は、high school reunion と言います。recognize は「（外見や特徴などから）〜だと識別できる・見分けが付く」という意味です。talking about the old days（昔の話をして）で、「昔の話に花が咲いて」のニュアンスを出すことができます。

4 人間関係

出会い

タナカさんという人と知り合った。	I got to know a person named Takana.
A社のヨシダさんと知り合った。	I got to know Yoshida-san from A Company.
今日のパーティーでは、大勢の人と知り合った。	I met a lot of people at the party today.
一度に大勢の人と出会ったので、名前を覚えられなかった。	I met a lot people at one time, so I couldn't remember all their names.
ソダさんが友達を紹介してくれた。	Soda-san introduced her friend to me.
新しい友達ができた。	I made a new friend.
彼女と知り合えてうれしかった。	It was nice to get to know her.
彼と話ができてよかった。	I'm glad I was able to talk with him.
彼女には、以前から会いたいと思っていた。	I've always wanted to meet her.
ようやく会えてうれしかった。	I was happy to finally meet her.
初めて会ったような気がしなかった。	It didn't feel like my first time to meet her.
昔からの友人のように、意気投合した。	We got along great. It was like we were old friends.

以前、どこかで会ったことがあるような気がした。	He looked familiar.
また彼女と会いたい。	I want to meet her again.
近いうちにまた会いたい。	I want to meet her again sometime soon.
思いがけない出会いだった。	It was a chance meeting.
初対面の人と話すのって、苦手。	I'm not good at talking to people when I first meet them.

相手の外見

容姿

美人だ。	She's beautiful.
ものすごい美人だ。	She's a real knockout.

＊knockout＝すごい美人

かわいらしい人だ。	She's a cute person.
ルックスがいい。	He's good-looking.
かっこいい。	He's cool.
ハンサムだ。	He's handsome.
たくましくていい男だ。	He's a hunk.

＊hunk[ハンク]＝たくましくセクシーな男性

笑顔がすてきだ。	She has a great smile.
とても魅力的だ。	She's charming.
目の大きな人だ。	She has big eyes.
目鼻立ちのはっきりした人だ。	She has clear-cut features.
きめの細かい肌の人だ。	She has fine, smooth skin.
肌のきれいな女性だ。	She has beautiful skin.
肌が荒れた人だ。	He has rough skin.

色白な人だ。	He has fair skin.
日焼けした肌の人だ。	She's tanned.
血色が悪い人だ。	He has a poor complexion.
	*complexion[コンプレクション]＝顔色
（具合が悪くて）顔色が悪い人だ。	She looks pale.
（運動をしていて）健康的だ。	He's fit.
髪のきれいな人だ。	She has beautiful hair.
歯並びがきれいだ。	He has good teeth.
歯並びが悪い。	She has bad teeth.
ロングヘアの人だ。	She has long hair.
セミロングヘアの人だ。	She has medium-length hair.
ショートヘアの人だ。	She has short hair.
角刈りの人だ。	He has a crew cut.　　*crew cut＝角刈り
ぼさぼさ頭の人だ。	He has messy hair.
頭のてっぺんが薄い。	He's thinning on top.
	*thin[スィン]＝薄くなる
生え際が後退しかけている。	He has a receding hairline.
	*recede[リスィード]＝後退する
化粧が濃かった。	She wore heavy makeup.
	*「薄かった」なら、heavyをlightに
すっぴんでもかわいかった。	She was pretty without makeup.

📖 体型

中肉中背だ。	He has a medium build.
	*build＝体格、体型
背が高い人だ。	She's tall.
背の低い人だ。	He's short.
大柄な人だ。	She's large.
ふくよかな人だ。	She's full-figured.

やせている。	She's thin.
とてもやせている。	He's really skinny.
筋肉質だ。	He has a muscular build.
	＊muscular＝筋肉の発達した
引き締まった体の人だ。	He has a lean body.
	＊lean[リーン]＝脂肪の少ない
スタイルがいい。	She has a nice figure.
	＊女性について用いる
体格がいい。	He has a nice build.
	＊男性について用いる

👓 見た目の印象

華がある人だ。	He has a star quality.
華やかな人だ。	She's glamorous.
パッとしない人だ。	He looks plain.
目つきの鋭い人だ。	She's sharp-eyed.
まじめそうな人だ。	She looks serious.
やさしそうな人だ。	He looks kind.
厳しそうな人だ。	She looks strict.
利口そうな人だ。	He looks smart.
ファッションセンスがいい。	He has a good sense of fashion.
身なりがきちんとしていた。	She was well-dressed.
見苦しい格好だった。	He didn't look presentable.
	＊presentable＝見苦しくない
寝癖がついていた。	She had bed hair.
猫背だ。	He's hunchbacked.
	＊hunchbacked＝猫背の
パソコンオタクみたいだ。	He looks like a computer geek.
	＊geek[ギーク]＝オタク
金持ちそうだ。	She looks rich.

若く見える。	He looks younger.
子どもがいるようには見えなかった。	She didn't look like she has had a child.
実際の年齢より上に見える。	He looks older than he actually is.
大人っぽく見える。	She looks mature.

*mature[マチュア]=成熟した、大人の

相手の性格

付き合いやすい性格

楽しい人だ。	She's fun.
一緒にいて楽しい人だ。	He's fun to be with.
社交的な人だ。	She's outgoing.
魅力的な人だ。	He's charming.
人を引きつける性格だ。	She has a magnetic personality.
人付き合いがうまい人だ。	He's a good mixer.
明るい人だ。	She has a cheerful disposition.
陽気な人だ。	He has a sunny disposition.
活発な人だ。	She's an active person.
気さくな人だ。	He's friendly.
ユーモアのある人だ。	She has a good sense of humor.
感じのいい人だ。	He's pleasant.
愛きょうのある人だ。	She's lovable.
子どものように無邪気な人だ。	She's pure-hearted, like an innocent child.
笑顔を絶やさない人だ。	He's always smiling.

*「とても楽しい人」なら、a lot of fun

*disposition=気質、性質

*humor[ヒューモァ]

性格のいい人だ。	She's good-natured.
話し上手な人だ。	He's a good talker.
聞き上手な人だ。	She's a good listener.
話しやすい人だ。	He's easy to talk to.
腰が低い人だ。	She's humble.　＊humble＝謙虚な、つつましい
優しい人だ。	He's kind.　＊kindは、niceとしてもOK
寛大な人だ。	She's generous.
おおらかな人だ。	He's big-hearted.
温厚な人だ。	She's mild-tempered.
(性格が) 気前のいい人だ。	He has a generous nature.
(金銭的に) 気前のいい人だ。	She's generous with her money.
さっぱりとした性格の人だ。	He's refreshingly frank.
はきはきと話す人だ。	She talks clearly and briskly.　＊briskly＝きびきびと
自然体の人だ。	He's spontaneous.　＊spontaneous[スポンテイニアス]＝自然な
裏表のない人だ。	She's sincere.　＊sincere＝裏表のない、正直な
率直な人だ。	He's straightforward. He's frank.
純粋な人だ。	She's a pure-hearted person.
誠実な人だ。	He's honest.
まじめな人だ。	She's nice and earnest. ＊earnest だけだと、「冗談も言わないようなまじめな人」というネガティブなイメージになることもある
律儀な人だ。	He's dutiful.　＊dutiful[デューティフォ]＝忠実な、誠実な
冷静な人だ。	She's calm and controlled.　＊calm[カーム]＝落ち着いた
聡明な人だ。	He's bright.

頭の回転が速い人だ。	She's a quick thinker.
分別のある人だ。	He's a sensible person.
物わかりのいい人だ。	She's understanding.
斬新な考えを持つ人だ。	He's full of new ideas.
	＊full of ～＝～がいっぱいで
プラス思考の人だ。	She's a positive person.
融通の利く人だ。	He's flexible. ＊flexible＝柔軟な
野心的な人だ。	She's ambitious.
勇敢な人だ。	He's brave.
意志の強い人だ。	She's strong-willed.
責任感の強い人だ。	He has a strong sense of responsibility.
やると言ったらやるタイプの人だ。	She's as good as her word.
自信を持った人だ。	He's self-confident.
信頼できる人だ。	She's reliable.
しっかりした人だ。	He's a well-grounded person.
	＊well-grounded＝(考え・主張などが)根拠の確かな
良識のある人だ。	She has a good head on her shoulders.
	＊have a good head on one's shoulders＝常識がある
礼儀正しい人だ。	He's well-mannered.
丁寧な人だ。	She's polite.
おしとやかな人だ。	She's graceful.
協力的な人だ。	She's cooperative.
時間に正確な人だ。	He's punctual.
(仕事や勉強に)熱心な人だ。	She's hardworking.

付き合いにくい性格

強引な人だ。	He's pushy.	*pushy[プッシィ]
失礼な人だ。	She's rude.	
礼儀をわきまえない人だ。	He has no manners.	
口が悪い人だ。	She has a dirty mouth.	
言葉遣いの悪い人だ。	He uses foul language.	*foul[ファォゥ]=汚い
偉そうな人だ。	She's bossy.	
横柄な人だ。	He's arrogant.	*arrogant[アラガント]
人使いの荒い人だ。	She's a tyrant.	*tyrant[タイァラント]=暴君
図々しい人だ。	He has a lot of nerve.	*nerve[ナーヴ]=厚かましさ、図太さ
自信過剰な人だ。	She's too self-confident.	
うぬぼれの強い人だ。	He's self-conceited.	*self-conceited[カンスィーティッド]
自意識過剰な人だ。	She's overly self-conscious.	*self-conscious[カンシャス]
お高くとまった人だ。	He's snobbish.	
性格の悪い人だ。	She has a bad personality.	
暗い性格の人だ。	He's a gloomy person.	
冷たい人だ。	She's cold.	
思いやりのない人だ。	He's heartless.	
マイナス思考の人だ。	She's a negative person.	
ムスッとした人だ。	He's unfriendly.	
気難しい人だ。	She's hard to please.	*please=〜を楽しませる
話しかけづらい人だ。	He's hard to talk to.	
人付き合いの下手な人だ。	She's a bad mixer.	

協調性に欠けた人だ。	He isn't a team player.
ぶっきらぼうだ。	She's blunt. *blunt[ブラント]=ぶっきらぼうな
短気な人だ。	He has a short-temper.
気分屋だ。	She's moody.
変わった人だ。	He's strange.
裏表のある人だ。	She's two-faced.
うそつきだ。	He doesn't tell the truth. *liar(うそつき)を用いてHe's a liar.とすると、かなり強い響きになる
疑い深い人だ。	She's a skeptic. *skeptic[スケプティック]=疑い深い人
意地悪な人だ。	He's mean.
陰険な人だ。	She's sneaky.
ずるがしこい人だ。	He's a cunning person.
欲深い人だ。	She's greedy.
攻撃的な人だ。	He's an aggressive person.
批判好きな人だ。	She's trigger-happy. *trigger-happy=すぐに批判的になる
辛らつな人だ。	He has a sharp tongue. *tongue[タング]=話しぶり
自分勝手な人だ。	She's selfish.
融通のきかない人だ。	He's stubborn. *stubborn[スタバン]=強情な
がんこな人だ。	She's bullheaded.
神経質な人だ。	He's too sensitive.
とても内気な人だ。	She's really shy.
優柔不断な人だ。	He's indecisive. *indecisive[インディサイスィヴ]=優柔不断の
鈍感な人だ。	She's thick-skinned. *thick-skinned=(非難などに)鈍感な、無神経な

保守的な人だ。	He's a stick-in-the-mud.
	*stick-in-the-mud＝保守的な人
無責任な人だ。	She's irresponsible.
言うこととやることが違う人だ。	She's the type of person who says one thing and does another.
おせっかいな人だ。	He's a busybody.
口やかましい人だ。	She's a nag.
人のことにいちいち口出しする人だ。	She is a backseat driver.
	*backseat driver＝余計な口出しをする人
一言多い人だ。	He has one word too many.
へりくつばかり言う人だ。	She's such a quibbler.
	*quibbler[クイブラー]＝つべこべ言う人
しつこい人だ。	He's persistent.
ケチな人だ。	She's stingy.
知ったかぶりをする人だ。	He's a know-it-all.
偏見を持った人だ。	She's prejudiced.
	*prejudiced[プレジャディスト]
不注意な人だ。	He's careless.
まじめすぎる人だ。	She's too serious.
度量の狭い人だ。	He's narrow-minded.
細かなことにうるさい人だ。	She's picky.
重箱の隅をつつくタイプだ。	He's a nitpicker.
ずけずけものを言う人だ。	She's too outspoken.
時間にルーズな人だ。	He's not punctual.
	*punctual＝時間を厳守する
口の軽い人だ。	She's a big mouth.
おしゃべりな人だ。	He's talkative. *talkative＝話し好きな
せんさく好きな人だ。	She's nosy.

4 人間関係

ごますりタイプだ。	He's an apple polisher. *apple polisher＝ごきげん取り
あきらめの悪い人だ。	She doesn't know when to give up.

相手のプロフィール

💡 相手の名前・年齢

彼女はオオサキマリコさんという。	Her name is Mariko Osaki.
彼はヤマグチさんという。	His name is Mr. Yamaguchi.
42歳だそうだ。	She's 42 years old. ＊years oldは省略可
彼は50代くらいだ。	He's probably in his 50s.
彼女は20代だ。	She's in her 20s.
彼は30代前半だ。	He's in his early 30s.
彼女は40代半ばだ。	She's in her mid-40s.
彼は50代後半だ。	He's in his late 50s.
彼女は私と同年代だ。	She and I are of the same generation.
彼は私ぐらいの年齢だ。	He's about my age.
彼女は私より少し若いだろう。	She's probably a little younger than me. ＊「少し年上」なら、older
彼、いくつくらいだろう。	I wonder how old he is.
彼女は年齢不詳だ。	You can't tell her age from the way she looks. ＊このyouは、「一般的な人々」を指す
私たちは同い年だとわかった。	I learned we were the same age.
彼、私より年上には見えなかった。	He didn't look older than me.
彼女が私より年下だなんて、信じられなかった。	I couldn't believe she was younger than me.

相手の家族構成

家族を表す単語

両親	parents		
父	father / dad		
母	mother / mom		
祖父母	grandparents	義理の父	father-in-law
祖父	grandfather / grandpa	義理の母	mother-in-law
		義理の兄・弟	brother-in-law
祖母	grandmother / grandma	義理の姉・妹	sister-in-law
子ども	child / kid	おじ	uncle
息子	son	おば	aunt
娘	daughter [ドーター]	いとこ	cousin [カズン]
孫	grandchild / grandchildren	おい	nephew [ネフュー]
		めい	niece [ニース]
孫（男）	grandson	夫	husband
孫（女）	granddaughter	妻	wife
兄・弟	brother	婚約者（男）	fiancé
姉・妹	sister	婚約者（女）	fiancée
(男女の区別なく) きょうだい	sibling	前夫	ex-husband
		前妻	ex-wife

彼は一人暮らしだ。	He lives by himself.
彼は、妻と義理の両親と暮らしている。	He lives with his wife and his parents-in-law.
彼らは4人家族だ。	They're a family of four.
彼女のところは大家族だ。	She has a large family.
彼は一人っ子だ。	He's an only child.
彼女には姉が2人と弟がいる。	She has two sisters and a brother.
彼女は3人姉妹の末っ子だ。	She's the youngest of three sisters. ＊「一番上」ならthe oldest、「真ん中」ならthe middle
彼には4人のきょうだいがいる。	He has four siblings. ＊sibling=(男女の区別なく)きょうだい
彼には双子の妹がいる。	He has a twin sister.

彼女の息子さんは中学2年生だ。	Her son is in the second grade of junior high school.
彼女の息子さんは来年、高校受験だそうだ。	I heard her son is going to take the high school exams next year.
彼の娘さんが結婚したそうだ。	I heard his daughter got married.
彼の息子さんが大学を卒業したそうだ。	I heard his son graduated from college.
彼女の娘さんが就職したそうだ。	I heard her daughter found a job.
彼女はだんなさんより7歳年上だ。	She's seven years older than her husband.
彼は犬を飼っている。	He has a dog.

☕ 相手の出身地・住んでいる場所

国名を表す単語

アイルランド	Ireland	デンマーク	Denmark
アメリカ	America	ドイツ	Germany
イギリス	Britain	トルコ	Turkey
イタリア	Italy	ニュージーランド	New Zealand
インド	India	ネパール	Nepal
インドネシア	Indonesia	ノルウェー	Norway
エジプト	Egypt	ハンガリー	Hungary
オーストラリア	Australia	フィリピン	the Philippines
オーストリア	Austria	フィンランド	Finland
オランダ	Holland	ブータン	Bhutan
カナダ	Canada	ブラジル	Brazil
韓国	South Korea	フランス	France
カンボジア	Cambodia	ベトナム	Vietnam
ギリシャ	Greece	ベルギー	Belgium
シンガポール	Singapore	ポーランド	Poland
スイス	Switzerland	ポルトガル	Portugal
スウェーデン	Sweden	マレーシア	Malaysia
スペイン	Spain	メキシコ	Mexico
タイ	Thailand	モロッコ	Morocco
中国	China	ロシア	Russia

都市名を表す単語

アテネ	Athens [アースィンズ]	パリ	Paris
アムステルダム	Amsterdam	バンクーバー	Vancouver
ウィーン	Vienna	バンコク	Bangkok
エルサレム	Jerusalem [ジェルーサレム]	フィレンツェ	Florence
コペンハーゲン	Copenhagen	ブリュッセル	Brussels
サンフランシスコ	San Francisco	北京	Beijing
シアトル	Seattle	ベルサイユ	Versailles [ヴェアサィ]
シカゴ	Chicago	ベルリン	Berlin [バーリン]
シドニー	Sydney	ミュンヘン	Munich [ミューニク]
上海	Shanghai	ミラノ	Milan
ジュネーブ	Geneva [ジェニーヴァ]	メルボルン	Melbourne
ソウル	Seoul	モスクワ	Moscow [マースカゥ]
チューリッヒ	Zurich [ズーリック]	リオデジャネイロ	Rio de Janeiro
デリー	Delhi	ローマ	Rome [ロウム]
ナポリ	Naples [ネイポォズ]	ロサンゼルス	Los Angeles
ニューヨーク	New York	ロンドン	London

彼は奈良の出身だ。	He's from Nara.
彼女は大阪生まれの横浜育ちだ。	She was born in Osaka and raised in Yokohama.
東京に住んで8年になるそうだ。	He has lived in Tokyo for eight years now.
5年前まで、福岡に住んでいたそうだ。	She lived in Fukuoka up until five years ago.
彼とは同郷だとわかった。	I found out that he and I come from the same town. *find out 〜 = 〜とわかる。foundはfindの過去形
同じ市の出身と知って、彼女に親近感がわいた。	After finding out we're from the same city, I started to feel closer to her.
彼はカナダ、カルガリー市の出身だ。	He's from Calgary, Canada.
彼女はアメリカから留学してきている。	She's on an exchange program from America.

先月、来日したばかりだという。		She just got to Japan last month.	

相手の職業

職業を表す単語

正社員	full-time worker	看護師	nurse
契約社員	contract employee	教師	teacher
派遣社員	temporary worker / temp	教授	professor
アルバイト	part-timer	保育士	preschool teacher
自営業	family-operated business	介護士	care worker
社長	president	編集者	editor
会社役員	company exective	報道記者	reporter
会社員	company worker / office worker	通訳者	interpreter
		翻訳者	translator
公務員	public employee	俳優	actor
受付係	receptionist	歌手	singer
エンジニア	engineer	政治家	politician / statesperson
会計士	accountant	漁師	fisherman
税理士	tax accountant	農業従事者	farmer
弁護士	lawyer	美容師	hairdresser
建築家	architect	理容師	barber
医師	doctor	主婦、主夫	homemaker

彼女は保育士だ。	She's a preschool teacher.
彼女は主婦だ。	She's a homemaker.

＊homemaker＝主婦、主夫

彼は会社員だ。	He's an office worker.

＊「会社員」は、company workerとも言う

彼はIT企業に勤めている。	He works for an IT company.
彼女は貿易関係の仕事をしている。	She does trade-related work.
彼女は食品業界が長い。	She has been in the food industry for years.

＊for years＝何年も

彼は、以前はアパレル関係の仕事をしていたそうだ。	He used to be in the apparel industry.
彼は医療機器の営業をしている。	He sells medical equipment.

＊equipment＝機器

彼は経理を担当している。	He's in charge of accounting.

*in charge of 〜＝〜を担当して　accounting＝会計

彼女はパートで事務をしている。	She does office work part time.

*part time＝パートタイムで

彼はジムのインストラクターだ。	He works as an instructor at a gym.
彼はプログラミングのエキスパートだ。	He's a programming expert.
彼女は社長だ。	She's the president of a company.
彼は会社を経営している。	He runs a business.

*run＝〜を経営する

彼女は夫と一緒に飲食店を経営している。	She and her husband run a restaurant.
彼はベテラン教師だ。	He's an experienced teacher.
彼女は小学3年生を受け持っている。	She's a third grade teacher at an elementary school.
彼は高校で数学を教えている。	He teaches math in high school.
アサオくんが声優になった。	Asao-kun became a voice actor.
彼は定年退職した。	He retired from work.
彼女は最近、転職したばかりだ。	She has recently changed jobs.
彼は派遣社員だ。	He's a temp.

*tempは、temporary worker（派遣社員）の略

彼女はアルバイトだ。	She works part time.
彼は法政大学の2年生だ。	He's a sophomore at Hosei University.

*sophomore[サフォモー]＝(大学の)2年生

彼女は法学専攻だ。	She majors in law.

*major in 〜＝〜を専攻する

人付き合い

友人・知人に会う

午後、ユウコと会った。	I met Yuko this afternoon.

2時に東京駅で待ち合わせた。	We met at Tokyo Station at 2:00.
シンジとお茶した。	Shinji and I had some coffee.
	*some coffeeは、some teaとしてもOK
ジムでイシグロさんを見かけた。	I saw Ishiguro-san at the gym.
スーパーで偶然、カイヌマさんに出くわした。	I ran into Kainuma-san at the grocery store.
	*grocery[グロウサリィ] store＝生鮮食料品店
保育園でソウくんのママに会った。	I met Sou-kun's mom at the preschool.
帰宅途中、アサノさんに会った。	I saw Asano-san on the way home.
オオモリさんが家に寄った。	Omori-san dropped by my place.
カクタさんの家にお邪魔した。	I visited Kakuta-san at her house.
あんな所で彼女に会うとは驚いた。	I didn't expect to see her there.

✏️ 久しぶりの再会

久しぶりにユミコと会った。	I met Yumiko for the first time in ages.
3カ月ぶりにキムラさんと会った。	I saw Kimura-san for the first time in three months.
カタギリさんと会うのは、去年の9月以来だった。	I met Katagiri-san for the first time since last September.
4組のクラス会があった。	There was a reunion for Class 4.
高校の同級生に会った。	I met some friends from high school.
久しぶりに会う人ばかりだった。	I saw a lot of my classmates for the first time in a long while.
最初、彼が誰だかわからなかった。	I didn't recognize him at first.
ナカジマくんと15年ぶりに会った。	I saw Nakajima-kun for the first time in 15 years.
元気そうだった。	She looked great.

みんな全然変わってなかった。	They haven't changed a bit.
みんなに「変わらないね」と言われた。	They told me that I looked the same.
みんなに「だいぶ変わったね」と言われた。	They told me that I looked very different.
「きれいになったね」と言われた。	He told me I had become beautiful.
彼女はすごくきれいになっていた。	She has become really beautiful.
彼女は少しやせていた。	She looked like she had lost weight.
彼はだいぶ太っていた。	He gained a lot of weight.
彼、髪が薄くなってた。	He was losing his hair.
お互い老けたなぁ。	We both looked older.
白髪が増えていた。	She had more gray hair.
旧交を温めた。	We caught up with each other. *catch up with ～=～(しばらく会っていなかった人)と話をする
中学校時代の思い出話に花が咲いた。	We had a great time talking about our junior high school days.
また会う約束をした。	We promised to get together again.
これからも連絡を取り合うことにした。	We decided to keep in touch. *keep in touch=連絡を取る

📖 近所付き合い

隣のアキヤマさんに、リンゴをおすそわけした。	I gave some apples to my next-door neighbor, Akiyama-san.
お返しにジャガイモをいただいた。	I got some potatoes in return.
ワタナベさんに、カナダ旅行のお土産を渡した。	I gave Watanabe-san a gift from Canada.
シバタさんと立ち話をした。	I stood chatting with Shibata-san.

町内会の集まりがあった。	We had a gathering of our neighborhood association.
町内会の会費を納めた。	I paid the neighborhood association fee.
マンションの自治会の会議に出た。	I attended the condo association meeting. *condoは、condominium(分譲マンション)の略
回覧板が回ってきた。	The neighborhood bulletin was passed around to me. *bulletin[ブレティン]＝広報、会報
回覧板をタナベさんに回した。	I handed the neighborhood bulletin over to Tanabe-san.
コウダさんは来月、大阪に引っ越すそうだ。	Kouda-san is moving to Osaka next month. *move＝引っ越す
さみしくなるな。	I'll miss her. *miss＝～がいなくてさみしく思う
隣の人が引っ越しのあいさつに来た。	My new neighbor came to say hi. *say hi＝あいさつをする
いい人そうでよかった。	I'm glad she looked nice.
出がけに隣の人と顔を合わせたので、あいさつした。	When I was leaving, I saw a neighbor and greeted her. *neighbor＝隣人、近所の人
隣って、どんな人が住んでいるんだろう？	I wonder what kind of neighbors I have.
うちのマンションは、近所付き合いがほとんどない。	People living in my condo don't really associate with each other.

人との別れ

👓 人と別れる

5時に彼女と別れた。	I said bye to her at 5:00. *say bye to ～＝～と別れる。saidはsayの過去形
駅でハナと別れた。	I said bye to Hana at the station.
息子を空港で見送った。	I saw my son off at the airport. *see ～ off＝～を見送る。sawはseeの過去形

彼女を駅まで送った。	I saw her off at the station.
笑顔で見送った。	I saw him off with a smile.
別れ際、つい泣いてしまった。	I couldn't help crying when I saw her off.

＊can't help ～ing＝～せずにはいられない

「バイバイ！」と手を振った。	I waved good-bye to him.

＊wave＝手を振る

人との死別

祖父が亡くなった。	My grandfather passed away.

＊pass away＝亡くなる

父は77歳で亡くなった。	My dad passed away at the age of 77.
祖母は97歳で大往生を遂げた。	My grandmother passed away peacefully at 97.
彼はぽっくり逝った。	He dropped dead.

＊drop dead＝ぽっくり死ぬ

彼女は死にひんしている。	She's dying.
いとこが肝臓がんで亡くなった。	My cousin passed away from liver cancer.
隣人が自殺した。	A neighbor of mine killed himself.

＊女性の場合は、himselfをherselfに

おいが交通事故死した。	My nephew was killed in a car accident.
彼は早すぎる死を迎えた。	He died too early.
彼のことを思って祈っている。	My thoughts and prayers are with him.

＊thought[ソート]＝思い　prayer＝祈り

ヤマダさんのお母様のご逝去の報にふれ、悲しみに暮れている。	I'm very sorry to hear about Yamada-san's mother's death.
彼の死は、言葉では表せないほど悲しい。	His death has saddened me beyond words.

＊sadden＝～を悲しませる

彼女が他界して12年になる。	It's been 12 years since she passed away.

4章：英語日記フレーズ集

4 人間関係

人間関係について英語日記を書いてみよう

人間関係にまつわるあれこれを、英語で書いてみましょう。

✏ 友達とケンカ

Yohei and I had an argument. I apologized by e-mail, but I haven't gotten a reply yet. Maybe I should've said sorry to him in person.

訳 ヨウヘイとケンカをしてしまった。メールで謝ったけど、まだ返事が来ない。直接謝るべきだったかなぁ。

ポイント 「言い争い（のケンカ）」は argument か quarrel［クワレゥ］、「殴り合いのケンカ、激しい口論」は fight と表します。Maybe I should've～（動詞の過去分詞形）は「～すべきだったかな」、in person は「（メールや電話などではなく）直接」という意味です。

✏ 上階の人の足音

The man upstairs makes noise when he walks. I wish I could tell him to walk quietly but I can't as I sometimes run into him in the parking lot.

訳 上階の男性の足音がうるさい。静かに歩いてほしいって言いたいけど、たまに駐車場でばったり会うから言えないな。

ポイント 「上階の」は upstairs、「下階の」なら downstairs。I wish I could ～は「～できたらいいけれど（実際はできない）」という意味。この文の as ～は「～なので」という意味を表します。run into ～は「～にばったり会う」、parking lot は「駐車場」のこと。

気を遣うのって疲れる

I don't want to go along with my husband to his parents' home during the Obon holiday. I get so tired trying to be nice to my in-laws.

訳 お盆休みに夫の実家へ帰省するの、いやだなぁ。義母や義姉に気を遣うのって、すごく疲れる。

ポイント 「夫の実家へ帰省する」は、go along with my husband to his parents' home（夫と一緒に彼の両親の家に行く）と表しました。「義母」は mother-in-law、「義姉」は sister-in-law のように言いますが、ここでは in-laws（姻戚）とまとめています。

ありがたいご近所さん

Marina's teacher called me to come pick her up because she had a fever. But I was in a meeting and I couldn't. Ms.Kondo kindly picked her up for me.

訳 マリナの先生から、マリナが熱を出したから迎えに来るように電話があったけど、会議中で行けなかった。親切にも、コンドウさんが代わりに迎えに行ってくれた。

ポイント pick up は「〜を迎えに行く」という意味です。「親切にも〜してくれた」は kindly 〜（動詞の過去形）で表します。この kindly は必ず動詞の過去形の直前に置くので、覚えておきましょう。「〜の代わりに」は for 〜 を用います。

5 気持ち・感想

いろいろな気持ち

好き

この色、好きだな。	**I like this color.**
このバンド、大好き！	**I love this band!**
京都は、お気に入りの都市。	**Kyoto is my favorite city.**
私、チョコレートに目がないんだよね。	**I love chocolate more than anything.**

*more than anything＝ほかの何よりも

嫌い

この俳優、好きじゃない。	**I don't like this actor.**
コーヒーは、あまり好きじゃない。	**I don't really like coffee.**
飛行機に乗るのって、本当に苦手。	**I really don't like flying.**
ゴキブリ、大嫌い！	**I hate cockroaches!**

*don't really ～＝あまり～でない
*fly＝飛行機に乗る
*cockroach(ゴキブリ)は、くだけてroachと略すことも

うれしい・幸せ

やった！	**Yes!** **I did it!**
すごくうれしい！	**I'm so happy!** ☺
本当に幸せ。	**I'm really happy.**
最高にうれしい。	**I couldn't be happier.**

*「これ以上うれしいことはない」というニュアンス

言葉では表せないぐらいうれしい。	I have no words to express how happy I am.
わ〜すごい、信じられない！	Wow, this is too good to be true! ＊too good to be trueは「話がうますぎる」という疑い深いニュアンスで使われることも多い
うれしい知らせが届いた！	I got some good news!
彼女、うれしそうだったなぁ。	She looked really happy.
彼のことは私にとってもうれしい。	I'm happy for him.
私って世界一の幸せ者だ。	I'm the happiest person on earth.
おれって、なんて幸せなんだろう。	I'm such a lucky guy. ＊このluckyは「恵まれていて幸せ」の意味。女性なら、guyをwomanに
夢みたい！	It feels like a dream!
ラッキー！	Lucky me! I'm so lucky!
運がいい。	I'm in luck.
今日はツイてたなぁ。	I lucked out today.

楽しい・面白い

楽しかった。	It was fun. I had fun.
めちゃくちゃ楽しかった。	I had a ball. I had a great time. ＊ball＝素晴らしいひととき
すっごく楽しい。	It's a lot of fun.
楽しい一日だった。	It was a great day. ＊great dayは、fun dayとしてもOK
意外と笑えた。	We didn't expect it, but it WAS funny. ＊WASと大文字で書くことで、意味を強調できる
超うける！	I love it!
超笑えた！	It cracked me up! ＊crack 〜 up＝〜を大笑いさせる

4章：英語日記フレーズ集

5 気持ち・感想

爆笑した！	I laughed out loud!
	*loud＝大声で
おなかがよじれるほど笑った。	I laughed until my sides ached.
	*side＝脇腹　ache[エイク]＝痛む
笑い過ぎて涙が出た。	I laughed so hard that I cried.
思い出すたびに笑ってしまう。	I laugh whenever I remember it.
	*remember＝～を思い出す

悲しい

悲しい。	I'm feeling sad.
とても悲しい。	I'm really sad. I'm heartbroken.
泣きそう。	I'm close to tears.
	*close[クロウス] to ～＝～に近い
泣きたい気持ちだった。	I felt like crying.
泣きたい気持ちを必死に抑えた。	I tried really hard to hold back my tears.
	*hold back ～＝～を抑える
涙があふれてきた。	Tears welled up in my eyes.
	*well up＝わき出る、あふれる
涙が止まらない。	I can't stop crying.
なんて残酷な！	How cruel!
	*cruel＝残酷な、むごい
胸が張り裂けそうだった。	I felt heartbroken.
彼女が悲しんでいるのを見て、胸が張り裂けそうだった。	It broke my heart to see her sad.

さみしい・むなしい

さみしいな。	I'm feeling lonely.
彼に会えなくてさみしい。	I miss him.
心にぽっかりと穴が空いたようだ。	It's like there's a hole in my heart.
突然、さみしさがこみ上げてきた。	All of a sudden, I was hit by a wave of loneliness.

むなしい。	I feel empty.　*empty=むなしい、空虚な
毎日同じことの繰り返しでむなしくなる。	I feel empty doing the same thing every day.
人生なんて、こんなもんだ。	That's the way it is. That's life.

憂うつ・うんざり

憂うつだなぁ。	I'm feeling low. I feel depressed. *lowは、blueでもOK　depressedは、downでもOK
最近、やる気が出ないなぁ。	I don't have any motivation these days.　*motivation=やる気
何もやる気がしない。	I don't feel like doing anything.
何もかも嫌になった。	I'm sick and tired of everything.
もう嫌になっちゃう。	It's driving me crazy. *drive ～ crazy=～の気を変にさせる
絶望的だ。	It's hopeless.
もううんざりだ。	I'm sick of it.
何もかも台無しだ。	I really messed up everything. *mess up ～=～を台無しにする
お先真っ暗。	The road ahead is pitch-dark. *pitch-dark=真っ暗闇の
なんでいつもこんな目に遭うのかな。	How come this always happens to me?
人生に疲れた。	I'm tired of life.

期待・楽しみ

楽しみ！	I'm looking forward to it!
明日が楽しみ。	I can't wait for tomorrow. I can hardly wait for tomorrow.
ワクワクしてきた。	I'm getting excited.
ワクワク、ドキドキ。	I'm excited and nervous.

早く土曜日にならないかな。	I wish it were Saturday already.
興奮して、なかなか眠れなかった。	I was too excited to sleep.
この映画には、すごく期待してる。	I really have high expectations for this movie.
期待を裏切りませんように。	I hope it doesn't disappoint me. ＊「人」に対する期待なら、itをhe/she/theyなどに

がっかり・残念

あ〜あ、がっかり。	What a letdown! ＊letdown（期待外れ）は、disappointmentとしてもOK
彼には本当にがっかりした。	I was really disappointed in him.
あと少しでうまくいきそうだったんだけどな。	It looked like it was just about to turn out okay. ＊turn out 〜＝〜という結果になる
期待外れだった。	It was a letdown.
いまいちだった。	It was just okay. ＊just okayは、「いまいち」というニュアンス
期待したほどよくはなかった。	It wasn't as good as I expected.
期待した私が悪いよね。	I shouldn't have expected so much.
残念だなぁ！	That's too bad! That's a shame! ＊shame＝残念な事

つまらない

つまんないなぁ。	It's boring. I'm bored.
つまらない本だった。	It was a boring book.
退屈だった。	It was a drag. ＊drag＝退屈なこと・人
めちゃくちゃ退屈。	I'm bored to death.
日々の生活に退屈してる。	I'm bored of my everyday life.
全然面白くなかった。	It wasn't any fun at all.

何か面白いことないかなぁ。	I wonder if there's anything exciting going on.
時間の無駄だった。	It was a waste of time.

✏️ 感動した

感動した。	I was moved.

*movedは、touchedとしてもOK

深く感動した。	I was really moved.
感動で涙が出た。	I was moved to tears.
彼の優しさに感動した。	I was moved by his kindness.
心を揺さぶられた。	I was inspired.
もらい泣きしちゃった。	I found myself weeping in sympathy.

*sympathy[スィンパスィー]＝共感、同情

彼のスピーチに深く感銘を受けた。	I was really impressed with his speech.

📖 怒り

腹立たしい。	This is annoying.

*annoying[アノイイング]＝気に障る、迷惑な

超むかつく！	I'm so pissed off.

*下品な表現

まだ怒りが収まらない。	I'm still mad.
思い出したらまた腹が立ってきた。	Just remembering it made me angry again.
つまらないことでカッとなった。	I got mad over nothing.
堪忍袋の緒が切れた。	I couldn't take it any longer. I've lost my patience.

*take it＝我慢する　patience＝我慢、忍耐

怒りで体中が震えた。	My whole body shook with anger.
ストレス発散したい！	I need to let off some steam!

*let off steam＝うっぷん晴らしをする

誰かにぶちまけたい。	I want to vent my anger on someone.

*vent＝〜(怒りなど)を発散させる

ダンナに八つ当たりしちゃった。	I took it out on my hubby. *take it out on〜=〜に八つ当たりする。過去形はtook　hubby=husband(夫)
いい加減にしてよ！	Give me a break! *いらいらするような発言などに対して、「いい加減にしてよ！」「ちょっと待ってよ！」といったニュアンス
ほっといてほしい。	Just leave me alone.
余計なお世話だよ。	It's none of his business. *相手が女性なら、hisをherに
彼の態度にカチンときた。	His attitude got on my nerves. *attitude[アティテュード]=態度
あいつとはもう絶交だ。	I'm done with him. *done with〜=〜と関係を絶って
あいつのこと、一生許さない！	I will never forgive him!
どうしても許せない！	It's absolutely unforgivable!
あいつのことはもう信用しない。	I won't trust him anymore.
彼とは二度と口をきかない！	I will never talk to him again!
言い返せばよかった。	I should've said something back to her.

👓 驚き

あ〜、びっくりした。	Oh, I was surprised.
本当に驚いた。	I was really surprised.
うそみたい。	I just can't believe it.
マジで？	No kidding!
すごい偶然！	What a coincidence! *coincidence[コゥインスィデンス]=偶然
なんて一日だ！	What a day! *よい意味でも悪い意味でも使う
信じられない！	Unbelievable!
いまだに信じられない。	I still can't believe it.
こんなことになるなんて、信じられない。	I can't believe this is really happening.

自分の目を疑った。	**I couldn't believe my eyes.**
心臓が止まるかと思った。	**She almost gave me a heart attack.** ＊「彼女の言動に驚かされた」というニュアンス。ニュースを見聞きした場合などは、SheをItにする
事実は小説よりも奇なり。	**Truth is stranger than fiction.**

自信がある・ない

自信満々だ。	**I'm really confident.**
準備万端だ。	**I'm all set.** **Everything is ready.** ＊set＝準備万端で
こんなの朝飯前だよ。	**This is a piece of cake.** **This is as easy as pie.** ＊1文目は、単にPiece of cake.としてもOK
うまくやれる自信がある。	**I'm confident that I'll do well.**
自分に自信が持てない。	**I'm not confident in myself.**
何だか自信がなくなっちゃった。	**I'm no longer confident for some reason.**
もっと自分に自信を持ちたい。	**I want to be more confident in myself.**
自分を信じなきゃ。	**I should believe in myself.**
ちょっとずつ自信が付いてきた。	**I'm becoming more confident.**
過信しないように気を付けよう。	**I'll try not to be overconfident.** ＊overconfident＝自信過剰な、うぬぼれた
私って自信過剰かな？	**Maybe I'm overconfident.**

不安・緊張

心配だなぁ。	**I'm worried.**
すごく不安。	**I'm feeling really uneasy.** ＊uneasy＝不安な、心配な
不安で夜も眠れない。	**I'm too anxious to sleep at night.**
緊張してる。	**I'm nervous.**

緊張してきた。	I'm getting tense. *tense＝緊張した
明日の演奏会を前に、神経が高ぶっている。	I'm keyed-up about the music performance tomorrow. *keyed-up＝(大きな出来事を前に)興奮・緊張して
胃が痛くなってきた。	I'm getting knots in my stomach. *knot＝(不安などによる胃やのどの)締めつけられる感じ
私には無理かも。	I don't think I can do it.
何だか嫌な予感がする。	I have a bad feeling about this.
ホントにうまくいくのかなぁ。	I wonder if it'll go well. *go well(うまくいく)は、work outとしてもOK
うまくいくといいな。	I hope it goes well.
すごく緊張した。	I was really nervous.
声が震えてしまった。	My voice got shaky.
手が震えてしまった。	My hands were shaking.
心臓がバクバクした。	My heart was beating fast.
頭が真っ白になった。	My mind went blank. *go blank＝(頭の中が)真っ白になる
顔が真っ赤になっていたと思う。	I think my face was red. I think I was flushed. *flushed＝赤面した
彼は不安そうな顔をしていた。	He looked nervous.

安心

安心した。	I'm relieved.
ほっとひと安心!	What a relief!
何とかなってよかった。	I'm glad I managed it. *manage＝～を何とかやり遂げる
何とか間に合った。	I barely made it. *barely＝何とか～する make it＝間に合う
これで安心して眠れる。	Now I can sleep with an easy mind.
しっかり準備したから、安心だ。	I feel at ease because I'm fully prepared.

満足

すごく満足している。	I'm fully satisfied.
言うことなしだ。	I'm perfectly satisfied.
大満足のセミナーだった。	I was completely satisfied with the seminar.
みんなが喜んでくれて、大満足。	I was happy that everyone was happy.
充実した一日だった。	I had a fruitful day. I had a fulfilling day. ＊fruitful＝有意義な　fulfilling＝充実感のある
頑張ったかいがあった。	My hard work paid off. ＊pay off＝成果が出る。paidはpayの過去形
やれることはすべてやった。	I did all I could do.

不満

すごく不満だ。	I'm not satisfied at all.
いまひとつ満足していない。	I'm not really satisfied with this.
心の中がモヤモヤする。	I have a funny feeling about it. ＊funny＝変な
こんなので満足できるわけない！	How could I be satisfied with that?
そのレストランには満足できなかった。	I wasn't satisfied with that restaurant.
この不満をどこにぶつければいいの？	Where should I go to complain?
最近、私、愚痴ってばかりだな。	I'm always griping these days. ＊gripe[グライプ]＝(ダラダラと)不平を言う
なるべく不満は口にしないようにしなきゃ。	I should keep my complaints to myself. ＊complaint＝不平、不満
不平を言うの、や～めた！	Okay, that's it. No more complaining! ＊complain＝不平を言う

怖い・不快

すごく怖い。	I'm so scared.

4章：英語日記フレーズ集

5　気持ち・感想

ちょっと怖いな。	I'm a little scared.
死ぬかと思った。	I thought I was going to die.
もう耐えられない。	I can't take it anymore.
	*take it＝我慢する
もうあんな怖い思いはしたくない。	I don't want to go through that again.
身の毛もよだつ体験だった。	It was a hair-raising experience.
足が震えた。	My legs were trembling.
	*tremble＝震える
血の気が引いた。	I turned white.
鳥肌が立った。	I had goose bumps.
	*goose bumps＝鳥肌
閉所恐怖症だ。	I'm claustrophobic.
	*claustrophobic[クローストロフォウビック]
暗闇が苦手だ。	I'm afraid of the dark.
	*「高い所が苦手」なら、darkをheightsに
ぞっとした。	It was creepy.
すごく気持ち悪かった。	It was so gross.
	*gross[グロウス]＝気持ち悪い
虫が大っ嫌い！	I hate bugs!
カミさんが怖い。	I'm afraid of my wife.
何回乗っても飛行機は怖い。	I'll never get used to flying.
	*get used to ～＝～に慣れる

後悔

なんでこうなっちゃったんだろう。	How did it end up like this?
	*end up＝結局～になる
なんでいつもこうなるんだろう。	Why do I always end up like this?
こんなはずじゃなかったのに。	This wasn't how it was supposed to be.
	*be supposed to ～＝～するものと考えられている
あんなことするんじゃなかった。	I shouldn't have done that.
取り返しのつかないことをしてしまった。	I did something I can't undo.
	*undo＝～（したこと）を元に戻す

軽率だった。	It was careless of me.
やりすぎちゃったかな。	Maybe I went a bit too far.
	*go too far＝度を超す。wentはgoの過去形
余計なこと言っちゃったかな。	I might have said one word too many.
みんなに迷惑かけちゃった。	I caused my friends a lot of trouble.
	*「みんな」が同僚なら、friendsをco-workersに
もっと早くからやっておくんだった。	I should've done it sooner.
もっとちゃんと準備しておけばよかった。	I should've been more prepared.
ホント後悔してる。	I really regret it. *regret＝〜を後悔する
後悔はしていない。	I have no regrets. *regret＝後悔
後悔しても仕方がない。	It's too late for regrets.
後悔先に立たず、だな。	It's too late to be sorry.
あのころに戻れたらいいのに。	I wish I could go back to those days.
人生やり直したい。	I wish I could redo my life.
	*redo＝〜をやり直す

🖉 恥ずかしい

（照れくさくて）恥ずかしかった。	I was embarrassed.
（自分の行為が）恥ずかしい。	I'm ashamed.
（内気で）恥ずかしい。	I'm shy.
（恥をかかされて）恥ずかしかった。	I was humiliated.
	*humiliated[ヒューミリエイティッド]
みんなに笑われちゃった。	Everyone laughed at me.
もう最悪！	It really sucks!
	*suck[サック]＝(物事が)ひどい、最低だ
思い出したくもない。	I don't want to remember it.
早く忘れたい。	I just want to forget about it.

嫌な記憶を消してしまいたい。	I want to blot out the bad memories. *blot out ～=～を消し去る
穴があったら入りたい。	I wish I could sink into the floor. *sink into ～=～に沈み込む
顔が真っ赤になっちゃった。	I went bright red in the face. *go red=赤くなる。wentはgoの過去形
顔から火が出そうだった。	My face burned with shame. *burn=ほてる　shame=恥ずかしさ
思い出すだけで赤面しちゃう。	Just remembering it makes me blush.

📖 感謝する

カナエ、ありがとう。	Thanks, Kanae.
ユウト、本当にありがとう。	Thanks so much, Yuto.
ありがたいことだ。	I'm grateful. *gratefulは、thankfulとしてもOK
彼女には感謝している。	I'm grateful to her.
いくら感謝しても足りない。	I can't thank her enough. *直訳すると「十分に感謝することができない」
彼への感謝の気持ちは、言葉では表せない。	There are no words to express how grateful I am to him.
明日、彼に感謝の気持ちを伝えよう。	I'll show him my gratitude tomorrow. *gratitude=感謝
手伝ってくれたみんなに感謝。	I appreciate their help. *appreciate[アプリースィエイト]=～を感謝する
健康に恵まれてありがたい。	I'm thankful for my good health.
今日も無事に過ごせたことに感謝したい。	I'm thankful nothing bad happend today.

👓 謝罪する

申し訳ない。	I'm sorry.
本当に申し訳なく思う。	I'm really sorry.
彼には申し訳ないことをした。	I feel terrible for what I did to him.

みんなに謝りたい。	I want to apologize to everyone.
	*apologize[アパロジャイズ]=謝罪する
彼女にちゃんと謝らないと。	I need to give her a proper apology.
	*proper=適した、ふさわしい　apology=謝罪
明日、彼女にちゃんと謝ろう。	I'll tell her I'm sorry tomorrow.
彼に謝罪の手紙を書こう。	I'll write him a letter of apology.
ひたすら謝った。	I kept apologizing.
おわびの品を持っていった。	I went to see her with an I'm-sorry gift.
	*「おわびの品」は、apology giftとも言う
彼に許してもらえるといいな。	I hope he forgives me.

📔 褒める

よく頑張った、自分！	Good job, Mayumi!
	*Mayumiのように、自分の名前を入れる
やればできる！	If I try, I can do it!
自分を褒めてやりたい。	I want to praise myself.
	*praise[プレイズ]=〜を褒める
自分にご褒美をあげよう。	I should give myself a treat.
	*treat=楽しみ、喜び
ミサコに拍手を送りたい。	I want to give a big hand to Misako.
	*「自分に」なら、Misakoをmyselfに
モリタさんは本当に偉い。	Mr. Morita is truly a great person.
たまには夫を褒めてあげなきゃ。	I should praise my husband once in a while.
	*once in a while=時々
英語を褒められてうれしかった。	I was glad he complimented me on my English.
	*compliment 〜 on ...=〜の…を褒める
お世辞でもうれしかった。	I was flattered.
	*flattered=(褒められたりして)うれしい、気をよくする
褒め言葉と受け取った。	I took it as a compliment.
	*compliment=褒め言葉

🔒 祝う

おめでとう！	Congratulations!
	*くだけて、Congrats!とも言う
ヨシキ、おめでとう！	Congratulations, Yoshiki!

誕生日おめでとう！	Happy birthday!
卒業おめでとう！	Congratulations on your graduation!
就職おめでとう！	Congratulations on finding a job!
昇進おめでとう！	Congratulations on your promotion!
結婚おめでとう！	Congratulations on your marriage!
出産おめでとう！	Congratulations on your new baby! ＊new babyは、性別に合わせてbaby boy（男の子）やbaby girl（女の子）としてもよい
本当におめでたい。	I'm really happy for them.
2人の門出を心から祝いたい。	I really wish them happiness in their new life.
私たちの結婚記念日に乾杯！	Here's a toast to our wedding anniversary! ＊toast＝祝杯、乾杯

励ます

大丈夫、大丈夫。	It's all right.
今まで通りやれば大丈夫。	It'll be okay if I keep doing what I'm doing.
落ち着け、自分。	Calm down, Mayumi. ＊Mayumiのように、自分の名前を入れる
私なら絶対やれる。	I'm sure I can do it.
自分を信じて頑張ろう。	I'll believe in myself and give it my best shot.
絶対うまくいくはず！	I'm sure it'll go well!
ダメでもともと。	I have nothing to lose. ＊lose＝〜を失う
マサヒロ、頑張れ！	Hang in there, Masahiro! ＊hang in there＝踏ん張る
彼らには頑張ってほしい。	I want them to do their best.
彼女を陰ながら応援している。	I'm supporting her behind the scenes. ＊behind the scenes＝陰で

努力はいつか報われるはず。	My efforts will pay off eventually. ＊effort＝努力　pay off＝報われる

⏰ 慰める

気にしない、気にしない。	Don't worry about it.
誰にだってあることだ。	It happens to everyone.
誰だって失敗する。	Everybody makes mistakes.
自分だけが悪いわけじゃない。	I'm not the only one at fault. ＊fault［フォールト］＝責任、落ち度
ただついていなかっただけ。	It just wasn't my day.
今度から気をつければいいさ。	Just be careful next time.
次はきっとうまくいくよ。	Better luck next time.
彼のメールに励まされた。	His e-mail cheered me up. ＊cheer 〜 up＝〜を励ます

☕ 疑う

本当かな？	Is it really true?
半信半疑だ。	I'm doubtful. ＊doubtful［ダウトフゥ］＝確信がない
そんな話は信じない。	I don't buy that story. ＊buy＝〜を受け入れる・信じる
そう簡単には信じられない。	I can't believe it just like that.
疑いの気持ちが消えない。	I still have my doubts. ＊doubt［ダウト］＝疑い、疑念
だまされないぞ。	I'm NOT going to be fooled. ＊fool＝〜をだます
それは疑いようがない。	No doubt about it.
うそじゃないかと疑っている。	I wonder if it's a lie.
彼女はうそを言っている気がする。	I have a feeling she's lying.

✒ うらやむ・ねたむ

ずるいよ。	It's not fair.　＊fair＝公平な

エリコはいいなぁ！	Eriko is so lucky!
彼がうらやましい。	He's really lucky. *I'm jealous of him.と言うことも
彼女みたいになりたい。	I want to be like her.
ユミに彼氏ができて、うらやましい。	Yumi got a boyfriend. I'm jealous.
彼の会社はボーナスが出て、うらやましい。	I'm jealous. His company gives bonuses.
彼をねたんでしまう。	I can't help being jealous of him. *can't help 〜ing＝〜せずにいられない
彼女は人をうらやんでばかりいる。	She's always so envious of others. *envious[エンヴィアス]＝ねたみ深い

賛成する

私は賛成だな。	I agree.
彼の意見に賛成。	I agree with him.
おおむね賛成だな。	I basically agree.
全面的に賛成だな。	I completely agree.
まったく異論はない。	I have no objections whatsoever. *objection＝反対　no〜whatsoever＝少しの〜もない。whatsoeverはwhateverの強調形
反対する理由はないよ。	I don't have any reason to disagree.
もろ手を挙げて賛成したい。	I agree unconditionally. *unconditionally＝無条件で
いい考えだと思う。	I think it's a good idea.

反対する

私は反対だな。	I have to disagree.
妻の意見に反対だ。	I don't agree with my wife.
賛成できない。	I can't agree.
もう一度考え直したほうがいい。	I think it needs to be reconsidered. *reconsider＝〜を考え直す・再検討する

認めるわけにはいかない。	I can't allow this.

*allow=〜を許す・認める

反対の意志を伝えた。	I came out against it.

📖 どちらでもない

私はどちらでもいい。	I'm okay either way.

*either way=どちらの方法でも

どちらとも言えないな。	I can't really say.

*I can't say.は、「私にはわからない」というニュアンス

どちらでも変わらない気がする。	I don't think they're any different.
どちらに転んでも、うまくいくさ。	It'll be all right either way.
まだ考えがまとまらない。	I can't make up my mind.

*make up one's mind=決心する

どうすべきか決めかねている。	I haven't decided what to do.
もう少し考えてみたい。	I need a little more time to think.
みんなの意見に従おう。	Let's go with the general opinion.

*general=一般的な、全員の

👓 あきらめる

まっ、仕方ないか。	Well, it can't be helped.
もうあきらめよう。	OK, it's time to give this up.
あきらめたほうがいいよね。	I think I should just stop.
あきらめも肝心だ。	Sometimes giving up is the best choice.
すっぱりあきらめることにした。	I decided to give it up.
無理なものは無理なんだ。	Some things can't be changed.
別のやり方を探したほうがよさそうだ。	I'd better find another way.
気持ちを切り替えよう。	I'll put this behind me.

*put 〜 behind=〜を忘れる

どうしてもあきらめられない。	I just can't forget about it.

5 気持ち・感想

12 我慢する

あと少し我慢しよう。	I'll be patient just a little longer.
	*patient＝我慢強い
彼にはあと少し我慢してもらおう。	I'll ask him to be patient just a little longer.
もっと我慢強くならなきゃ。	I have to be more patient.
そろそろ我慢の限界だ。	I'm running out of patience.
	*run out of 〜＝〜を使い果たす　patience＝我慢
もう我慢できない。	I can't take it anymore.
	*take it＝我慢する
それ以上我慢できなかった。	I couldn't bear it anymore.
	*take＝〜に耐える
彼にはもう我慢できない。	I can't put up with him anymore.
	*put up with 〜＝〜を我慢する
私にだって我慢の限界がある！	There's a limit to my patience!
どうして私ばかり我慢しなきゃならないの？	Why do I always have to take this?
まだまだ我慢が足りないのかな？	Maybe I have to learn to be more patient.
彼女は本当に我慢強い。	She's really patient.

気持ちを表すショートフレーズ

すごい！	Great!
	Awesome!　　　*awesome[オーサム]
わぁ、すごい！	Wow!
最高！	Terrific!
かっこいい！	Cool!
その調子！	Way to go!
バッチリ！	Right on!
よくやった！	Good for her!
	*使う相手に合わせて、herをhim/them/usなどに

まったくもう！	Come on! Shoot!
くそっ！／ちぇっ！	Darn it! Damn it! ＊itはどちらも省略可。Damn[ダム] it!は、下品な表現
あり得ない！	No way! That's impossible!
最悪！	This sucks! This is terrible! ＊suck[サック]＝(物事が)ひどい、最低だ
まいったなぁ！	Oh no!
ウゲッ！	Yuck! Gross!　＊yuck[ヤック]　gross[グロウス]
超気持ち悪い！	Disgusting!　＊disgusting[ディスガスティング]
あっちへ行け！	Go away!
わぁ〜ん。／（泣）	Boo-hoo. ＊boo-hoo[ブーフー]は、大声で泣く様子
やれやれ。	Oh my. Oh dear.
ま、仕方ないか。	Oh well.
あっ、しまった。	Uh-oh.　＊uh-oh[アッオー]
おっと。	Oops.　＊oops[ウープス]
いてっ！	Ouch! Ow!　＊ouch[アゥチ]　ow[アゥ]
ふぅ〜。／ホッ。	Phew. Whew.　＊phew[フュー]　whew[フュー]
はぁ…。	Sigh...　＊sigh[サィ]＝ため息
あ〜あ。	Ah...　＊ah[アー]
やっぱりね。	I knew it. No wonder. ＊No wonder.は、「不思議じゃない」というニュアンス

4章：英語日記フレーズ集

5 気持ち・感想

気持ち・感想について英語日記を書いてみよう

さまざまな気持ちや感想を、英語で書いてみましょう。

🖉 合格してうれしい！

> I passed Grade 2 of the STEP test at last! I did it! I'm so happy I passed it before graduating from high school.

訳 ようやく英検2級に合格した！ やったぁ！ 高校卒業前に合格できて、すごくうれしい。

ポイント STEP は Society for Testing English Proficiency の略で、「日本英語検定協会」のこと。Eiken としても OK です。I did it!(やったぁ！)は、I made it! や Yes! と表すこともできます。「すごくうれしい」は really〈extremely〉happy などと表現しても GOOD。

🖉 あの2人が別れたなんて

> I was shocked to hear Nanako and Atsushi broke up. They were so lovey-dovey with each other. I wonder what happened to them. I just can't believe it.

訳 ナナコとアツシが別れたと聞いて、かなり驚いた。あんなにラブラブだったのに、何があったんだろう。ホント信じられない。

ポイント shocked は「かなり驚いて、衝撃を受けて」という意味。「(恋人や夫婦が)別れる、離婚する」は、break up を使います。「AとBが別れた」は、A and B broke up、または A broke up with B と表します。lovey-dovey は「ラブラブの、アツアツの」という意味。

うっかりしてた

When I got home and unlocked the front door, I carelessly left the key in the lock. A passer-by kindly rang the doorbell and let me know. Whew.

訳 帰宅して玄関のカギを開けたのはいいけど、うっかりカギをドアに差し込んだままにしてしまった。親切にも、通りすがりの人がベルを鳴らして教えてくれた。やれやれ。

ポイント 「うっかり」は carelessly (不注意にも) と表します。「カギをドアに差し込んだままにしてしまった」は left the key in the lock。この left は leave (〜を置き忘れる) の過去形です。Whew (Phew ともつづる) は、「やれやれ、ほっ」と安心した気持ちを表します。

どうして私だけ？

Mari and I talked during class, and the teacher told me off. Why only me? It's not fair! Just remembering it made me angry again.

訳 マリと授業中おしゃべりしていたら、私が先生にしかられた。どうして私だけしかられるわけ？ ずるいよ！ 思い出したら、また腹が立ってきた。

ポイント tell off で「〜をしかりつける」という意味。I was told off by the teacher と受け身で表してもOKです。fair は「公平な」。not fair で「公平でない＝ずるい」となります。made me angry は「私を怒らせた」で、make 〜 ... で「〜を…にさせる」という意味です。

6 感覚

味覚

✏️ おいしい

おいしかった。	It was good. ＊goodは、tastyとしてもOK
とてもおいしかった。	It was really good. It was delicious.
ほっぺたが落ちそうだった。	It was absolutely scrumptious. ＊scrumptiousは、deliciousと同じ意味のカジュアルな語
風味が豊かだった。	It had a rich taste. ＊rich＝豊かな、芳醇な
口の中に、神戸牛の味わいが広がった。	The taste of Kobe beef spread through my mouth. ＊spread＝広がる。過去形もspread
今まで食べた中で、一番おいしかった。	It was the most delicious thing I had ever had.
間違いなく、あそこのラーメンが一番おいしい！	Without a doubt, they have the best ramen! ＊without doubt[ダウト]とも言う
そこの料理は、言葉で表せないくらいおいしい。	Their food is delicious beyond words. ＊beyond words＝言葉で表現できない
やっぱりカレーは2日目がおいしい。	Curry tastes even better on the second day.
風呂上がりの冷たいビールは最高！	A cold beer after a bath is great!
お母さんの手料理に勝るものはない。	There's nothing like my mom's home cooking.
おなかがすいてるときは、何を食べてもおいしい。	Everything tastes good when you're hungry. ＊このyouは、「一般的な人々」を指す

📖 まずい

おいしくなかった。	It wasn't good.	*goodは、tastyとしてもOK
あまりおいしくなかった。	It wasn't very good.	
まずかった。	It was terrible. It tasted awful.	*awful[オーフォ]
とてもまずかった。	It was really awful. It was horrible.	
口に合わなかった。	I didn't like the taste.	
いたんだような味がした。	It tasted a little rotten.	*rotten[ラットゥン]＝腐った
食べられたものじゃなかった。	It just wasn't edible.	*edible[エディボォ]＝食べられる
見るからにまずそうだった。	It looked disgusting.	*disgusting＝気持ち悪い、嫌な
オエッて感じだった。	It was yucky.	*yucky[ヤッキー]＝気持ち悪い、すごくまずい

👓 普通の味

味はまあまあだった。	It was okay.
おいしくもなく、まずくもなかった。	It wasn't good or bad.
普通の味だった。	It was nothing out of the ordinary. *out of〜＝〜の範囲を越えて　ordinary＝普通の、平凡な
普通の味が一番だ。	Normal is best.

📖 甘い

甘かった。	It was sweet.
甘すぎた。	It was too sweet.
甘辛かった。	It was sweet and salty.
甘酸っぱかった。	It was sweet and sour.
ほどよい甘さだった。	It was moderately sweet.

| 甘くておいしかった。 | It was sweet and tasty. |

しょっぱい

| しょっぱかった。 | It was salty. |
| しょっぱすぎた。 | It was too salty. |

辛い

辛かった。	It was spicy.
ピリ辛だった。	It was a little spicy.
辛すぎた。	It was too spicy.
カレーは「中辛」が好きだ。	I like moderately hot curry.

＊hotは、spicyとしてもOK

「大辛」のカレーを注文した。	I ordered really hot curry.
あまりの辛さに汗が出た。	It was so spicy that I sweated.
辛くて舌がひりひりした。	It was so spicy that my tongue was burning.

＊tongue[タング]＝舌

そのほかの味

酸っぱかった。	It was sour.
苦かった。	It was bitter.
渋かった。	It was bitter and sour.
脂っこかった。	It was oily.
こってりしすぎていた。	It was too thick. It tasted a bit too rich.

＊thick＝濃厚な

| あっさりしていた。 | It was light.
It had a light taste. |
| 本格的な味だった。 | It had an authentic flavor. |

＊authentic[オーセンティック]＝本物の

| 独特の風味だった。 | It had a unique flavor. |

珍しい味だった。	It tasted different.
変な味だった。	It had a funny taste.
まろやかな味だった。	It had a mild taste.
素朴な味でおいしかった。	It tasted nice and simple.
舌がピリピリした。	My tongue was tingling.

*tingle＝ひりひりする

薄味だった（おいしかった）。	It was mild.
薄味だった（おいしくなかった）。	It was tasteless. It was bland.

*blandは、病院食などの味が薄い食べ物について言う

味が濃かった。	It had a strong taste.
薄いコーヒーだった。	It was mild coffee.

*mildは、weakとしてもOK

濃いコーヒーだった。	It was strong coffee.
コクのあるコーヒーだった。	It was rich coffee.
酸味のきいたコーヒーだった。	The coffee was acidic.

*acidic＝酸味のある

コクのあるワインだった。	It was a full-bodied wine.
フルーティーなワインだった。	It was a fruity wine.

*fruity＝（ワインなどが）果物の風味がある

キリッとした味わいのビールだった。	It was a refreshing beer.
濃厚なチーズケーキだった。	The cheesecake was rich.
ヨーグルトのような味だった。	It tasted like yogurt.

☕ 味付け

彼女の料理は、いつも薄味だ。	Her food is always mild.

*「味が濃い」なら、mildをtoo strongに

娘に味付けが濃すぎると言われた。	My daughter said I flavor my food too strongly.

*flavor＝〜に味を付ける

彼女の味付けは、私の好みにピッタリ。	She flavors her food exactly the way I like it.

*flavor＝〜に味を付ける

6 感覚

年のせいか、最近は薄味が好きになってきた。	Maybe because I'm getting older, I like mild food now.
何かひと味足りない気がした。	It tasted like there was something missing.
何のだしを使っていたんだろう？	I wonder what kind of stock they used.　＊stock＝だし
煮物は、よく味がしみていた。	The nimono had a rich flavor.
隠し味の砂糖が利いていた。	I noticed the subtle taste of sugar.　＊subtle[サトォ]＝かすかな
家庭的な味だ。	It tastes like home cooking.

歯ごたえ

サクサクしておいしかった。	It was nice and crisp.
しっとりしておいしかった。	It was nice and moist.
フワフワだった。	It was fluffy.　＊fluffy[フラッフィー]＝フワフワの
パサパサしていた。	It was dry.
もちもちしていておいしかった。	It was nice and soft.
とろみがあっておいしかった。	It was thick and tasty.
スープが水っぽかった。	The soup was watery.
うどんは、しこしこしておいしかった。	The udon was nice, with a chewy texture.　＊chewy[チューウィ]＝コシのある　texture＝歯ごたえ
外はサクサクで、中はジューシーだった。	It was crisp outside and juicy inside.
とろけるように柔らかい牛肉だった。	The beef was meltingly tender.　＊meltingly＝とろけるように
ゴムみたいな歯ごたえの肉だった。	The meat was chewy like rubber.
タコはコリコリしていた。	The octopus was crunchy.
ほくほくしておいしい焼き芋だった。	It was a nice, steaming baked sweet potato.

嗅覚

🔖 いい香り

いいにおいがした。	It smelled nice.
おいしそうなにおいがした。	It smelled appetizing. *appetizing＝食欲をそそる、おいしそうな
香ばしい香りがした。	It had a savory smell. *savory[セイヴァリィ]＝香りのよい
いりたてのコーヒーの香りがした。	There was an aroma of fresh coffee.
台所から、ケーキの焼けるにおいがした。	I could smell a cake baking in the kitchen.
紅茶はかすかにリンゴの香りがした。	The tea had an apple scent. *scent[セント]＝ほのかな快い香り
あの香水のにおい、好きだな。	I like the smell of that perfume.
彼の香水が甘く香った。	I caught a whiff of sweet perfume from him.　*whiff[ウィフ]＝一瞬のにおい
キヨハラさんは、いい香りがした。	Kiyohara-san smelled nice.
香水は何をつけてるんだろう？	I wonder what perfume she wears.
寝る前に、何のアロマをたこうかな？	What aroma should I burn before I sleep?
今日はティートゥリーにしようっと。	I'll use tea tree today.
柑橘系の香りがした。	It smelled of citrus. *citrus[スィトラス]＝柑橘類
ラベンダーの香りは落ち着く。	The smell of lavender makes me relax.
グレープフルーツの爽やかな香りがした。	There was a refreshing fragrance of grapefruit.
新しいシャンプーは、いい香り。	My new shampoo smells nice.
甘い香りのする石けんだった。	The soap smelled sweet.

いやなにおい

臭かった。	It was smelly. It stank. *stink＝悪臭を出す。過去形はstankまたはstunk
ひどいにおいがした。	There was an awful smell. *awful[オーフォ]＝ひどい
変なにおいがした。	There was a weird smell. *weird[ウィアード]＝変な、奇妙な
鼻にツンときた。	There was a pungent smell. *pungent＝(においや味が鼻や舌を)強く刺激する
ガス臭かった。	It smelled like gas.
カビ臭いにおいがした。	There was a moldy smell. *moldy＝カビ臭い
焦げ臭かった。	I smelled something burning.
たばこ臭かった。	It smelled like cigarettes.
服がたばこ臭くなった。	My clothes smelled of cigarette smoke.
焼肉のにおいが取れないな。	I can't get rid of the yakiniku smell. *get rid of ～＝～を取り除く
なんだか生臭かった。	Something smelled fishy. *fishy＝生臭い
脇のにおいが気になる。	I'm worried that my armpits are smelly. *armpit＝脇の下
シャツが汗臭かった。	The shirt smelled of sweat.
彼、ニンニク臭かった！	He had garlic breath!
お父さんの足が臭かった。	My dad's feet smelled bad.
隣のおじさんの口臭がキツかった。	The old man next to me had really bad breath.
隣の人の香水がキツかった。	The person next to me had really strong perfume.
思わず鼻をつまんでしまった。	I found myself holding my nose. *hold＝～をつかむ
鼻が曲がりそうだった。	It smelled awful.

聴覚

静かだった。	It was quiet.
うるさかった。	It was noisy.
よく聞こえなかった。	I couldn't hear very well.
ドン、という音がした。	I heard a boom. *boom=ドーン、ゴロゴロなどの大きな音
嫌な音だった。	It was an unpleasant sound. *unpleasantは、annoying[アノイイング]としてもOK
サイレンが聞こえた。	I heard sirens.
耳をつんざくような雷鳴がした。	There was deafening thunder. *deafening[デフェニング]=耳をつんざくような
どこかから赤ちゃんの泣き声が聞こえた。	I heard the sound of a baby crying somewhere.
騒がしいレストランは好きじゃない。	I don't like noisy restaurants.
物音一つしなかった。	There wasn't a single sound.
会場はシーンとしていた。	There was silence in the hall. *hallは「会場(建物)」のこと
会場はザワザワしていた。	I could hear murmuring in the hall. *murmur[マァマァ]=ざわめく
風の音が聞こえた。	I could hear the wind blowing.
耳に心地よい音楽だった。	The music was really pleasant.
彼女の歌声を聞くと落ち着く。	Her singing helps me relax.
流れる川の音が心地よかった。	The sound of the river was relaxing.
彼女、地獄耳だな。	She has long ears. *have long ears=地獄耳である
耳が遠くなったなぁ。	I don't hear as well as I used to.
耳鳴りがした。	My ears were ringing.
お父さんに補聴器を買ってあげようかな。	Maybe I should buy my dad a hearing aid. *hearing aid=補聴器

扉がカチッと開いた。	The door clicked open. *click＝カチッと音がする
ドアがガチャンと閉まった。	The door clanged shut. *clang＝ガチャンと音を立てる
彼はピシャッとドアを閉めた。	He slammed the door. *slam＝〜をピシャリと閉める
ドアを開けるとキーキーいう。	The door makes a squeaking sound when I open it.
誰かがボールペンをカチカチさせていた。	Somebody clicked a ballpoint pen continuously. *click＝〜をカチッといわせる
時計のチクタクいう音で集中できなかった。	I couldn't concentrate because of the ticktock of the clock. *concentrate＝注意を集中する
ダイスケは指をポキポキ鳴らす癖がある。	Daisuke has a habit of cracking his knuckles. *crack＝〜を鳴らす　knuckle＝指の関節
子どもたちがザブーンとプールに飛び込んだ。	The kids made big splashes as they dived into the pool.

視覚

はっきり見えた。	I could see it clearly.
あまりよく見えなかった。	I couldn't see it clearly.
何も見えなかった。	I couldn't see anything.
富士山がきれいに見えた。	I was able to see Mt. Fuji clearly.
彼のことをちらっと見た。	I took a glance at him. *glance＝ちらりと見ること
涙で彼の顔がにじんで見えた。	His face looked blurry through my tears. *blurry[ブラーリィ]＝にじんだ
目を閉じた。	I closed my eyes.
じろじろ見られて不快だった。	I was uncomfortable being stared at. *stare at 〜＝〜をじっと見る
背中に視線を感じて振り向いたら、リサがいた！	I felt someone's eyes on my back and turned around, and there was Lisa! *turn around＝振り返る

外はまぶしかった。	It was bright outside.
テレビの見過ぎで目が疲れた。	My eyes are tired from watching TV too long.

触覚

コーヒーは熱かった。	The coffee was hot.
スープは温かかった。	The soup was warm.
お風呂のお湯がぬるかった。	The bath water was lukewarm. *lukewarm[ルークウォーム]＝ぬるい
ちょうどいい湯加減だった。	The water was at the right temperature.
海の水は冷たかった。	The sea water was cold.
痛かった。	It hurt.
赤ちゃんの肌みたいにやわらかかった。	It was soft as a baby's skin.
手がガサガサになっちゃった。	My hands got leathery. *leathery＝ガサガサの
布団がフカフカになった。	The futon got fluffy.
ウサギの毛はフワフワだった。	The rabbit's fur was fluffy.
その布はざらざらした感触だった。	The material felt rough.
シルクのような手触りだった。	It felt like silk.
新しく買ったマフラー、チクチクする。	My new scarf is prickly. *prickly＝チクチクする
セーターを洗濯したら、ごわごわになってしまった。	The sweater got stiff when I washed it. *stiff＝硬い
陶器はつるつるの手触りだった。	The china was glossy and smooth. *china＝磁器、陶器
風呂場の床がぬるぬるした。	The bathroom floor was slippery.
テーブルがベタベタしていた。	The table was sticky.

感覚について
英語日記を書いてみよう

さまざまな感覚について、英語で書いてみましょう。

🖉 新鮮なノドグロ

> Tecchan and I went to Hokuriku to enjoy fresh fish. All the fish were sooooo good but we loved the rich and tender nodoguro best.

訳
てっちゃんと新鮮な魚を味わいに北陸へ行った。どれもすご〜くおいしかったけど、中でも特に脂の乗ったノドグロは最高だった。

ポイント 「すご〜くおいしい」は sooooo good で表しました。「脂の乗った」は rich ですが、これだけだと「くどい、しつこい」という意味にもなるので、and tender (そして柔らかい) を加えました。これで「脂が乗って美味な」というニュアンスが出ます。

🖉 アロマセラピーでリラックス

> I started to use an aroma lamp and some essential oils about a week ago. Since then, I've been able to relax and sleep better. I'll use lavender tonight.

訳
1週間ほど前から、アロマライトと精油を使い始めた。それ以来、とてもリラックスできるし、よく眠れる。今夜はラベンダーにしようっと。

ポイント aroma lamp は「(コンセントタイプの) アロマライト」。キャンドルをたくタイプなら、aroma oil burner。sleep well は「よく眠れる」、sleep better は「今までよりさらによく眠れる」というニュアンスです。

4章：英語日記フレーズ集

✏️ サイレンが鳴り響く

> Several police cars and ambulances hurried away with their sirens screaming. I wonder if there has been a big accident.

訳
何台ものパトカーと救急車が、サイレンを響かせながら、ものすごい勢いで過ぎて行った。大事故でも起きたのかな。

ポイント 1文目は、意味の固まりで分けるとわかりやすいです。several police cars and ambulances（何台ものパトカーと救急車が）、hurried away（急いで過ぎて行った）、with their sirens screaming（サイレンを鳴り響かせて）となります。自問自答の「〜かな」は I wonder 〜で。

✏️ 眼鏡の度が合っていないかも

> I can't see very well these days. Maybe my glasses aren't right for me. I guess I should see an eye doctor one of these days.

訳
最近、ものがよく見えない。眼鏡の度が合っていないのかも？ 近いうちに、眼科に行ったほうがよさそうだ。

ポイント 「最近」は these days。過去形や完了形の文なら、recently で表します。「眼鏡の度が合っていない」は、my glasses aren't right for me で OK。I guess I should 〜（動詞の原形）は「〜したほうがよさそうだ」、one of these days は「近いうちに」。

7 一日の生活

朝

起床

7時半に起きた。	I woke up at 7:30. I got up at 7:30. ＊woke upは「目が覚めた」、got upは「布団から出て起き上がった」ことを表す
今朝は早起きした。	I woke up early this morning.
いつもより早く起きた。	I got up earlier than usual.
早起きすると気分がいい。	It feels good to wake up early.
「早起きは三文の得」だ。	The early bird catches the worm. ＊catchesは、getsにしてもOK
爽やかな朝だった。	It was a refreshing morning.
今朝は目覚めがよかった。	I got up on the right side of the bed this morning. ＊got upは、woke upでもOK。rightをwrongにすると「寝起きが悪かった、朝から機嫌が悪かった」の意になる
よく眠れた。	I had a good night's sleep. I slept well.
今日も頑張るぞ！	I'm going to work as hard as always! ＊work hard＝しっかり働く、しっかり勉強する
今日は何だかいいことありそう。	I have a feeling something nice will happen today.
母に起こされた。	My mom woke me up. ＊wake 〜 up＝〜の目を覚まさせる、〜を起こす
珍しく自然に目が覚めた。	Strangely enough, I woke up by myself.

4章：英語日記フレーズ集

寒くて布団から出られなかった。	It was so cold that I had trouble getting out of bed.
コーヒーで目を覚ました。	I had coffee to wake me up.
シャワーを浴びて目を覚ました。	I took a shower to wake me up.

📖 朝寝坊

今朝は寝坊しちゃった。	I overslept this morning.
	*oversleep＝寝坊する。過去形はoverslept
30分寝坊しちゃった。	I overslept half an hour.
今朝はいつもより遅くまで寝ていた。	I slept in this morning.
	*sleep in＝遅くまで寝ている
本当は6時に起きる予定だった。	I was supposed to wake up at 6:00.
起きたら7時だったので、焦った。	I woke up at 7:00, so I was in a rush.
慌てて目覚まし時計を確認した。	I hurriedly checked my alarm.
	*alarmは、alarm clockとしてもOK
目覚まし時計が鳴らなかったみたい。	It seems my alarm didn't go off.
	*go off＝(目覚まし時計や警報器などが)鳴る
目覚まし時計を止めちゃってたみたい。	It looks like I stopped my alarm.
眠くて仕方なかった。	I was really sleepy.
午前中はずっと眠かった。	I was sleepy all morning.
あとちょっとだけ寝たかった。	I wanted to sleep a little more.
「あと5分だけ」と二度寝した。	I told myself, "Just five more minutes," and went back to sleep.

👓 朝食

軽く朝食をとった。	I had a light breakfast.
朝食をガッツリ食べた。	I had a big breakfast.
朝食をかき込んだ。	I bolted down my breakfast.
	*bolt down ～＝～をかまずに飲み込む・大急ぎで食べる

7 一日の生活

急いで朝食をとった。	I ate breakfast in a hurry. ＊in a hurry＝急いで
ゆっくり朝食をとった。	I took my time eating breakfast. ＊take one's time＝ゆっくりやる
遅い朝食を食べた。	I had a late breakfast. I had brunch.
朝食を抜いた。	I skipped breakfast.　＊skip＝〜を抜かす
朝食はご飯とみそ汁、目玉焼き。	I had rice, miso soup and eggs sunny side up for breakfast. ＊eggs sunny side upは「片面焼きの目玉焼き」
トーストにジャムを塗って食べた。	I ate some toast with jelly. ＊jelly＝ジャム
朝食は前の晩の残り物。	I had last night's leftovers for breakfast.　＊leftover＝残り物
朝ご飯は食べず、コーヒーだけ飲んだ。	I only had coffee for breakfast.
朝食抜きは体によくないとわかってるけど…。	I know it's not healthy to skip breakfast, but...
朝は食欲がないんだよな。	I'm not hungry in the morning.
朝食をとりながら新聞を読んだ。	I read the newspaper while I had breakfast.

12 身だしなみ

歯を磨いた。	I brushed my teeth.
朝シャンした。	I shampooed my hair in the morning.
朝、シャワーを浴びた。	I took a shower in the morning.
朝風呂に入った。	I took a bath in the morning.
髪型がイマイチ決まらなかった。	I couldn't set my hair right.
寝癖がひどかった。	I had bad bed hair.　＊bed hair＝寝癖
化粧のりが悪かった。	I couldn't get my makeup right.
ひげをそった。	I shaved my face. ＊my faceは、省略してもOK

出かける準備・持ち物

遅刻しそうだった。	I was almost late.	*almost＝もう少しで
朝はいつも慌ただしい。	I'm always in a hurry in the morning.	
テレビのニュース番組を見た。	I watched the news on TV.	
iPhoneでニュースをチェックした。	I checked the news on my iPhone.	
お父さんがトイレを占領していて困った。	I had to wait because my father was in the bathroom.	
念のため、傘を持って出た。	I had my umbrella with me just in case.	*just in case＝念のため
お弁当を持って出た。	I took my lunch with me.	
ハンカチを忘れた。	I forgot my handkerchief.	
書類を忘れて、途中で家に取りに帰った。	I forgot my documents, so I went back home to get them.	

通勤・通学

いつもより1本早い電車に乗った。	I took an earlier train than usual.	
9時ごろだと、電車がすいてるなぁ。	The train isn't so crowded at around 9:00.	
電車に乗り遅れた。	I missed the train. ☹	*miss＝〜に乗り遅れる
ギリギリセーフだった。	I barely made it.	*barely＝何とか〜する　make it＝間に合う
電車に乗り遅れそうだったけど、ギリギリ間に合った。	I almost missed my train, but I made it just in time.	*just in time＝ギリギリで間に合って
込んでいたので、乗るまでに2本の電車を見送った。	The trains were so full that I had to wait for two to pass before I could get on.	*pass＝通過する
電車の中は、ムシムシしていた。	It was really humid on the train.	*humid＝ムシムシした

7 一日の生活

電車の中でTOEICの勉強をした。	I studied for the TOEIC exam on the train.
iPodで音楽を聞いた。	I listened to music on my iPod.
iPodで英単語のCDを聞いた。	I listened to an English vocabulary CD on my iPod.
足を踏まれた。	Someone stepped on my foot.
電車の中に傘を忘れちゃった。	I left my umbrella on the train.
あそこの踏切は、いつも長い。	That railroad crossing always takes a long time.
「開かずの踏切」だ。	The railroad crossing gate wouldn't open.
通勤に40分かかった。	It took 40 minutes to get to work.
学校まで15分歩いた。	I walked 15 minutes to school.
遅刻しそうだったので、学校まで走って行った。	I thought I was going to be late, so I ran to school.
朝から走って疲れちゃった。	I had to run this morning, so I was tired.
また遅刻しちゃった。	I was late again.
バスはちょうど行ったところだった。	The bus had just left.
今日はバスがすいていたので、座れた。	The bus wasn't so crowded, so I got a seat.
バスが全然来なくて、焦った。	I got really worried when the bus didn't come for a long time.
バスの中で、オダさんに会った。	I met Oda-san on the bus.
今朝は道が込んでいた。	The road was crowded this morning.
いつもと違う道で行った。	I took a different route.
抜け道を使った。	I took a shortcut. ＊shortcut＝近道

自転車通勤に変えようかな。	Maybe I should go by bike instead.
会社まで自転車で行った。	I rode my bike to work.
自転車通勤を始めてから、体調がよくなった気がする。	I've been feeling better since I started riding my bike to work.
強風の中、自転車をこぐのはキツかった。	It was really hard pedaling my bike in the strong wind.
	*pedal＝〜（自転車など）をこぐ
雨だったので、自転車でなくバスで行った。	It was raining, so I took the bus instead of riding my bike.
今日は交通当番の日だった。	I was on traffic duty today.

昼

🕐 家での昼食 (→ p. 497「料理する」も参照)

お昼は、昨日の残り物で済ませた。	For lunch, I had leftovers from yesterday.
焼きそばを作って食べた。	I had fried noodles that I made by myself.
冷蔵庫にある材料で、ささっと作った。	I made something simple with things in my fridge.
テレビで紹介していたスパゲティを作った。	I made some spaghetti that I learned about on a TV show.
レトルトのカレーを食べた。	I had instant curry.
イトウベーカリーのパンを食べた。	I had some bread from Ito Bakery.
冷蔵庫に何もなかったので、弁当を買いに行った。	There wasn't anything in my fridge, so I went and bought a bento lunch.
ピザの出前を取った。	I had a pizza delivered.

☕ 家事 (→ p. 364「家事」参照)

🖊 日常生活の買い物 (→ p. 446「食料品・日用品を買う」参照)

7 一日の生活

夜

帰宅

7時ごろ家に帰った。	I got home at around 7:00.
今日は早く帰れた。	I was able to get home early today.
おかえりと言ってくれる人がいるのって、いいなぁ。	It's nice to have someone at home waiting for me.
コウイチは4時ごろ帰ってきた。	Kouichi got home at around 4:00.
マサミの帰りがいつもより早かった。	Masami got home earlier than usual.
ジュンはずいぶん帰りが遅かった。	Jun got home pretty late.
9時半なんて、遅すぎる。	9:30 is too late.
どこに行ってたんだろう？	I wonder where he was.
カラオケに行っていたらしい。	He said he had gone to karaoke.
定時に退社した。	I left the office on time.
今日はまっすぐ帰った。	I came straight home today.
残業で帰りが遅くなった。	I had to work overtime and got home late.
もっと早く帰れると思ったのに。	I thought I would be able to get home earlier.
電車が止まっていて、帰りが遅くなった。	The trains had stopped, so I got home late.
午前様になってしまった。	I came home after midnight.
タクシーで帰宅した。	I took a taxi home.
夫の帰りが遅かったので、心配した。	My husband came home late, so I was a little worried.

電話くらいしてくれればいいのに。	**I wish he had called.**
携帯メールくらいできると思う。	**He could have at least sent me a text.** *text＝携帯メール。パソコンのメールはe-mail

✏️ 料理する (→ p. 497「料理する」を参照)

📖 夕飯

帰ってから夕飯を作った。	**I fixed dinner after I got home.** *fix＝〜(食事など)を作る・準備する
スーパーでお総菜を買って帰った。	**I bought some prepared food at the supermarket.**
夕飯は外で食べて帰った。	**I went home after eating dinner.**
帰ったら、カレーのにおいがした。	**When I got home, I smelled curry.** *smell＝〜のにおいを感じる
夕飯はすき焼きだった。	**We had sukiyaki for dinner.**
一人で夕飯を食べた。	**I ate dinner alone.**
夫が帰るまで夕食を待った。	**I waited for my husband to come home before we had dinner.**
家族そろって夕食をとった。	**All my family had dinner together.**
久しぶりにみんなで夕飯を食べた。	**We ate dinner together for the first time in a while.**
夕飯はみんなでファミレスに行った。	**We went to a family restaurant for dinner.**

👓 お風呂

9時ごろ、お風呂に入った。	**I took a bath at around 9:00.**
妻がお風呂を入れてくれた。	**My wife ran a bath for me.**
私が一番に入った。	**I took a bath first.** *「最後に」なら、firstをlastに
リナと一緒にお風呂に入った。	**I took a bath with Rina.**
今日はさっとシャワーだけ浴びた。	**I took a quick shower today.**

1時間、半身浴をした。	I soaked in the bath for an hour from the waist down. ＊soak in ～＝～に浸かる
湯につかりながらマンガを読むのは至福のひとときだ。	Reading manga in the bathtub is bliss.　＊bliss＝至福
お風呂の中でうたた寝しちゃった。	I nodded off in the bathtub. ＊nod off＝ウトウトする
肩こりに効く入浴剤を入れてみた。	I added some bath powder to help soothe my stiff neck. ＊soothe[スーズ]＝～(痛みなど)を和らげる　stiff＝こわばった
今日の入浴剤は、桜の香りにした。	Today, I chose the cherry blossom-scented bath powder. ＊～-scented＝～の香りのする
ちょうどいい湯加減だった。	The bath was just right.
お湯がちょっと熱すぎた。	The water was a little too hot.
ああ、いい湯加減だった。	Ah, the water felt great.
ああ、すっきりした。	Ah, I feel refreshed.
長湯してのぼせちゃった。	I stayed in the water too long and got dizzy.
ドライヤーで髪を乾かした。	I blow-dried my hair.
風呂上がりにビールを飲んだ。	I grabbed a beer after my bath. ＊grab＝～(飲み物)をのどに流し込む
風呂上がりの冷えたビールは最高！	There's nothing better than a cold beer right after a bath!

📖 だんらん

みんなで大河ドラマを見た。	We watched the Taiga drama.
お父さんはいつも、チャンネルをころころ変える。	My father always flips through the channels. ＊flip through ～＝～(チャンネルなど)を素早く変える
妹とリモコンの奪い合いでケンカになった。	My sister and I fought over the remote control. ＊fight over ～＝～のことでケンカする
子どもたちとおしゃべりした。	I talked with my children.

子どもたちとトランプをして遊んだ。	I played cards with my kids.
	*play cards＝トランプで遊ぶ
子どもたちの宿題を見てやった。	I helped the kids with their homework.
1時間ほどゲームをした。	I played video games for about an hour.
ケンタがゲームばかりしているのでしかった。	Kenta was just playing video games, so I told him off.
	*tell ～ off＝～をしかりつける。tellの過去形はtold
妻の肩をもんであげた。	I gave my wife a neck massage.
	*ここでのneckは「(首に近い部分の)肩」を指す
タカコが肩をもんでくれた。	Takako massaged my neck.
お父さんにマッサージしてあげた。	I gave my father a massage.
お母さんの白髪を抜いてあげた。	I pulled out my mother's gray hairs for her.
	*pull out ～＝～を抜く

🔒 寝る前に

全身にボディローションを塗った。	I rubbed lotion on my whole body.
	*rub＝～を塗る・すり込む
明日の持ち物を準備した。	I got my things ready for tomorrow.
寝る前にちょっと晩酌。	I had a nightcap.
	*nightcap＝寝る前に飲む酒
布団を敷いた。	I laid out my futon.
	*lay out ～＝～を広げる。layの過去形はlaid
目覚ましを6時にセットした。	I set my alarm clock for 6:00.
今夜は何のアロマにしようかな。	What scent should I use tonight?
	*scent[セント]＝香り
快眠には、やっぱりラベンダーがいい。	I think lavender is the best for a good night's sleep.
娘を寝かしつけた。	I put my daughter to bed.
	*put ～ to bed＝～を寝かしつける
子どもたちにおやすみのキスをした。	I kissed my kids good night.

💡 就寝・睡眠

もう11時だ。	It's already 11:00.

そろそろ寝よう。	I should hit the sack soon.
	*hit the sack＝寝る。go to bedと同じ意味
早く寝なきゃ。	I need to go to sleep.
眠くなってきた。	I'm getting sleepy.
あくびがとまらない。	I can't stop yawning.
	*yawn[ヤーン]＝あくびをする
もう2時なのに、全然眠くない。	I'm not sleepy, even though it's already 2:00.
明日は休みだから、まあいいか。	Oh well, I have tomorrow off.
明日は早く起きなきゃ。	I have to wake up early tomorrow.
低反発枕、気持ちいい〜！	Posturepedic pillows are wonderful!
	*posturepedic[パスチャーピディック]＝低反発の
フカフカの布団は最高だ。	There's nothing better than a fluffy futon.
暑くて寝られなかった。	I couldn't sleep because it was too hot.
夜中に数回、目が覚めた。	I woke up a couple of times in the middle of the night.
夫が夜、うなされていた。	My husband was groaning in his sleep last night.
	*groan[グロウン]＝うなる、うめく
夫のいびきがひどかった。	My husband's snoring was awful.
	*snore[スノァ]＝いびきをかく
私、寝言を言っていたらしい。	I was told that I was talking in my sleep.
歯ぎしりをしていたと妻に言われた。	My wife told me that I was grinding my teeth.
	*grind[グラインド]＝〜をきしらせる
寝汗をかいた。	I sweated in my sleep.
変な夢を見た。	I had a strange dream.
ゆうべはいつの間にか寝ていた。	I fell asleep without knowing it.
ゆうべはぐっすり寝た。	I slept well last night.

ゆうべはなかなか寝付けなかった。	I had a hard time falling asleep last night.
7時間寝た。	I slept for seven hours.
4時間しか眠れなかった。	I only slept for four hours.
最低6時間は寝たい。	I want to sleep at least six hours.

🕰 一日を振り返って

今日も疲れた。	I wore myself out again today. *wear ~ out＝~を疲れさせる
いい日だった。	Today was a good day. I had a good day.
忙しい日だった。	Today was a busy day. I had a busy day.
今日はバタバタだった。	Today was hectic. I had a hectic day. *hectic[ヘクティック]＝てんてこ舞いの
大変な日だった。	Today was a rough day. I had a rough day. *rough[ラフ]＝つらい、大変な
充実した日だった。	I had a fulfilling day.
生産性の高い日だった。	I had a productive day.
何もかもうまくいく日だった。	I had a good hair day. *「髪型が決まった日」という意味もある
思い通りにならない日だった。	I had a bad hair day. *「髪型が決まらなかった日」という意味もある
何をやってもうまくいかない日だった。	Today was one of those days. *one of those days＝何をやってもうまくいかない日
今日はあっという間だった。	Today was over so fast.
結局、一日だらだらしてしまった。	I ended up doing nothing all day.
今日も一日、無事に過ごせてよかった。	I'm glad I made it through the day okay. *make it through ~＝~をうまくやり遂げる
明日もいい日でありますように。	I hope tomorrow is another good day.

7 一日の生活

一日の生活について
英語日記を書いてみよう

日々の生活のあれこれについて、英語で書いてみましょう。

✏️ ゆっくり寝られた

> I slept in this morning since it was my day off. I caught up on my sleep and felt so refreshed.

訳 仕事が休みだったので、今朝はいつもよりゆっくり寝られた。これで寝不足解消。気分もすっきりした。

ポイント sleep in は「(休みの日などに)いつもより遅くまで寝ている」という意味で、I slept in till 10:00. (10時まで寝ていた)のようにも使います。catch up on ～ (～[仕事や睡眠など]の遅れ・不足を取り戻す)を用いると、「睡眠不足解消」のニュアンスが出ます。

✏️ 朝寝坊

> I overslept. I left home in a hurry and dashed to the station. I barely made it for my train. I was all sweaty and embarrassed.

訳 寝坊した。急いで家を出て駅まで猛ダッシュ。何とかいつもの電車に乗れたけど、汗だくで恥ずかしかった。

ポイント make it は「間に合う」の意。「恥ずかしい」は embarrassed (失態で決まりが悪く恥ずかしい)、ashamed (道徳的に間違ったことをして恥ずかしい)、humiliated (人前で恥をかかされて恥ずかしい)、shy (性格が内気で恥ずかしい) と使い分けます。

お弁当作りは大変だけど…

I get up at 5:00 every morning and make four lunch boxes. It's tough, but every time they bring back their boxes empty, I feel happy.

訳 毎朝5時に起きて、4人分のお弁当作り。大変だけど、空っぽになった弁当箱を見るとうれしい。

ポイント get up（起きる）や make（作る）などの日課は、現在形で表します。「今日に限ってしたこと」なら過去形に。every time 〜, ... は「〜するたびに、…」。they bring back their boxes empty は、直訳すると「彼らが弁当箱を空の状態で持って帰ってくる」です。

子どもたちの宿題を見た

I was able to come home early, so I helped the kids with their homework. Kaoru's writing is getting better and Tomoki is good with numbers.

訳 早く帰れたので、子どもたちの宿題を見てあげた。カオルは字がうまくなっているし、トモキは算数がよくできるようだ。

ポイント 「宿題を見る」は、ただ見ているだけではなく、教えたり指摘したりして「手伝う」ので help を使います。「〜の…を手伝う」は help 〜（人）with ...（物事）で表します。「算数」は numbers。ほかに、math や arithmetic、figures とも言います。

8 交通・外出

電車

電車にまつわる単語

駅	(train) station	特急列車	limited express
改札	ticket gate	新幹線	bullet train
ホーム	platform	車両	car
車掌	conductor	5号車	car No. 5
駅員	station employee	女性専用車両	women-only car
運賃	fare	優先席	courtesy seat
ICカード	IC card	始発	the first train
切符	ticket	終電	the last train
片道切符	one-way ticket	通勤ラッシュ	commuter rush
往復切符	round-trip ticket	始発駅	starting station
1日乗車券	one-day pass	終着駅	terminal station
定期券	commuter pass	人身事故	fatal accident
通学定期券	student commuter pass	遅延証明書	delay certificate
		痴漢	sexual molester
電車	train	時刻表	timetable
普通列車	local train	路線図	railroad map

運賃・切符

Suicaを買った。	I bought a Suica card.
ICOCAに3000円分、チャージした。	I charged 3,000 yen to my ICOCA.
梅田まで270円だった。	It cost 270 yen to get to Umeda.
1日乗車券を買った。	I bought a one-day pass.
片道切符を買った。	I bought a one-way ticket.

＊「往復切符」なら、round-trip ticket

切符をなくしてしまった。	I lost my ticket.

📖 電車に乗る

電車で仙台駅まで行った。	I went to Sendai by train. I took a train to Sendai.
電車で15分かかった。	It took 15 minutes by train.
各駅停車に乗った。	I took a local train.
急行に乗った。	I took an express train.
阪急宝塚線に乗った。	I took the Hankyu Takarazuka Line.
駆け込み乗車をした。	I made a dash for the train. ＊make a dash＝ダッシュする、突撃する
1両目に乗った。	I got in the first car.
ホームで20分ほど待った。	I waited on the platform for about 20 minutes.
なかなか電車が来なかった。	The train wouldn't come.
乗り過ごしてしまった。	I missed my stop.　＊stop＝停車駅
終点まで行ってしまった。	I rode to the end of the line. ＊ride＝（乗り物などに）乗って行く。過去形はrode 　line＝路線
反対方向の電車に乗ってしまった。	I got on the train going in the opposite direction.
降りる駅を間違えた。	I got off at the wrong station.

👓 車内にて

冷房が効き過ぎだった。	The air conditioner was on too strong, and it was cold.
暖房が効き過ぎだった。	The heater was on too high, and it was hot.
込んでいた。	It was crowded.
すし詰め状態だった。	It was packed like sardines. ＊sardine＝イワシ

8 交通・外出

337

すいていた。	It wasn't crowded.
座れなかった。	I couldn't get a seat.
ずっと立っていた。	I stood the whole way.
座れてラッキーだった。	I was lucky to get a seat.
席を詰めてもらった。	They scooted over and made room for me.

＊scoot over＝座席を詰める　room＝場所、空間

おばあさんに席を譲った。	I gave up my seat to an old lady.
窓から見る景色を楽しんだ。	I enjoyed looking at the scenery from the window.
飯田線は景色がいい。	The Iida Line has a nice view.
熟睡してしまった。	I fell fast asleep.
隣の人が大きな音で音楽を聞いていた。	The person next to me had his music on too loud.
電車の中で化粧するのって、やめてほしい。	I wish women wouldn't put on makeup on the train.
痴漢に遭った。最悪！	Someone groped me. It's so horrible!

＊grope＝〜に痴漢行為をする

気分の悪そうな人がいた。	There was someone who looked sick.
駅員を呼んだ。	I called a station employee.

📖 特急・新幹線

13時40分発の自由席を2枚買った。	I bought two non-reserved, 13:40 train tickets.
京都までの禁煙の指定席を2枚買った。	I bought two reserved, non-smoking seat tickets to Kyoto.
満席で、指定席が取れなかった。	All the reserved seats were booked.

＊book＝〜を予約する

グリーン車にした。	I bought a Green Car ticket.

自由席は込んでいた。	The open seating cars were crowded.
自由席はすいていた。	The open seating cars weren't crowded.
空席がすぐに見つかってよかった。	I was lucky to find a seat quickly.
誰かが私の席に間違えて座っていた。	Someone sat in my seat by mistake.
駅で駅弁を買った。	I bought a bento box at the station.

＊「駅弁」は、boxed mealとしてもOK

乗ってすぐ、駅弁を食べた。	I started eating my bento box as soon as I was on the train.
電車の中で食べる弁当って、なんであんなにおいしいんだろう。	Why do bento boxes taste so good on the train?
新幹線の中で仕事をした。	I got some work done while I was on the Shinkansen.

＊Shinkansenは、bullet[ブレット] trainとしてもOK

🛍 乗り換え

新宿駅で、各駅停車に乗り換えた。	I transferred to a local train at Shinjuku.
京浜東北線から丸ノ内線への乗り換えは遠すぎる。	The transfer from the Keihin-Tohoku Line to the Marunouchi Line is too far.
乗り換えがわかりづらかった。	Changing trains was complicated.
乗り換えが面倒だった。	Changing trains was a bother.
連絡（乗り継ぎ）が悪かった。	It was a bad train connection.
そこへ行くのに電車を3回乗り換えた。	I had to change trains three times to get there.

💡 事故・遅延

谷町線は事故で遅れていた。	The Tanimachi Line was late because of an accident.

大雪で電車が遅れた。	The train was delayed by heavy snow.　＊delay＝〜を遅らせる
四ツ谷駅で人身事故があったらしい。	I heard there was a fatal accident at Yotsuya Station.　＊「人身事故」は、serious accidentとも言う
三宮駅で線路内に人が立ち入ったらしい。	Someone apparently got on the tracks at Sannomiya Station.　＊apparently＝どうやら〜らしい
車内で急病人が出たらしい。	They said someone on the train suddenly got sick.
急いでいたので、困った。	It was frustrating because I was in a hurry.　＊frustrating＝イライラさせるような
電車って、急いでるときに限って遅れる。	Trains are only late when you're in a hurry.
なかなか運転再開しなかった。	It was a long while before the train service resumed.　＊resume＝再開する
振替輸送で名鉄線に乗った。	I was transferred to the Meitetsu Line.
30分後、ようやく電車が動き出した。	The train finally started moving again 30 minutes later.
遅延証明書をもらった。	I got a train delay certificate.

車

🕐 バス

バスで病院まで行った。	I took a bus to the hospital. I went to the hospital by bus.
なかなかバスが来なかった。	The bus took forever to come.
雨のせいか、バスが遅れていた。	Maybe because of the rain, the bus was late.
渋滞で、バスがなかなか進まなかった。	There was a traffic jam, so the bus was very slow.　＊traffic jam＝交通渋滞

バスって、時間通りに来たためしがない。	I've never seen a bus arrive on time. *on time＝時間通りに
6つめの停留所で降りた。	I got off at the sixth bus stop.
一番後ろの席に座った。	I sat in the very back.
バスはたいてい座れるからうれしい。	It's nice because I almost always get a seat on the bus.
バスだと、街の風景が見られるのがいい。	It's nice that you can look outside and see the view from the bus. *このyouは、「一般的な人々」を指す
運賃は420円だった。	It cost 420 yen.
新宿から松江行きの高速バスに乗った。	I took the highway bus from Shinjuku to Matsue.
深夜バスで帰ってきた。	I came home on the late-night bus.
深夜バスは料金が倍だ。	The bus fare doubles late at night.

☕ タクシー

タクシーで吉祥寺駅まで行った。	I went to Kichijoji Station by taxi. I took a taxi to Kichijoji Station.
遅刻しそうだったので、タクシーを使った。	I took a taxi because I was running late. *be running late＝遅れている
タクシーはすぐにつかまった。	It wasn't long before I got a taxi.
なかなかタクシーがつかまらなかった。	I had to wait a long time to get a taxi.
トランクに荷物を入れた。	I put my baggage in the trunk. *baggage[バギッジ]＝荷物
助手席に乗った。	I sat in the front passenger seat.
運転手と世間話をした。	I made small talk with the taxi driver.
運賃は1200円だった。	It cost 1,200 yen.
5000円もかかっちゃった。	It cost 5,000 yen.

8 交通・外出

深夜料金だったので、高くついた。	The fare was high because of the late-night rate.
領収書をもらった。	I got a receipt. ＊receipt[リスィート]＝領収書、レシート

✎ 自家用車

車でディズニーランドに行った。	We drove to Disneyland. We went to Disneyland by car.
1号線を走って、30分ほどで着いた。	I went on Route 1 and got there in about 30 minutes.
道に迷ってしまった。	I got lost on the way.
カーナビのおかげで迷わずに済んだ。	Thanks to my car GPS, I didn't get lost. ＊GPSは、global positioning systemの略
電柱に車をこすっちゃった。	I scraped my car on a telephone pole. ＊scraped＝〜にすり傷をつける
私って、運転が下手だなぁ。	I'm a terrible driver.
道の駅に立ち寄った。	We stopped at a roadside station.
仕事の後、アキコを車で迎えに行った。	I picked up Akiko after work. ＊pick up 〜＝〜を車で迎えに行く
イシカワさんが駅まで迎えに来てくれた。	Ishikawa-san picked me up at the station.
セイカを家まで車で送っていった。	I drove Seika home.
ヒデユキを駅で降ろした。	I dropped Hideyuki off at the station. ＊drop 〜 off＝(車で)〜を降ろす

✎ 道路状況

道が込んでいた。	There was a traffic jam. The traffic was heavy. ＊traffic jam＝交通渋滞　traffic＝交通
渋滞に巻き込まれた。	I ran into a traffic jam. ＊run into 〜＝〜にぶち当たる。runの過去形はran
事故で渋滞していた。	An accident caused a traffic jam. ＊cause＝〜を引き起こす

下水道工事で渋滞していた。	There was a traffic jam because of sewer construction.
	*sewer[スーアー]＝下水道
渋滞で、全然進まなかった。	Traffic came to a standstill.
	*standstill＝停止、休止
帰省ラッシュに巻き込まれた。	I got stuck in heavy homebound traffic.
	*get stuck＝立ち往生する　homebound＝家に向かう
高速は大渋滞だった。	The traffic on the expressway was heavy.
高速は意外とすいていた。	The traffic on the expressway was lighter than I had thought.
信号に何度もつかまった。	I kept getting stuck at red lights.
一方通行だった。	It was a one-way street.

高速道路

高速に乗るか、下道で行くか。どっちが早いかな？	Which is faster, the expressway or the back roads?
	*「高速道路」は、super-highwayやthruwayとも言う。「下道」は道路によって、city roadsやopen roads（車や信号の少ない田舎道）などとも表す
高速で行って正解だった。	Taking the expressway was the right choice.
下道で行けばよかったな。	I should've taken the back roads.
帰りは高速に乗った。	I came back on the expressway.
2時ごろ、パーキングエリアで休憩した。	I took a break at a parking area at around 2:00.
	*take a break＝休憩を取る
サービスエリアでラーメンを食べた。	I ate ramen at a rest area.
	*「サービスエリア」は、rest stopとも言う

ガソリンスタンド

ガス欠になりそうだった。	I was about to run out of gas.
	*run out of 〜＝〜がなくなる　gas[ギャス]＝ガソリン
ガソリンスタンドがなかなか見つからなかった。	I had a hard time finding a gas station.

ガソリンスタンドで給油した。	I filled up at a gas station. ＊fill up＝(車を)満タンにする
ガソリンがどんどん値上がりしてる（はぁ〜）。	Gas is getting more and more expensive. (Sigh) ＊gas[ギャス]＝ガソリン　sigh[サィ]＝ため息
ハイオク満タンで入れてもらった。	I asked for a full tank of premium. ＊premium＝ハイオクガソリン
レギュラー満タンで2500円だった。	A full tank of regular gas cost 2,500 yen.
この車は燃費がいいのでうれしい。	I'm glad that my car is fuel efficient. ＊fuel[フューエォ] efficient＝燃費のいい
灰皿を掃除してもらった。	I asked the attendant to empty my ashtray.　＊empty＝〜を空にする
洗車してもらった。	I got my car washed.

🕶 駐車・駐車場

駐車場が全然見つからなかった。	I couldn't find a parking lot.
駐車場はすぐに見つかった。	It was easy to find a parking lot.
駐車場はどこもいっぱいだった。	All the parking lots were full.
路上駐車をした。	I parked on the road.　＊park＝駐車する
すぐに戻ったので、駐禁は切られなかった。	I went back to my car right away, so I didn't get a parking ticket. ＊parking ticket＝駐車違反切符
すぐに戻ったのに、駐禁を切られていた。	I got a parking ticket even though I went back to my car right away.
レッカーされていた。最悪！	My car was towed. It was terrible! ＊tow＝〜をけん引する
駐車って苦手。	I'm not good at parking.
一発できれいに駐車できた。	I parked perfectly on my first try.

📓 車のトラブル

車が故障した。	My car broke down.
タイヤがパンクしちゃった。	I had a flat tire. ＊flat tire＝パンクしたタイヤ

エンストした。	The engine stalled.

*stall＝(エンジンが)止まる

エンジンがかからなかった。	The engine didn't start.
バッテリーが上がっちゃった。	The battery was dead.
ヘッドライトの消し忘れが原因だ。	It was because I forgot to turn off the headlights.
オーバーヒートしてしまった。	The engine overheated.
エンジンルームから煙が出た。	There was smoke coming from the engine compartment.
オイルが漏れていた。	Oil was leaking.

*leak＝漏れる

キーを車内に入れたままロックしちゃった。	I locked my key inside the car.

🔒 車のメンテナンス

洗車した。	I washed my car.
タイヤが減ってきた。	The tires are getting worn out.

*worn out＝すり切れた

そろそろ交換の時期かな。	I need to get them replaced soon.
スタッドレスタイヤに交換した。	I replaced the tires with studless tires.
もうすぐ車検の時期だ。	It's almost time for a car inspection.

*inspection＝検査

車検に出した。	I took my car in for an inspection.

飛行機 (→ p.570「飛行機」を参照)

自転車・スクーター

自転車で図書館に行った。	I biked to the library. I went to the library by bicycle.

*bike＝自転車で行く

サイクリングに出かけた。	I went for a bike ride.
絶好のサイクリング日和だった。	It was perfect weather for cycling.

8 交通・外出

買ったばかりの自転車に乗った。	I rode my brand-new bicycle.
	*bicycleは、bikeとしてもOK
空気を入れた。	I put air in the tires.
前輪がパンクしていた。	The front wheel was flat.
	*flat＝パンクしてぺちゃんこになった
自転車をレンタルした。	I rented a bicycle.
スクーターで買い物に行った。	I went shopping on my scooter.
新しいスクーターが欲しいなぁ。	I want a new scooter.

歩く

駅まで20分歩いた。	I walked 20 minutes to the station.
歩いて30分かかった。	It took 30 minutes on foot.
早足で歩いた。	I walked briskly. *briskly＝活発に、足早に
のんびりと歩いた。	I walked leisurely. *leisurely＝のんびりと
公園まで歩いていった。	I walked to the park.
川沿いを歩いた。	I walked along the river.
家の近所を散歩した。	I went for a walk around the neighborhood.
リンカと一緒に保育園まで歩いた。	Rinka and I walked to her preschool.
歩き過ぎて足が疲れた。	My legs are tired from walking too much.

道に迷う・道案内

道に迷う

道に迷ってしまった。	I got lost.
僕って、本当に方向音痴。	I really have no sense of direction.
ビルの場所がわからなかった。	I couldn't find the building.

改札がいくつもあって、迷ってしまった。	There were more than one ticket gate, so I got lost.
違う改札から出てしまった。	I went out through the wrong ticket gate.
待ち合わせ場所がわからなかった。	I couldn't find the meeting place.
近くの人に道を尋ねた。	I asked a passer-by for directions.
	*passer-by[パッサーバィ]＝通行人
交番で道を尋ねた。	I asked for directions at a police box.
親切に道を教えてくれた。	They kindly gave me directions.
	*give 〜 directions＝〜に道を教える

🕐 道案内する

外国人に道を聞かれた。	A non-Japanese asked me for directions.
外国人に秋葉原への行き方を聞かれた。	A non-Japanese asked me how to get to Akihabara.
ホテルまでの道を教えてあげた。	I gave him directions to his hotel. I showed him the way to his hotel.
	*2文目は、実際に連れて行ったり図を描いたりして教えた場合に使う
ホテルまで案内してあげた。	I guided him to his hotel.
私も道がわからなかった。	I didn't know the way, either.
交番で尋ねて教えてあげた。	I asked at a police box, and then I told him.
英語で道案内するのは緊張した。	I was nervous about giving directions in English.
うまく案内できた。	I was able to give directions well.
何とか案内できた。	I managed to give directions.
	*manage to 〜＝何とか〜する
彼にすごく感謝された。	He really appreciated my help.
	*appreciate＝〜を感謝する
喜んでもらえてよかった。	I was happy to help.

交通・外出について英語日記を書いてみよう

外出したことや交通手段について、英語で書いてみましょう。

散歩がてらギャラリーへ

> The weather was very nice, so my husband and I walked to the art gallery to see Mrs. Ozaki's paintings. We also enjoyed the cherry blossoms on the way.

訳 天気がよかったので、オザキさんの絵を見に夫とギャラリーまで歩いて行った。途中、桜もキレイだった。

ポイント 「〜まで歩いて行く」は go to 〜 on foot よりも、walk to 〜が自然な言い方。「絵の具などで描いた絵」なら painting、「鉛筆やペンなどで描いた絵」なら drawing です。この enjoy は「花や景色を楽しむ」というニュアンス。on the way は「(〜へ行く)途中」。

交通渋滞にはまる

> We had a good time shopping at the outlet mall, but on the way back, we got stuck in a traffic jam. It took over two hours to get home. We were worn out.

訳 アウトレットでの買い物は楽しかったけど、帰りに渋滞にはまって、家に着くのに2時間以上もかかった。もうクタクタ。

ポイント on the way back は「帰り道で」という意味。「渋滞にはまる」は、get stuck in traffic、be caught in a traffic jam といった表現もあります。「(〜の)時間がかかった」は、It took 〜 (かかった時間) で表します。「クタクタ」は、exhausted や really tired でも OK。

4章：英語日記フレーズ集

🖊 タクシーで京都旅行

> We chartered a taxi for half a day. The driver guided us around Kyoto. He explained the historical background and it was easy to understand.

訳 半日タクシーをハイヤーして、運転手さんに京都を案内してもらった。歴史的な背景の説明をしてくれて、わかりやすかった。

ポイント charter は「[時間単位、一日単位などで]〜（乗り物）を貸し切る」という意味。「案内してもらった」は、The driver guided us（運転手が私たちを案内した）と表せば OK。「わかりやすい」は easy to understand、「わかりにくい」なら hard to understand です。

🖊 乗り換えがわからない

> Kana and I went to Disneyland by train. At Tokyo Station, we couldn't find the Keiyo Line. People were everywhere. It was a hassle, but Disneyland was great fun!

訳 カナちゃんと電車でディズニーランドへ行った。東京駅では、京葉線がどこにあるのかわからなかった。どこも人だらけ。大変だったけど、ディズニーランドはとても楽しかった！

ポイント 「京葉線がどこにあるのかわからなかった」は、we didn't know where the Keiyo Line was（京葉線がどこにあるのか知らなかった）でも OK。hassle は「大変なこと」。fun を強調するときは、great fun や a lot of fun とします。very fun は間違いなので注意。

9 電話・郵便

電話・ファクス

🖉 電話をかける

夜、サトウくんに電話した。	I called Sato-kun in the evening.
明日、トクダさんに必ず電話しよう。	I'll make sure to call Mr. Tokuda tomorrow.
彼の携帯に電話した。	I called him on his cellphone. ＊「自宅（の電話）に」なら、on his home phone
たまには実家に電話しようかな。	Maybe I should call my mom sometimes. ＊相手によって、momをdadやparentsにする
留守番電話につながった。	I reached the answering machine. ＊answering machine＝留守番電話。voice mailとも言う
留守番電話にメッセージを残した。	I left a voice mail.
レストランに予約の電話をした。	I called the restaurant to make a reservation.
レストランに電話して、営業時間を尋ねた。	I called the restaurant to ask what time they're open.
美容院に電話して、日曜日の予約を入れた。	I called my hairdresser and made an appointment for Sunday.
電話でピザを注文した。	I ordered a pizza by phone.
注文した商品について問い合わせた。	I called them to ask about the stuff I ordered.　＊stuff＝物

📖 電話を受ける

ユリちゃんから電話があった。	I got a call from Yuri.

4章：英語日記フレーズ集

アキに男の子から電話がかかってきた。	Aki got a phone call from some boy.
お父さんから2回、着信があった。	I had two missed calls from my dad. ＊missed call=不在着信
知らない番号から着信があった。	I got a missed call from a number I don't know.
非通知の電話がかかってきた。	I got a call from an undisclosed number. ＊undisclosed=未公表の
電話に出なかった。	I didn't answer the phone.
息子ったら、たまには電話してくれたらいいのに。	I wish my son would call me every once in a while. ＊every once in a while=たまに、時々
最近、間違い電話が多いな。	I often receive wrong calls these days. ＊wrong call=間違い電話

電話で話す

孫からの電話は、いつでもうれしい。	It's always nice to get a call from my grandson. ＊孫が女の子なら、grandsonをgranddaughterに
ジュンコの声を聞くとほっとする。	I feel relaxed when I hear Junko's voice.
彼女の声を聞くだけでうれしい。	Her voice alone makes me happy. ＊alone=単独で、それだけで
キヨミと1時間、電話でおしゃべりした。	Kiyomi and I talked on the phone for an hour.
最近、ハルミが長電話ばかりしている。	Harumi is always making long phone calls these days.
誰と話してるんだろう？	Who is she talking to?
どうやら彼氏と電話しているみたいだ。	It seems she's on the phone with her boyfriend.

電話を切る

9時ごろ、電話を切った。	I hung up at around 9:00. ＊hang up=電話を切る。hangの過去形はhung
お母さんがうるさいので、電話を切った。	I hung up because my mom was nagging me. ＊nag=〜にうるさく小言を言う

9 電話・郵便

電話を切るのが名残惜しかった。	It was hard to hang up.
一方的に電話を切られた。すごく失礼！	He hung up on me. How rude! ＊相手が女性の場合は、HeをSheにする

📵 電話がつながらない

ヤマグチさんに電話したけど、つながらなかった。	I tried calling Mr. Yamaguchi, but I couldn't reach him.
電話をかけたけど、話し中だった。	I called, but the line was busy. ＊line＝回線　busy＝話し中で
最近、リョウくんがあんまり電話に出ない。	Ryo-kun hardly ever answers his phone these days. ＊hardly ever ～＝めったに～しない
忙しいのかな？	I wonder if he's busy.
着信拒否されてるわけじゃないよね？	It's not because he has blocked my number, is it? ＊block＝～を拒否する

💡 セールス電話

午後、セールスの電話が3件もかかってきてうんざり。	I got three sales calls this afternoon. I'm sick of them.
最近、セールスの電話がよくかかってくる。	I'm getting a lot of sales calls these days.

⏰ 無言電話・いたずら電話

無言電話があった。	I got a silent call. ＊silent call＝無言電話
いたずら電話があった。	I got a prank call. ＊prank call＝いたずら電話
気持ち悪いな。	It was uncomfortable.
電話に出たら、すぐ切れてしまった。	Somebody called and then hung up when I answered. ＊hang up＝電話を切る。hangの過去形はhung

☕ 電話のトラブル

電話が遠かった。	I couldn't hear him well. ＊相手が女性なら、himをherに
電話の声がプツプツ途切れた。	His voice broke up on the phone. ＊相手が女性なら、HisをHerに

電話が混線していたようだ。	The lines seemed crossed.
	*crossed＝混線した
電話を盗聴されている気がする。	I think my phone is being tapped.
	*tap＝〜(他人の電話)を盗聴する

電話代

電話代が高すぎる。	My phone bill is too high.
	*「携帯代」なら、phoneをcellphoneに
今月の電話代がいくらになるのか、恐ろしい。	I'm afraid to find out my phone bill for this month.
今月の電話代、2万円も!?	My gosh! My phone bill for this month is 20,000 yen!
	*My gosh!＝えっ！、しまった！
長電話を控えるようにしよう。	I'll try not to have long phone chats. *chat＝雑談
長電話をやめるように言わなきゃ。	I have to tell her not to make long calls.
今月の電話代、そんなに高くなかった。ホッ。	My phone bill wasn't so high this month. Phew! *Phewは、Whewともつづる
電話代は6000円以内に収めたい。	I want to keep my phone bill below 6,000 yen.
プランの見直しをしてもらおう。	I'll ask them to revise my payment plan. *revise＝〜を見直す

国際電話

カナダのメアリーに電話をかけた。	I called Mary in Canada.
オーストラリアのマイケルから電話があった。	I got a phone call from Michael in Australia.
朝8時に電話して、向こうは夕方5時だった。	I called at 8:00 in the morning, and it was 5:00 in the evening on the other end.
時差の関係で、エイミーになかなか電話できない。	It's hard to call Amy because of the time difference. *time difference＝時差

9 電話・郵便

| 携帯からも国際電話がかけられるんだ！ | I didn't know you could make international calls from a cellphone. |
| スーザンから、誕生祝いの国際電話があった。 | Susan called me from abroad on my birthday. |

✏️ スカイプ・ネット電話

スカイプで、ドイツのイマイさんに電話した。	I called Imai-san in Germany using Skype.
スカイプで、シャーロットとビデオ通話をした。	I had a video chat with Charlotte on Skype. *chat=雑談、チャット
相手の顔を見ながら話せるって、すごい。	It's amazing that we can see each other's faces when we're talking.
相手を身近に感じられる。	It feels like the person is really close.
スカイプなら、料金は無料だ。	Skype is free.
便利な時代になったなぁ。	This is the age of convenience.

📖 ファクス

ファクスで申し込み書を送った。	I faxed in the application. *fax in ～=～をファクスで送る
店の地図がファクスで送られてきた。	They faxed the store map to me.
最近、間違いファクスが多いなぁ。	I've been getting a lot of missent faxes lately. *missend=～を間違えて送る。過去分詞形はmissent
紙がもったいない！	It's a waste of paper!
ファクスの用紙が切れちゃった。	I ran out of fax paper. *run out of ～=～を切らす。runの過去形はran

携帯電話・スマートフォン

👓 契約・解約

| 携帯の契約をした。 | I got a cellphone. I signed a contract for a cellphone. *sign a contract=契約する |

お母さんに携帯を契約してあげた。	I got my mom a cellphone.
携帯のキャリアを変えようかな。	I'm thinking of changing to another cellphone carrier.
auからソフトバンクに乗り換えた。	I moved from au to Softbank.
携帯をもう1台、契約しようかな。	I think I should get an extra cellphone.
携帯を解約した。	I canceled my cellphone.
2台のうち、1台を解約した。	I canceled one of my two cellphones.
キャンペーン中で、解約手数料を払わずにすんだ。	There was a campaign, so I didn't have to pay the cancellation fee.

新機種・機種変更

携帯の機種変更をしようかな。	I'm thinking of getting a new cellphone.
携帯の機種変更をした。	I got a new cellphone.
前の携帯のほうが使いやすかったかも。	My old cellphone was easier to use, I guess.
出たばかりの携帯、かっこいいんだよな。	The latest cellphone model is so cool.
赤いのが欲しいなあ。	I want a red cellphone.
品切れで、1カ月待ちだ。	The phone is out of stock, so I have to wait for a month.
	*out of stock=品切れで
新しい機種がどんどん出て、ついていけないよ。	New cellphones keep coming out and I can't keep up with them.
	*keep up with ~=~(流行など)に遅れずについていく

各種手続き

料金プランの変更をした。	I got a different payment plan.
より安いプランに変更してもらった。	I asked them to put me on a cheaper payment plan.

4章：英語日記フレーズ集

9 電話・郵便

家族割引の手続きをした。	I got the family discount.
キャンペーン中で、手数料が無料だった。	There was a campaign, so there was no handling fee. *handling fee=手数料
キャンペーン中で、5000円もお得だった。	There was a campaign, so I saved 5,000 yen.
携帯の修理を依頼した。	I asked them to fix my phone. *fix=〜を修理する
代替機をもらった。	I got a temporary replacement. *temporary=一時的な　replacement=代替品
手続きカウンターは込んでいた。	The service counter was crowded.
順番が来るまで、結構待った。	I waited for a long time for my turn. *turn=順番

💡 携帯メール・SMS

レイコに携帯メールを送った。	I texted Reiko. *text=〜に携帯メール・ショートメッセージを送る
ヒデから携帯メールが届いた。	I got a text from Hide. *「携帯メール」は、textまたはtext message
お母さんから、SMSで買い物リストが送られてきた。	My mom texted me the shopping list.
マキちゃんに写メを送った。	I sent Maki-chan a picture attachment. *attachment=添付
携帯でノリくんにお店のリンクを送った。	I sent Nori-kun the store link by phone.
迷惑メールがたくさん来る。	I'm getting a lot of spam.
ジャンクメール、うざい。	The spam is really annoying. *annoying=気に障る、迷惑な
メアドを変えたほうがいいかな？	Maybe I should change my e-mail address.
携帯のメアドを変更した。	I changed my text messaging address.

⏰ 携帯電話のトラブル

携帯電話をなくしてしまった。	I lost my cellphone.

どこで落としたのか、見当が付かない。	I have no idea where I might have dropped it.
	*have no idea＝まったくわからない
タクシーの中に置いてきたのかも。	I might have left it in the taxi.
携帯がないと困るなぁ。	Not having a cellphone is such an inconvenience.
交番に届けてくれた人がいた。よかった！	Someone took it to the police. Thank goodness!
携帯をトイレに落としちゃった！	I dropped my cellphone in the toilet!
携帯が故障した。	My cellphone broke.
液晶がきれいに映らなくなった。	The display isn't working well.
電源が入らない。どうしよう？	It won't turn on. What should I do?
	*turn on＝電源が入る
データが全部消えちゃったかも。	I might have lost all the data.
みんなの連絡先がわからなくなっちゃう！	Now I can't contact anyone!
	*contact＝～に連絡を取る
バックアップを取っておいてよかった。	Good thing I had a backup.
電車の中で電話が鳴って焦った。	I was surprised when my phone rang on the train.
マナーモードにするのを忘れた。	I forgot to set it to silent mode.

☕ 電波が悪い

彼、電波の悪い場所にいたみたい。	He seemed to be in a place with bad reception.
	*reception＝（電波の）受信状態
電波が悪くて、途中で切れてしまった。	The call ended because of poor reception.
電波が悪くて、電話をかけられなかった。	I couldn't call because of the terrible reception.
職場は電波が悪いので、不便だ。	The reception at work is terrible. It's such a pain.
	*pain＝悩みの種

早く電波状況を改善してほしい。	I want them to fix the signal problem quickly. *fix=〜(問題など)を解決する

電池・充電

電池のもちが悪い。	The battery doesn't last long. *last long=長持ちする
電池が切れてしまった。	The battery died. *die=(電池が)切れる
慌ててショップに駆け込んで、充電した。	I hurried to a shop to charge the battery.
コンビニで携帯充電器を買った。	I bought a cellphone charger at a convenience store.

スマートフォン

iPhoneの予約をした。	I ordered an iPhone.
iPhoneを受け取った。	I got my iPhone.
アンドロイド携帯が欲しい。	I want an Android cellphone.
スマートフォンって、便利なのかな？	Are smartphones convenient?
スマートフォンに替えて1週間。	It's been a week since I got my smartphone.
いまだに使いこなせない。	I still can't use it well.
だんだん慣れてきた。	I'm gradually getting used to it. *get used to 〜=〜に慣れる
スマートフォンって、慣れると便利だな。	Smartphones are convenient once you get used to them. *このyouは、「一般的な人々」を指す

アプリ・着メロ

人気のゲームアプリをダウンロードしてみた。	I downloaded a popular game application.
最近、いろいろなアプリを試してる。	I've been trying different apps recently. *appは、applicationの略
無料アプリでも結構楽しめる。	Even the free apps are really fun.

着メロをダウンロードした。	**I downloaded a ringtone.**	
	*ringtone＝着信音、着メロ	

郵便・宅配便

郵便・宅配便にまつわる単語

切手	stamp	郵便ポスト	mailbox
記念切手	commemorative stamp	書留郵便で	by registered mail
ハガキ	postcard	速達で	by express mail
年賀状	New Year's greeting card / New Year's card	航空便で	by airmail
暑中見舞い	summer greeting	船便で	by surface mail
寒中見舞い	winter greeting	小包	package
クリスマスカード	Christmas card	冷蔵便	refrigerated delivery
手紙	letter	冷凍便	frozen delivery
封筒	envelope	～を元払いで送る	send ～ through prepaid shipping
便せん	letter paper		
あて先	addressee	～を着払いで送る	send ～ by COD
差出人	sender		

郵便を出す

近所のポストに投函した。	**I put the letters in a nearby mailbox.**	
また手紙を出し忘れてしまった。	**I forgot to mail the letter again.**	
慌てて出しに行った。	**I rushed to mail it.**	
	*rush to ～＝慌てて～する	
父に書留で5万円送った。	**I sent my father 50,000 yen by registered mail.**	
	*registered mail＝書留郵便	
請求書を速達で送った。	**I sent the invoice by express mail.**	
	*invoice＝請求書　express mail＝速達	
アリーに手紙を書いた。	**I wrote a letter to Allie.**	
	*a letterは、省略してもOK	
フィレンツェから家族に絵はがきを送った。	**I sent a postcard to my family from Florence.**	
	*Florence＝フィレンツェ	

郵便局で、80円切手を20枚買った。	I bought twenty 80-yen stamps at the post office.
記念切手を買った。	I bought some commemorative stamps. ＊commemorative stamp＝記念切手

👓 郵便を受け取る

郵便物がいくつか来ていた。	I got some mail. ＊mail＝郵便物
ワタナベさんから手紙が届いた。	I got a letter from Mr. Watanabe.
電話代の請求書が届いた。	I got my phone bill. ＊phone bill＝電話代
息子から書留が届いた。	I got registered mail from my son. ＊registered mail＝書留郵便
年賀状が53枚届いた。	I got 53 New Year's greeting cards. ＊「年賀状」は、New Year's cardsとしてもOK
シャーロットからクリスマスカードが届いた。	I got a Christmas card from Charlotte.
イザワさんから素敵な暑中見舞いが届いていた。	I got a beautiful summer greeting card from Izawa-san.
キムラさんからお礼状が届いた。	I got a thank-you letter from Mr. Kimura.
旅行のパンフレットが速達で届いた。	A travel brochure was sent to me by express mail. ＊brochure[ブロウシュア]＝パンフレット
郵便受けに、チラシがたくさん入っていた。	There were a lot of flyers in my mailbox. ＊flyer＝チラシ。flierともつづる
珍しく、郵便物が一つもなかった。	I didn't receive any mail, which was unusual.
そろそろ届いてもいいころなのに、おかしいな。	It should have been here by now. I wonder what happened.

📦 宅配便を出す

小包を2個出した。	I sent two packages.
2つで1400円だった。	It cost 1,400 yen for two.

郵便局で小包を出した。	**I sent a package at the post office.**
めいに小包を送った。	**I sent a package to my niece.**
コンビニに小包を出しに行った。	**I went to the convenience store to send a package.**
書類を宅配便で送った。	**I sent some documents through a package delivery service.**
明日には到着するらしい。	**It should arrive tomorrow.**
配達日時を、木曜日の12〜14時に指定した。	**I set the delivery for Thursday between 12:00 and 14:00.**
カニを冷凍便で送った。	**I sent crab by frozen delivery.** ＊frozen delivery＝冷凍便
ケーキを冷蔵便で送った。	**I sent cake by refrigerated delivery.** ＊refrigerated delivery＝冷蔵便
荷物を着払いで送った。	**I sent a package by COD.** ＊COD＝cash on delivery（着払い）の略
自宅まで集荷に来てもらった。	**I asked them to pick up the package at my house.**

🔒 宅配便を受け取る

午後、小包を受け取った。	**I received a package in the afternoon.**
注文していた服が届いた。	**The clothes I ordered were delivered.** ＊deliver＝〜を配達する・届ける
海外から本が届いた。	**The book arrived from overseas.**
ヒトミがリンゴを送ってくれた。	**Hitomi sent me apples.**
宅配便の不在票が入っていた。	**I found a missed-delivery notice.** ＊missed-delivery notice＝不在配達通知
スッピンで髪もボサボサだったので、居留守を使っちゃった。	**I pretended to be out because I didn't have my makeup on and my hair was messy.** ＊pretend to 〜＝〜するふりをする　messy＝乱雑な
再配達してもらわなきゃ。	**I need to ask for a redelivery.** ＊redelivery＝再配達
午前中に再配達してもらった。	**I had it redelivered this morning.** ＊redeliver＝〜を再配達する

電話・郵便について英語日記を書いてみよう

電話や郵便、宅配便などについて、英語で書いてみましょう。

チヨコと長電話

> Chiyoko called me for the first time in about five years. We just talked and talked about our school days. It was nice talking with her.

訳 5年ぶりくらいに、チヨコから電話があった。学生時代のことをひたすら話し続けた。話ができてうれしかった。

ポイント「～ぶりに」は、for the first time in ～（期間）を使って「～の期間で初めて」と表現します。「久しぶりに」なら、～に ages や a long time（いずれも「長い間」の意）を入れましょう。just talked and talked は「ひたすら話した」。we talked away とも言えます。

電話代が高い

> Miku's phone bill is really high these days. If her grades don't improve by the end of this term, I'll make her pay her own bill.

訳 最近、ミクの電話代が高い。今学期末までに成績が上がらなかったら、電話代を自分で払わせよう。

ポイント「電話代」は phone〈telephone〉bill。電話代やガス代、水道代などの「高い」は、expensive ではなく high で表します。成績が「上がる」は improve、「下がる」は drop。make ～（人）…（動詞の原形）は「（たとえ嫌がっても）～に…させる」という意味です。

クリスマスカード

I got a Christmas card from Deanna. She sounded really excited about becoming a grandmother in April. I'll send her a New Year's greeting card, too.

訳 ディアナからクリスマスカードが届いた。4月におばあちゃんになることに、すごくワクワクしているようだった。私も年賀状を送ろうっと。

ポイント 「〜が届いた」は、I received 〜（〜を受け取った）と表現してもOK。「〜のようだった」と書きたい場合は、手紙を読んで感じたなら sounded を、写真などを見て感じたなら looked を用います。「おばあちゃんになること」は being a grandma とも表せます。

食材配達を利用してみたい

Aiko told me that she has food delivered every week. It comes with the recipe, so you don't need to think hard about what to cook. I want to try it, too.

訳 アイコが毎週食材を配達してもらっていると言っていた。レシピが付いてくるから、献立に悩む必要もないらしい。私も利用してみたいな。

ポイント 「〜を…してもらう」は have 〜（人や物事）…（動詞の過去分詞形）で表します。ここでは、she has food delivered としています。come with 〜 は「〜が付いてくる」、think hard は「真剣に考える」、what to cook は「何を料理するか＝献立」という意味です。

10 家事

食器洗い

食器を洗う

夕飯の後、食器を洗った。	I did the dishes after dinner. *do the dishes＝食器を洗う。wash the dishesとしてもOK
トモが食器を洗ってくれた。	Tomo did the dishes for me.
私が食器を洗って、トモがふいた。	I washed the dishes and Tomo wiped them.
トモが洗い物を手伝ってくれて助かった。	Tomo gave me a hand with the dishes, and he was a great help. *give ~ a hand＝~(人)を手伝う
たまには食器洗いを手伝ってくれたらいいのに。	I wish he could help with washing the dishes sometimes.
台所が食器の山になっていた。	The dirty dishes in the kitchen were piling up. *pile up＝山積みになる
洗うのに1時間以上もかかった。	It took more than an hour to wash them.
ぞうきんを漂白剤につけておいた。	I soaked the dishcloth in bleach. *soak ~ in ...＝~を...につける
油汚れがなかなか落ちなかった。	The grease didn't come off easily. *grease＝油脂
コップに茶渋が付いていた。	The teacup was stained. *stained＝しみの付いた
洗剤で手が荒れた。	My hands got chapped from the detergent. *get chapped＝(肌などが)荒れる
また茶わんを割っちゃった。	I broke another rice bowl.

お気に入りのお皿を割っちゃった。ショック！	I broke my favorite plate. What a shock!
台所がきれいだと気持ちがいい。	It feels nice when the kitchen is clean.

＊cleanは、spick-and-span（こざっぱりとした）でもOK

📖 食洗機

食洗機が欲しい。	I want a dishwasher.

＊dishwasher＝食洗機

食洗機を買おうかな？	Maybe I should buy a dishwasher.
食洗機用の洗剤を買ってこなくちゃ。	I need to get a dishwasher detergent.
食器を食洗機に入れた。	I put the dishes in the dishwasher.
食洗機を買ってから、皿洗いが本当にラク。	Washing dishes got really easy after I bought the dishwasher.
食洗機に食器が入りきらなかった。	The dishes wouldn't fit in the dishwasher.
手で洗ったほうが早いや。	It's faster to do the dishes by hand.

洗濯・衣類の手入れ

👓 洗濯する

午前中に洗濯した。	I did the laundry in the morning.

＊do the laundry＝洗濯をする

2回、洗濯した。	I did two loads of laundry.

＊load＝1回分の量　laundry＝洗濯物

洗濯物がだいぶたまっている。	The laundry has really piled up.

＊pile up＝山積みになる

色物と白物を分けて洗った。	I washed the colors and the whites separately.
手洗いコースで洗った。	I used the hand-wash setting.
久しぶりにシーツを洗った。	I washed my sheets for the first time in a while.
下着を手洗いした。	I hand-washed my underwear.

＊hand-wash＝〜を手洗いする

セーターが縮んじゃった。	The sweater shrunk. *shrink＝縮む。過去形はshrunk
Tシャツが色落ちしちゃった。	The T-shirt faded. *fade＝(色などが)薄れる
ジーンズの色が白いシャツに移っちゃった！	The color from the jeans stained the white shirt! *stain＝〜にしみを付ける
白いシャツが水色になっちゃった！	My white shirt turned light blue! *turn 〜＝〜に変わる
ナオキはまた、服を泥だらけにして帰ってきた。	Naoki came home with his clothes all muddy again. *muddy＝泥だらけの
洗濯する人の気持ちになってほしい。	He should think about the person that has to wash his clothes.

🏷️ 洗濯物を干す・取り込む

洗濯物を干した。	I hung up the laundry. *hang up 〜＝〜を干す。hangの過去形はhung
洗濯物を室内に干した。	I hung up the laundry inside.
セーターを陰干しした。	I hung up my sweater in the shade. *shade＝日陰
洗濯物を取り込んだ。	I brought in the laundry. *bring in 〜＝〜を中に入れる。bringの過去形はbrought
洗濯物をたたんだ。	I folded the laundry. *fold＝〜をたたむ
洗濯物が雨にぬれてしまった。	The laundry got wet in the rain.
最近、雨ばかりで洗濯物がなかなか乾かない。	It has been raining all the time, so the laundry won't dry.
ジーンズはまだ半乾きだった。	The jeans were still half dry.
生乾きのにおいがした。	They smelled damp. *damp＝湿った
洗い直さなきゃ。	I need to wash them again.

🏷️ 洗濯洗剤

洗剤を変えてみた。	I used a different detergent. *detergent[ディタージェント]＝洗剤
新しい洗剤、とてもいい香り。	I really like the smell of the new detergent.

最近の洗剤はコンパクトだなぁ。	Detergent these days is really compact.
もう柔軟剤がない。	I ran out of softener.

*run out of 〜=〜を使い果たす。runの過去形はran
softener[ソフナー]=柔軟剤

蛍光漂白剤だと知らずに使っちゃった。	I used fluorescent bleach without knowing it.

*fluorescent[フローレスント]=蛍光性の

🛋 アイロンがけ

ハンカチにアイロンをかけた。	I ironed my handkerchief.

*handkerchiefは、くだけてhankyとも言う

私、アイロンがけが下手だなぁ。	I'm not good at ironing.
アイロンでやけどしちゃった。	I burned myself with the iron.
シャツにアイロンをかけるのって、結構大変。	It's really difficult to iron shirts.
スーツのズボンをプレッサーにかけた。	I used a press iron on my suit trousers.
アイロンがけって面倒くさいな。	Ironing is a bother.

*bother=やっかいなこと

アイロンがけのいらないシャツは、ラクでいいな。	Non-iron shirts are easy to take care of.

*take care of 〜=〜の手入れをする

⏰ クリーニング

スーツをクリーニングに出した。	I took my suit to the cleaners.

*cleaners=クリーニング店

シミがきれいに落ちてよかった。	I'm glad the stain came out.

*stain=しみ

クリーニング店にワンピースを取りに行った。	I picked up the dress from the cleaners.
ドライクリーニングって、意外とお金がかかる。	Dry cleaning can be quite expensive.
デリケートな素材って、毎回クリーニングに出すのが面倒。	It's a hassle to take delicates to the cleaners every time.

*hassle=面倒なこと
delicates=(洗濯などで)取り扱いに注意が必要な衣類

10 家事

洗濯機で洗える服が一番。	Machine washable clothes are the best.
セーターはホームクリーニングで十分。	Sweaters can be washed at home.

☕ 服の手入れ

服のシミ抜きをした。	I removed the stains from the clothes.
服の毛玉を取った。	I removed the fluff balls from the clothes. *fluff ball＝毛玉
セーターの穴を補修した。	I stitched up the hole in my sweater. *stitch up ～＝～をつくろう・縫う
祖母の着物をきんちゃく袋にリメイクした。	I made my grandmother's kimono into drawstring pouches. *drawstring pouch＝きんちゃく袋
ジーンズのすそ上げをしてもらった。	I had the hem taken up on my jeans. *hem＝縁、すそ
ジーンズのすそ上げをした。	I hemmed up my jeans. *hem up ～＝～をすそ上げする
取れてしまったボタンを付けた。	I sewed on a button that came off. *sew on ～＝～を縫い付ける
夏服に衣替えをした。	I changed my wardrobe for the summer. *「冬服」なら、summerをwinterに

片付け・掃除

✎ 片付け

部屋が散らかってる。	The room is messy. *messy＝散らかった
片付けなきゃ。	I'd better tidy up. *tidy up＝片付ける、整頓する
いらないものを全部捨てた。	I threw away everything that I didn't need. *throw away ～＝～を捨てる。throwの過去形はthrew
コタツを押し入れにしまった。	I put the kotatsu in the closet.
本棚の整理をした。	I arranged the books on the shelf. *arrange＝～をきちんと並べる

4章：英語日記フレーズ集

いらない本を古本屋さんに売った。	I sold my old books to a secondhand bookstore.

＊secondhand＝中古の

🧹 掃除

自分の部屋を掃除した。	I cleaned up my room.
トイレを掃除した。	I cleaned the toilet.
家中を掃除した。	I cleaned the entire house.
大掃除をした。	I cleaned up everything.
掃除機をかけた。	I vacuumed.

＊vacuum[ヴァキューム]＝掃除機をかける

床を水ぶきした。	I wiped the floor with a wet cloth.

＊「からぶき」なら、wet clothをdry clothに

テーブルをふいた。	I wiped the table.

＊wipe＝〜をふく

窓ガラスをふいた。	I wiped the windows.
網戸を洗った。	I cleaned the screen door.
玄関を掃いた。	I swept the entrance.

＊sweep＝〜を掃く。過去形はswept

家具にハタキをかけた。	I dusted the furniture.

＊dust＝〜のほこりを払う

床にワックスをかけた。	I waxed the floor.
エアコンのフィルターを掃除した。	I cleaned the air-conditioner filter.
洗面所にカビが生えていた。	There was mold in the bathroom sink.
ピカピカになって気持ちいい！	It feels great when everything is clean.

＊cleanは、spick-and-span（こざっぱりした）でもOK

10 家事

そのほかの家事

花に水をやった。	I watered the flowers.

＊water＝〜に水をやる

シャンプーを詰め替えた。	I refilled the shampoo bottle.

廊下の電球が切れていた。	The hall light burned out.
	*burn out=燃え尽きる
風呂場の電球を交換した。	I replaced the bathroom light bulbs.
	*light bulb=電球
布団を干した。	I aired out my futon.
	*air out 〜=〜を外気にさらす

ごみ・不用品

ごみにまつわる単語

可燃ごみ	burnable garbage	古紙	wastepaper
不燃ごみ	non-burnable garbage	牛乳パック	milk carton
生ごみ	kitchen garbage	古着	used clothes
資源ごみ	recyclable garbage	電池	battery
粗大ごみ	oversized waste	ごみ箱	garbage can
缶	can	ごみ袋	garbage bag
びん	glass bottle	ごみ集積所	garbage collection point
ペットボトル	plastic bottle	ごみ収集車	garbage truck
プラスチック	plastic		
ガラス	glass		
ダンボール	cardboard		

ごみ出し

明日の朝、必ずごみを出さなきゃ。	I have to remember to take out the garbage tomorrow morning.
	*garbage[ガービッジ]=ごみ
今日は不燃ごみの日だった。	It was collection day for non-burnable garbage today.
可燃ごみを出した。	I took out the burnable garbage.
ダンボールを資源ごみに出した。	I took out the cardboard as recyclable garbage.
	*cardboard=ダンボール
今朝、ごみを出し忘れちゃった。	I forgot to take out the garbage this morning.
ごみの分別は面倒くさい。	It's a hassle to separate the garbage.
	*hassle=面倒なこと

ごみ出しのルールを守らない人がいる。	Some people don't follow the rules for taking out their garbage.
	*follow=〜に従う
すごいごみの量になった。	It's awfully a lot of garbage.
	*awfully=とても、ものすごく
うちって、どうしてこんなにごみが出るんだろう？	I wonder why we have so much garbage.
粗大ごみの収集を電話で申し込んだ。	I called to arrange a pickup for the oversized waste.
収集は、再来週の木曜日。	The collection date is the Thursday two weeks from now.

📖 リサイクル

まだ使える家具は、リサイクル店に持っていこう。	I'll take the reusable furniture to a secondhand shop.
	*reusable=再利用可能な　furniture=家具
いらない食器は売ろう。	I'll sell the tableware I don't need.
キムラさんに机を譲ることになった。	Kimura-san is going to take my desk.

日常生活の買い物 (→ p. 446「食料品・日用品を買う」を参照)

庭の手入れ (→ p. 534「ガーデニング」を参照)

雪かき

雪かきをした。	I shoveled the snow.
	*shovel=〜をシャベルでかく
家の前の道路の雪かきをした。	I cleared the snow from the front walk.
	*clear=〜を片付ける・きれいにする
イトウさんが雪かきを手伝ってくれた。	Ito-san helped me clear the snow.
屋根の雪下ろしをした。	I cleared the snow from the roof.
今年の冬は雪が多くて、雪かきが大変。	There has been a lot of snow this year, so clearing it is hard work.
除雪車が通った後の雪のかたまりを片付けた。	I cleaned up the snow left by the snowplow.
	*snowplow=除雪車

家事について英語日記を書いてみよう

日々の家事について、英語で書いてみましょう。

✏️ 食洗機、大助かり！

> I bought a dishwasher. Now I can save some time. It was a bit expensive, but I think it's worth it.

訳 食洗機を買った。これで少し時間ができる。ちょっと高かったけど、その価値はあると思う。

ポイント 「これで少し時間ができる」の「これで」は now、「少し時間ができる」は「少し時間を節約できる」と考えて、I can save some time と表します。「ちょっと高かった」の「ちょっと」は、a little でもOK。「その価値がある」は、it's worth it と表現します。

✏️ 重曹の威力

> Eriko told me she uses baking soda for cleaning, so I cleaned the kitchen sink with it. It made it spotless and sparkly. It also got rid of the bad smell. It was great!

訳 エリコが重曹を掃除に使っていると聞いて、私も重曹で台所の流し台を掃除してみた。ピカピカになるし、においも取れて最高！

ポイント 「エリコが〜と聞いて」は「エリコが〜と教えてくれた」と考えて、Eriko told me (that) 〜とすると、「エリコ」が情報源であることがはっきりします。「ピカピカ」は spotless（しみ・汚れのない）と sparkly（ピカピカの）を一緒に用いて、強調してみました。

換気扇の掃除が面倒

The ventilation fan got really greasy, but it's a pain in the neck to take it off and wash it.

訳

換気扇の油汚れがひどい。でも、取り外して洗うのは面倒くさいなあ。

ポイント　「換気扇」は ventilation fan。「換気扇の油汚れがひどい」は、get greasy（油で汚れた状態になる）と really（とても）を組み合わせて、The ventilation fan got really greasy とすれば簡単です。「面倒くさい」は a pain in the neck で、in the neck は省略 OK。

セーターが縮んじゃった…

I dried a sweater in the dryer by mistake and it shrunk. I just bought it yesterday... I'm too careless.

訳

間違えて、セーターを乾燥機に入れたら縮んでしまった。昨日買ったばかりなのに…。私って、本当に不注意だな。

ポイント　「〜を乾燥機に入れる」は put 〜 in the dryer ですが、これだと入れる行為のみを指します。入れて乾かしたので縮んだという状況から、ここでは put（〜を入れる）ではなく dry（〜を乾かす）を用いました。「縮む」は shrink。過去形は shrunk または shrank です。

11 仕事

仕事全般

仕事への意気込み

もっと仕事を頑張るぞ！	I'm going to work harder!
早く仕事を覚えたい。	I want to get used to my job soon.
	*get used to 〜＝〜に慣れる
集中して仕事に取り組もう。	I should focus and buckle down to my job.
	*buckle down to 〜＝〜に身を入れる
お客さんに信頼されたい。	I want to gain the trust of the customers.
いい商品を開発したい。	I want to develop good products.
	*develop＝〜を開発する
売り上げナンバーワンを目指すぞ！	I will aim for top sales.
	*aim[エイム] for 〜＝〜を目指す

仕事の調子

最近は仕事が順調だ。	Work has been going well lately.
最近、絶好調だ。	I'm in top condition these days.
最近、不調だ。	I'm in a slump these days.
だんだん、仕事をうまくこなせるようになってきた。	I've been getting better and better at my job.
仕事がたまっている。	I have a pile of work to take care of.
	*take care of 〜＝〜を処理する a pile of 〜＝山積みの〜
今日は仕事がはかどった。	I got a lot of work done today.

今日は効率よく仕事できた。	I worked efficiently today.
	*efficiently＝効率的に
私って手際が悪いんだろうな。	I think I'm inefficient.
	*inefficient＝非効率的な

👓 仕事の悩み・トラブル

仕事量が多すぎる。	I have too much work.
仕事で大きな失敗をしてしまった。	I made a huge mistake at work.
過労で倒れそう。	I'm going to break down from overwork. *break down＝壊れる、倒れる
うつになりそうだ。	I feel like I'm getting depressed. *get depressed＝うつになる
この仕事に向いていないと思う。	I don't think I'm cut out for this job. *cut out for 〜＝〜に適した
今の会社は自分に合わない。	This company doesn't suit me. *suit＝〜に合う
職場の人間関係がぎくしゃくしている。	Interpersonal relationships at our office are really awkward. *awkward＝ぎくしゃくした、気まずい
同僚とケンカをしてしまった。	I had an argument with a co-worker. *argument＝口論
部下が会社を休みがちだ。	A subordinate of mine often calls in sick. *subordinate＝部下　call in sick＝病欠の連絡をする
部下が言うことを聞かない。	My subordinates won't listen to me.
フカイさんのパワハラに悩まされている。	Mr. Fukai's harassment makes me feel uncomfortable.
サナダさんって、セクハラ発言が多い。	Mr. Sanada says a lot of things that are inappropriate. *inappropriate（不適当な）は、「道徳的、倫理的に間違った」という含みがあり、セクハラを暗示する
上司と部下との板挟みだ。	I'm torn between my boss and subordinate. *torn between 〜 and …＝〜と…の間で板挟みになって

11 仕事

📓 やる気が出ない

| はぁ、明日は月曜日か〜。 | Aw, tomorrow is blue Monday. *blue Monday＝(休み明けの)憂うつな月曜日 |

会社に行きたくないな。	I don't want to go to work.
最近、どうもやる気が出ない。	I haven't had any motivation lately. ＊motivation＝やる気
5月病かな?	Maybe I'm having the so-called "May depression." ＊so-called＝いわゆる　depression＝うつ
今の仕事に情熱を持てない。	I just can't get excited about my current job. ＊current＝現在の

忙しい

今日はかなり忙しかった。	I was extremely busy today.
今日はやけにバタバタしていた。	It was awfully hectic today. ＊awfully＝ひどく　hectic＝てんてこ舞いの
今週は忙しくなりそうだ。	I think this week is going to be busy.
繁忙期で忙しい。	It's a busy period and we're going crazy. ＊period＝期間　go crazy＝狂乱状態に陥る
決算期なので忙しい。	It's an accounting period, so it's really busy. ＊accounting period＝決算期
貧乏暇なしって感じ。	There's no leisure for the poor, I guess. ＊leisure[リージャー]＝余暇、暇
仕事に追われている。	I'm swamped with work. ＊swamped with ～＝～で忙殺されて
新企画で忙しい。	I'm busy with the new project.
最終報告書の作成で忙しい。	I'm busy writing the final report.

人手不足

人手が足りない!	We don't have enough manpower!
人材を増やしてほしい。	We need more human resources.
うちの部は、慢性的な人手不足。	Our department is chronically understaffed. ＊chronically＝慢性的に　understaffed＝人員不足の
猫の手も借りたいくらいだ。	We need all the help we can get.

辞める人が多すぎる。	There are too many people quitting. ＊quit[クイット]＝辞める
誰か新しい人が入るのかな。	I wonder if we'll get any new employees.
アルバイトを入れてほしい。	I wish they would consider hiring some part-timers. ＊consider 〜ing＝〜することを検討する

日々の仕事

通勤（→ p. 325「通勤・通学」を参照）

出社

8時半に出社した。	I got to work at 8:30.
いつもより早く、8時に出社した。	I got to work at 8:00, earlier than usual.
まだ誰も来ていなかった。	No one had come yet.
誰もいないオフィスは、仕事がはかどる。	I can get a lot of things done when there's no one else in the office.
ヨコタさんがもう出社していた。	Ms. Yokota was already at work.
寝坊して、11時に出社した。	I overslept and got to work at 11:00. ＊oversleep＝寝坊する。過去形はoverslept
朝礼に遅刻してしまった。	I was late for the morning meeting.
A社に立ち寄ってから出社した。	I stopped by A Company before I went to work.
病院に寄ってから出社した。	I stopped by the hospital on my way to work.

仕事の電話

今日は電話が多かった。	I got a lot of calls today.
電話ばかりで、仕事がはかどらなかった。	I spent all day answering phones and didn't get much work done.

タカノさんと、電話で2時間も話してしまった。	I talked with Ms. Takano on the phone for two hours.
商品に関する問い合わせの電話を受けた。	I got a call about one of our products.
クレームの電話を受けた。	I got a complaint call. *complaint＝クレーム
クレーム電話の対応に追われた。	I spent all my time answering complaint calls.
社用携帯が故障した。	My company cellphone broke.

📎 報告書・資料

午後は報告書を2本、書き上げた。	I wrote two reports this afternoon.
パワポで会議用の資料を作った。	I made the materials for the meeting using PowerPoint. *material＝資料
カトウさんに報告書を提出した。	I submitted a report to Mr. Kato. *submit＝〜を提出する
報告書まで手が回らなかった。	I couldn't get around to the report.
明日には報告書をまとめなきゃ。	I have to finalize my report tomorrow. *finalize＝〜をまとめる
レポートを書くのもひと苦労だ。	Writing the report is a struggle. *struggle＝苦労
資料の準備は間に合った。	I got the materials ready just in time.
オオクラさんがまとめた資料は、よくできていた。	Ms. Okura's documents were really well done. *well done＝よくできた

✏️ 会議

10時から会議があった。	There was a meeting starting at 10:00.
明日は9時から会議だ。	There's a meeting tomorrow at 9:00.
新規事業の方向性について話し合った。	We talked about the direction of the new business.

活発に意見が交わされた。	Everyone excitedly traded their opinions.　*trade=〜を交換する
厳しい意見も出た。	There were some pretty harsh opinions, too.　*harsh=厳しい
結論は次回に持ち越された。	The conclusion was carried over to the next meeting.　*carry over 〜=〜を持ち越す
難しい問題だった。	It was a difficult issue.　*issue=議題、問題
少し考える時間が必要だ。	I need time to think.
前向きに検討したい。	I want to consider things positively.　*consider=〜をよく考える
有意義な会議だった。	That was a worthwhile meeting.　*worthwhile=価値のある
あまり意味のない会議だった。	That was a meaningless meeting.
会議中、ウトウトしてしまった。	I dozed off during the meeting.　*doze off=ウトウトする
うちの会社、会議が多すぎるよ。	We have too many meetings at work.
うちの会議は長すぎる！ うんざり。	Our meetings are too long! I'm sick and tired of them.
会議が多くて、仕事が全然はかどらない。	We have so many meetings that I can't get any work done.

📖 プレゼンテーション

プレゼンの準備をしなきゃ。	I have to prepare for my presentation.
プレゼンの準備をした。	I prepared for my presentation.
午後、新規プロジェクトについてのプレゼンをした。	I made a presentation about our new project this afternoon.
プレゼンはうまくいった。	The presentation went well.　*go well=うまくいく
プレゼンのできは、あまりよくなかった。	The presentation wasn't done so well.

11 仕事

緊張したけど、何とか乗り切った。	I was nervous, but I made it through somehow.
	*make it through=何とかやり遂げる
もっと堂々と話せるようになりたい。	I want to be able to speak more confidently.
質問がたくさん出た。	There were a lot of questions.
時間が足りなかった。	There wasn't enough time.

👓 外回り

午後はずっと外回りだった。	I was out of the office all afternoon.
道に迷って、B社との約束に遅れてしまった。	I got lost on my way and was late for my appointment at B company.
時間があいたので、喫茶店で休んだ。	I had some free time, so I relaxed at a café.

📔 契約・ノルマ

契約を結んだ！ やった！	I sealed a deal! All right!
	*seal a deal=取引をまとめる
どうにか契約にこぎ着けた。	I somehow managed to get a contract done.
	*manage to 〜=何とか〜する
大口の契約を取り付けた。	I got a big contract.
今月はノルマを達成できそうだ。	It looks like I'll be able to fill my quota this month.
	*fill=〜(要求など)を満たす quota[クウォウタ]=割り当て、ノルマ
今月はノルマを達成できないかもしれない。	I might not be able to fill my quota this month.
何とかしてノルマを達成したい。	I want to fill my quota somehow.
無事にノルマを達成できて、ほっとした。	I was relieved that I was able to fill my quota okay.
	*okay=うまく、ちゃんと
ノルマを達成できなかった。	I couldn't fill my quota.

🔒 パソコン (→ p. 680「パソコン・ネット」参照)

オフィス機器

新しいコピー機の使い方が、いまいちわからない。	I don't really know how to use the new copier. *copier[コピアー]=コピー機
スキャナを導入してほしい。	We need a scanner.
コピー機の調子が悪かった。	The copier wasn't working.
またプリンターの調子が悪くなった。	The printer was on the blink again. *on the blink=(機械などの)調子が悪くて
またプリンターが紙詰まりを起こした。	The printer got jammed. *get jammed=(紙が)詰まる。getの過去形はgot
ファクスの紙がなくなった。	The fax ran out of paper. *run out of 〜=〜を使い果たす。runの過去形はran

名刺

A社の人たちと、名刺を交換した。	I exchanged business cards with people from A company.
あいにく、名刺を切らしていた。	Unfortunately, I was all out of business cards. *out of 〜=〜を切らしていて
名刺を200枚注文した。	I ordered 200 business cards.

オフィスの掃除・整理整頓

事務所の掃除当番だった。	It was my turn to clean the office. *turn=順番
事務所に掃除機をかけた。	I vacuumed the office. *vacuum[ヴァキューム]=〜に掃除機をかける
給湯室を片付けた。	I cleaned the office kitchen.
会社の大掃除があった。	We had major cleaning at work.
不用品がたくさん出てきた。	There were a lot of things that weren't being used.
机の上に、資料が山積みだった。	Documents were piled up on my desk. *piled up=積み重なった
机周りを整理した。	I organized my desk. *organize=〜を整理する

すっきりした気分で、仕事もはかどった。	I felt refreshed and got a lot of work done.

残業

今日も残業だった。	I had to work overtime again today. ＊work overtime＝残業をする
今日は4時間残業した。	I worked overtime for four hours today.
徹夜で仕事をした。	I worked throughout the night.
ここのところ、残業続きだ。	Recently, I've been working overtime regularly.
今日は残業しなくてすんだ。	I managed to finish today without having to work overtime. ＊manage to ～＝何とか～する
先月の残業時間は、60時間。	I worked 60 hours of overtime last month. ＊overtime＝残業
今日もサービス残業だった。	I worked off the clock again today. ＊work off the clock＝サービス残業をする
家に仕事を持ち帰った。	I brought my work home with me.
明日こそは定時で帰るぞ！	Tomorrow I'm definitely going home on time!
残業代がつくのが、せめてもの救いだ。	At least I get paid for overtime, and I appreciate that. ＊appreciate＝～をありがたく思う
残業代がつかないなんて！	I'm not getting paid for overtime?!

接待

A社の人を接待した。	We wined and dined the people from A Company. ＊wine and dine ～＝～を高級な酒と食事でもてなす
なかなか有意義な会だった。	We had a very worthwhile meeting. ＊worthwhile＝価値のある
A社の人と腹を割って話せてよかった。	I was glad we were able to talk openly and freely with the people from A Company.

アンドウ部長は酒癖が悪かった。	Mr. Ando drank too much and caused problems.
	*cause＝〜を引き起こす
今日は接待ゴルフだった。	I went golfing with some customers today.
たまの休みぐらい、寝ていたいよ。	I wish I could at least get some sleep on these rare days off.
	*rare＝めったにない　day off＝非番の日、休日
打ちっ放しの成果を発揮するチャンス！	This is a chance to show what I've been doing on the driving range!
	*driving range＝(打ちっ放しの)練習場

✏️ 出張（→ p. 338「特急・新幹線」、p. 570「飛行機」も参照）

明日は福岡に出張だ。	I'm going on a business trip to Fukuoka tomorrow.
明日は久々の大阪出張だ。	I'm going on my first business trip to Osaka in ages tomorrow.
駅前のビジネスホテルを予約した。	I made a reservation at a business hotel right by the station.
ここのところ出張続きだ。	I've been making a lot of business trips.
今日は青森に日帰り出張だった。	I had a one-day business trip to Aomori today.
1泊2日で名古屋に出張した。	I made an overnight business trip to Nagoya.
今回は飛行機で行った。	I flew there this time.
	*fly＝飛行機で行く。過去形はflew[フルー]
ご当地名物を食べられるのは、出張のだいご味だ。	The best part of business trips is trying out the local cuisine.
	*try out 〜＝〜を試食する cuisine[クィズィーン]＝料理

📖 研修・セミナー

今日はIT研修だった。	We had IT training today.

来週は新人研修だ。	We have new employee training next week.
ビジネス英語の研修があった。	There was a training session for business English.
現場研修で販売店に行った。	We went to a store for on-site training. *on-site＝現場の
著作権についてのセミナーがあった。	There was a seminar on copyrights. *copyright＝著作権
すごく役立った。	It was really useful.
講師がよかった。	The lecturer was really good.
たいした内容じゃなかった。	There wasn't much to learn.
途中で眠くなってしまった。	I got sleepy during the seminar.

👓 社内英語化

来月から会議を英語でやるんだって！	Starting next month, we're going to have our meetings in English!
みんな、英語話せるのかな？	I wonder if everyone speaks English.
英語で会議なんて、できるわけない。	There's no way we'll be able to hold a meeting in English.
英語でプレゼンすることになった。どうしよう！	I have to give a presentation in English. What am I going to do?
来年から、TOEIC の受験が必須になった。	Starting next year, taking the TOEIC will become a requirement. *requirement＝必要条件
スコアが査定にかかわるらしい。	It seems our scores will reflect on our employee assessments. *reflect on ～＝～に反映する　assessment＝評価
うちの社も、外国人スタッフが増えてきている。	Our company is hiring more employees from other countries. *hire＝～を雇う
うちの社も、グローバル化が進んでいる。	Our company is globalizing more and more.

うちの社も、もっとグローバル化を進める必要があるだろう。	Our company needs to become more global.
外国人スタッフと英語で話すのは楽しい。	It's fun to speak English with employees from other countries.

会社の行事

今日はヤマダさんの歓迎会だった。	We had Mr. Yamada's welcoming party today. *welcome partyとも言う
新人歓迎会だった。	We had a welcome party for our new employees.
金曜日はタシロさんの送別会だ。	This Friday we're going to have Ms. Tashiro's farewell party. *「送別会」は、going-away partyやsend-offとも言う
歓送迎会をやった。	We had a welcome and going-away party.
入社式だった。	We had a new-employee ceremony.
明日から社員旅行だ。	We're going on a company trip tomorrow.
社員旅行で伊豆に行った。	We went to Izu on a company trip.
会社のボウリング大会があった。	We had a company bowling event.
会社の健康診断があった。	We had a company physical check-up.
社屋の引っ越しがあった。	We moved to a new office building.
創立50周年記念パーティーだった。	Our company had a 50th anniversary party.

ランチ・同僚と一杯

ランチ (→ p.489「外食」も参照)

今日は社食で食べた。	I ate at the company cafeteria today. *company cafeteria＝社員食堂

うちの会社は社食がおいしくてうれしい。	I'm glad our company cafeteria has such good food.
社食のご飯は、味がいまいち。	The food at our company cafeteria is just okay.
社食は安いので助かる。	It's great that our company cafeteria has reasonable prices.
コンビニでおにぎりを買ってきた。	I bought rice balls at a convenience store.
仕事しながらパンをかじった。	I ate some bread while working.
弁当の出前を取った。	I had a bento delivered. ＊deliver＝〜を配達する
幕の内弁当を食べた。	I had a makunouchi bento.
弁当を持って行った。	I carried my lunch.
会議室で弁当を食べた。	I ate my lunch in the meeting room.
妻が作ってくれた弁当を食べた。	I ate the lunch my wife made for me.
クロベさんとランチミーティングをした。	I had a lunch meeting with Kurobe-san.
忙しくて、お昼を食べる暇がなかった。	I was so busy that I didn't have time to eat lunch.
4時ごろ、ようやくお昼を食べた。	I finally got to eat lunch at around 4:00.

💡 同僚と一杯（→ p.500「お酒」も参照）

仕事の後、ホソイさんと一杯やった。	I had a drink with Hosoi-san after work.
いつもの店に行った。	We went to the usual spot.
五反田のABCバーに行った。	We went to ABC Bar in Gotanda.
部長の行きつけの店に連れて行ってもらった。	My manager took me to his favorite restaurant. ＊「店」は、状況によりrestaurantやbarなどを使い分ける

ヤマモトさんがおごってくれた。	Mr. Yamamoto treated me. *treat=〜におごる
若手の分も払った。	I footed the bill for the younger guys. *foot the bill=勘定を持つ
今日は打ち上げだった。	We had a good-job party today.
みんなでカラオケに行った。	We all went to karaoke together.
たまにはパーッとやるのもいいな。	It's good to cut loose every now and then. *cut loose=羽目を外す

人事・給与・休暇

⏰ 人事

営業部に異動の希望を出した。	I submitted a transfer request to the sales department. *transfer=異動
明日は人事異動の発表だ。	Changes in personnel will be announced tomorrow. *personnel=人事
来週から企画部に異動だ。	I'll be moving to the planning department next week.
来週から、ナリタさんのチームに異動だ。	I'll be transferring to Mr. Narita's team next week. *transfer to 〜=〜に異動する
ようやく、広報部に異動になった。	Finally, I got transferred to the PR department. *get transferred to 〜=〜に異動になる PRはpublic relationsの略
異動の希望が通ってうれしい。	I'm happy my transfer request went through.
今回の異動は不服だ。	I'm not happy with my new post.
タムラさん、広報部に異動するらしい。	Rumor has it that Ms. Tamura will be transferring to the PR department. *rumor has it that 〜=〜といううわさである

☕ 昇進

課長に昇進した。	I've been promoted to department manager. *promote=〜を昇進させる

11 仕事

早く昇進したいな。	I hope I get promoted soon.
やったー、来月から昇進だ！	Yeees! I've got a promotion coming next month! *promotion＝昇進
昇進にはあまり興味がない。	I'm not really interested in a promotion.
昇進しても、責任が重くなるだけ。	Being promoted just means more responsibility.

転勤

4月から、大阪に転勤が決まった。	They decided to transfer me to Osaka in April. *transfer＝〜を転勤させる
転勤はおそらく2年くらいだろう。	My transfer will probably last about two years. *transfer＝転勤
何年向こうにいることになるのか、わからない。	I don't know how long I'll be over there.
単身赴任することになりそうだ。	It looks like I won't be able to take my family with me.
家族も一緒に行く予定だ。	I'm planning on bringing my family with me.
転勤の多い仕事だから、仕方ない。	This job calls for a lot of transfers, so it can't be helped. *call for 〜＝〜を必要とする

リストラ・解雇

リストラされるのは怖い。	Restructuring sounds scary. *restructuring＝リストラ
うちの会社もリストラを考えているらしい。	Rumor has it that our company is thinking about restructuring. *rumor has it that 〜＝〜といううわさである
リストラされてしまった。	I got laid off due to the restructuring. *lay off 〜＝〜を一時解雇する。layの過去分詞形はlaid
クビになった。	I got fired. *fire＝〜をクビにする

退職

上司に退職の意向を伝えた。	I told my supervisor about my intention to quit.
	*supervisor=上司　quit[クイット]=辞める
上司に退職願を出した。	I submitted a letter of resignation to my supervisor.
	*resignation=退職
会社が早期退職希望者を募集している。	My company is asking everyone if they want to retire early.
早期退職も悪くないかもしれないな。	Early retirement might not be so bad.
キノシタさんに引き留められた。	Mr. Kinoshita tried to make me stay.
退職について理解してくれた。	He was understanding about my leaving.
「新しい職場でも頑張って」と言われた。	He wished me good luck at my new job.
仕事はしっかり引き継ごう。	I'm going to give my replacement a proper handover.
	*proper=適切な　handover=引き継ぎ
スダさんに仕事を引き継いだ。	Ms. Suda took over my old post.
	*take over 〜=〜を引き継ぐ。takeの過去形はtook
退職前に、有休を消化したい。	I want to use all of my paid vacation time before I leave my job.
今日はいよいよ退職の日だ。	This is the day that I finally leave the company.
今日はいよいよ退職の日だった。	Today was the day that I finally left the company.
今日は最後の出社日だった。	Today was my last day at work.
部下がパーティーを開いてくれた。	My subordinates threw me a party.
	*throw 〜 a party=〜のためにパーティーを開く
しばらくはのんびりするつもりだ。	I'm going to relax for a while.
しばらくは子育てに専念しよう。	I'm going to dedicate my time to raising my child.
	*dedicate 〜 to ...=…に〜をささげる

11 仕事

復帰は来年9月の予定だ。	I'm planning to return to work next September.
オダさんが今月で辞める。寂しくなるな。	Mr. Oda is quitting this month. I'll miss him.

📖 給料

やった！今日は給料日！	All right! Today is payday! *payday＝給料日
今の給料には満足している。	I'm happy with my current salary. *current＝現在の　salary＝給料
今の給料には不満だ。	I'm not happy with my current salary.
今月も給料が少ないなぁ。	This month's salary is low, as always.
給料、もっと上がらないかなぁ。	I wish I could get paid more.
手取りで20万円以下では苦しい。	A salary of less than 200,000 yen after taxes isn't enough at all.
出来高制ではキツイ。	Being paid by the job is tough. *pay ～ by the job＝～に出来高制で支払う
夫の給料だけでは生活できない。	We can't live on my husband's salary alone.
給料は少ないけれど、やりがいのある仕事だ。	The pay is low, but it's a rewarding job. *rewarding＝やりがいのある

👓 ボーナス

ボーナス出るかな？	I wonder if I'll get a bonus. *アメリカではボーナスは業績などに応じて支払われ、日本のように定期的に支給されるわけではない
やった！ボーナスが出た！	Yes! I got a bonus!
ボーナスは、手取りで45万円だった。	I got a 450,000-yen bonus after taxes.
2カ月分のボーナスが支給された。	I got a bonus of two month's pay.
ボーナス、ほんの少しだった。	The bonus was really small.
ボーナスで何を買おうかな？	What should I buy with my bonus?

ボーナスは全部貯金に回そう。	I should put all of my bonus into my savings. *savings＝預金口座
あーあ、ボーナスなしか。	Darn, no bonus. ☹ *darnは、不満や怒りなどを表す

📔 休暇

今日は会社を休んだ。	I took a day off from work. *take a day off＝1日休暇を取る
来週、代休を取ろうっと。	I'm going to take a make-up day off next week. *make-up dayは、「埋め合わせの日」という意味
半休を取って病院に行った。	I took a half day off and went to the hospital.
有休がだいぶたまっている。	I have a lot of paid vacation days saved up. *save up ～＝～をためる　paid vacation＝有給休暇
今日は有休を取った。	I took a paid vacation day today.
長期休暇を取りたいなぁ。	I want to take a long vacation.
ゴールデンウイークは、9日も休める。	I have nine days off for Golden Week.
夏休みは取れそうにないな。	I don't think I'll be able to get a summer vacation.
10月に、遅めの夏休みを取ることにした。	I decided to take a late summer vacation in October.
年末年始はゆっくりできそうだ。	It looks like I'll be able to take it easy over the New Year's holiday. *take it easy＝落ち着く、くつろぐ

上司・同僚・部下

🔒 上司のこと

ワタナベさんは、尊敬できる上司だ。	Ms. Watanabe is a boss I can look up to. *look up to ～＝～を尊敬する

彼はいつでも親身になって相談に乗ってくれる。	He's always really nice and ready to give advice.
彼女には何でも相談できる。	I can talk to her about anything.
彼は部下に信頼されている。	He's well trusted by his people. *one's peopleで「〜の部下」の意味
メグロさんに、仕事について相談した。	I went to Mr. Meguro for advice about my job.
的確なアドバイスをもらった。	He gave me appropriate advice.
カワハラさんにこっぴどくしかられた。	Mr. Kawahara bawled me out. *bawl 〜 out=〜を怒鳴りつける
彼は部下に厳しすぎると思う。	I think he's too strict with his people. *strict=厳しい
オダ部長とはそりが合わない。	I don't get along with my manager, Mr. Oda. *get along with 〜=〜と気が合う

同僚のこと

同僚には本当に恵まれている。	I'm blessed to have such co-workers. *blessed=恵まれた　co-worker=同僚
信頼できる同僚がいるって、幸せだな。	I'm so glad to have co-workers I can trust.
タバタさん、来月結婚するらしい。	I hear Mr. Tabata is getting married next month.
ニシダさんは、来月から産休だ。	Ms. Nishida will be on maternity leave starting next month. *maternity leave=産休

部下のこと

クロキさんは、頼もしい部下だ。	Ms. Kuroki is a reliable subordinate. *subordinate=部下
頼んだ仕事をどんどん片付けてくれる。	She always quickly finishes what she's asked to do.
タカハシくんは、やる気満々だ。	Mr. Takahashi is really motivated. *motivated=やる気のある

ササキさんには期待している。	I'm counting on Ms. Sasaki.
	*count on 〜＝〜を頼りにする
ヨシノくんは、ちょっと頼りないなぁ。	I can't really count on Yoshino-kun.
新人のヒライくんは要領が悪いなぁ。	The newcomer, Mr. Hirai, isn't very efficient.
	*efficient＝有能な

自営業・自由業

自営業

今月は売り上げがよかった。	Sales were good this month.
今月は売り上げが悪かった。	Sales were bad this month.
今日はお客さんが多かった。	We had a lot of customers today.
今日はトマトの売れ行きが悪かった。	Tomatoes didn't sell very well today.
先月より10%落ちた。	It's down 10% from last month.
去年より20%上がった。	It's up 20% from last year.
明日は棚卸しだ。	We have to take stock tomorrow.
	*take stock＝在庫調査をする
パートさんを増やそうかな。	Maybe I should hire more part-time workers.
店の改装をしようかな。	Maybe I should remodel the store.
	*remodel＝〜を改装する・リフォームする
もっと宣伝しよう。	I need to advertise more.
	*advertise＝宣伝する

自由業

原稿の締切に間に合わないよ〜！	I'm not going to have the manuscript ready by the deadline!
	*manuscript＝原稿
タカノさんから、原稿催促の電話がかかってきた。	Mr. Takano called me to tell me to turn in my manuscript.
	*turn in 〜＝〜を提出する
居留守を使った。	I pretended not to be home.
	*pretend to 〜＝〜のふりをする

もっと仕事を増やさなきゃ。	I need to get more work.
仕事がだいぶ込み合ってきた。	I've got a lot of work piled up. *piled up=積み重なった
今日は徹夜だ。	I'll need to work through the night today.
明日は休みにしちゃおうかな。	Maybe I should take tomorrow off. *take ～ off=～を休みにする

確定申告 (→ p.459「税金」も参照)

帳簿を付けた。	I made an entry into the account book. *make an entry=記入する　account book=会計帳簿
そろそろ確定申告しなきゃ。	I need to file my income taxes soon.　*file=～(書類など)を提出する
領収書の整理が面倒くさい。	Sorting receipts is such a hassle. *sort=～を分類する
税理士さんに来てもらった。	I had a tax accountant come by. *tax accountant=税理士
税理士さんに領収書を渡した。	I gave my receipts to my tax accountant.
確定申告が終わった。	I finished filing my income taxes.
税務署に書類を提出した。	I sent the documents to the tax office.

アルバイト・パート

バイトを見つけなきゃ。	I need to find a part-time job. *アメリカでは特に「正社員」「パート」「アルバイト」を区別しないので、find a jobとしてもOK
夜勤のバイトを探そう。	I should look for a job working the night shift.
ネットでバイトを探した。	I looked for part-time job information on the Internet.
近所のコンビニでバイトを募集していた。	A nearby convenience store was hiring part-timers.

その会社に電話してみた。	I called that company.
明日、面接を受けることになった。	I managed to get an interview for tomorrow. *manage to ～＝何とか～する
早速、明日から働くことになった。	I start working tomorrow.
週3日、働くことにした。	I decided to work three days a week.
土日だけ働くことにした。	I decided to work only on Saturdays and Sundays.
時給は800円。	I get 800 yen an hour.
時給、もう少し上がらないかな。	It would be nice if I could get a raise. *raise[レイズ]＝昇給
やったぁ！ 時給が50円上がった！	Great! My hourly wage went up 50 yen!
もっと時給の高いパートに変えようかな。	I wonder if it's better to look for a job with a higher hourly wage.
今月のバイト代は6万5000円。	I got 65,000 yen from my part-time job this month.
来月はもう少し、シフトを増やそうかな。	Maybe I should take more shifts next month.
バイト仲間はいい人ばかり。	All my co-workers at my part-time job are great people.
立ちっぱなしで足がむくんだ。	My legs swelled up from all the standing. *swell up＝膨らむ
バイトを辞めた。	I quit my part-time job. *quit[クイット]＝～を辞める。過去形もquit

11 仕事

就職・転職

✏️ 就職活動

そろそろ就職活動の時期だ。	It's about time I started looking for a job.

大学のキャリアセンターに相談に行った。	I went to the career center at my college for advice.
リクルートスーツを買った。	I bought a job-hunting suit. ＊job-hunting＝就職活動
リクルートスーツには慣れないな。	I'm not used to this job-hunting suit. ＊be used to ～＝～に慣れている
本当に就職できるのかな。	I really wonder if I can get a job.
狭き門だけど、夢をあきらめたくない。	The odds are against me, but I don't want to give up on my dream. ＊odds are against ～＝～にとって勝ち目がない・見込みが薄い
地元で就職しようか、東京に残ろうか迷う。	I wonder if I should get a job in my hometown or stay here in Tokyo.
会社の規模にはこだわらない。	The size of the company doesn't matter to me.
やりたいことをやれる会社がいい。	I want to work at a company where I can do what I want to do.
D社は通年採用を始めたらしい。	I heard that D Company started a year-round recruitment policy. ＊year-round＝通年の　recruitment＝採用
早く働きたい。	I want to start working as soon as possible.
就職したくないな。	I don't want to start working.
一生、学生でいられたらいいのに。	I wish I could be a student forever.

📖 転職活動

転職したい。	I want to find another job.
転職しようかな。	Maybe I should find another job.
転職することに決めた。	I decided to find another job.
もっと給料のいい仕事に就きたい。	I want a job that pays better.
やりたい仕事ができる会社に行きたい。	I want to work at a company that lets me do the work I want to do.

今までの経験を生かせる仕事を探そう。	I'll look for a job that lets me make the most of my experience. *make the most of 〜＝〜を最大限に活用する
なかなか希望の求人が見つからない。	I can't find any jobs I like.
いい求人が出ないかなぁ。	Aren't there any good job offers around? *job offer＝求人、仕事の申し出
やっと希望の求人が見つかった！	I finally found the job opening I was hoping for! *job opening＝求人、空きポスト
A社が中途採用の募集をしている。	A Company is looking for experienced employees. *experienced＝経験のある　employee＝従業員
応募締切は13日だ。	The application deadline is the 13th. *application＝応募　deadline＝締切

👓 就職説明会・OB/OG訪問

明日は10時から梅田でG社の就職説明会がある。	G Company is having a job fair tomorrow at 10:00 in Umeda.
企業の合同説明会に参加した。	I attended a joint job fair.
TM社の就職説明会に参加した。	I went to a job fair for TM Company.
IT企業の合同説明会に参加した。	I went to a job fair put on by IT companies.
説明会に行くのに道に迷ってしまった。	I got lost on the way to the job fair.
説明会に参加して、ますますこの会社で働きたくなった。	The seminar made me even more sure that I wanted to work there.
思っていた企業とちょっと違うかも。	I think it's different from what I had in mind.
A銀行のゴトウさんをOB訪問した。	I spoke to Mr. Goto from A Bank. *「OB/OG訪問」は、英語ではこのように具体的に表す
仕事内容を具体的にイメージできた。	I was able to get a clear picture of what the job is about. *clear picture＝明確なイメージ
大変だけど、やりがいのありそうな仕事だ。	The job sounds tough, but it also sounds fulfilling. *tough[タフ]＝きつい、大変な　fulfilling＝充実した

11 仕事

12 応募書類・エントリーシート

今週末までに、A社の応募書類を出さなきゃ。	I've got to hand in my application to A Company by this weekend. ＊hand in 〜＝〜を提出する　application＝応募(書類)
証明写真を撮りに行った。	I got my ID photo taken.
A社のエントリーシートを書いた。	I filled out the entry sheet for A Company. ＊fill out 〜＝〜に書き込む　「エントリーシート」は英語にはないが、日記ではentry sheetと書いてOK。またはapplication form(応募書類)としてもよい
D社のエントリーシートを書くのに、3時間かかった。	It took me three hours to fill in the entry sheet for D Company. ＊fill in 〜＝〜に必要事項を記入する
自己分析から始めることにした。	I decided to start with a self analysis. ＊analysis[アナラシィス]＝分析
私の強みって何だろう？	What are my strengths? ＊strength[ストレングス]＝強み、長所
私の長所は、協調性があるところかな。	I think one of my strengths is that I'm cooperative.
エントリーシートをモリ先輩に見てもらった。	I asked Mori-senpai to take a look at my entry sheet. ＊take a look at 〜＝〜を見る

入社試験・面接

やったぁ！ 筆記試験合格！	Yes! I passed the written test! ＊pass＝〜に合格する
あ〜あ！ 書類で落ちちゃった。	Oh no! I failed the application screening. ＊application screening＝応募審査、書類選考
来週はB社の面接だ。	I have an interview with B Company next week.
B社の事業内容を調べておこう。	I should look up B Company's business beforehand. ＊beforehand＝前もって
模擬面接を受けた。	I had a mock interview. ＊mock interview＝模擬面接
A社の一次面接だった。	I had the first interview with A Company.

初めての面接で、すごく緊張した。	It was my first interview, so I was really nervous.
緊張して、うまく答えられなかった。	I was so nervous that I couldn't answer the questions very well.
自分の考えをきちんと言えたと思う。	I think I expressed myself well.
合格してるといいな。	I hope I passed.

内定

なるべく早く就職先を決めたい。	I want to get a job as soon as possible.
まだ内定が決まらない。どうしよう。	I haven't received any job offers yet. What should I do?

＊job offer＝採用通知。厳密には、「内定」はunofficial job offer（非公式の採用通知）

やったぁ！A社の内定をもらった！	Yes! I got a job offer from A Company!
B社はあきらめていたので、すごくうれしかった。	I had already given up hope on B Company, so I was thrilled.

＊thrilled[スリォド]＝興奮した

ヒロは、もう2社から内定をもらったんだって。	Hiro has already received two job offers.
ケイコも内定が決まった。本当によかった！	Keiko also got a job offer. That's really good for her!
第一志望のG社も受かるといいな。	It would be great if I also got a job offer from my first choice, G Company.
周りの人に内定が出始めて焦る。	I'm worried because everyone else is getting job offers.
最悪、就職浪人も考えよう。	In the worst case, maybe I should spend another year at university.

＊in the worst case＝最悪の場合

お世話になった人にお礼と報告をした。	I thanked the people who helped me and told them about my job.
みんなすごく喜んでくれた。	They were all really happy for me.

仕事について英語日記を書いてみよう

仕事にまつわることについて、英語で書いてみましょう。

✏️ 接待ゴルフ

I'm playing golf with clients tomorrow. I need to get up early and keep pleasing them... Oh, I wish I didn't have to.

訳
明日は接待ゴルフ。朝は早いし、気を遣うし…。あ〜、行かなくて済むならなぁ。

ポイント　「接待ゴルフ」を表す英単語はないので、play golf with clients（顧客とゴルフをする）としました。「気を遣う」は「顧客を喜ばせ続ける」と考えて、(I need to) keep pleasing them で。英語にしづらい言い回しは、臨機応変に考えてみましょう。

✏️ 寝に帰るだけの日々

I've been extremely busy. No matter how hard I work, I can't get my work done. All I do at home is just sleep.

訳
ここのところ多忙を極めている。どんなに頑張っても仕事が終わらない。家には寝に帰るだけの日々だ。

ポイント　「多忙を極める」は super busy とも。No matter how hard I work は「どんなに頑張って働いても」で、後ろにその努力が報われないことを表す文が続きます。get 〜（人・物事）…（形容詞、動詞の過去分詞形）で「〜を…の状態にする」。done は「終わらせた」。

新しい上司

My new boss came to our office today. I heard he was really stern, but actually, he seemed like an ideal boss with a good balance of strictness and kindness. (Whew)

訳 今日から新しい上司がうちの支社に配属になった。かなり厳しい人だと聞いていたけど、厳しさと優しさを持ち合わせた理想の上司という印象だった。(ホッ)

ポイント stern は「温かみがなく、取りつく島もない厳格な様子」を、strict は「しつけや規律を守らせようとする厳しい様子」を指す形容詞。「厳しさ」は、sternness/strictness で表します。「印象だった」は seemed like 〜（〜のように思われた）で表せます。

なかなか内定が出ない

I've had 11 job interviews, but I haven't received any job offers yet. I'm getting really worried, depressed and tired.

訳 これまでに就職面接を11社受けたけど、まだ1つも内定が決まっていない。すごく焦るし、落ち込むし、もう疲れてきた。

ポイント 「就職面接」は job interview。「内定が決まる」は receive a job offer（仕事の申し出を受ける）と表します。worried（焦った、不安な）、depressed（落ち込んだ）、tired（疲れた）を be getting と一緒に用いると、「そういう状態になりつつある」ことを表せます。

12 学校生活

学校生活全般

小・中・高の学年を表す単語

小学1年生	the first grade		中学2年生	the eighth grade
小学2年生	the second grade		中学3年生	the ninth grade
小学3年生	the third grade		高校1年生	freshman
小学4年生	the fourth grade		高校2年生	sophomore [ソフォモー] / junior
小学5年生	the fifth grade		高校3年生	senior [シーニア]
小学6年生	the sixth grade			
中学1年生	the seventh grade			

※「中学1年生〈2年生／3年生〉」は、the first〈second/third〉grade of junior high school、「高校1年生〈2年生／3年生〉」は、the first〈second/third〉grade of high school とも表します。大学の学年の表し方は、p. 426 参照。

✏️ 入学・進級

もうすぐ中学2年生だ。	I'll be in the second grade of junior high school pretty soon.
息子も高校3年生になった。	My son started the third grade of high school.
時のたつのは早い。	Time flies.
期待と不安が半々だ。	I have a lot of expectations and worries. *expectation＝期待
娘は小学校に通うのを楽しみにしてる。	My daughter is looking forward to going to elementary school.

📖 入学準備

母が娘にランドセルを買ってくれた。	My mother bought my daughter a school backpack. ＊school backpackは、「学校用のリュック」の意味
息子は水色のランドセルを選んだ。	My son chose a light blue school backpack.
マーくんがランドセルを背負ってみた。	Ma-kun tried carrying his school backpack.
まだランドセルが大きすぎて、おかしかった。	He looked funny with his big school backpack.
息子の体操服や上履きを買った。	I bought gym clothes and indoor shoes for my son. ＊gym clothes[クロウズ]＝体操服

👓 制服

制服の採寸に行った。	I had my measurements taken for my school uniform. ＊measurement＝計測、採寸　uniform＝制服
ABC高校って、制服がおしゃれだな。	ABC High School's uniform looks awesome. ＊awesome[オーサム]＝とてもよい
XYZ高校の制服って、いまいち。	XYZ High School's uniform doesn't look so good.
うちの学校は夏服がかわいい。	Our summer uniforms are cute.
スカートの丈が長すぎるよ。	The skirt is too long.
スカートの丈をもっと短くしたいな。	I want to shorten my skirt. ＊shorten＝〜を短くする

📓 クラス分け

トモちゃんと同じクラスだった。やった！	I got in the same class as Tomo-chan. Great!
タカハシくんと別のクラスになっちゃった。	Takahashi-kun and I are in different classes.
私は5組だ。	I'm in Class 5.

12 学校生活

楽しそうなクラスだ。	The class looks like a lot of fun.
クラスのみんなと仲良くやっていけるといいな。	I hope I can get along with everyone in the class. ＊get along with ～＝～(人)とうまくやる
前のクラスに戻りたいな。	I want to go back to my previous class.　＊previous＝以前の

📖 通学（→ p. 325「通勤・通学」を参照）

💡 出席・欠席

今年は今のところ一度も休んでない。	I haven't missed a day of school this year so far. ＊miss＝～を欠席する　so far＝今までのところ
皆勤賞を目指すぞ！	I'm aiming for the perfect attendance award! ＊aim for ～＝～を目指す　attendance＝出席
今日は学校を休んだ。	I missed school today.
明日は休みだ。	I don't have any classes tomorrow.
ケンジが学校をさぼった。	Kenji cut class.　＊cut class＝授業をサボる
アキラは風邪で学校を休んだ。	Akira stayed home with a cold.
インフルエンザで学級閉鎖中だ。	Classes are suspended due to the flu. ＊suspend＝～を一時停止する　flu＝インフルエンザ
12日まで学校が休みになった。	Our school is closed until the 12th.

⏰ 遅刻・早退

また遅刻しちゃった。	I was late again.
危うく遅刻しそうになった。	I was almost late.
明日こそ、遅刻しないようにしよう。	I'm going to be careful not to be late tomorrow.
サチコはまた遅刻したみたい。	It looks like Sachiko was late again.
2時間目の後、早退した。	I went home after the second class.
シュウくんが早退した。	Shu-kun left school early.

保健室で休んだ。	I took a rest in the nurse's office.

*nurse's office＝保健室

学校が好き・嫌い

学校は楽しい。	I enjoy school.
学校は嫌い。	I don't like school.
学校、行きたくないなぁ。	I don't want to go to school.
息子は学校が楽しいみたい。	It looks like my son enjoys his school life.

先生のこと

息子の担任が、またイシイ先生でよかった。	I'm glad Mr. Ishii is my son's homeroom teacher again.

*homeroom teacher＝担任の先生

前の担任のほうがよかったな。	I liked my previous homeroom teacher better.
イシハラ先生、好きだな。	I like Mr. Ishihara.
イシハラ先生って、苦手。	I don't like Mr. Ishihara.
シライ先生、怖すぎ。	Mr. Shirai is too strict.
ヨシダ先生の授業は楽しい。	Ms. Yoshida's class is fun.
ノムラ先生は教え方がうまい。	Ms. Nomura is a good teacher.
ムラカミ先生の授業は眠くなる。	I get sleepy in Mr. Murakami's class.
オオタ先生に、遅刻しないように注意された。	Ms. Ota warned me not to be late again.

*warn［ウォーン］＝〜に警告する

職員室で呼び出された。	I was called to the teacher's room.
クボノ先生が転任してしまう。	Ms. Kubono is going to transfer to another school.
来年度も教わりたかったな。	I wanted to take her class again next year.

12 学校生活

405

スズキ先生は、来月から産休だ。	Ms. Suzuki is taking maternity leave from next month. *maternity leave＝産休
教育実習の先生が来た。	A student teacher came to our class.

部活動

部活動・クラブの単語

〜部	〜 club	レスリング	wrestling
野球	baseball	ボクシング	boxing
ソフトボール	softball	ダンス	dance
サッカー	soccer	軽音楽	pop music
アメフト	American football	吹奏楽	brass band
ラグビー	rugby	オーケストラ	orchestra
陸上	track-and-field	合唱	chorus
体操	gymnastics	美術	art
水泳	swimming	演劇	drama
テニス	tennis	書道	calligraphy
バドミントン	badminton	茶道	tea ceremony
卓球	table tennis	華道	flower arranging
バレーボール	volleyball	写真	photography
バスケットボール	basketball	新聞	school newspaper
スキー	skiing	料理	cooking
スケート	ice skating	将棋	shogi
剣道	kendo	囲碁	go
柔道	judo	映画	movie
相撲	sumo	科学	science
フェンシング	fencing		
アーチェリー	archery		
ラクロス	lacrosse		

何部に入ろうかな。	I wonder what club I should join.
バスケ部に入部した。	I joined the basketball club.
毎日、朝練がある。	We have to practice every morning.
走り込みや筋トレはつらい。	The running and muscle training are tough. *muscle[マッソォ]＝筋肉

土日も部活がある。	There's practice on the weekends, too.
今日は部活が休みだった。	There was no club practice today.
インターハイまで、あと1カ月。	There's just one month before the interscholastic meet. ＊interscholastic meet＝インターハイ
もうすぐ、吹奏楽コンクール。	The brass band contest is coming up soon.
とりあえず予選突破を目指そう。	I want to at least pass the preliminaries. ＊make it to ～＝～に到達する　preliminary＝予選
大会では、金賞を狙うぞ！	I'm going for the gold in the tournament!
目指せ、関西大会進出！	I'm going to make it to the Kansai tournament!
悔いのないように頑張ろう。	I want to do my best and have no regrets.　＊regret＝後悔
うちの高校が甲子園に出る！	Our school is going to Koshien!
娘は吹奏楽部で楽しそうにやっている。	It looks like she's having a good time in the brass club.
野球部の練習、ハードみたい。	It looks like the baseball practice is really hard.

✏️ 給食・弁当

今日の弁当は、ハンバーグと野菜いためだった。	Today's lunch was hamburger steak and stir-fried vegetables.
給食はカレーだった。	We had curry for lunch.
購買部でパンを買った。	I bought some pastries at the school shop.　＊pastry＝菓子パン、焼き菓子
1時間目の後、早弁した。	I had an early lunch during my first recess.　＊recess[リセス]＝休み時間

ミッキーのキャラ弁を作った。	I made a lunch box with a Mickey Mouse character on it.
今日の弁当は、ユキの好物のコロッケにした。	Yuki loves croquettes, so I put some in her lunch box today. ＊croquette[クロケット]＝コロッケ

📖 休暇

明日から春休みだ！	Spring break starts tomorrow!
夏休みはダラダラ過ごしている。	I'm not doing anything during the summer vacation.
夏休みもあと少しで終わり。	Summer vacation is almost over.
冬休みもあと1日で終わりかぁ。	There's only one day left in the winter break.
みんなに会えるのが楽しみだな。	I can't wait to see my friends.
冬休みは、冬季講習くらいしか予定がない。	My only plans for the winter break are a winter session class.
休み中は、子どもたちがうるさくて大変！	During vacations, it's really crazy with the kids around all the time.

👓 生徒会

生徒会選挙があった。	There was a student council election. ＊student council＝生徒会
マスダくんが生徒会長に立候補した。	Masuda-kun ran for student council president. ＊run for ～＝～に立候補する。runの過去形はran president＝長
生徒会長はタカギさんに決まった。	Takagi-san was chosen as the student council president.

📓 そのほかの学校生活

彼は停学になった。	He got suspended from school. ＊suspend＝～を停学にする
彼は退学させられた。	He was kicked out of school. ＊kick out ～＝～を退学させる
うちの学校、校則が厳しすぎる。	The rules at my school are too strict. ＊strict＝厳しい

掃除当番、面倒くさいな。	I have the cleaning assignment. It's such a pain. *assignment=割り当て、任務		
エミは忘れ物が多い。	Emi is always forgetting things.		

学校行事

学校行事を表す単語

入学式	entrance ceremony		
始業式	opening ceremony		
身体検査	physical checkup		
朝礼	morning assembly	マラソン大会	marathon
全校集会	school assembly	卒業式	graduation ceremony
遠足	school outing		
社会科見学	field trip	終業式	closing ceremony
修学旅行	school trip	謝恩会	thank-you party for the teachers
林間学校	open-air school		
臨海学校	seaside school	保護者会	parents meeting
運動会・体育祭	sports festival / field day	授業参観	parents' day
スポーツ大会	sports competition	三者面談	parent-teacher-student meeting
学芸会	school play	部活動	club activities
文化祭	cultural festival / school festival	練習試合	practice game / practice match
合唱コンクール	choir [クワィア] contest	（部活などの）合宿	training camp

入学式

今日は入学式だった。	We had our entrance ceremony today.
ハヤトの入学式だった。	Today was Hayato's entrance ceremony.
入学式は緊張した。	I got nervous at the entrance ceremony.
校長先生の話が長すぎた。	The speech by the principal was too long.

合唱コンクール

うちのクラスの曲は「大地讃頌（さんしょう）」に決まった。	We decided to sing "Daichi Sansho" in the choir contest.
好きな曲になってうれしい。	I'm glad we chose a song I like.
かなり難易度の高い曲だ。	It's a really hard song.
明日はいよいよ本番！	Tomorrow is the big show!
頑張ったかいあって、優勝した！	Our hard work paid off. We won!

*pay off＝報われる

あんなに頑張ったのに、3位だった。	We practiced really hard, but we just got third place.

スポーツ大会

今日はクラス対抗スポーツ大会だった。	We had an inter-class sports competition today.
授業がなくてラッキー！	I was so glad there weren't any classes!
私はバレーボールに参加した。	I played volleyball.
サカキさんは大活躍だった。	Sakaki-san was the star.
うちのクラスは学年2位だった。	Our class was second in our grade.

*ここでのgradeは「学年」

運動会・体育祭

100m走と障害物競走に出ることになった。	I'm going to be in the 100-meter race and the obstacle race.

*obstacle＝障害物

リレーのメンバーに選ばれた。	I was chosen to be a member of the relay team.
応援のしすぎで声がかれちゃった。	I cheered so much that my voice went hoarse.

*hoarse[ホース]＝しわがれた、かすれた

今日は体育祭だった。	Today we had the sports festival.

*アメリカには、体育祭や運動会がない学校もある。
sports festivalは、field dayと言うことも

雨で来週に延期になった。	It was postponed until next week because of the rain. *postpone＝〜を延期する
お母さんが応援に来てくれた。	My mom came to cheer for me. *cheer for 〜＝〜を応援する
玉入れと棒倒しに出場した。	I was in put-the-balls-in-the-basket and pull-the-pole-down.
男子の騎馬戦は、迫力満点だった。	The boys' mock cavalry was really exciting. *mock cavalry[キャヴァリィ]＝騎馬戦
早起きして、体育祭の弁当を作った。	I got up early and made lunch for the sports festival.
弁当を持って、運動会の応援に行った。	I packed her lunch and went for the sports festival.

文化祭

うちのクラスの出し物は、喫茶店に決まった。	Our class decided to set up a coffee shop.
放課後、文化祭の準備をした。	We prepared for the cultural festival after school. *「文化祭」は、school festivalとも言う
クラスでおそろいのTシャツを作った。	We made identical T-shirts for the class. *identical＝同一の
写真部で展示をした。	We exhibited our photos at the photography club. *exhibit[イグズィビット]＝〜を展示する
予想外の大盛況だった。	Surprisingly, it was a big success.
いきものがかりのコピーバンドをやった。	We played Ikimonogakari songs.
サトウくんたちのバンド演奏がかっこよかった。	Sato-kun's band was really cool.
ABC高校の文化祭に行ってきた。	I went to the school festival at ABC High.

遠足・校外学習

今日は遠足だった。	We went on a school outing today.

校外学習だった。	We had a filed trip today. *filed trip＝校外見学
高尾山に登った。	We climbed Mt. Takao. *climb[クライム]
オリエンテーリングをした。	We went orienteering.
工場見学をした。	We went on a factory tour.
ピアノの製造過程を見た。	We saw how they make pianos.
陶芸の体験教室に参加した。	We got to try to make our own ceramics. *ceramic＝陶器

✏️ 修学旅行

明日から修学旅行だ。	We're going on a school trip tomorrow. *school trip＝修学旅行
行き先は京都と奈良。	We're going to Kyoto and Nara.
修学旅行で台湾に行く。	We're going to Taiwan on a school trip.
ガイドさんの解説は興味深かった。	The guide's comments were really interesting.
夜はみんなで恋バナをした。	At night, we shared our love stories.
先生が見回りに来ないか、ヒヤヒヤした。	We were worried that our teacher would come by.
楽しくて、なかなか寝付けなかった。	I had so much fun that I could hardly sleep.
マリコは今日から修学旅行。	Mariko is leaving on her school trip today. *すでに出かけたなら、Mariko left ...と過去形にする

📖 林間学校・合宿

8月2日から6日まで、林間学校だった。	We went to an open-air school from August 2 to 6.
蓼科に行った。	We went to Tateshina.

山登りはキツかった。	The mountain climbing was tough.
初めて海で泳いだ。	I swam in the ocean for the first time.
夜はキャンプファイアーをした。	We made a camp fire at night.
飯ごう炊さんが楽しかった。	It was fun to cook rice on a fire.
スキー合宿から帰ってきた。	I came back from the ski camp.

保護者の行事

今日は授業参観だった。	We had parents' day today.
お母さんが授業を見に来た。	My mom came to see the class.
子どもの授業参観に行った。	I went for parents' day.
ミキちゃんのママとおしゃべりした。	I chatted with Miki-chan's mother.
いろいろなお母さん、お父さんと話せて面白かった。	It was interesting to talk with the moms and dads.
保護者会があった。	There was a parent-teacher meeting.
三者面談があった。	There was a parent-student-teacher meeting.

修了式・卒業式

今日は修了式だった。	We had the closing ceremony today.
あと3カ月で卒業かぁ。	I'll be graduating in three months.
あっという間の3年間だった。	These three years went by like a flash. ＊like a flash＝あっという間に
高校生活、楽しかったな。	I really had a good time in high school.
卒業したくないな。	I don't want to graduate.
友達と離ればなれになるの、嫌だな。	I don't want to say goodbye to my friends.

今日は卒業式だった。	Today we had our graduation ceremony.
涙が止まらなかった。	I couldn't stop crying.
友達と抱き合って泣いた。	We cried as we hugged.
連絡を取り合おうね、と約束した。	We promised to keep in touch.
	*keep in touch＝連絡を取る
卒業アルバムと卒業文集が配られた。	Year books and graduation messages were handed out.
	*year book＝卒業アルバム　hand out ～＝～を配る
卒業アルバムに寄せ書きをした。	We wrote messages in each other's year books.
みんなでたくさん写真を撮った。	We took lots of pictures of everyone.

勉強・成績

🔒 授業

授業・教科を表す単語

～の授業	～ class		
国語	Japanese		
現代文	contemporary Japanese		
古文	classical literature		
漢文	Chinese classics	化学	chemistry
英語	English	科学	science
数学	math	地学	geoscience
社会科	social studies	体育	physical education / PE
歴史	history	保健体育	health and physical education
世界史	world history		
日本史	Japanese history	音楽	music
地理	geography	図工	arts and crafts
政治・経済	politics and economics	美術	art
公民	civics	家庭科	home economics
理科	science	道徳／倫理	ethics [エシックス]
物理	physics [フィジクス]	宗教	religion

4章：英語日記フレーズ集

英語は得意。	I'm good at English.
化学は苦手。	I'm not good at chemistry.
今日は4時間授業だった。	I had four classes today.
3時間目は体育だった。	Our third class was PE. ＊PE（体育）は、physical educationの略
アジア史の授業は面白かった。	Asian history class was interesting.
数学の授業はつまらなかった。	Math class was boring.
古文の授業は長く感じた。	The classical literature class felt long.
水泳の授業は寒かった。	It was cold during the swimming lesson.
物理の教科書を忘れてしまった。	I forgot my physics textbook.
アヤに教科書を見せてもらった。	I asked Aya to share her textbook with me. ＊share＝〜を分け合う・共有する
体操服を忘れてしまった。	I forgot my gym clothes.
ナオに借りた。	I had to borrow Nao's.
授業についていけない。	I can't keep up with the class. ＊keep up with 〜＝〜についていく
授業中、居眠りしちゃった。	I dozed off during class. ＊doze off＝ウトウトする
授業中、おなかが鳴ってしまった。	My stomach rumbled during class. ＊rumble＝（空腹で）おなかが鳴る

12 学校生活

🛋 宿題・課題

生物で宿題がたくさん出た。	I have a lot of biology homework to do.
夏休みの宿題がたくさん出た。	I got a lot of summer homework.
春休みは宿題が少ないからうれしい。	I like spring break because I don't have much homework.
今日は宿題なし。ひゃっほう！	No homework today. Hurray!

まだ宿題に手を付けてない！	I haven't even touched my homework!
そろそろ宿題をやり始めないとマズい。	I'd better start doing my homework now.
何とかギリギリで宿題を終わらせた。	I somehow managed to finish my homework. *manage to ～＝何とか～する
ユキと一緒に宿題をやった。	I did my homework with Yuki.
古文の宿題を提出した。	I turned in my classical literature homework. *turn in ～＝～を提出する
ハナはちゃんと宿題をやったのかな。	I wonder if Hana did her homework.

⏰ 勉強

高校の勉強って難しい。	High school studies is difficult.
最近、勉強が楽しい。	I've come to enjoy studying recently.
何のために勉強するんだろう？	I wonder why I have to study.
英単語のつづりは得意だ。	I'm good at spelling English words.
公式がどうしても覚えられない。	I simply can't remember the formulas. *simply＝(否定語の前に置いて)どうしても　formula＝公式
昨日は徹夜で勉強した。	I stayed up studying last night. *stay up＝徹夜する
今日は4時間、試験勉強をした。	I crammed for exams for four hours today. *cram＝詰め込み勉強をする
家では集中できないので、図書館に行った。	I can't concentrate at home, so I went to the library.
ラジオを聞きながら、試験勉強をした。	I studied for exams while listening to the radio.
部活で忙しくて、テスト勉強をする時間がない。	I'm busy with club activities and don't have time to study for exams.
あの子は最近、勉強を頑張っているみたい。	It looks like he's studying hard these days.

あの子、全然勉強してないみたい。	She doesn't seem to be studying at all.
テスト前になって、勉強に励んでいるようだ。	He's studying hard now because exams are coming up.
来週はテストだというのに、全然勉強している様子がない。	She has exams next week, but she hasn't even started to study.

☕ テスト

テストにまつわる表現

入学試験	entrance exam	満点	perfect score
センター試験	national entrance exam	平均点	average score
模擬テスト	practice test	偏差値	standard score
小テスト	quiz	落第点	fail mark / failing grade
抜き打ちテスト	pop quiz	落第する	fail
中間テスト	mid-term exam / mid-term	単位	credit
期末テスト	final exam / final	〜の単位を落とす	fail in 〜
学力テスト	academic aptitude test	〜でカンニングをする	cheat on 〜
追試	make-up exam		

抜き打ち小テストがあった。	We had a pop quiz. ＊pop quiz＝抜き打ちテスト
明日から期末テストだ。	The finals start tomorrow. ＊finals＝final exams（期末テスト）
今日からテスト期間だ。	Exam week starts today.
テスト、嫌だなぁ。	I hate exams.
英語は自信がある。	I'm confident in English.
社会と化学が心配。	I'm worried about social studies and chemistry.
明日でテストが終わる。わ〜い！	Tomorrow is the last day of exams. Whoopee!
やっとテストが終わった！	My exams are finally over!

やっと解放された気分！	I finally feel free!
今日は思い切り寝るぞ！	I'm going to get a good sleep tonight!
明日は遊びに行くぞ！	I'm going to have fun tomorrow!

🖊 テストのでき

すごく難しかった。	It was really hard.
思ったほど難しくなかった。	It wasn't as hard as I thought.
最後まで解けなかった。	I couldn't work out all the answers. ＊work out 〜＝〜(問題)を解く
余裕だった！	It was a piece of cake!
歴史で93点取った。	I got 93 on my history exam.
英語は、なんと満点だった。	I couldn't believe it, but I got a perfect score in English.
中間テストより20点も上がった。	My score went up 20 points from the mid-terms. ＊mid-terms＝mid-term exams(中間テスト)
前回より30点も下がった。	My score dropped by 30 points from the previous exam. ＊drop＝落ちる、下がる　previous＝前の
英語の平均点は、68点。	The average score on the English exam was 68.　＊average score＝平均点
数学は追試になっちゃった。	I need to take a make-up exam in math.　＊make-up exam＝追試
ギリギリ赤点を免れた。	I was really close to failing. ＊close to 〜＝〜に近い　failing＝落第
赤点が3つもある。	I've already failed three tests. ＊fail＝〜(試験)に落ちる
学年で83番だった。	I was 83rd in my grade. ＊ここでのgradeは「学年」
徹夜したかいあって、いい点が取れた。	I crammed all night, so I got a pretty good score. ＊cram＝詰め込み勉強をする
一夜漬けじゃ、やっぱりダメだった。	I crammed for the test the night before, but it didn't help.

次こそは、早めにテスト勉強を始めよう。	Next time, I'm going to start studying sooner.

成績

数学の成績が上がった。	My math grade improved. ＊「下がった」なら、improvedをdroppedに
1学期よりも成績が下がった。	My grades dropped from the first term. ＊grade＝成績　term＝学期
成績表をお母さんに見せた。	I showed my grades to my mom.
成績が上がって、褒められた。	She complimented me because my grades went up. ＊compliment＝〜を褒める
成績が下がって、ぐちぐち言われた。	She nagged me because my grades went down. ＊nag＝〜に文句を言う
最近、娘の成績が落ちているみたい。	Her grades have fallen recently. ＊fall＝落ちる。過去分詞形はfallen
塾に通わせるべき？	Should I send her to a cram school? ＊cram school＝塾
息子に家庭教師を頼んでみようか。	Maybe I should hire a tutor for him. ＊tutor[テューター]＝家庭教師
成績が上がらなければ、小遣いを減らそう。	If his grades don't go up, I'll cut his allowance. ＊allowance＝小遣い
通知表が渡された。	I got my report card.
ソウが、1学期の通知表を持って帰ってきた。	Sou came back with his first term report card.
「5」は3つあった。	There were three As. ＊Aは、「5」「優」など最もよい成績を表す
「1」はなかった。	There weren't any Fs. ＊Fはfail(落第)の頭文字で、「不可」を表す

塾・家庭教師・予備校

塾に通い始めた。	I started going to cram school. ＊cram school＝塾
週3日も行くことになった。	I have to go three times a week.
週に8クラスもある。	I take eight classes a week.

塾の冬期講習を受けた。	I took the winter course at the cram school.
塾通いもなかなか大変だ。	It's not easy to go to cram school.
塾の自習室で勉強した。	I studied in the study room at the cram school.
予備校の授業はすごくハード。	Preparatory school classes are really hard. *preparatory school＝予備校
家庭教師の先生に来てもらうことになった。	I'm going to have a tutor come and teach me. *tutor[テューター]＝家庭教師
今日は初めての授業だった。	I had my first lesson today.
トミタ先生の教え方は、わかりやすい。	Ms. Tomita's teaching is easy to follow. *follow＝〜を理解する

進路・受験

📖 進路について

英語の先生になりたい。	I want to be an English teacher.
卒業後は、カナダに留学したい。	After graduating, I hope to study in Canada.
専門学校でグラフィックデザインを学びたい。	I want to learn graphic design at a vocational school. *vocational school＝専門学校
大学で法律を学びたい。	I want to study law at university.
まだ進路が決められない。	I haven't decided what I want to do yet.
将来、何がしたいのかわからない。	I don't know what I want to do in the future.
進路について、両親と話をした。	I talked to my parents about what I'm going to do.
私の好きなようにすればいいと言ってくれた。	They told me to do what I want.

息子の進路について話した。	We talked about his future.
彼の進みたい道に進むのが一番だ。	I think he should do what he wants to do.

就職（→ p. 395「就職・転職」を参照）

志望校

そろそろ志望校を決めなきゃ。	I really need to decide which school I want to go to.
どうしても ABC 大学に行きたい。	I really want to go to ABC University.
母は、XYZ 大学のほうがいいと言っている。	My mom says XYZ University is better.
滑り止めに、EFG 大学も受けようかな。	Just to be on the safe side, maybe I'll also take the EFG University exams. *on the safe side＝安全を期して
ABC 大学のオープンキャンパスに行ってきた。	I went to an open-campus event at ABC University.
その大学に行きたい気持ちがますます高まった。	I started to feel more and more like going to that university.
息子は ABC 大学に進学したいようだ。	He says he wants to go on to ABC University.
できれば国公立に行ってほしい。	I want him to go to a national university if possible.
現役合格してもらいたい。	I hope he can go to college right out of high school.
浪人しないでほしいなぁ。	I hope he doesn't have to spend another year in cram school. *cram school＝塾、予備校

受験対策

今日は模試だった。	I had a practice test today.
模試の結果が出た。	I got the results of the practice test.

英語の偏差値が 50 だった。	The standard score for English was 50. *standard score＝偏差値
ABC 大学の偏差値には、10 足りない。	My score is 10 points lower than ABC University's standard score.
これなら第一志望校に入れそうだ。	I think I can get in my first choice school with this score.
ABC 大学は A 判定。やった！	I was ranked A for ABC University. Yay! *rank 〜 ...＝〜を…にランク付けする
XYZ 大学は D 判定だ。	I'm still ranked D for XYZ University.
このままじゃマズイ！	I'm not going to make it! *make it＝成功する、やり遂げる
ABC 大学の入試の過去問を買った。	I bought a book with previous exam questions from the ABC University entrance exam. *previous＝以前の
最後の追い込みだ。	It's my last chance to study.
あと少しだ。頑張ろう。	Just a little longer. I can do it.

受験

ABC 大学の願書を取り寄せた。	I requested an application form from ABC University. *application form＝応募書類
XYZ 大学に願書を提出した。	I submitted an application to XYZ University. *submit＝〜を提出する
前期日程は 2 月 25 日・26 日。	The first round is on February 25 and 26. *first round＝第1回、第1戦。「後期日程」なら、second roundに
試験日は 3 月 10 日。	The exam is on March 10.
今日は ABC 大学の受験日だった。	I had the entrance exam for ABC University today.
今日はセンター試験だった。	We had the national entrance exam today.

試験会場はABC大学だった。	We took the exams at ABC University.
落ち着いて試験に臨んだ。	I took the exams with a calm mind.
	*calm[カーム]=落ち着いた
とにかく、やるだけのことはやった。	Well, I did all I could.
解答速報を見て、答え合わせをした。	I looked at the preliminary answers and checked my own answers.
	*preliminary=予備の、仮の
思ったよりできた。	I did better than I expected.
どの教科も平均点以下だ。	I got a below-average score in every subject.
ABC大学の一次選抜を通過した。	I passed the first exam for ABC University.

⏰ 合格・不合格

ABC大学に合格した！	I got into ABC University!
XYZ大学は不合格だった。	I didn't get into XYZ University.
これで浪人確定だ。	It looks like I'm not going to university this year.
ABC大学は補欠合格だ。	I'm on the waiting list for ABC University.
どうかマモルが合格していますように。	I hope Mamoru gets accepted to the school.
	*get accepted=入学を許可される
マモルがABC大学に合格！　よかった！	Mamoru got into ABC University! Good for him!
本当によく頑張った。	He really did try hard.
残念ながら、娘はXYZ大学に落ちてしまった。	Unfortunately, my daughter didn't get into XYZ University.
アヤはABC大学に行くことに決めた。	Aya decided to go to ABC University.

12 学校生活

学校生活について
英語日記を書いてみよう

学校生活について、英語で書いてみましょう。

✏️ 調理実習の時間

> We cooked sweet-and-sour pork in cooking class today. It was delicious and surprisingly easy. I love cooking class!

訳
今日、調理実習の時間に酢豚を作った。すごくおいしくて、しかも、意外と簡単だった。調理実習って大好き！

ポイント 「酢豚」は sweet-and-sour pork、「調理実習」は cooking class。「家庭科」は home economics ですが、cooking class のほか、sewing class（被服）、parenting class（育児）などと具体的に表しても OK。「意外と」は surprisingly（驚くほど）で表せます。

✏️ このままだと推薦入試が…

> Mr. Sato said if I'm late again, he won't write a recommendation to the college I want to go to. I MUST get to school in time from now on.

訳
サトウ先生に、今度遅刻したら、もう大学の推薦状は書かないと言われた。これからは遅刻しないようにしないとマズイ。

ポイント ここでの「大学」は「私が行きたい大学」と考えて、the college I want to go to とします。「遅刻しない」は get to school in time（学校に時間内に着く）で表せますね。「マズイ」は must（～しなければならない）を大文字にして、そのニュアンスを出してみました。

4章：英語日記フレーズ集

部活の打ち上げ

Our club is having an uchiage party at a karaoke room next week. I'm excited, but I don't have a nice outfit to wear. What should I do?

訳 来週はカラオケで部活の打ち上げ。楽しみだけど、着ていく服がない。どうしよう？

ポイント「打ち上げ」を表す英語はないので、uchiage party としてみました。「着ていく服がない」は、I don't have a nice outfit（すてきな服がない）に to wear（着るための）を続けます。「コーディネイトを考えた服（一式）」なら、clothes より outfit がぴったりです。

進路を決めないと

There was a parent-student-teacher meeting today. I still can't decide what I want to do after I graduate. I've started feeling really worried.

訳 今日、三者面談があった。進路がまだ決まってない。マジで焦ってきた。

ポイント「三者面談」は parent-student-teacher meeting。「進路」は「卒業後にしたいこと」と具体的に考えて、what I want to do after I graduate としました。「マジで焦ってきた」は I've started feeling ～（～と感じ始めている）を使って表してみました。

12 学校生活

13 大学・専門学校

学部・学科・学年などを表す単語

〜学部・〜学科	the 〜 department / the department of 〜
文学	literature
国文学	Japanese literature
英文学	English literature
外国語	foreign languages
英語	English
フランス語	French
スペイン語	Spanish
ドイツ語	German
韓国語	Korean
中国語	Chinese
言語学	linguistics
社会学	sociology
文化人類学	cultural anthropology
法学	law
商学	commerce
経営学	business administration
哲学	philosophy
史学	history
政治学	politics
経済学	economics
政治経済学	politics and economics
教育学	education
体育学	physical education
医学	medicine
薬学	pharmacy
歯学	dentistry
理工学	science and technology
工学	engineering
数学	mathematics / math
理学	science
物理学	physics [フィジクス]
化学	chemistry
科学	science
建築学	architecture
機械学	mechanics
農学	agriculture
生物学	biology
環境学	environmentology
異文化コミュニケーション	cross-culture studies
情報科学	computer science
神学	theology [セオロジー]
キャンパス	campus
図書館	library
講堂	auditorium
学食	cafeteria
大学1年生	freshman
大学2年生	sophomore [サフォモー]
大学3年生	junior
大学4年生	senior [シーニア]

専門学校の分野を表す単語

専門学校	vocational school	介護士	care worker
美術	art	針灸師	acupuncturist and moxa-cauterizer
彫刻	sculpture	栄養	nutrition
写真	photography	建築	architecture
デザイン	design	秘書	secretary
ウェブデザイン	web design	歯科衛生	dental hygiene
CGデザイン	CG design	簿記	bookkeeping
ITエンジニア	IT engineer	法律	law
アニメ	animation	税務	tax accounting
アニメーター	animator	会計	accounting
漫画家	cartoonist	医療事務	medical coding
声優	voice actor	翻訳	translation
アナウンサー	announcer	通訳	interpretation
インテリア	interior design	ウエディングプランナー	wedding planner
美容師	hairstylist / hairdresser		
理容師	barber	フライトアテンダント	flight attendant
トリマー	groomer / trimmer		
調理	cooking		
製菓	confectionery		
看護師	nurse		
保育士	nursery school teacher		

入学

今日は入学式だった。	We had the entrance ceremony today.
初めてスーツを着た。	It was my first time to wear a suit.
講堂が大きくて圧倒された。	I was overwhelmed by the size of the auditorium. *overwhelmed＝圧倒されて　auditorium＝講堂
文学部だけで4000人の学生がいる。	The literature department alone has 4,000 students. *literature＝文学
新入生向けのガイダンスがあった。	There was a guidance session for new students. *guidance＝学生指導、ガイダンス
キャンパスには学生があふれていた。	The campus was full of students.

クラスがないから、友達ができるか不安。	We don't have fixed classes, so I don't know if I'll be able to make friends. *fixed=固定の、決まった
隣に座ったキタジマさんという女の子と話した。	I talked to Kitajima-san, a girl who sat next to me.
サークルの勧誘がすごかった。	The clubs were trying really hard to attract new members. *attract=〜を呼び寄せる

📖 講義

履修科目をなかなか決められない。	I still haven't decided what classes to take.
履修登録の仕方がよくわからない。	I don't quite understand how to register for classes. *not quite 〜=あまり〜でない　register=登録する
必修は週に15コマ。	I have 15 required classes a week. *required=必須の
国際関係論は必ず履修しよう。	I'm definitely taking International Relations. *definitely=絶対に
文化人類学って面白そう。	Cultural Anthropology sounds interesting. *anthropology[アンスロポロジィ]=人類学
第二外国語はフランス語を取ろう。	I'll take French for my second foreign language.
楽に単位を取れる講義はないかな。	I wonder if there are any classes with easy credits. *credit=単位
あの講義は、出席していれば単位をもらえるらしい。	I heard that you can earn credits for that class by just attending. *earn=〜を得る　attend=出席する
寝坊して、1限に間に合わなかった。	I overslept, so I couldn't make it to the first class.
ミキに代返を頼んだ。	I asked Miki to take attendance for me. *attendance=出席
スペイン語は休講だった。	Spanish class was cancelled.

4章：英語日記フレーズ集

来週からちゃんと講義に出よう。	I'll make sure to start attending lectures next week.	*lecture＝講義
必修の講義はなかなかハード。	Required classes are kind of difficult.	*required＝必須の
今日の講義はすごく面白かった。	Today's lecture was really interesting.	
毎回、予習の量が多くて大変。	It's tough because there's always so much studying to do before the class.	
休んだ講義のノートをカオルに見せてもらった。	Kaoru showed me her notes from the class I missed.	
ゼミの発表があった。	I gave a presentation for my seminar class.	
発表の準備をしなきゃ。	I have to prepare my presentation.	

👓 課題・実習

金曜までに、製図の課題を仕上げなきゃ。	I have to complete the draft by Friday.	*draft＝図案、設計図
図面を元に、模型を作成した。	I created a model based on the drawing.	
なかなかの完成度だ。	I managed to do quite a job.	*manage to 〜＝何とか〜する quite a 〜＝相当な〜、すごい〜
イラストのポートフォリオを作った。	I made a portfolio with my illustrations.	
キャラクターデザインの課題に取り組んでいる。	I'm working on a character design assignment.	*assignment＝課題
キャラクターのモーション制作に手こずっている。	I'm having a hard time animating the characters.	*have a hard time 〜ing＝〜するのに苦労する
プログラミングの課題、余裕だった。	The programming assignment was easy.	
制作課題のテーマが決まらない。	I can't decide on the production theme.	*theme[スィーム]＝テーマ

13 大学・専門学校

今日も引き続き、課題のワンピース制作に取り組んだ。	I continued to work on the dress design today.
カネダさんの作品の出来ばえがすごくよかった。	Ms. Kaneda's creation turned out really well.　＊turn out 〜＝〜の結果になる
今日の実習では、野菜の飾り切りをした。	I practiced carving vegetables today.　＊carve＝〜を彫る
アニメのアテレコ実習をした。	I practiced doing animation voice-over.　＊voice-over＝ボイスオーバー、ナレーション
実習で、犬のトリミングをした。	I practiced grooming dogs.　＊groom＝〜を手入れする
今日から病院での看護実習が始まった。	I started my nursing practice at the hospital today.
明日から、保育園での実習。楽しみだな。	I'm going to start my training at the preschool tomorrow. I'm looking forward to it.　＊preschool＝保育園、幼稚園
実習での反省点を、しっかり書き留めておこう。	I'm going to carefully write down my self-evaluation at training.　＊self-evaluation＝自己評価
実習をすると、教科書だけではわからないことに気付く。	Practical training has helped me realize that you can't learn some things just from the textbook.　＊realize＝〜に気付く
グループワークのメンバーが決まった。	We now have groups for group work.
グループのみんなと、発表の準備をした。	Our group worked together to prepare a presentation.

📖 テスト・レポート

もうすぐテスト期間だ。	Exam week is coming up.
心理学のテストは範囲が広い。	The psychology exam covers a lot of topics.　＊psychology[サイカラジィ]＝心理学
教育学は持ち込み可だった。	The education exam was open-book.　＊open-book＝教科書持ち込み可
社会学は持ち込み不可だった。	The sociology exam was closed-book.　＊closed-book＝教科書持ち込み不可

大学の図書館で勉強した。	I studied in the college library.
コピー機の前には行列ができていた。	There was a line in front of the copy machine.

＊「コピー機」は、photo copier または copier とも言う

文学の講義は、レポート提出のみ。	We only need to submit a report for the literature class.

＊submit＝〜を提出する

来週までにレポートを書かなきゃ。	I have to write a report by next week.
金曜日に締切のレポートが3つもある。	I have three reports to turn in by Friday.

＊turn in 〜＝〜を提出する

明け方、何とかレポートを書き上げた。	I barely managed to finish writing the report at dawn.

＊barely＝かろうじて　manage to 〜＝何とか〜する

まだ手を付けていない。ピンチ！	I haven't even touched it yet. I'm screwed!

＊screwed[スクルード]＝まずい状態にある

🛍 テストのでき（→ p. 418「テストのでき」を参照）

💡 成績・単位

成績通知表が届いた。	My report card arrived.
無事、全講義の単位が取れた。	Thankfully, I got full credits for all my classes.

＊credit＝単位

オールAだった。	I got straight As.
AとBが半分くらいずつだった。	About half my scores were As and the rest were Bs.
必修の授業を1つ、落としちゃった！	I failed one required class!

＊required＝必須の　fail 〜＝〜に落第する・落ちる

留年決定だ。どうしよう。	I have to repeat one year. What am I going to do?
教授に泣きついてみよう。	Maybe I should beg the professor.

＊beg＝〜に懇願する

単位が足りていた。	I had enough credits.
無事に進級できてホッとした。	I'm glad I made it to the next grade.

＊make it to 〜＝〜に達する

🕐 学食・カフェテリア

お昼は学食で食べた。	I had lunch at the cafeteria.
	*cafeteria＝(学校などの)食堂
安くてありがたい。	I'm just happy that they have reasonable prices.
学食は込んでいた。	The cafeteria was packed.
	*packed＝込んだ、すし詰めの
うちの学食はおいしくてうれしい。	I'm glad we have good food at our cafeteria.
うちの学食はイマイチだ。	Our cafeteria food is not so good.
3限終了後、カフェテリアでノリコとおしゃべりした。	After the third period, I chatted with Noriko at the cafeteria.
お昼は大学生協で買った。	I bought lunch at the university co-op.
	*co-op[コゥオブ]＝生活協同組合

☕ サークル活動

どのサークルに入ろうか迷う。	I'm wondering what club to join.
	*「サークル」は、circleとは言わないので注意
サークルを2つ掛け持ちしようかな。	Maybe I'll join two clubs.
テニスサークルの見学に行った。	I checked out the tennis club.
	*check out ～＝～をチェックする
軽音部に入ることにした。	I decided to join the pop music club.
チャラチャラしたサークルには入りたくないな。	I don't want to join a club that just messes around.
	*mess around＝ふざける、騒ぐ
サークルの新歓があった。	There was a welcome party for new club members.
	*welcome party＝歓迎会
マチダ先輩に夕飯をおごってもらった。	Machida-senpai bought me dinner.
	*buy ～ ...＝～(人)に…をおごる
午後はずっと部室にいた。	I was in the club room all afternoon.
サークルの打ち上げでオールした。	Our club party lasted all night.
	*last＝続く
週に1度の、サークルの会合だった。	We had a weekly club meeting.

サークル合宿に行った。	I went to a club training camp.
他大生や OB、OG とも話せて視野が広がる。	Talking to alumni and students from other universities helps me widen my world view. *alumni[アラムナィ]＝卒業生　widen＝～を広げる
このサークルに入って本当によかった。	I'm really glad I joined this club.

学園祭

サークルでおでん屋台を出すことになった。	Our club decided to set up an oden stall. 　*stall＝屋台
有志でたこ焼き屋をやることになった。	Some of us got together and decided to set up a takoyaki stall.
美術部で展示をする。	The art club will have an exhibition.
学園祭での展示に向けて、準備が追い込みだ。	We're working really hard on our display for the campus festival.
呼び込みのチラシを作った。	We made fliers. *flier(チラシ)は、flyerともつづる
ミユキはミスコンに参加するらしい。	Rumor has it that Miyuki will compete in the beauty contest. *rumor has it that ～＝～といううわさである
今年のミスターは、経済学部の3年生だった。	This year's Mr. University was a third year economics major. *economics＝経済学　～ major＝～専攻の学生
予想以上にたくさんのお客さんが来た。	There were more visitors than we expected.
雨だったので、お客さんの入りがイマイチだった。	It was rainy, so there weren't so many people.
売り上げは目標額に届かず。	We didn't reach our sales target.
途中で食材を切らしてしまって焦った。	We panicked when we ran out of ingredients too soon. *run out of ～＝～を切らす　ingredient＝材料、食材
から揚げは3時で売り切れてしまった。	The deep-fried chicken sold out by 3:00.

13 大学・専門学校

いろいろな屋台で、あれこれつまんだ。	I ate a little bit of everything from the stalls. *a little bit＝少し、ちょっと
お笑いコンビのライブがあった。	A comedy duo came to perform.
すごく盛り上がった。	The audience was really fired up. *fired up＝はしゃいだ、興奮した

💰 お金・バイト

奨学金の申請をした。	I applied for a scholarship. *apply for ～＝～を申し込む　scholarship＝奨学金
奨学金を受けられることになった。	I got a scholarship.
教科書代でお金が飛んだ。	I spent a lot on textbooks.
塾講師のバイトをしようかな。	I wonder if I should work at a cram school. *cram school＝塾
最近、バイトのしすぎで講義をサボりがち。	I've been working too much lately, so I've been missing classes. *miss＝～を欠席する

✏️ 長期休暇

2カ月の夏休みって、結構長い。	A two-month summer vacation is pretty long.
夏休み、やることないよ～！	There's nothing to do during summer vacation!
夏休みの間に、運転免許を取ろう。	I'm going to get my driver's license during summer vacation.
旅行に行きたいけど、お金がないな。	I want to travel, but I don't have enough money.
夏休みといっても、バイトばかり。	I have to spend my summer vacation working part time.
実家に帰ってのんびり過ごそうかな。	I'm thinking about going back home and taking it easy. *take it easy＝休む、くつろぐ
久しぶりに帰省したら、お母さんが喜んだ。	My mom was really happy to see me. It's been a long time.

就職活動 (→ p.395「就職・転職」を参照)

卒論

卒論のテーマが決まらない。	I haven't decided what my graduation thesis should be about.
	*thesis[スィースィス]＝論文
ようやく卒論のテーマが決まった。	I've finally decided what my graduation thesis should be about.
指導教官はタナベ先生だ。	My instructor is Mr. Tanabe.
卒論の締切が近い。	My thesis deadline is coming up.
卒論、間に合うかな？	I wonder if I'll be able to finish my thesis on time. *on time＝時間通りに

卒業

もうすぐ卒業。	I'm graduating soon.
今日は卒業式だった。	We had the graduation ceremony today.
あっという間の4年間だった。	The four years went by so fast.
4年で卒業できてよかった。	I'm glad I was able to graduate in four years.
卒業式でははかまを着たい。	I want to wear a hakama to my graduation.
卒業式に着るはかまを予約した。	I reserved the hakama I'll wear to my graduation.
はかまを何着か試着した。	I tried on some hakamas.
赤いはかまが気に入った。	I liked a red hakama.
卒業式の後、後輩が追いコンを開いてくれた。	After the graduation ceremony, my juniors held a farewell party for me.
	*junior＝後輩 farewell party＝送別会
卒業旅行でオーストラリアに行く。	We're going to Australia for our graduation trip.

大学・専門学校について
英語日記を書いてみよう

大学や専門学校での出来事について、英語で書いてみましょう。

📝 大学生活スタート

> This is my ninth day in Tokyo, and I'm a little homesick. We have the entrance ceremony the day after tomorrow. Hope I can make friends soon.

訳 今日で東京に来て9日目。ちょっぴりホームシック。あさっては入学式。早く友達ができるといいな。

ポイント 「今日で東京に来て9日目」は、It's been nine days since I moved to Tokyo. と現在完了形で表現してもOK。「あさって」は the day after tomorrow（明日の翌日）と表します。「〜だといいな」は I hope 〜ですが、くだけて Hope 〜とすることも多いです。

📝 方言っていいな

> I've become good friends with Keiko and Norika. Keiko's Kumamoto accent is cute and Norika's Kyoto dialect is kind of relaxing. I love the way they talk.

訳 ケイコとノリカと仲良くなった。ケイコの熊本なまりはかわいいし、ノリカの京都弁はなんだか落ち着く。ああいう方言っていいな。

ポイント 「仲良くなる」は「いい友達になる」と考えて、become good friends とします。accent は「なまり」、dialect は「方言」のこと。最後の文は、the way they talk（彼女たちの話し方）とすれば、「ああいう方言」のニュアンスを出すことができます。

🖉 学園祭で大成功！

We had a college festival today. Our class ran a Korean food stall. Our food was so popular that we ran out of the ingredients by 3:00!

訳 今日は学園祭だった。うちのクラスは韓国料理の屋台を出した。料理はすごく好評で、3時には材料がなくなってしまうほどだった！

ポイント 「屋台を出す」は run（過去形は ran）を使います。この run は「〜（店など）を切り盛りする」という意味です。so 〜 that ... は「とても〜で、…するほどだ」の意。「〜がなくなる、〜を切らす」は run out of 〜。このように、run にはいろいろな使い方があります。

🖉 バイトを減らそうかな

Oh no, I failed one required class... Maybe I should cut down on the amount of time I work. I don't want to do another year.

訳 あ〜あ、必修の授業を1つ落としちゃった…。バイトを少し減らしたほうがいいかな。留年なんて、したくないよ〜。

ポイント 「必修の授業」は required class。「〜したほうがいいかな」は Maybe I should 〜（動詞の原形）で表します。「バイトを減らす」は「働く時間量を減らす」と考えて、cut down on the amount of time (that) I work としましょう。「バイトする」は work で OK です。

14 買い物

買い物をする

✏️ 買い物に行く

渋谷に買い物に行った。	I went shopping in Shibuya.
いろいろな店を見て回った。	I looked at the stores. I went around the stores.
ウインドーショッピングをした。	I went window-shopping.
アウトレットモールで買い物をした。	I did some shopping at the outlet mall.
スーツを買いに行った。	I went shopping for a suit. ＊go shopping for 〜＝〜を買いに行く
3階の子ども服売り場に行った。	I went to the children's clothing section on the third floor.
1時間ほど買い物をした。	I shopped for about an hour.
買い物に時間がかかった。	I spent a lot of time shopping.
欲しい物がたくさんあった。	I found a lot of things that I wanted.

📖 買った

シャツなど4着も買ってしまった。	I bought four items, including shirts. ＊item＝品目
懐中電灯と電池を買った。	I bought a flashlight and some batteries. ＊flashlight＝懐中電灯
衝動買いをしてしまった。	I did some impulse buying. ＊impulse buying＝衝動買い

マッサージチェアを衝動買いしてしまった。	I bought a massage chair on impulse. *on impulse＝衝動的に
最近、買い物しすぎかも。	I think I've been shopping too much lately.
3万円くらい使ってしまった。	I spent about 30,000 yen.

買わなかった

欲しい物が見つからなかった。	I couldn't find what I wanted.
買いたい物がなかった。	I couldn't find anything I wanted.
さんざん悩んだけど、買うのをやめた。	I thought about it a lot, and I decided not to buy it.
買うかどうか、もう少し考えよう。	I'll think about whether to buy it.

買った物の感想

買ってよかった。	I'm glad I bought it.
掘り出し物だった。	It was a real bargain. *bargain＝お買い得品、掘り出し物
いい物を買った。	It was a good buy.
すごく満足。	I'm totally satisfied.
早く友達に自慢したい。	I can't wait to show it off to my friends. *show 〜 off＝〜を(自慢げに)見せびらかす
買わなきゃよかった。	I shouldn't have bought it.
とんだ散財だ。	I ended up spending too much money. *end up 〜ing＝結局〜してしまう
なんでこんな物買っちゃったんだろう？	Why did I buy something like this?

値段・支払い

値段について

安かった。	It was cheap. *cheapは、「安くて品質が悪い」という意味で使うことも

高かった。	It was expensive.
手ごろな値段だった。	It was a reasonable price.
手の届く値段だった。	It was an affordable price.
（品質の割に）高くなかった。	It was inexpensive.
特価だった。	It was a bargain.

*bargain＝お買い得品、掘り出し物

かなりお買い得だった。	It was a steal.

*steal＝格安品、掘り出し物

まけてもらった。	I got a discount.
値引きしてもらえなかった。	I couldn't get a discount.
2つで9800円だった。	It was 9,800 yen for two.
2個買うと、もう1つ無料になった。	I bought three for the price of two.
配送料が高かった。	The delivery charge was high.

*delivery＝配達、配送

配送料が無料だった。	There was no delivery charge.

💡 セール

店内全品、5割引だった。	Everything in the store was 50% off.
タイムセールで、さらに2割引になっていた。	There was a limited-time discount, so I got an additional 20% off.

*additional＝追加の

いよいよ夏のセール。	The summer sale is starting soon.
セールの時期に、まとめ買いしておかなきゃ。	I should do most of my shopping during the sale season.
会員限定のセールだった。	The sale was for members only.
セールで靴を買った。	I bought a pair of shoes at a sale.
在庫一掃セールをやっていた。	They were having a clearance sale.
あそこの閉店セール、絶対に行かなきゃ。	I really should go to their going-out-of-business sale.

*going-out-of-business＝店じまい

レジ

レジには行列ができていた。	There was a long line at the checkout counter.

＊checkout counter＝レジ

レジの人の手際がよかった。	The clerk was really speedy.
配送にしてもらった。	I asked them to deliver my purchase.

＊purchase＝買った物、購入品

支払い

現金で払った。	I paid in cash.
1万円札で支払った。	I paid with a 10,000-yen bill.

＊bill＝紙幣

おつりが間違っていた。	I got the wrong change.

＊change＝つり銭

クレジットカードで支払った。	I paid with a credit card.
一括払いで買った。	I paid in one payment.
分割払いで買った。	I paid in installments.

＊installment＝分割払い込み金。「3回払い」なら、three installments

リボ払いで支払った。	I paid in monthly installments.

ポイントカード

ポイントカードを作った。	I got a point card.
100円で1ポイントたまる。	You get one point for every 100 yen you spend.
購入金額の10パーセントがポイントとしてたまる。	Ten percent of the price you pay is converted to points.

＊convert 〜 to ...＝〜を…に変換する

500ポイントたまったら、500円割引される。	You get a 500-yen discount for 500 points.
スタンプが15個たまったら、プレゼントがもらえる。	You can get a present after collecting 15 stamps.
ポイント2倍デーだった。	Today was double-point day.

＊「ポイント3倍デー」なら、doubleをtripleに

ポイント5倍デーだった。	Today was quintuple-point day.
	*quintuple＝5倍の
ポイントで1000円分支払った。	I paid 1,000 yen in points.
ポイントで全部払った。	I paid for everything with my points.
ポイントカードって、どんどん増えて困る。	I have too many point cards. They're becoming a bother.
	*bother＝やっかいな物

店で

店・店員

店は込んでいた。	The store was crowded.
店はガラガラだった。	The store was empty.
店員が親切だった。	The clerk was kind.
店員の態度が悪かった。	The clerk was rude.　　*rude＝失礼な
店員がちょっとしつこかった。	The clerk was a bit pushy.
	*pushy＝強引な、しつこい
店員に話しかけられるのって、どうも苦手。	I don't really like it when clerks come to talk to me.

品切れ

品切れだった。悔しい！	It was sold out. Too bad!
ずっと品切れが続いている。	It's still out of stock. It's been sold out for a long time.
	*out of stock＝品切れで
次回入荷は来週だという。	They said that the new stock will arrive next week.　*stock＝在庫
次回入荷は未定だって。	They don't know when they have more coming in.
入荷したら、連絡をもらうことになった。	They'll call me when it comes in.

（品切れだったので）取り寄せてもらうことにした。	I back-ordered it. *back-order=〜を取り寄せ注文する
（取り扱いがなかったので）注文した。	I ordered it.

📖 返品・交換

ズボンを返品した。	I returned the pair of pants.
サイズが合わないから、返品したいな。	I want to return it because it doesn't fit me. *fit=〜に合う・フィットする
返品できるか、店に問い合わせた。	I asked the store if I could return it.
不良品だったので、店に返品した。	I took it back to the store because it was defective. *defective=欠陥がある
セール品だから、返品できない。	It was a sale item, so I can't return it.
送料こちら持ちで返品した。	I returned the item and paid for delivery myself. *delivery=配達、配送
送料着払いで返品した。	I returned the item and sent it by COD. *COD=cash on delivery（着払い）の略
9号サイズと交換してもらった。	I had it exchanged for a size 9.

服・服飾雑貨を買う (→ p. 578「ファッション」を参照)
電化製品を買う

👓 パソコン (→ p. 680「パソコン」を参照)
📷 デジカメ

ミラーレス一眼が欲しいな。	I want a MILC. *MILC=mirrorless interchangeable-lens cameraの略
コンパクトなデジカメが欲しい。	I want a compact digital camera. *cameraだけで「デジカメ」を指すことも多い
いろんなデジカメを見せてもらった。	The clerk showed me several digital cameras.

あのデジカメ、小さくて使いやすそうだった。	That digital camera looked small and easy to use.
とても人気のある機種らしい。	I heard that it's a really popular model.
古いカメラを5000円で下取りしてもらえるらしい。	They said I can trade in my old camera for 5,000 yen.

*trade in 〜＝〜を下取りに出す

家電製品

家電製品を表す単語

テレビ	television / TV
薄型テレビ	flat-screen TV
液晶テレビ	LCD TV
プラズマテレビ	plasma display panel TV
DVDレコーダー	DVD recorder
ブルーレイレコーダー	blue-ray recorder
洗濯機	washing machine / laundry machine
洗濯乾燥機	washer-dryer
ドラム式洗濯乾燥機	drum-type washer-dryer
乾燥機	dryer / drying machine
掃除機	vacuum cleaner
加湿器	humidifier
除湿機	dehumidifier
空気清浄器	air cleaner
冷蔵庫	fridge / refrigerator
食洗機	dishwasher
炊飯器	rice cooker
電子レンジ	microwave (oven)
オーブン	oven
ガスレンジ	gas cooker / stove
トースター	toaster
コーヒーメーカー	coffee machine
ホームベーカリー	bread-making machine
ホットプレート	hot plate
ミキサー	blender
エアコン	air conditioner
扇風機	electric fan
電気ストーブ	electric heater
オイルヒーター	oil heater
石油ファンヒーター	oil fan heater
ホットカーペット	electric carpet
こたつ	kotatsu
電話	telephone
携帯電話	cellphone
スマートフォン	smartphone
ファクス	fax machine
電子辞書	electronic dictionary
デジタルカメラ	(digital) camera
ビデオカメラ	camcorder
CDプレーヤー	CD player
ステレオ	stereo
ラジオ	radio
マッサージチェア	massage chair
ドライヤー	hairdryer
アイロン	iron
シェーバー	electric shaver
電動歯ブラシ	electric toothbrush

電子レンジを買い替えた。	I bought a new microwave.

＊「電子レンジ」は、microwave ovenとも言う

食洗機が欲しいな。	I want a dishwasher.
最近の食洗機は、小さくなったなぁ。	Dishwashers are smaller these days.
静かな洗濯機が欲しいなぁ。	I want a noiseless washing machine.
ドラム式の洗濯乾燥機を買った。	I bought a drum-type washer-dryer.
新しく買った洗濯機、静かだな。	The washing machine I recently bought is quiet.
妻が、洗濯機を買い替えたいと言っている。	My wife says she wants to buy a new washing machine.
まだ十分使えるのに。	We can still use it.
音の静かな掃除機が欲しい。	I want a noiseless vacuum cleaner.
もっと軽い掃除機が欲しい。	I want a lighter vacuum cleaner.
掃除ロボットって、使い勝手はどうなんだろう?	I wonder how handy cleaning robots are.
10畳用のエアコンを買った。	I bought an air conditioner for a 10-tatami room.
省エネナンバーワンを受賞したらしい。	It got first prize for energy saving.
一回り大きいテレビを買った。	I bought a TV one size larger.
マッサージチェアが欲しいけど、置くところがないな。	I want a massage chair, but I don't have a place to put it.
災害時用に、懐中電灯付きラジオを買った。	I bought a radio with a flashlight for emergencies.

＊flashlight＝懐中電灯

最新の家電を見ているだけで楽しい。	It's fun to just look at the latest household appliances.

＊household appliance＝家電

インテリア用品を買う (→ p.464「インテリア」を参照)

食料品・日用品を買う

食料品を買う

食料品を表す単語

野菜	vegetable
キャベツ	cabbage
レタス	lettuce
ホウレンソウ	spinach
小松菜	Japanese mustard spinach
白菜	Chinese cabbage
ニンジン	carrot
ジャガイモ	potato
サツマイモ	sweet potato
かぼちゃ	pumpkin
大根	daikon radish
トマト	tomato
きゅうり	cucumber
なす	eggplant
ピーマン	green pepper
しいたけ	shiitake mushroom
玉ねぎ	onion
長ねぎ	leek
肉	meat
牛肉	beef
豚肉	pork
鶏肉	chicken
ひき肉	ground meat
魚	fish
刺身	raw fish / sashimi
サケ	salmon
アジ	horse mackerel
サバ	mackerel
ブリ	yellow tail
サンマ	saury [ソーリー]
マグロ	tuna [トゥーナ]
イカ	squid [スクウィッド]
タコ	octopus
エビ	shrimp
貝類	shellfish
アサリ	littleneck clam
ハマグリ	clam
ワカメ	wakame seaweed
ニンニク	garlic
ショウガ	ginger
ミカン	tangerine
バナナ	banana
オレンジ	orange
イチゴ	strawberry
メロン	melon
スイカ	watermelon
ブドウ	grape
キウイ	kiwi fruit
パイナップル	pineapple
卵	egg
牛乳	milk
生クリーム	fresh cream
バター	butter
チーズ	cheese
ヨーグルト	yogurt [ヨゥガート]
米	rice
酒	sake / rice wine
しょうゆ	soy sauce
砂糖	sugar
塩	salt
小麦粉	flour [フラゥア]
みそ	miso
マヨネーズ	mayonnaise
ケチャップ	ketchup
冷凍食品	frozen food

4章：英語日記フレーズ集

食料品の買い出しに行った。	**I did grocery shopping.** ＊grocery shopping＝食料品の買い出し
夕方、スーパーに行った。	**I went to the supermarket in the evening.**
夕飯の食材を買ってきた。	**I bought some food for dinner.** ＊「明日のお弁当の（食材）」なら、for tomorrow's lunch
野菜の特売の日だった。	**It was a bargain day for vegetables.**
ミカンを1袋買った。	**I bought one bag of tangerines.**
豚肉を300グラム買った。	**I bought 300g of pork.**
今日は卵がすごく安かった。	**Eggs were really cheap today.**
バターが売り切れていた。	**Butter was sold out.**
エコバッグを持っていった。	**I took my own bag with me.** ＊「エコバッグ」は、eco bagとしてもOK
エコバッグを持っていくのを忘れてしまった。	**I forgot to take my own bag.**
Aスーパーのほうが、食材が新鮮。	**A Store has fresher food.**
Bスーパーのほうが、ちょっと安い。	**B Store is a little less expensive.**
スーパーを3軒ハシゴした。	**I shopped at three supermarkets.**

日用品を買う

日用品を表す単語

ごみ袋	garbage bag	シャンプー	shampoo
ラップ	plastic wrap	リンス	conditioner
アルミホイル	aluminum foil	ボディソープ	body wash
食器洗剤	dishwashing detergent	石けん	soap
スポンジ	sponge	トイレットペーパー	toilet paper
洗濯洗剤	laundry detergent	ティッシュ	Kleenex / tissue
柔軟剤	fabric softener	生理用品	sanitary items
洗濯ばさみ	clothespin	綿棒	Q-Tips / cotton swab
ハンガー	(clothes) hanger	電池	battery
歯ブラシ	toothbrush	電球	light bulb
歯磨き粉	toothpaste		

14 買い物

ドラッグストアで日用品を買った。	I bought some daily necessities at the drugstore. *daily necessities=生活必需品
100ワットの電球を2個買った。	I bought two 100-watt light bulbs. *light bulb=電球
トイレットペーパーがもうすぐなくなりそう。	It looks like I'm running out of toilet paper. *run out of 〜=〜を使い果たす
明日、忘れずに買いに行こう。	I'll make sure to buy some tomorrow.
来客用の歯ブラシを買った。	I bought toothbrushes for guests.
歯ブラシの替えを買っておいた。	I bought some spare toothbrushes.
災害時用の保存食を買った。	I bought preserved food for emergencies. *preserved food=保存食
帰宅途中にアルミホイルを買った。	I picked up aluminum foil on the way home. *pick up 〜=(ついでに)〜を買う
花屋さんでガーベラの花束を買ってきた。	I bought a bouquet of gerberas from the florist's. *bouquet[ボゥケィ]=花束、ブーケ
綿棒を買い忘れた！	I forgot to get Q-Tips! *Q-Tips(綿棒)は、商標が一般名詞化したもの

プレゼントを買う

ミサキへの誕生日プレゼント、何がいいだろう。	What should I get Misaki for her birthday?
財布なら、喜んでくれるかも。	I think a wallet would make her happy.
お母さん、ああいう色好きかな？	I wonder if my mom likes that kind of color.
気に入ってもらえるといいな。	I hope she likes it.
プレゼント選びって、難しい。	It's hard to select presents.
プレゼントを選ぶのって、ワクワクする。	I get excited when choosing presents.

プレゼント用に、スカーフを買いに行った。	I went to buy a scarf for a present.
プレゼント用に包んでもらった。	I had it gift wrapped.
赤い包装紙と黄色のリボンを選んだ。	I picked out red wrapping paper and a yellow ribbon. *pick out〜=〜を選ぶ
のしを付けて包装してもらった。	I had the gift wrapped with a noshi.
カードを付けてもらった。	I asked for a message card.
結婚祝いに、ペアのカップ＆ソーサーを買ってあげた。	I bought them a cup-and-saucer set for a wedding present. *saucer[ソーサー]=受け皿、ソーサー
新築祝いだから、観葉植物がいいかな？	I guess a house plant would be a good housewarming present. *housewarming present=新築祝い
あまり高価なものだと、かえって気を遣わせちゃうかも。	If my present is too expensive, it might make them uncomfortable.

通販・ネットショッピング

通販カタログを見るのは楽しい。	I like looking at mail-order catalogs.
通販でロールケーキをお取り寄せした。	I mail-ordered a roll cake. *roll cakeは、Swiss rollとしてもOK
テレビの通販で掃除機を買った。	I bought a vacuum cleaner from a TV shopping show.
ネットでリュックサックを買った。	I bought a backpack online.
初めてネットで買い物をした。	It was my first time to shop online.
ネットショッピングって、すごく便利。	Online shopping is really convenient.
ネット上でクレジットカード情報を入力するのは、ちょっと怖いな。	I'm not comfortable giving my credit card information online. *comfortable=安心して
届くのが楽しみ。	I'm looking forward to getting the package.
注文した翌日に、もう届いた！ 早っ！	I received the package the day after I ordered it! That's fast!

買い物について 英語日記を書いてみよう

日々の買い物について、英語で書いてみましょう。

✏️ どっちにしようかな

> I went to check out some washing machines. I couldn't decide which to buy, a regular type or a drum type.

訳 洗濯機を見に行ったものの、普通のタイプかドラム型か、どちらを買おうか迷ってしまった。

ポイント check out ～は「～を調べる・見てみる」の意で、値段や機能性を確認したり、複数の商品を比較したりするニュアンスになります。ここでの「迷った」は「決められなかった」と考えて、I couldn't decide としましょう。which to buy は「どちらを買うべきか」。

✏️ 見なければよかった

> In a newspaper insert, I saw the same down jacket as mine, but it was 5,000 yen cheaper. I was disappointed! I wish I hadn't seen it.

訳 新聞の折り込み広告に自分のと同じダウンジャケットが載っていた。5000円も安くなっててガッカリ！見なければよかったなぁ。

ポイント insert は「（新聞などの）折り込み広告」のこと。ちなみに、flier/flyer は「チラシ、ビラ」、ad/advertisement は「広告（全般）」を指します。I wish I hadn't seen it は、「（実際は見てしまったけれど）見なければよかった」というニュアンスです。

早く驚く顔が見たいな

I found the very necklace Chiko has always wanted! I got it for her birthday without thinking twice. I can hardly wait to see her look of surprise.

訳 チコがずっと欲しがっていたネックレスを発見！ 迷わず、誕生日プレゼントに買った。早く驚く顔が見たいな。

ポイント 「チコがずっと欲しがっていたネックレス」は、the very necklace (that) Chiko has always wanted のように、関係代名詞で表します。この very は「まさにその」という強調の意味。「迷わず」は without ～（～なしで）と think twice（よく考える）を組み合わせました。

我慢できずに…

Ayu and I went to the outlet mall. When I saw a pair of Cazal sunglasses at 70% off, I couldn't resist them. I ended up spending quite a bit of money. But I'm happy!

訳 アユとアウトレットへ行った。カザールのサングラスが7割引きになっているのを見たら、どうしても我慢できなくて。結局、かなりお金を使ってしまった。でも、うれしい！

ポイント 「サングラス」は、a pair of sunglasses、two pairs of sunglasses のように数えます。resist は「～を我慢する・抑える」の意。end up ～ing は「結局～することになる」という意味で、ここでは、予定外の高い買い物に対する反省のニュアンスも表しています。

15 お金

家計

✏ 支払い

いろいろな料金を表す単語

公共料金	public utilities charges		
電気代	electric bill		
水道代	water bill	宿泊費	room rate
ガス代	gas bill	駐車場代	parking fee
インターネット代	Internet bill	駐輪場代	bicycle parking fee
新聞代	newspaper bill	運賃	fare
電話代	phone bill	片道料金	one-way fare
携帯電話代	cellphone bill	往復料金	round-trip fare
国民健康保険料	national health insurance fee	航空券代	air fare
		バス代	bus fare
保険料	insurance premium	タクシー代	taxi fare
入学金	admission fee	病院代	medical bill
給食費	school lunch fee	入院費	hospital charges
（学校の）授業料	tuition	入場料	entrance fee
～（おけいこなど）の月謝	tuition / lesson fee	送料	shipping fee
家賃	rent	取り扱い手数料	handling fee

携帯代を払った。	I paid my cellphone bill.
	＊cellphone＝携帯電話
コンビニで水道料金を支払った。	I paid the water bill at a convenience store.
電気代の支払い期限が過ぎていた。	The electric bill was past due.
	＊due[デュー]＝期限
毎日、届くのは請求書ばかり。	All I get every day is bills.

国民健康保険料の支払い、高いなぁ。	The national health insurance payment is really high.
家賃の振込をした。	I paid my rent by bank transfer.　*bank transfer＝銀行振込
家賃の振込を忘れてた。	I forgot to transfer my rent.　*transfer＝〜を送金する・振込む
ネットで振込をした。	I transferred online.

📖 家計の管理

夕飯の後、家計簿を付けた。	After dinner, I did my household accounts.　*household accounts＝家計簿
今月から家計簿を付け始めた。	I started keeping my household accounts this month.
パソコンで家計簿を付けることにした。	I decided to keep my household accounts on my PC.
今月は赤字だ。	We're in the red this month.　*in the red＝赤字で
今月は少し余裕がありそう。	We have a little extra money this month.　*extra＝余分な
うちの家計は火の車。	We're very hard up.　*hard up＝金に困っている
発泡酒は家計に優しい。	Low-malt beer is good for the household budget.　*malt＝麦芽、モルト
固定費をなるべく安くしたい。	I want to keep my fixed costs as low as possible.　*fixed＝固定された

👓 浪費・散財

最近、お金を使い過ぎだ。	I've been spending too much money lately.
気付かない間に、カードを使い過ぎていた。	I had overused my credit card before I knew it.
散財しちゃった。	I spent too much money.
すっからかんだ。	I'm broke.　*broke＝無一文の、金欠の

懐が寂しい。	I'm low on cash. ＊cash＝お金、現金
今月も金欠だ。	I'm short of cash this month again.
浪費癖を何とかしないと。	I ought to do something about my spending habits. ＊ought to ～＝～しないといけない　habit＝癖、習慣

節約

少し節約しなきゃなぁ。	I ought to save some money.
食費を減らそう。	I'll cut down on my food expenses. ＊expense＝支出、費用
外食を控えよう。	I shouldn't eat out so often. ＊eat out＝外食する
電気代を節約したい。	I want to reduce my electric bill. ＊reduce＝～を減らす
省エネタイプのエアコンを買った。	I bought an energy-saving air conditioner.
エアコンでなく、扇風機を使うほうがいいな。	I might as well use an electric fan, not an air conditioner. ＊might as well ～＝～したほうがよさそうだ
今月は電気代が830円浮いた。	I saved 830 yen on the electric bill this month.

貯金

100万円ためたいな。	I want to save up one million yen.
貯金ゼロは、さすがにまずい！	Having no savings is bad, seriously!
半年で50万円ためるぞ！	I will save 500,000 yen in six months!
留学費用として200万円ためよう。	I'm going to save two million yen to study abroad.
とりあえず、将来に備えたい。	I just want to put money away for the future. ＊put money away＝貯蓄する、お金を取っておく
老後の蓄えをしておきたい。	I want to put money away for when I get older.

4章：英語日記フレーズ集

少しずつでも着実にためていこう。	I'll save steadily even just a little bit at a time.
500円玉貯金を始めた。	I've started to save 500-yen coins.
今日から「つもり貯金」を始めるぞ。	I'm going to start my "tsumori" savings today.
「飲みに行ったつもり」で、3000円貯金した。	I set aside 3,000 yen which I would have spent drinking. ＊set aside ～＝～（お金など）を別にとっておく
順調にお金がたまってきたぞ。	I'm doing pretty well on saving money.
なかなかお金がたまらない。	It's hard to save up money.
ドル建ての外貨預金を始めた。	I started a dollar-based currency savings plan. ＊dollar-based＝ドル建ての　currency＝通貨、貨幣
円高の今がチャンスだ。	The yen is strong, so now is my chance.
毎月3万円ずつ貯金するぞ。	I'm going to put 30,000 yen in my account every month.　＊account＝口座
50万円を定期預金にした。	I made a time deposit of 500,000 yen.　＊time deposit＝定期預金、積立預金
定期預金を中途解約した。	I withdrew the time deposit before maturity. ＊withdraw＝～を引き落とす。過去形はwithdrew。 　withdrewはcanceledにしてもOK　maturity＝満期
今の給料では貯蓄ができない。	With my current salary, I don't have enough for any savings.

お金の貸し借り

手持ちが2000円しかなかった。	I only had 2,000 yen with me.
マサに5000円借りた。	I borrowed 5,000 yen from Masa.
オノさんにお金を返すのを忘れてた！	I forgot to pay Ono-san back! ＊pay ～ back＝～（人）にお金を返す
明日、必ず返さなきゃ。	I must pay her back tomorrow.

15 お金

次に会ったときに返そう。	I'll pay her back next time I see her.
ハルキが、この間貸した5000円を返してくれた。	Haruki paid me back the 5,000 yen I lent him the other day. *lend ～ …＝～に…を貸す。過去形はlent
サトコがなかなかお金を返してくれない。	Satoko won't pay me back.
ヒロくん、いつになったらお金を返してくれるのかな？	I wonder when Hiro-kun is going to pay me back.
借用書を書いた。	I wrote an IOU. *IOU＝借用証書。I owe you.(あなたに借りがある)から
お金の貸し借りは、なるべくしたくない。	I don't want to borrow or lend money if I don't have to.

銀行

🔒 銀行口座

A銀行で口座を開設した。	I opened an account in A Bank. *account＝口座
定期預金のほうがいいかな？	I wonder if the time deposit is better for me. *time deposit＝定期預金、積立預金
ネット銀行で、口座開設の申し込みをした。	I applied for an account with an online bank. *apply for ～＝～を申し込む
B銀行の口座を解約した。	I canceled my account with B Bank.

💡 口座の残高

残高を確認した。	I checked my balance.
給料が振り込まれていた。やった！	My salary was deposited into my bank account. Great! *deposit＝～を預金する
残高が3万円しかなかった。	I only have 30,000 yen in my bank account.
カードの引き落としが痛いなあ。	My credit card payment is a real pain. *pain＝苦悩、苦しみ
通帳の記帳をした。	I updated my bank book. *update＝～の内容を最新のものにする

ATM

コンビニのATMでお金を下ろした。	I withdrew some money from a convenience store ATM.
	*「銀行のATM」なら、bank ATM
10万円、預け入れをした。	I deposited 100,000 yen.
	*deposit=〜を預け入れる
105円の手数料がかかった。	The fee was 105 yen.
	*fee=手数料
ATMコーナーに行列ができていた。	There was a line at the ATM corner.
連休前だからだろう。	It's probably because it's right before the holidays.
近くにATMがなくて困った。	There weren't any ATMs nearby, so I was a little irritated.
	*irritated=いらいらした、じれている

株・投資

株・投資

A銀行に株式口座を開設した。	I opened a bank account for trading stocks.
	*trade=〜を売買する　stock=株
アライさんは、株で200万円もうけたらしい。	I heard that Arai-san made two million yen in the stock market.
	*stock market=株式市場。on the stock marketとも
XYZ株を1000株購入した。	I bought 1,000 XYZ shares.
	*share=株
XYZ株を売却した。	I sold my XYZ shares.
銀行で投資信託を勧められた。	The bank advised me to invest in a mutual fund.
	*invest in 〜=〜に投資する　mutual fund=投資信託
給料が上がらないから、投資で資産を作るしかない。	I'm not getting a raise, so I have to build my assets.
	*raise=昇給　build=〜を築く　assets=資産

株価上昇

XYZの株価が上がってる。	The value of XYZ is rising.
	*value=価値、額面
XYZの株価が急騰している。	The value of XYZ is skyrocketing.
	*skyrocket[スカイラケット]=急騰する

15 お金

昨日買っておけばよかった。	I wish I had bought it yesterday.
XYZ株が20円上がった！	The value of XYZ rose by 20 yen!
XYZ株は、買値から30パーセント値上がりした。	The value of XYZ has increased by 30% since I bought it.
手持ちの株が、軒並み値上がりした。	All my stocks went up.
	*stock＝株
含み益は100万円を超えた。	My unrealized capital gains are over a million yen.
	*unrealized＝未回収の　capital gain＝資本利得

株価下落

ABCの株価が急落している。	The value of ABC is plummeting.
	*plummet＝急落する
ABCは大幅値下げでストップ安。	The value of ABC dropped sharply and hit the limit.
	*hit the limit＝限界に達する
昨日売っておけばよかった。	I should've sold it yesterday.
今が買い時かも。	Maybe now is a good time to buy.
ABC株の含み損が膨らんでいる。	The unrealized capital losses on ABC are increasing.
	*unrealized＝未回収の　capital loss＝資本損失
塩漬けにするしかないか…。	I guess I'll have to keep these shares for the long-term...

為替・両替

外国為替

円高が進んでいる。	The yen is getting stronger.
円が1ドル＝80円まで値上がりした。	The yen has risen to 80 yen to the dollar.
人民元は、1元＝13円だ。	The yuan is at 13 yen to the yuan.
	*yuan[ユァン]＝人民元、中国元
旅行するなら今がチャンスだ。	If you're going to travel, now is a good time.

製造業への影響が心配だ。	I'm worried about the impact on the manufacturing industry.

📖 両替

新札の1万円札に替えてもらった。	I exchanged my old 10,000-yen bills for new ones.
1万円を1000円札に両替してもらった。	I exchanged the 10,000-yen bill for 1,000-yen bills.
1000円札を崩してもらった。	I asked to change a 1,000-yen bill to coins.
5万円分、米ドルに両替した。	I exchanged 50,000 yen for US dollars.
空港でユーロに両替した。	I exchanged money for euros at the airport.
1万円で125ドルになった。	I got 125 dollars for 10,000 yen.
レートは1ドル＝79.54円だった。	The rate was 79.54 yen to the dollar.
手数料が2ドルかかった。	The fee was two dollars.

税金 (→ p.394「確定申告」も参照)

税金を表す単語

所得税	income tax
住民税	resident tax
県民税／都民税／府民税	prefectural tax
市民税／町民税／村民税	municipal tax
区民税	ward tax
消費税	consumption tax
固定資産税	property tax
法人税	corporation tax
事業税	business tax
たばこ税	tobacco tax
酒税	liquor tax
贈与税	gift tax
相続税	inheritance tax
自動車税	automobile tax
軽自動車税	light vehicle tax
ガソリン税	gasoline tax
地方税	local tax
入湯税	bathing tax

税金を支払わなきゃ。	I have to pay my taxes.
税金の支払いを済ませた。	I finished paying my taxes.
固定資産税が、家計に重くのしかかる。	The property tax is a big burden on my household budget. ＊burden＝負担、重荷　household budget＝家計
確定申告の時期がやってきた。	It's time to file my taxes. ＊file＝〜を提出する
医療費控除をちゃんと申請しなくちゃ。	I have to apply for medical expenses tax deduction. ＊expense＝費用　deduction＝控除
所得税の還付金が振り込まれていた。	The tax refund was deposited into my account. ＊refund＝払い戻し　deposit＝〜を預け入れる
来年から、青色申告にしようかな？	Maybe I should file a blue return from next year.　＊blue return＝青色申告
青色申告用のソフトを買った。	I bought software for the blue return.
税金の無駄遣いだけはやめてほしい。	I just wish they would stop wasting tax money.

保険

保険を見直そう。	I'm going to reconsider my insurance. ＊reconsider＝〜を考え直す
保険料が高すぎて、家計が苦しい。	The insurance premium is too high, and it's hurting the household budget. ＊premium＝保険料　hurt＝〜に打撃を与える
自動車保険が高すぎる。	The car insurance is too high.
医療保険に入らなきゃ。	I need to get medical insurance.
保険の営業マンが訪ねてきた。	An insurance salesperson came to my house.
どの保険がいいのか、さっぱりわからない。	I have no idea which insurance is good for me.
ムトウさんは、A社の保険がお薦めだと言っていた。	Muto-san recommended A Company's insurance.

いくつかの保険会社に資料請求をした。	I requested some brochures from several insurance companies.

＊brochure[ブロウシュア]＝パンフレット、案内書

医療保険のパンフレットをもらってきた。	I got a brochure for medical insurance.
どの保険に入るべきか、ファイナンシャルプランナーに相談した。	I talked with a financial planner about what insurance I should buy.
生命保険を解約しようか迷う。	I'm wondering if I should cancel my life insurance.

ローン（→ p. 477「住宅ローン」も参照）

頭金は500万円くらいで考えている。	I'm thinking about making a deposit of about five million yen.

＊deposit＝頭金、手付金

ローン返済のシミュレーションをした。	I made a simulation for loan repayment.

＊repayment＝返済、払い戻し

ボーナスは、ローンの繰り上げ返済にあてよう。	I'm going to use my bonus to pay back my loan early.
やった！ ローンの審査に通った！	Great! My loan has gotten approved!

＊approve＝〜を承認する

ローンの審査に通らなかった。	My loan didn't get approved.
ついにローン完済！	I've finally paid off my loan!

＊pay off 〜＝〜を完済する

ローンで車を買った。	I bought a car with a loan.
20年ローンを組んだ。	We took out a 20-year loan.
変動金利と固定金利、どちらがいいの？	Which one is better, an adjustable rate or a fixed rate?

＊adjustable＝調節可能な　fixed＝固定した

ローンを組むなら、低金利の今がチャンスか。	To take out a loan, now is a good time because of the low-interest rate.

＊take out 〜＝（申請して）〜を受ける・得る
low-interest rate＝低金利

給料が、家や車のローンでほとんど消えちゃうよ。	Most of my salary goes to my mortgage and car payments.

＊mortgage[モーギッジ]＝住宅ローン

お金について英語日記を書いてみよう

お金にまつわるあれこれを、英語で書いてみましょう。

🖉 1万円発見!

> I came across 10,000 yen in my old wallet when I was cleaning my room! Lucky me!

訳
部屋の掃除をしていたら、古い財布の中に1万円を見つけた! ラッキー!

ポイント come across ～は、直後に物を続けると「ふと～を見つける」、人を続けると「偶然～に会う」という意味になります。「ラッキー!」は、Lucky! でなく、Lucky me! とするのが英語らしい表現。I was lucky! や How lucky! などと表すこともできます。

🖉 めでたいけれど懐が…

> I've been invited to two weddings this month. They're happy events, but my wallet feels light.

訳
今月は2つの結婚式に招待されている。めでたいことだけど、懐がさみしいなぁ。

ポイント 「2つの結婚式に招待されている」は、I have two weddings to attend (出席する結婚式が2つある) としても OK です。「懐がさみしい」は my wallet feels light (財布が軽い) としましたが、I'm short of money (金欠だ) などと表してもよいでしょう。

お小遣いを前借りしたい

I'm dying to go to the Arashi concert, but I don't have enough money... I'll ask Mom if I can get next month's allowance in advance.

訳 嵐のコンサートに行きたくてたまらない。でも、お金がない…。来月のお小遣いを前借りできるか、お母さんにお願いしてみようっと。

ポイント 「〜したくてたまらない」は、be dying to 〜（動詞の原形）で表してみました。dying は die（死ぬ）の -ing 形で、全体で「死ぬほど〜したい」という意味。ask 〜 if ... は「…してくれるよう〜に頼む」、allowance は「お小遣い」、in advance は「前もって」。

大学へ行かせてやりたい

My son said he wants to go on to college. I'll need at least two million yen. OK, I'll cancel the time deposit.

訳 息子が大学に進学したいと言い出した。少なくとも 200 万円は要る。よし、定期預金を解約しよう。

ポイント 「〜に進学する」は go (on) to 〜で OK。at least は「少なくとも、最低でも」、「定期預金」は time deposit と表します。cancel は「〜を取り消す」で、cancel the time deposit で「定期預金を解約する」という意味になります。

16 住まい

住まいについて

✏️ インテリア

インテリア用品を表す単語

家具	furniture	ベッド	bed
棚	shelf	シングルベッド	single bed
食器棚	cupboard	ダブルベッド	double bed
クローゼット	closet	ソファベッド	sofa bed
たんす	dresser	カーペット	carpet
テーブル	table	ラグ	rug
ダイニングテーブル	dining table	カーテン	curtain
折りたたみ式のテーブル	folding table	ロールスクリーン	shade
サイドテーブル	side table	パーティション	partition
コーヒーテーブル	coffee table	壁紙	wallpaper
机	desk	照明	lighting
いす	chair	スタンドライト	standing lamp / lamp
ロッキングチェア	rocking chair	ランプ	lamp
リクライニングチェア	reclining chair	鏡台	dressing table
スツール	stool	姿見	full-length mirror
ソファ	sofa / couch	時計	clock
2人用ソファ	love seat		
クッション	cushion		

遮光カーテンを買った。　I bought shade curtains.
＊shade＝日よけ

アンティークの鏡台を買った。　I bought an antique dressing table.

4章：英語日記フレーズ集

カーペットをセミオーダーした。	I placed an order for a semi-custom-made carpet.
	*place an order for 〜＝〜を注文する
中古家具店を回った。	I looked around used furniture stores.
	*used＝中古の　furniture＝家具
リサイクルショップでダイニングテーブルを買った。	I bought a dining table at a secondhand shop.
	*secondhand＝中古の
あのコーヒーテーブル、うちのソファと合うと思う。	I'm sure that coffee table would match my sofa.
あのスタンドライト、おしゃれだった！	That lamp was so stylish!
あんなソファが家にあったら、すてきだろうな。	I think that sofa would make my house look really nice.
安いのはいいけど、自分で組み立てなきゃいけないんだよね。	It's nice that it's cheap, but I have to put it together myself.
	*put 〜 together＝〜を組み立てる
組み立てが難しそう。	It looks difficult to assemble.
	*assemble＝〜を組み立てる
私にも組み立てられるかな？	I wonder if I can assemble it myself.
夫が上手に組み立ててくれた。	My husband did a good job putting it together.

📖 模様替え

部屋を模様替えしたい。	I want to redecorate my room.
	*redecorateは、rearrangeとしてもOK
畳が古くなってきた。	The tatami mats are getting old.
カーペットを新しくしたい。	I want to get a new carpet.
この部屋をもっとかわいい感じにしたい。	I want to redo this room and make it cuter.
	*redo[リドゥー]＝〜をやり直す・改装する
アジアンテイストの部屋が理想だ。	An Asian-style room would be ideal.
	*ideal[アイディーゥ]＝理想的な
シンプルなインテリアでまとめたい。	I want simple décor.
	*décor＝装飾。decorとも書く
物が多すぎるんだよね。	I have too many things.
リビングの模様替えをした。	I redecorated my living room.

16 住まい

家具の配置を変えた。	I moved the furniture around. ＊move 〜 around＝〜を動かす　furniture＝家具
配置を変えるだけでも、ずいぶん印象が変わる。	Just moving the furniture around really creates a different feel. ＊feel＝感じ、雰囲気
部屋の隅に観葉植物を置いた。	I put a leafy plant in the corner of the room. ＊「観葉植物」は、foliage plant や houseplant とも言う

👓 住まいのトラブル

トイレが詰まっちゃった。	The toilet got clogged. ＊clog＝〜を詰まらせる
トイレの水が流れなくなった。	The toilet water wouldn't flush. ＊flush＝（トイレの水が）流れる
シンクの下から水漏れしている。	There's water leaking from the bottom of the sink.　＊leak＝漏れる
お風呂場の換気が悪い。	The ventilation in the bathroom isn't very good.　＊ventilation＝換気
給湯器の調子が悪い。	The water heater isn't working very well.
リビングのドアの建て付けが悪い。	The living room door is poorly built.
トイレのドアがキーキーいう。	The bathroom door is squeaky. ＊squeaky＝キーキーいう
油を差したほうがいいかな？	Maybe I should oil it. ＊oil＝〜に油を差す
寝室の天井が雨漏りしている。	The bedroom ceiling has a leak. ＊ceiling［スィーリング］＝天井　leak＝水漏れ
修理を依頼しないと。	I'd better have someone fix it. ＊fix＝〜を修理する
屋根の修理をしなきゃ。	I have to repair the roof. ＊repair＝〜を修理する
壁の施工不良を見つけた。	I found a defect in the wall. ＊defect＝欠陥、不良
鍵をなくしちゃった。	I've lost my keys.
ブレーカーが落ちちゃった。	The breaker blew a fuse. ＊blow＝〜（ヒューズ）を飛ばす。過去形はblew［ブルー］
マンションが建ってから、日当たりが悪くなった。	We don't get much sunlight because of the new apartment building.

リフォーム

キッチンをリフォームしたい。	I want to remodel my kitchen.

*remodel＝～をリフォームする

トイレをウォシュレットにしたい。	I want to get a toilet with a built-in bidet.

*built-in＝作りつけの　bidet[ビーデイ]＝ビデ

壁紙を張り替えたいなぁ。	I feel like changing the wallpaper.
天井を塗り替えたい。	I want to repaint the ceiling.
階段に手すりを付けたい。	I want to install a stair rail.

*install＝～を取り付ける　rail＝手すり

台所にABC社のシステムキッチンを入れたい。	I want to get an ABC integrated kitchen installed.

*integrated＝統合した　install＝～を取り付ける

お風呂場の段差をなくしたほうがよさそうだ。	I should get the bathroom floor evened out.

*even out ～＝～を平らにする

浴室乾燥機付きのユニットバスにしたいなぁ。	I feel like making it a unit bathroom with a room dryer.
外壁をきれいにしたい。	I want to clean up the exterior walls.

*exterior＝外側の

収納を増やしたい。	I want more storage space.
バリアフリーの家にしたい。	I want to make my house barrier-free.
太陽光パネルを付けようかな。	I'm thinking about getting solar panels.
オール電化にしようかな。	Maybe I'll make my house completely electric.
耐震強度が不安だ。	I'm worried about what will happen to my house in an earthquake.

*earthquake＝地震

耐震補強を検討している。	I'm considering having my house reinforced for earthquakes.

*reinforce＝～を強化する・補強する

工務店に工事の見積もりを依頼した。	I asked the builder for an estimate.

*builder＝建築業者　estimate＝見積もり

3社から見積もりを取った。	I got estimates from three companies.

予算オーバーだ。	It went over my budget. *budget＝予算
プランを変更しよう。	I'm going to change my plans.

友人の住まいについて

🛍 友人の住まい

彼、どこに住んでいるんだろう。	I wonder where he lives.
彼はうちの近所に住んでいる。	He lives in my neighborhood. *neighborhood＝近隣
彼は同じ町内に住んでいる。	He lives in the same town.
彼は神奈川県横浜市に住んでいる。	He lives in Yokohama, Kanagawa.
彼女は琵琶湖のほとりに別荘を持っている。	She has a vacation home by Lake Biwa.
彼女は一軒家に住んでいる。	She lives in a house.
彼女は賃貸マンションに住んでいる。	She lives in an apartment. *分譲マンションなら、apartmentをcondoに。mansionは「洋館、豪邸」の意味なので注意
彼女は豪華なマンションに住んでいる。	She lives in a gorgeous apartment.
彼女は高層マンションの27階に住んでいる。	She lives on the 27th floor of a high-rise apartment.
彼は3階建てのアパートに住んでいる。	He lives in a three-story apartment. *story＝階
彼のところは二世帯住宅だ。	He lives in a two-family home.
彼は郊外に家を買ったそうだ。	I heard he bought a house in the suburbs. *suburb＝郊外の住宅地

💡 住まいの印象

豪邸だった。	It was a big, fancy house. *fancy＝高級な、おしゃれな
昔ながらの日本家屋だった。	It was a traditional Japanese house.
趣のある家だった。	It was a nice house with a great atmosphere. *atmosphere[アトモスフィア]＝雰囲気

広々とした家だった。	It was a spacious house. ＊spacious[スペイシャス]＝広々とした
こぢんまりとした家だった。	It was a small but comfortable house.
割と狭かった。	It was pretty small.
おしゃれなマンションだった。	It was a fashionable apartment.
インテリアがおしゃれだった。	It had a fancy interior décor. ＊décor＝装飾。decorとも書く
ドラマに出てきそうな部屋だった。	It was like a room in a TV drama.
家具が高そうだった。	The furniture looked expensive. ＊furniture＝家具
くつろげる部屋だった。	It was a cozy room. ＊cozy（居心地のよい）は、snug[スナッグ]としてもOK
片付いていた。	It was neat and tidy. ＊neat＝小ぎれいな　tidy[タイディ]＝整とんされた
散らかっていた。	It was messy. ＊messy＝散らかった
殺風景な部屋だった。	It was a very bare room. ＊bare[ベア]＝装飾などのない、むき出しの

住まいの条件

🕐 立地

通勤が楽な場所がいいな。	I want a place that's convenient for the commute.　＊commute＝通勤
中央線の中野駅近辺にしよう。	I'll get a place near Nakano Station on the Chuo Line.
東西線の沿線がよさそう。	A place on the Tozai Line would be nice.
駅から歩いてすぐだ。	It's a short walk from the train station.　＊trainは省略可
駅まで歩いて6分ほどだ。	It's about six minutes on foot to the station.

16 住まい

駅からは少し距離がある。	It's a little ways away from the station.
駅からバスで15分くらいだ。	It's about 15 minutes by bus from the train station.
駅からずっと上り坂だ。	It's uphill all the way from the station. *uphill＝上り坂の
車の通りが多い。	The traffic is heavy on that road. *traffic＝交通量

☕ 間取り

2DKがいいな。	I want two bedrooms, a dining room and a kitchen. *正式な英語ではないが、日記では「2DK」としてもOK
3LDKだ。	It has three bedrooms, a living room, a dining room and a kitchen. *日記では「3LDK」としてもOK
6畳の和室と、洋室がある。	It has a 6-tatami Japanese-style room and a Western-style room.
6畳と4.5畳の洋室がある。	It has a 6-tatami and a 4.5-tatami Western room.
LDKは10畳だ。	The living room, the dining room and the kitchen are 10 tatami mats altogether. *日記では「LDK」としてもOK
住みやすそうな間取りだ。	That floor plan looks really convenient.
南向きの角部屋だ。	It's a corner room facing the south.

✒ 設備

バス・トイレ別がいいな。	I want a separate toilet and bathroom.
広いバルコニーがあるといいな。	A large balcony would be nice.
セキュリティーシステムが付いてないと。	I need to have a security system.
管理人さんが常駐しているマンションがいいな。	I want an apartment with a full-time building manager.

駐車場が必要だ。	I need a parking space.
	*parking spaceは、parking lotとしてもOK
駐輪場が広くていい感じ。	I like the spacious bike parking lot.
エレベーターはない。	There's no elevator.
すごく小さいけれど、庭がある。	It's really tiny, but it has a garden.

🔖 建物の階数・築年数

10階建てのマンションだ。	It's a ten-story apartment building.
	*story=階
2階建てのアパートだ。	It's a two-story apartment building.
2階建ての一軒家だ。	It's a two-story house.
5階建ての3階だ。	It's on the third floor of a five-story building.
1階なので、防犯が心配。	It's on the first floor, so I'm worried about getting burglarized.
	*get burglarized=どろぼうに入られる
築15年だ。	It's a 15-year-old building.
新築マンションだ。	It's a new apartment building.

✏️ 周辺環境

静かな環境がいいな。	I want a quiet place.
便利な場所がいいな。	I want a place in a convenient location.
静かでいい環境だ。	It's in a nice and quiet environment.
公園が目の前だ。	There's a park right in front of it.
	*right=ちょうど
コンビニが目と鼻の先だ。	It's really close to a convenience store.
近所にスーパーが3つもある。	There are three supermarkets in the neighborhood.
	*「スーパー」は、grocery storeとも言う
図書館まで自転車で5分だ。	It takes five minutes to get to the library by bicycle.
	*bicycleは、bikeとしてもOK

16 住まい

保育園と小学校が近くにある。	There is a preschool and an elementary school nearby. ＊a(n) ～ and a(n) …という形で「～と…がある」と言う場合、There are …ではなく、くだけてThere is …とすることが多い
大通りに面しているので、騒音が気になる。	It faces a busy street, so the noise bothers me. ＊busy street＝往来の激しい道路　bother＝～を悩ます
大通りから1本入ったところがいいな。	A place off the main street would be nice.　＊off ～＝～から離れた
線路に近いので、電車の音が聞こえる。	It's near the railroad tracks, so I can hear the trains.　＊track＝線路
交通量が多いので、ちょっと危ないかな。	The traffic is quite heavy, so it's kind of dangerous.
周囲に街灯が少ないのが気になる。	There aren't many streetlights around, and that worries me. ＊worry＝～を心配させる
夜道は暗いかもしれない。	It might be too dark at night.

部屋を借りる

📖 賃貸の希望条件

新しい部屋を探し中。	I'm looking for a new place. ＊ここでのplaceは、「(住まいとしての)部屋」の意味
どんな部屋がいいかな？	What kind of place should I get?
希望の条件を書き出してみよう。	I'm going to write down everything I want.
通勤に便利な場所なら、条件にはこだわらない。	I don't mind the details as long as the commute is convenient. ＊detail＝細かい点　commute＝通勤
賃貸のほうが、身軽で好き。	I prefer leasing because it's less of a commitment. ＊lease＝賃貸する　commitment＝責任、義務
タワーマンションにあこがれる。	Living in a high-rise condo is my dream. ＊condoは、condominium(分譲マンション)の略
庭付きの一戸建てが欲しい。	I hope to live in a house with a yard.

リビングの床暖房は必須だ。	The living room has to have floor heating. *floor heating＝床暖房
ウォークインクローゼットがあるといいな。	It would be nice to have a walk-in closet.
理想はアイランド型のキッチン。	An island kitchen design would be ideal. *ideal[アイディーゥ]＝理想的な

👓 物件探し

ネットで賃貸物件を探した。	I looked for a place to rent on the Net. *the Net＝the Internet
不動産会社に行った。	I went to a real estate agency. *real estate agency＝不動産会社
いくつか物件を紹介してもらった。	They showed me several places.
間取り図を見せてもらった。	They showed me some room layouts. *room layout＝間取り、間取り図
ちょうどいい物件があった。	I found the perfect place.
条件に合った物件が見つからなかった。	I couldn't find a place that met my conditions. *meet＝～(希望など)を満たす　condition＝条件
もう少し広い部屋がないか、聞いてみよう。	I'm going to ask if there's a bigger place.
ほかの不動産会社も当たってみよう。	I'm going to try another real estate agency.

📕 家賃・初期費用

家賃は5～6万円で考えている。	I'm thinking of somewhere between 50,000 and 60,000 yen for rent. *range＝(値段などの)幅
家賃は10万円以内がいいな。	I want to stay under 100,000 yen for rent. *stay ～＝～のままでいる
家賃は10万円だ。	The rent is 100,000 yen.
あの部屋であの値段なら、安いと思う。	That's a great price for such a nice place.

初期費用をなるべく抑えたい。	I want to hold down the initial costs as low as possible.

*hold down 〜＝〜を抑える　initial cost＝初期費用

敷金2カ月分と礼金2カ月分がかかる。	I'll need to pay a two-month deposit and a two-month key money.

*deposit＝敷金　key money＝礼金

手数料は1カ月分だ。	The commission is one month's rent.

*commission＝委託手数料

なんだかんだで、引っ越しに100万円近くかかっちゃう。	It'll cost about a million yen for the move after all.

*move＝引っ越し　after all＝結局

更新料は1カ月分だ。	The contract renewal fee is one month's rent.

*contract＝契約　renewal＝更新

🔖 内見

今日、内見してきた。	I went to check out the inside today.
2つの部屋を内見した。	I looked at two places.
日当たりがいい。	It gets a lot of sunshine.
日当たりが悪い。	It doesn't get much sunshine.
西日が強いかも？	The late afternoon sun might be too bright.
風通しがよかった。	It was well-ventilated.

*ventilated＝換気された

風通しが悪かった。	It was poorly ventilated.
収納がたっぷりあった。	It had plenty of storage space.

*storage＝収納

収納が少なかった。	It didn't have enough storage space.
キッチンはリフォームされたばかりで、きれいだった。	The kitchen was just remodeled and looked really nice.

*remodel＝〜をリフォームする

リビングが広々としていた。	The living room was spacious.

*spacious＝広々とした

壁が薄そうなのが気になった。	I was worried the walls might be a little thin.

🛋 内見して

なかなかいい部屋だった。	It was a pretty good place.
思ったよりよかった。	It was better than I expected.
まさに理想の物件だった。	It was exactly what I wanted.
ちょっとボロかった。	It was a little run-down.
	*run-down＝荒れた
期待はずれだった。	I was disappointed.
あの部屋にしよう。	I'm going to decide on that place.
もう少し検討しよう。	I'm going to look a little longer.
	*look＝探す、調べる
いい部屋が見つかってよかった。	I'm glad I found a good place.
なかなか理想の部屋が見つからない。	It's hard to find the perfect place.

⏰ 賃貸契約

不動産会社で契約してきた。	I signed a contract at the real estate office.
	*sign a contract＝契約書に署名する
担当者が親切だった。	My agent was really nice.
	*agent＝仲介者
大家さんにあいさつした。	I said hi to my landlord.
	*say hi to 〜＝〜にあいさつをする landlord＝(男性の)大家。女性の場合はlandlady
引っ越しが楽しみ。	I can't wait to move.
	*move＝引っ越す

住宅の購入

☕ 購入物件を探す

不動産会社で中古住宅を探した。	I looked for a used house at a real estate agency.
	*real estate agency＝不動産会社
会社まで50分以内で通えるところで、新築の分譲マンションを探そう。	I'm going to look for a new condo within 50 minutes from my workplace.
	*condoは、condominium(分譲マンション)の略

もう少し頑張って、3LDKにしようかな。	Maybe I'll spend a little more and get a 3LDK place.
	＊正式な英語ではないが、日記では「3LDK」としてOK
2LDK、55m²で2500万円だ。	It's 25-million yen for a 55m² 2LDK.
	＊m²＝square meter（平方メートル）

✒ モデルルーム見学

住宅展示場へ行った。	I went to a model home exhibition.
	＊exhibition＝展示
折り込み広告の新築分譲マンションを見に行った。	I went to see the new condo I saw in the newspaper insert.
	＊insert＝（新聞などの）折り込み広告
B社のモデルルームを見学した。	I took a tour of a showroom made by B company.
営業さんに説明を聞いた。	We listened to the sales pitch.
	＊sales pitch＝売り込み口上
立地は申し分ない。	The location is perfect.
周辺環境が気に入った。	I like the surrounding environment.
来年2月に完成予定の新築だ。	It's scheduled to be completed next February.
中古マンションだけど、新築同様にきれいだ。	It's a used condo, but it's just as good as new.
	＊as good as new＝新品同様の
間取りと採光のよさに感動した。	I really liked the layout and the lighting.
	＊layout＝設計、配置
広々としたキッチンにうっとりした。	I fell in love with the spacious kitchen.
防音、断熱性に優れた高気密住宅だ。	It's a well-sealed place with nice soundproofing and insulation.
	＊well-sealed＝高気密の　soundproofing＝防音性　insulation＝断熱性
エコ性能に優れている。	It's really eco-friendly.

🔖 購入物件の比較・検討

B社のマンションのほうが間取りがいいな。	B Company's condo has a nicer layout.
	＊condoは、condominium（分譲マンション）の略

A社のマンションなら、将来的に値が下がりにくいかな。	Maybe the value of A Company's condos won't drop in the future.
高級路線すぎて、ちょっと違うかも。	It's a little too luxurious, so maybe it's not for me. *luxurious[ラグジュリアス]＝ぜいたくな、豪華な
あんなに広くなくていいんだけどな。	It doesn't have to be that spacious.
A社の家は、坪単価が高すぎ。	A Company's house was too expensive per tsubo. *per ～＝～につき
B社の家は、ちょっとチープかな。	B Company's house was a little too cheap.
明日、見積もりを取ることにした。	I'm going to ask for an estimate tomorrow. *estimate＝見積もり
両親にも相談して、B社で行こうと決めた。	I talked with my parents and decided to go with B Company's plan. *go with ～＝～に同意する・にする
将来の間取り変更を考えると、C社かな。	I might want to change the floor plan someday, so I'll go with C Company's plan.
気に入った物件が出てくるまで気長に待とう。	I should wait patiently until I find something I really like. *patiently＝我慢強く

✏️ 住宅ローン

週末、ローン相談会に参加した。	I went to a housing loan seminar on the weekend.
30年ローンだと、月々10万円の支払いになる。	I'll be paying back 100,000 yen a month for 30 years.
35年ローンを組んだ。	I took out a 35-year loan. *take out ～＝～（申請してローンなど）を受ける
頑張って15年で返すぞ！	I'm going to try hard to repay it in 15 years. *repay＝～を返済する
ボーナス払いにしたほうがいいかな？	I wonder if I should make bonus payments.

元利均等、35年の夫婦ペアローンを組んだ。	I got a 35-year husband-and-wife couple loan with principal and interest equal repayment. *principal＝元金　interest＝利息
頭金が150万円必要だ。	I need to pay a 1.5-million-yen deposit. *deposit＝手付け金、頭金
銀行にローンの審査書類一式を提出した。	I submitted the loan application to the bank. *submit＝〜を提出する
兄に保証人を依頼した。	I asked my brother to cosign the loan. *cosign[コウサイン]＝〜に連署する
ローン審査に通るといいな。	I hope my loan gets approved. *approve＝〜を承認する
A銀行は「融資不可」だった。	I got a rejection notice from A Bank. *rejection＝拒否　notice＝通知
審査に通った！ やった！	My loan has gotten approved! Great!
ローンのプレッシャーはかなり大きい。	The loan is a lot of pressure.
身が震える思いだ。	It makes me shiver just to think about it. *shiver＝震える
これまで以上に稼がないとな。	I have to make more money from now on.
ローンが払えなければ、売るまでだ。	If I can't pay back the loan, I'll just sell the place.
ボーナスは全部、住宅ローンの繰り上げ返済にあてよう。	I should put my entire bonus towards paying some of my mortgage in advance. *mortgage[モーギッジ]＝住宅ローン

📖 住宅購入の契約

最終的に、A社に契約の意向を伝えた。	In the end, I told A Company that I was going to go with them. *go with 〜＝〜に同意する・にする
契約書に実印を押してきた。	I put my official seal on the contract. *seal＝印鑑、はんこ
不動産会社に10万円の手付け金を払った。	I gave the real estate agent a 100,000-yen deposit.

4章：英語日記フレーズ集

不動産会社に購入申込書を送付した。	We sent a written intent-to-buy to the real estate agent.

*intent-to-buy＝購入意思、購入申込書

住民票と印鑑証明を準備しなきゃ。	I need to prepare a proof-of-residence document and a seal certificate.

*proof-of-residence＝住民票　certificate＝証明書

ついに一国一城の主になった。	I finally got a house of my own.

家を建てる

👓 土地探し

まずは土地探しから。	I should find land first.
最低50坪は欲しいかな。	I need at least 50 tsubos.
坪50万かぁ。高いな。	500,000 yen per tsubo is expensive.

*per ～＝～につき

この土地で坪22万ならよさそう。	At 220,000 yen a tsubo, this place looks all right.
70坪の土地を買った。	I bought a plot of 70 tsubos.

*plot＝地所、区画地

広さを取るか、立地の良さを取るか迷う。	I don't know if I should go for size or location.

*go for ～＝～を支持する、～に賛成する

土地を2カ所、見に行った。	I checked out two plots of land.
ここは岩盤だから、地盤がしっかりしていて安心。	I'm glad the ground here is really stable since it's bedrock.

*stable＝しっかりした、安定した　bedrock＝岩盤

活断層がないことがわかって安心。	I'm relieved it's not on an active fault.

*active fault＝活断層

傾斜地ですてきだけど、地震のことを考えると心配。	It's nice that it's on a slope, but I'm worried about earthquakes.

*slope＝斜面

地盤調査をしてもらったほうがよさそう。	Maybe I should have the land inspected.

*inspect＝～を検査する

商業用地だから、住むのには向いていないかも？	Since it's a commercial area, it might not be a good place to live.

16 住まい

角地のいい物件が見つかった。	I found a corner lot with the right terms. *lot＝土地、敷地　terms＝条件
ここならL字に家を建てられる。	Here, I can build an L-shaped house.

建築プラン

今日は建築業者と打ち合わせをした。	I had a meeting with the builders today. *builder＝建築業者
建ぺい率は50％かぁ。	The building-to-land ratio is 50%. *building-to-land ratio＝建ぺい率
建ぺい率の制限がないから、好きなように使えそう。	Since there's no limit on the building-to-land ratio, it looks like I'll be able to use it however I like.
日本家屋が理想。	A Japanese-style house would be ideal. *ideal［アイディーゥ］＝理想的な
ぜいたくに平屋建てにしようかな。	Maybe I should indulge and build a one-story house. *indulge［インダゥジ］＝ちょっとぜいたくに身を任せる、思う存分楽しむ　story＝階
3階建てにしたいけど、延べ面積が大きくなっちゃう。	I want to make it three stories, but that would increase the total area. *increase＝増える
容積率200％なら大丈夫そう。	The 200% floor-area ratio should be fine. *floor-area ratio＝容積率
カナディアンハウスにも興味がある。	I'm also interested in the Canadian house design.
耐火性を考えて、鉄筋コンクリートにしようかな。	I'm thinking about reinforced concrete because it's fire resistant. *reinforced concrete＝鉄筋コンクリート　fire resistant＝耐火性の
木造が暖かくていいかも。	It would be nice and warm if it was made out of wood. *made (out) of ～＝～で作られた
ルーフテラスがあったら素敵。	It would be great to have a rooftop terrace.
絶対に床暖房にしよう。	I'm definitely getting floor heating.

書斎は2階にしようかな。	Maybe I should put the study on the second floor. *study＝書斎。officeとしてもよい
屋根裏を作ったら、孫が喜びそう。	I think my grandchildren would be happy if I had an attic made. *attic＝屋根裏部屋
ヒノキ風呂に決定。	I've decided to go with a hinoki bathtub. *go with ～＝～に同意する・にする
ミストサウナ風呂っていうのがあるなんて、知らなかった。	I didn't know there's something called a mist sauna bath.

🔒 建築工事

ようやく基礎工事が完了した。	The foundation is finally finished. *foundation＝土台、基礎
これから本体工事に取り掛かる。	Now we're about to start the main construction.
明日は上棟式。	We have the ridgepole-raising ceremony tomorrow. *ridgepole＝棟木
だんだん形になってきた。	It's gradually starting to take shape. *gradually＝徐々に　take shape＝形になる
いよいよ来月、新居完成！	My new place is finally going to be finished next month!

引っ越し

💡 引っ越し準備

4月29日に引っ越すことにした。	I've decided to move on April 29.
これで引っ越しは5回目だ。	This is my fifth move.
引っ越し貧乏だ。	Moving all the time has made me poor.
荷物が少ないので、自分でできそうだ。	I don't have many things, so I think I can do it myself.
ガス・水道・電気の移転手続きをしなきゃ。	I have to transfer all the utilities to my new place. *utilities＝（ガス・水道・電気を含む）公共サービス

16 住まい

郵便物の転送手続きをしなきゃ。	I need to have my mail forwarded.
	*forward=〜を転送する
引っ越しのお知らせを出さなきゃ。	I need to send out a notice that I've moved.
長年住み慣れた家を離れるのは、寂しい。	It's sad to say good-bye to this place where I've lived so long.
マサシは転校しなきゃならないから、かわいそうだな。	Poor Masashi has to transfer to another school. *transfer=〜へ転校する
友達と別れるのは寂しいだろう。	I'm sure he's sad that he has to say good-bye to all his friends.

⏰ 引っ越し費用

A社に見積もりを依頼した。	I asked A Company for an estimate.
	*estimate=見積もり
A社とB社に、見積もりに来てもらった。	I had A Company and B Company come and give me their estimates.
A社は4万5000円、B社は6万円だった。	A Company said they could do it for 45,000 yen and B Company said 60,000 yen.
A社のほうが信頼できそう。	I feel A Company is more dependable. *dependable=信頼できる
A社に決めた。	I chose A Company.

☕ 荷造り

荷造りは自分たちでやろう。	We're trying to do our own packing.
荷物が全部でダンボール70箱にもなった！	We've got 70 boxes of stuff to move.
	*stuff=物
荷物が多すぎ。	That's too much stuff.
これを機に、荷物を減らそう。	I should take this opportunity to get rid of some of my stuff.
	*get rid of 〜=〜を処分する
今から少しずつ荷造りしていこう。	I'm going to do the packing little by little starting now.
	*little by little=少しずつ

全部、引っ越し業者に任せよう。	I'm going to have the movers take care of everything. *mover=引っ越し業者
荷造りって、結構大変。	Packing isn't so easy.
ダンナももっと荷造りを手伝ってくれればいいのに。	I wish my husband would help more with the packing.

引っ越し当日

9時ごろ、引っ越し業者が来た。	The movers came at around 9:00.
夕方には引っ越しが完了した。	We finished moving in the early evening.
さすが業者さん、手際がよかった！	The movers were great! They were really efficient. *efficient=手際がよい
引っ越し先は階段なので、業者さんたちは大変そうだった。	We had to climb the stairs to my new place, so it was hard for them. *climb[クライム]
荷運びを手伝った。	I helped carry things.

荷解き

新しい家は、ダンボールの山だ。	My new place is full of cardboard boxes. *cardboard box=ダンボール
荷解きをするのも、一苦労だな。	Unpacking is a pain. *unpacking=荷解き a pain=面倒で嫌なこと
本を全部、本棚にしまった。	I put all the books in the bookshelf.
食器を食器棚にしまった。	I put away all the dishes in the cupboard. *put away 〜=〜を片付ける
洗濯機の設置をした。	I set up the washing machine.
服をクローゼットにしまった。	I put the clothes in the closet.
どの箱に何が入っているか、わからなくなってしまった。	I don't remember what I put in each box.
全然片付かなくて、嫌になる！	It's taking forever to organize my room. What a pain!

住まいについて英語日記を書いてみよう

住まいにまつわるあれこれを、英語で書いてみましょう。

部屋探しをしよう

> I have too many things and my apartment is too small for them. I need a bigger place. OK, I'll go see a real estate agent tomorrow.

訳 物が多すぎて、この部屋じゃ狭すぎる。もっと大きな部屋が必要だ。よし、明日は不動産屋さんに行ってこよう。

ポイント　「物が多すぎる」は have too much stuff とも。thing は数えられる名詞、stuff は数えられない名詞です。「部屋」は、マンションなら apartment で表しますが、place（住まい）でも OK。「狭い」は small で。narrow は「（道路など細長いものが）狭い」です。

バスルームをリフォーム

> We remodeled our bathroom. A bigger bathtub with a Jacuzzi, a tiled floor and walls... It looks totally different. We love it!

訳 バスルームをリフォームした。ジャグジー付きの大きな浴槽に、タイル張りの床と壁…。雰囲気ががらりと変わった。すごくいい感じ!

ポイント　「～(家)をリフォームする」は、remodel で表します。reform は「～を革新する、～に改心させる」という意味なので注意。「雰囲気ががらりと変わった」は「(以前とは)まったく違って見える」と考えて、It looks totally different. とすれば簡単に表現できます。

マイホーム購入を決意

We've decided to buy a house! We want a new house if we can afford one. If not, a used one is OK. We're really excited to own a house in the near future!

訳 マイホームを購入することにした！ 金銭的に可能なら新築がいいけど、無理なら中古でも構わない。近い将来、マイホームを手に入れられるなんて、すごくワクワクする！

ポイント 「マイホーム」は、単に a house か a home で OK。明確に表したいなら、a house of one's own（～所有の家）とします。can afford ～は「（金銭的に、時間的に）～の余裕がある」。「～」に to ～（動詞の原形）を入れると、「～する余裕がある」という意味に。

部屋の模様替え

I rearranged my room for a change. I wiped the windows and furniture, too. It feels really refreshing! Maybe I should change the curtains as well.

訳 気分転換に、部屋の模様替えをした。窓や家具もふいて、気分さっぱり！ ついでにカーテンも替えようかな。

ポイント 「部屋の模様替えをする」は rearrange my room や redecorate my room と言います。「気分転換に」は for a change、「気分さっぱり」は refreshing で。「ついでに」はぴったりな英語がありませんが、as well（その上、～も）でニュアンスを出しています。

17 食べる・飲む

食べる

食べ物を表す単語

ハンバーグ	hamburger steak		
スパゲティ	spaghetti		
カルボナーラ	carbonara		
ペペロンチーノ	peperoncino	お好み焼き	Japanese pizza
ピザ	pizza	鍋	hot pot
パエリヤ	paella	牛丼	beef bowl
ブイヤベース	bouillabaisse	冷奴	cold tofu
グラタン	gratin	焼きぎょうざ	potsticker
コロッケ	croquette [クロウケット]	春巻き	spring roll
オムライス	rice omelet	マーボー豆腐	mabo-dofu
ロールキャベツ	stuffed cabbage	ホイコーロウ	twice cooked pork
エビフライ	fried shrimp	パッタイ	pad thai
ローストビーフ	roast beef	フォー	pho
シチュー	stew [ストゥー]	トムヤムクン	tom yam kung
カレーライス	curry and rice	ラーメン	ramen noodles
ご飯	rice	焼きそば	fried noodles
玄米	brown rice	パン	bread
チャーハン	fried rice	食パン1斤	a loaf of bread
もち	rice cake	トースト	toast
みそ汁	miso soup	菓子パン	pastry
納豆	natto	フランスパン	baguette
漬け物	pickles	クロワッサン	croissant
焼き魚	grilled fish	サンドイッチ	sandwich
うなぎのかば焼き	broiled eel	ベーグル	bagel
鶏のから揚げ	fried chicken	あんパン	bread with bean paste
肉じゃが	stewed meat and potatoes	カレーパン	bread with curry

食欲 (→ p.232「食欲がある・ない」を参照)

おなかがいっぱい・すいた

おなかがペコペコだった。	I was starving.	*starvedとも言う
おなかが減って死にそうだった。	I was starved to death.	
あまりおなかがすいていなかった。	I wasn't too hungry.	
満腹になった。	I was full.	*「今おなかがいっぱい」なら、I'm full.に
おなかがはちきれそうだった。	My stomach felt like it was about to burst.	*burst＝破裂する
おなかいっぱいになった。	I was stuffed.	*stuffed＝いっぱいになった、満腹の
腹八分目がちょうどいい。	Eating moderately is the best.	*moderately＝ほどほどに、控えめに
「デザートは別腹」って本当だな。	It's really true that you always have room for dessert.	*room＝余裕、余地

食べた

食べ過ぎた。	I ate too much.	
食べ過ぎて動けなかった。	I ate too much and couldn't move.	
少しだけ食べた。	I only ate a little.	
たらふく食べた。	I ate my fill.	*eat one's fill＝たらふく食べる
もう一口も食べられなかった。	I wasn't able to have another bite.	*bite＝一口

栄養バランス

栄養が偏り気味だ。	My diet is out of balance.	*diet＝食生活、食習慣
栄養バランスに気を付けよう。	I need to be careful to have a balanced diet.	
栄養バランスの取れた昼食だった。	I had a well-balanced lunch.	

今日の夕飯の栄養バランスは完ぺき。	Tonight's dinner is a perfectly balanced meal.
野菜が足りていない。	I'm not getting enough veggies. *veggies=vegetables(野菜)
野菜ばかりじゃなくて、肉も食べなきゃ。	I need to eat meat, not just vegetables.
貧血気味だから、ホウレンソウを食べよう。	I have slight anemia, so I'd better eat spinach. *slight=わずかな anemia[アニーミァ]=貧血
ビタミン不足だ。	I don't get enough vitamins. *vitamin[ヴァイタミン]
カロリーを取り過ぎたかも。	I might have eaten too many calories.

🔒 食べ物の好き嫌い・アレルギー

タイ料理、大好き。	I love Thai food.
夫はラーメンに目がない。	My husband loves ramen noodles more than anything.
子どもたちはトマトが苦手だ。	The kids don't like tomatoes.
セロリだけは、どうしても食べられない。	Celery is one thing I can't eat.
豚肉が入っていたので、食べられなかった。	It had pork in it, so I couldn't eat it.
食べ物の好き嫌いが変わってきた。	My likes and dislikes about food are changing. *likes and dislikes=好き嫌い
最近、肉料理が重くなってきた。	Meat feels really heavy in my stomach these days.
年のせいかも。	Maybe it's because I'm getting old.
彼女は食べ物の好き嫌いが多い。	She's really picky about food. *picky=(食べ物の)好き嫌いがある
うちの子はあまり好き嫌いがなくて、ありがたい。	I'm glad my kids aren't too picky.
ミホちゃんは乳製品アレルギーだ。	Miho is allergic to dairy products. *allergic[アラージック] to ～=～にアレルギーのある
そばを食べるとしっしんが出てしまう。	I get a rash when I eat soba. *rash=しっしん、吹き出物

外食

🪔 店の予約

土曜日の夜7時に、2人で席を予約した。	I booked a table for two at 7:00 on Saturday evening. *book＝〜を予約する
今週の土曜日は満席だったので、来週の土曜日に予約した。	This Saturday was full, so I made a reservation for next Saturday. *full＝満席で
3カ月先まで満席。びっくり！	They're booked for the next three months. What a surprise!
窓際の席を予約した。	I reserved a table by the window. *reserve＝〜を予約する
個室を予約した。	I reserved a private room.
4000円のコースにした。	We ordered 4,000-yen full-course meals.

⏰ 外食する

週末は外食でもしようかな。	Maybe I'll eat out on the weekend. *eat out＝外食する
久しぶりに外食をした。	It was the first time I had eaten out in a long time.
雑誌に載っていたレストランに行ってみた。	I went to one of the restaurants I saw in a magazine.
ヨネダさんとイタリアンのお店に行った。	I went to an Italian restaurant with Mr. Yoneda.
ヨシキさんが高級レストランに連れて行ってくれた。	Yoshiki-san took me to an upscale restaurant. *upscale＝高級な
たまたま見つけたラーメン屋に入った。	I ate at a ramen shop I passed by. *pass by＝そばを通りかかる
最近、外食がちでよくないな。	I've been eating out too often lately, and that's not good.
外食続きで太ってしまった。	I've gained weight from eating out so much. *gain weight＝太る

飲食店にて

雰囲気のいいレストランだった。	The restaurant had a nice atmosphere. *atmosphere[アトモスフィア]=雰囲気
さすが、ミシュラン2つ星のレストランだな。	It is indeed a two-Michelin-star restaurant. *indeed=本当に、確かに
カジュアルなレストランだった。	It was a casual restaurant.
待たずに店に入れた。	We got a table without waiting.
30分も並んだ。	We had to stand in line for 30 minutes. *stand in line=列に並ぶ
込んでいたので、別の店に行った。	It was crowded, so we went to another restaurant.
テレビで紹介されて、人気が出たらしい。	It was featured on a TV show and became really popular. *feature=〜を特集する
禁煙席にしてもらった。	We asked for a non-smoking table.
テラス席に座った。	We sat on the terrace.
畳の個室だった。	We had a private room with tatami.
店員におすすめを聞いた。	We asked the waiter what they recommend. *店員が女性なら、waiterをwaitressに
彼と同じものを注文した。	I ordered the same thing he ordered.
残った料理を持ち帰った。	I took home the leftovers. *leftovers=残り物

会計

1万2000円だった。	The bill was 12,000 yen. *bill=勘定書
サービス料込みだった。	It included a tip. *tip=チップ
あの金額であの内容なら、かなりコスパがいいと思う。	That price for that food is a pretty good deal. *good deal=お得な買い物
お得なセットだった。	It was a great combo meal.

4章：英語日記フレーズ集

17 食べる・飲む

高かったのに、量は少なかった。	It was expensive, but the portions were small. *portion＝(食べ物の)1人前
高かったのに、味は普通だった。	It was expensive, but the taste was average. *average＝平均的な
会計が間違っていた。危なかった！	The bill was wrong. That was close! *close[クロウス]＝きわどい

クーポン

クーポンで会計から10パーセント引きになった。	I got 10% off with a coupon.
クーポンで最初の1杯が無料になった。	I had a coupon, so the first drink was free.
クーポンでハンバーガーが100円になった。	I bought a hamburger for 100 yen with a coupon.
次回の会計が2000円引きになるクーポンをもらった。	I got a coupon for 2,000 yen off the next time I go there.
クーポンを持っていくのを忘れた。	I forgot to bring the coupon.
スタンプがたまったので、ドリンクが1杯無料になった。	I saved up some stamps, so I got a free drink. *save up 〜＝〜をためる

洋食

カルボナーラを食べた。	I had spaghetti carbonara.
前菜、スープ、メインを1つずつ選んだ。	We chose an appetizer, a soup and a main dish. *appetizer＝前菜
アラカルトで注文した。	I ordered à la carte. *à la carte＝アラカルトで
サラダとかぼちゃのポタージュを頼んだ。	I ordered a salad and pumpkin soup.
ブイヤベースをシェアした。	We shared a bouillabaisse.
食後にデザートを頼んだ。	After the meal, I ordered a dessert.
ホットコーヒーを2つ頼んだ。	We ordered two coffees. *two coffees＝two cups of coffee

📖 和食

本日のおすすめ定食を頼んだ。	I ordered the recommended combo meal of the day.
サンマ定食にした。	I had a saury combo meal. ＊saury[ソーリー]＝サンマ
ご飯は大盛りにした。	I had a large serving of rice. ＊serving＝1人分。「小盛り」なら、small serving
きつねうどんを食べた。	I had a kitsune udon.
揚げたての天ぷらは最高だった。	The crispy tempura was the best. ＊crispy＝サクサクした
中トロが口の中でとろけた！	The fatty tuna melted in my mouth! ＊fatty＝脂ののった　melt＝溶ける
和食ってヘルシー。	Japanese food is really healthy.
お好み焼きが鉄板の上でジュージューいっていた。	The okonomiyaki was sizzling on the iron plate.　＊sizzle＝ジュージューいう
食後に日本茶を飲んだ。	After eating, I had Japanese tea.

👓 エスニック・中華

ギョーザの皮がパリパリでおいしかった。	The skins for the potstickers were nice and crispy.
辛くないマーボー豆腐なんて、マーボー豆腐じゃない！	If mabo-dofu isn't spicy, it isn't mabo-dofu!
パクチーって、やっぱり苦手。	I really don't like coriander. ＊coriander＝コリアンダー、香菜、パクチー
トムヤムクンって、何度食べても飽きない。	I never get tired of tom yam kung. ＊get tired of ～＝～に飽きる
期間限定のインドカレーを食べた。	I had the limited-time-only Indian curry.
カレーもナンもおいしかった。	Both the curry and the naan were good.
スパイスがきいていた。	It was really spicy.
思ったより辛かった。	It was hotter than I thought.

ベトナム料理って、ヘルシーで大好き。	Vietnamese food is so healthy. I love it.

🗓 ラーメン

屋台でラーメンを食べた。	I ate at a ramen stall.
めんがシコシコしていた。	The noodles were nice and chewy. ＊chewy＝(めんなどが)コシのある
スープが本格的だった。	The soup was really flavorful. ＊flavorful＝風味豊かな、味わいのある
スープにコクがあった。	The soup was really rich.
トッピングに味玉を載せてもらった。	I got a flavored egg on top. ＊flavored＝味付けされた
トッピング全部載せにした。	I got all the toppings.
本日のランチを頼んだ。	I ordered the lunch-of-the-day.
コウスケはお子様セットを食べた。	Kosuke had the kid's plate.

🛍 ファミレス

チョコレートパフェを食べた。	I had a chocolate parfait.
ドリンクバーを2人分、注文した。	We ordered self-serve soft drinks for two.　＊self-serve＝セルフサービス方式の
だいぶ長居してしまった。	We stayed there for a long time.

💡 ファストフード

昼食はロッテリアだった。	I had lunch at Lotteria.
ファストフード店でささっと昼食を取った。	I had a quick lunch at a fast-food restaurant.
持ち帰りにした。	I took it home.
店内で食べた。	We ate in the restaurant.
チーズバーガーのポテトセットを頼んだ。	I ordered a cheese burger with French fries. ＊「フライドポテト」は、friesと表すことも多い

4章：英語日記フレーズ集　17 食べる・飲む

飲み物はコーラにした。	I had a Coke.
新発売のサーモンバーガーがおいしそうだった。	The new salmon burger looked really delicious.
今度はあれにしてみよう。	I'll try it next time.
フライドポテトって、時々、無性に食べたくなる。	Sometimes, I just crave for French fries. *crave for ～＝無性に～が欲しい
ファストフードばかりじゃ体に悪いよね。	I know fast food every day isn't good for me.
ドライブスルーで、ハンバーガーとフライドポテトを買った。	I got a hamburger and French fries at a drive-through.

出前

ピザを注文した。	I ordered a pizza.
ナポリピザのMサイズを1枚注文した。	I ordered a medium-sized Napoli pizza.
トッピングでコーンを追加した。	I had corn topping.
30分以内に届けてくれた。	They delivered it within 30 minutes.
2時間待ちだった。	I waited for two hours.
たぬきうどんと親子丼を頼んだ。	I ordered a tanuki udon and an oyako-don.
中華弁当を3人前頼んだ。	I ordered Chinese lunches for three people.
最近は、ネットで出前を頼めるから便利だな。	You can order delivery on the Internet, so it's really convenient now.

弁当・総菜

弁当を買って帰った。	I bought a boxed meal before going home.

今日もコンビニ弁当。	I had a convenience-store bento today again.
あの店の弁当は結構イケる。	Their bentos are pretty good.
デパートで総菜を買った。	I got some ready-to-eat food from the department store deli. *deli=delicatessen(デリカテッセン)の略
総菜がすべて半額になっていた。	All the ready-made dishes were at half price.　*ready-made=あらかじめ作られた
家で作るより、弁当を買ったほうが安いかも。	It might be cheaper to buy a bento than to cook at home.

デザート・カフェ

デザートを表す単語

ショートケーキ	shortcake			
チョコレートケーキ	chocolate cake	アップルパイ	apple pie
チーズケーキ	cheesecake	タルト	tart [タート]
レアチーズケーキ	rare cheesecake	マドレーヌ	madeleine
シフォンケーキ	chiffon cake / tube cake	クッキー	cookie
		シュークリーム	cream puff
ロールケーキ	roll cake / Swiss roll	ゼリー	jelly / Jell-o
モンブラン	Mont Blanc	プリン	pudding

飲み物を表す単語

ホットの	hot			
アイスの	iced			
コーヒー	coffee	レモンティー	tea with lemon
アメリカンコーヒー	mild coffee	ウーロン茶	oolong tea
アイスコーヒー	iced coffee	緑茶	green tea
エスプレッソ	espresso	炭酸飲料	pop / soda / soda pop
カフェオレ	café au lait		
カフェラテ	café latte	コーラ	cola / Coke
カプチーノ	cappuccino	ジンジャーエール	ginger ale
紅茶	tea	オレンジジュース	orange juice / OJ
ミルクティー	tea with milk	リンゴジュース	apple juice

ケーキセットを注文した。	I ordered a cake set.
本日のケーキはガトーショコラだった。	The cake of the day was gateau chocolat.
ケーキはどれもおいしそうだった。	All the cake looked really good.
どのケーキにするか、なかなか決められなかった。	I had a hard time deciding what cake I wanted.
シフォンケーキがすごくおいしかった。	The chiffon cake was so good.
ラテアートがかわいかった。	The latte cream art was really cute.
期間限定のゆずスカッシュを飲んだ。	I had the limited-time yuzu squash.

おやつ・お菓子

おやつ・お菓子を表す単語

スナック菓子	snacks	ゼリー	jelly / Jell-o
ポテトチップス	potato chips	杏仁豆腐	almond jelly
せんべい	rice cracker	アイスクリーム	ice cream
クラッカー	cracker	シャーベット	sherbet
チョコレート	chocolate	シュークリーム	cream puff
クッキー	cookie	ロールケーキ	roll cake / Swiss roll
ガム	gum	エクレア	éclair
あめ	candy	まんじゅう	steamed bean-jam bun
キャラメル	caramel candy		
プリン	pudding		
ヨーグルト	yogurt [ヨゥガート]		

おやつにプリンを食べた。	I had pudding for a snack. ＊snack＝軽食、間食
ああ、おやつにケーキを2つも食べちゃった！	Oh no, I had two pieces of cake for a snack!
コージーコーナーのシュークリームって、大きくて大好き。	Cozy Corner's cream puffs are big. I love them. ＊cream puff＝シュークリーム
あの店のエクレアは最高！	That place has the best éclair!

4章：英語日記フレーズ集 17 食べる・飲む

駅前にできたケーキ屋のモンブラン、意外とおいしかった。	The Mont Blanc at the new pastry shop near the station was surprisingly good.

＊pastry＝焼き菓子

ポテトチップスを半袋食べた。	I ate half a bag of potato chips.
コンビニで新作のチョコを見つけた。	I found a new kind of chocolate at the convenience store.
コンビニのロールケーキが、すごくおいしかった。	The convenience store roll cake was delicious.

＊「ロールケーキ」は、Swiss rollとも言う

最近は、コンビニのデザートも本格的。	The desserts at convenience stores these days are like those made by pastry chefs.
お菓子をどか食いしてしまった。	I binged on snacks.

＊binge[ビンジ] on 〜＝〜をどか食いする

我慢できず、夜中にお菓子を食べてしまった。	I couldn't help eating snacks in the middle of the night.

＊can't help 〜ing＝〜せずにいられない

料理する

料理方法を表す単語

〜（料理）を出す	serve 〜		
〜（料理）を作る	cook 〜 / fix 〜		
〜を切る	cut 〜		
〜をさいの目に切る	dice 〜		
〜をみじん切りにする	chop 〜	〜を（直火で）焼く	broil 〜
〜を千切りにする	shred 〜	〜を（焼き網で）焼く	grill 〜
〜を短冊切りにする	cut 〜 into rectangles	〜（パンなど）を焼く	bake 〜
		〜と…を混ぜる	mix 〜 and ...
〜の皮をむく	peel 〜	〜を泡立てる	whip 〜
〜（大根など）をおろす	grate 〜	〜を冷やす	cool 〜
〜を煮る・ゆでる	boil 〜	〜を冷凍する	freeze 〜
〜をぐつぐつ煮る	simmer 〜	〜を解凍する	thaw [ソー] 〜
〜を焼く・いためる	fry 〜	〜を…で包む	wrap 〜 in ...
〜を揚げる	deep-fry 〜	〜を電子レンジにかける	microwave 〜
〜を蒸す	steam 〜		

⏰ 自炊する

もう少し自炊しなきゃ。	I need to cook for myself a little more often.
今週は毎晩自炊した。	I cooked for myself every night this week.
家に帰ってから、急いで夕飯を作った。	After getting home, I hurried and cooked dinner.
自炊していたら、2キロやせた。	I lost 2kg after I started to eat at home.
卵焼きがうまくできた。	I fried the egg just right.
家族にも好評だった。	My family really liked it.
肉じゃがを作りすぎてしまった。	I made too much nikujaga.
グラタン、イマイチおいしくできなかった。	My gratin wasn't that good.
手順を間違えたみたい。	I guess I made a mistake somewhere.
お母さんの手料理が恋しいなあ。	I miss my mom's cooking.
レイコの手料理は、本当においしい。	Reiko is a great cook.
彼は、私が作ったものは何でも食べてくれる。	He eats just about anything I cook for him.　＊just about＝(強調して)まさに
ダンナと一緒に料理すると楽しいな。	It's really fun to cook with my husband.

☕ 料理本・レシピ

栗原はるみさんの料理本を買った。	I bought a recipe book by Harumi Kurihara.
ネットでレシピを検索した。	I looked for a recipe on the Internet.
簡単なのに、本格的な味になった。	It was simple and easy, but it tasted like a pro made it.　＊pro＝professional

得意料理が増えた。	The number of dishes I can cook well has increased.

お菓子作り

クッキーを焼いた。	I baked some cookies.
レアチーズケーキに挑戦した。	I tried making rare cheesecake.
混ぜて焼くだけの、簡単レシピ。	It was an easy recipe — just stir and bake. *stir[スタァ]=混ぜる
サトミの誕生日ケーキを焼いた。	I baked a birthday cake for Satomi.
おやつは手作りが一番。	Homemade snacks are the best.
素朴な味でおいしかった。	It had a nice and simple flavor.
彼に「売り物みたい」と褒められた。	He said it tasted like something you would get at a pastry shop. *pastry shop=焼き菓子店
ちょっと焦げてしまった。	It was a little overcooked. *overcooked=焼き過ぎた、焦げた
硬くなってしまった。	It got hard.
生焼けだった。	It was half-baked.
パサパサになっちゃった。	It was all dried out.
スポンジがうまく膨らまなかった。なんで!?	The sponge cake didn't rise like it's supposed to. How come? *rise=膨らむ

パン作り

パン作りに挑戦した。	I tried my hand at making bread. *try one's hand at 〜=〜に挑戦する
ロールパンを焼いた。	I baked some rolls.
天然酵母のパンを焼いた。	I baked bread using natural yeast. *yeast[イースト]=酵母
焼きたての手作りパンって、本当においしい!	Hot and fresh home-baked bread tastes so good!
あまり膨らまなかった。	It didn't rise very much.

一次発酵が足りなかったかも。	Maybe the first fermentation wasn't enough. ＊fermentation＝発酵
パン作りって難しい。	It's not easy to make bread.
ホームベーカリーでパンを焼いた。	I baked bread using a bread-baking machine. ＊「ホームベーカリー」は、bread makerやbread machineとも言う
材料を入れてセットするだけで、おいしいパンが焼けちゃう。	All I need to do to make good bread is put in the ingredients and press the start button. ＊ingredient＝材料

お酒

お酒を表す単語

ビール	beer
地ビール	craft beer
日本酒	sake / rice wine
吟醸酒	ginjo-shu
純米酒	junmai-shu
赤ワイン	red wine
白ワイン	white wine
スパークリングワイン	sparkling wine
ボルドー	Bordeaux wine
シャルドネ	Chardonnay
シャンパン	champagne
焼酎	shochu / distilled spirit
ウオツカ	vodka [ヴァードカ]
ラム	rum
マッコリ	makkoli
カクテル	cocktail
ハイボール	highball
ウイスキーの水割り	whiskey and water
オンザロックの	on the rocks
モスコミュール	Moscow mule
ブラッディマリー	bloody Mary
スクリュードライバー	screwdriver
ドライマティーニ	dry martini
ソルティードッグ	salty dog
マルガリータ	margarita
ジントニック	gin and tonic
カシスソーダ	cassis soda
カンパリソーダ	Campari soda
ブルーハワイ	blue Hawaii
ピニャコラーダ	pina colada
モヒート	mojito
テキーラ	tequila
テキーラサンライズ	tequila sunrise
ダイキリ	daiquiri
バカルディ	Bacardi
ギムレット	gimlet
ノンアルコールの	non-alcoholic

飲みに行く

仕事帰りにタナカくんと一杯飲んだ。	I went for a drink with Tanaka-kun after work. *go for a drink＝飲みに行く
ここのところ、飲みに行ってないなぁ。	I haven't been out for a drink lately.
飲んでしまったので、運転代行を頼んだ。	I had some drinks, so I asked for a designated driver. *designated[デジグネイテッド] driver＝運転手役の人

酒に酔う

今日はすぐにお酒が回ってしまった。	I got drunk pretty quickly today.
すきっ腹に飲んだせいかな。	Maybe it was because I drank on an empty stomach.
彼女、本当にお酒に強いなぁ。	She can really hold her alcohol. *hold one's alcohol＝~(人)が酒に強い
私ってお酒に弱いなぁ。	I can't handle much alcohol. *handle＝~を扱う
今夜は酔っ払った。	I got drunk tonight.
酔って気分が悪くなった。	I got drunk and felt awful. *awful[オーフォ]＝ひどい
明日は絶対に二日酔いだな。	I bet I'll have a hangover tomorrow. *I bet ~＝~に違いない　hangover＝二日酔い
彼は酒癖が悪い。	He's a nasty drunk. *nasty drunk＝酒癖の悪い人
夫は酒臭かった！	My husband reeked of alcohol! *reek of ~＝~の嫌なにおいがする
夫がぐでんぐでんに酔っ払って帰ってきた。	My husband came home dead drunk. *dead drunk＝泥酔状態で
最近、飲み過ぎだな。	I've been drinking too much lately.
お酒は週2回までにしよう。	I'm not going to drink more than twice a week.

ビール・発泡酒

とりあえずビールを頼んだ。	We ordered beers to start off with. *start off with ~＝~から始める
ビールに枝豆って最高！	Edamame goes great with beer. *go great with ~＝~とよく合う

やっぱり生ビールが最高！	Draft beer is the best of all!
地ビールを飲んだ。	I had a craft beer.
家で缶ビールを飲んだ。	I had canned beer at home.
最近は発泡酒ばかりだ。	I've been drinking only low-malt beer lately.
ノンアルコールビールを頼んだ。	I ordered a nab.

＊nabは、non-alcoholic beerの略

最近のノンアルコールビールっておいしい。	Recent nabs taste pretty good.

🍷 ワイン

赤ワインを飲んだ。	I had red wine.
おすすめのワインを聞いた。	I asked them to recommend a wine.
赤ワインをグラス2杯飲んだ。	I had two glasses of red wine.
白ワインにした。	I had white wine.
食前にスパークリングワインを飲んだ。	I had some sparkling wine before eating.
チリワインを飲んだ。	I had Chilean wine.

＊Chilean＝チリの

いろいろ試してみたけど、ワインはやっぱりボルドーが好き。	I've tried various wines, and I definitely like Bordeaux the best.

＊definitely＝結論として

フルーティーでおいしかった。	It was nice and fruity.
ちょっと甘みが強すぎた。	It was a little too sweet.
すっきりした味わいだった。	It had a refreshing taste.
ボトルを2本空けてしまった。	We drank two bottles.
明日はボージョレー・ヌーボーの解禁日！	Beaujolais Nouveau goes on sale tomorrow!

＊go on sale＝販売される

日本酒

日本酒を1合飲んだ。	I had one cup of sake.
	*グラスで飲んだ場合は、one glass of sake
「越後武士」という新潟の地酒を飲んだ。	I tried a local sake from Niigata called Echigosamurai.
かなり辛口の酒だった。	The sake was really dry.
甘口で飲みやすい酒だった。	The sake had a mild sweet flavor and it was easy to drink.
すっきりした後味の酒だった。	The sake left a clean aftertaste.
	*clean＝純粋な、異物のない

そのほかのお酒

焼酎のお湯割りを飲んだ。	I had shochu with hot water.
梅酒のソーダ割りを飲んだ。	I had plum wine with soda.
ウイスキーをロックで飲んだ。	I had whiskey on the rocks.

居酒屋・バー

みんなで居酒屋に行った。	We all went to an izakaya.
古い日本家屋風のバーに行った。	We went to a bar that looked like an old Japanese-style house.
ホテルのバーなんて、初めて行った。	It was my first time to drink at a hotel bar.
夜景がきれいなバーだった。	They had a lot of original cocktails.
オリジナルカクテルがたくさんあった。	The bar had a beautiful night view.
バーテンダーの手際が見事だった。	The bartender's tricks were amazing.
	*trick＝芸、技
飲み物が全部半額だった。	All drinks were half price.
つまみを何品か頼んだ。	I ordered a couple of snacks.
1500円の飲み放題コースにした。	We got the all-you-can-drink course for 1,500 yen.
	*all-you-can-drink＝飲み放題の

食べる・飲むについて英語日記を書いてみよう

食べたり飲んだりしたことについて、英語で書いてみましょう。

✏️ このままだと太る…

I've been eating too many snacks lately. I'd better stop it, or I'm going to get fat for sure...

訳 最近、私、お菓子を食べ過ぎ。やめないと確実に太る…。

ポイント「お菓子を食べる」は eat snacks、または eat snack foods。このところ続いている事柄は、I've been eating のように現在完了進行形で表しましょう。2文目の or 〜は「でないと〜、そうでなければ〜」という意味。「確実に」は for sure で表します。

✏️ 焼きたてのパンは最高！

I got a bread-making machine today and tried baking bread right away. It tasted so good! I'll bake bread for breakfast from now on.

訳 今日、ホームベーカリーをゲット。早速、パンを焼いてみた。とてもおいしかった！ これから朝食は焼きたてのパンにしようっと。

ポイント「ホームベーカリー」は bread-making machine。「早速」は、right away（すぐに）でニュアンスを出してみました。「これから」が「今後ずっと」を表すときは、from now on。「これから（＝今から）勉強する」という場合は、now だけで OK です。

慣れない高級レストラン

Yoshiki-san took me to an upscale restaurant. Everything was delicious, but I guess I feel more comfortable in casual restaurants.

訳 ヨシキさんが高級レストランに連れて行ってくれた。どれもすごくおいしかったけど、カジュアルなレストランのほうが気楽でいいな。

ポイント upscale は「上流階級向けの、高級志向の」。「とてもおいしい」は delicious で表し、さらに強調したい場合は really や so を加えます。very delicious とは言わないので注意。I guess 以降は、casual restaurants are just fine with me としても OK です。

つい欲張ってしまう食べ放題

We went to an all-you-can-eat restaurant. We were already full, but we went back to get some more just to get our money's worth. We're so greedy.

訳 家族で食べ放題に行った。おなかがいっぱいにもかかわらず、元を取るために、追加で取りに行った。わが家はホント、ガツガツしてるなぁ。

ポイント 「食べ放題の」は all-you-can-eat、「飲み放題の」なら all-you-can-drink で表します。「元を取る」は get one's money's worth (〜が払った分の価値を得る)。「ガツガツしてる」は greedy がぴったり。「食い意地の張った、欲張りな」という意味です。

18 見る・読む・聞く

映画

映画にまつわる単語

外国映画	foreign movie	フィクション	fiction
邦画	Japanese movie	ノンフィクション	nonfiction
アクション映画	action movie	ドキュメンタリー	documentary
恋愛もの	love story	ミュージカル	musical
サスペンス	suspense	アニメ	cartoon / anime
ホラー	horror	怪獣映画	monster movie
SF	science fiction	西部劇	Western movie
コメディー	comedy	吹き替えの	dubbed
戦争映画	war movie	字幕の	subtitled

映画館に行く

映画館で『ラスト・サマー』を見た。	I saw "Last Summer" at the movie theater.
一人で映画を見に行った。	I went to the movies by myself. *go to the movies＝映画を見に行く
彼女と映画を見に行った。	My girlfriend and I went to see a movie.
チケットショップで前売り券を安く買えた。	I bought a cheap advance ticket at a ticket shop. *advance ticket＝前売り券
事前に席を予約して行った。	I reserved my seat in advance. *in advance＝事前に、前もって
レディースデーで1000円だった。ラッキー！	It was ladies' day, so it was just 1,000 yen. Lucky me!
後ろのほうの席に座った。	I sat in the back.

18 見る・読む・聞く

映画館はすごく込んでいた。	The movie theater was packed.
	*packed＝ぎっしり詰まった、満員の
映画館はすいていた。	The movie theater wasn't crowded.
立ち見している人もいた。	Some people had to stand.
やっぱり、映画館ではポップコーンとコーラだね。	You can't watch a movie at a theater without popcorn and a cola.
	*cola＝コーラ
あの映画館は、音響がいい。	That theater has great acoustics.
	*acoustics＝音響効果
やっぱり、大画面で見ると迫力が違う。	Watching it on a big screen gives it more of an impact.
	*impact＝衝撃、影響
初めて3D映画を見た。	I saw a movie in 3D for the first time.
画面が飛び出してきて、大迫力！	It was really impressive the way the images jump out at you!
	*impressive＝見事な
眼鏡がちょっと落ちつかなかった。	The glasses were a little uncomfortable.

📖 DVD鑑賞

『ブラック・スワン』をDVDで見た。	I saw "Black Swan" on DVD.
特典映像が充実していた。	There were a lot of bonus features.
映画のメイキング映像が面白かった。	The "making of" was really fascinating.
	*"making of"は、making of 〜（〜のメイキング）の略で、メイキング映像全般を指す　fascinating＝興味をそそる
監督のインタビューが見られてよかった。	I'm glad I was able to see the interview with the director.

👓 DVDレンタル

カガヤでDVDを3本借りてきた。	I rented three DVDs at Kagaya.
5本で1000円だった。	It was 1,000 yen for five movies.
新作は、安くなってから借りよう。	I'll rent the new ones when they get cheaper.

4章：英語日記フレーズ集

507

『愛より強く』が見たかったけど、置いてなかった。	I wanted to see "Ai Yori Tsuyoku," but they didn't have it in stock. *have ~ in stock＝~の在庫がある
『デスパレートな妻たち』のDVDは、全部借りられちゃってた。	All the copies of "Desperate Housewives" had already been rented.
返却予定日は、土曜日だ。	I need to return them by Saturday.
まずい！ 今日はDVDの返却予定日だった！	Oh no! The DVD is due back today! *be due back＝戻ることになっている
DVDを延滞しちゃった。あ〜あ。	The DVD is overdue. Oh, shoot. *overdue＝期日を過ぎた

12 映画の感想

面白くて、長さを感じなかった。	It was really good, so it didn't feel so long.
退屈で、長く感じられた。	It was so boring that it felt really long. *boring＝退屈な
途中でウトウトしちゃった。	I nodded off during the movie. *nod off＝ウトウトする
ジュリア・ロバーツの演技がよかった。	Julia Roberts's performance was great.
吹き替えの声が合っていた。	The dubbed-in voices suited the characters. *dubbed-in voice＝吹き替え音声　suit＝〜に合う
吹き替えの声が合っていなかった。	The dubbed-in voices didn't suit the characters.
もう少し意外な展開があってもよかったかな。	I think it needed a little more of a twist. *twist＝(話の)意外な展開
評判通りのいい映画だった。	It was as good as the review. *review＝批評
手に汗握る映画だった。	It was such an exciting movie.
お涙ちょうだいものだった。	It was a tearjerker. *tearjerker＝お涙ちょうだいもの
映画より小説のほうがよかった。	I liked the novel better than the movie.

テレビ

テレビ番組にまつわる単語

ニュース	news	音楽番組	music program
ドラマ	drama	語学番組	language program
クイズ番組	quiz show	教育番組	educational program
昼メロ	soap opera		
ドキュメンタリー	documentary	料理番組	cooking show
ワイドショー	variety show	グルメ番組	gourmet program
お笑い番組	comedy show	映画	movie
スポーツ番組	sports program	アニメ	cartoon / anime
インタビュー番組	interview program		
トーク番組	talk show		

テレビを見る

2時間ほどテレビを見た。	I watched TV for about two hours.
身支度しながら『おはよう日本』を見た。	I watched "Ohayo Nippon" while getting dressed.
面白そうなドラマをやっていたので、見てみた。	The drama looked interesting, so I watched it.
『直子の明日』の最終回だった。	It was the final episode of "Naoko no Ashita."
最終回を見逃しちゃった。	I missed the final episode.
9時からクイズ番組を見た。	I watched a quiz show from 9:00.
録画していたNHKのドキュメンタリー番組を見た。	I watched an NHK documentary I had recorded.
『ためしてガッテン』を録画しておいた。	I recorded "Tameshite Gatten."
今日のゲストはドリカムだった。	Today's guest was Dorikamu.
たまたま見ていた番組に、キムタクが出ていた。	I saw Kimutaku on a TV show I just happened to be watching.

＊happen to ～＝偶然～する

見たい番組が重なっていた。	The shows I wanted to watch were on at the same time.
今日は見たい番組がなかった。	There were no shows I wanted to watch today.
どの番組も、お笑い芸人ばかりだなぁ。	There's nothing but comedians on TV. *nothing but ～＝～ばかり・だけ
夫はテレビばかり見ている。	All my husband does is watch TV.

💡 テレビ番組の感想

続きが気になる！	I can't wait to see what happens next!
最終回、見逃しちゃった。最悪！	I missed the final episode. This sucks! *suck＝ひどい、最悪である
今やってるドラマの中で、一番視聴率が高いらしい。	This show has the highest viewer rating of all current dramas. *viewer rating＝視聴率　current＝現在の
視聴率が25％を超えたんだって！	I heard it got a viewer rating of over 25％!
脚本が上手だと思う。	I think it has a good script. *script＝脚本
俳優陣の演技が素晴らしい。	They're amazing actors.
豪華キャストのドラマだ。	The drama has a star-studded cast. *star-studded＝スター勢ぞろいの　cast＝配役
マナちゃんって、ホント天才子役だ。	Mana-chan is such a talented child actor. *talented＝才能のある
あの俳優、ホントに大根だなぁ。	She really is a ham actor. *ham actor＝大根役者
このドラマは、期待していたほど面白くないな。	This series isn't as good as I thought it would be. *series＝連続物

⏰ テレビ番組の録画

帰ってから、録画しておいたドラマを見た。	When I got home, I watched the TV show I had recorded.
忙しくて、録画した番組を見る時間がない。	I'm so busy that I don't have time to watch the TV shows I've recorded.

録画した番組が、だいぶたまってきちゃった。	All the TV shows I've recorded are starting to pile up.	
	*pile up＝たまる、山積する	
録画に失敗してた。あー、もう！	I didn't record it right. Darn it!	

18 見る・読む・聞く

ラジオ・ポッドキャスト

☕ ラジオ

ラジオの英語講座を聞いた。	I listened to an English language program on the radio.
英会話の講座を聞き逃してしまった。	I missed the English conversation program.
爆笑問題のラジオ番組を聞いた。	I listened to the Bakusho-Mondai radio show.
ラジオでかかってた曲が気になって、検索した。	I liked a song I heard on the radio, so I looked it up.
	*look ～ up＝～を調べる
思い出の曲がかかって、高校時代が懐かしくなった。	An oldie came on the radio and it took me back to my high school days.
	*oldie＝懐メロ take ～ back to ...＝～に…を思い出させる

🖊 ポッドキャスト

英語学習系のポッドキャストで、何かいいのはないかな？	I wonder if there are any good English learning podcasts.
ヤマキさんがお薦めしていたポッドキャストの番組を聞いた。	I listened to a podcast that Yamaki-san recommended.
iTunes Storeの「語学」ジャンルで1位になっていた。	It was the most popular podcast in the language section on iTunes.
電車の中で、伊集院光のポッドキャストを聞いた。	I listened to Hikaru Ijuin's podcast on the train.
ポッドキャストは、いつでも好きな時に聞けるのがうれしい。	The good thing about podcasts is you can listen to them whenever you want.

511

本・雑誌

本にまつわる単語

フィクション	fiction		ビジネス書	business book
ノンフィクション	nonfiction		伝記	biography
文庫本	pocket edition / paperback		絵本	picture book
ハードカバー	hardcover		英語学習書	English textbook
ペーパーバック	paperback		〜の対策本	〜 book / book about 〜
小説	novel		〜の問題集	workbook for 〜
短編小説	short story		写真集	photo collection
歴史小説	historical novel		〜のガイドブック	guidebook for 〜 / 〜 guidebook
恋愛もの	love story		旅行本	travel book
ミステリー	mystery			
エッセイ、随筆	essay			

本

京極夏彦の新刊を買った。	I bought Natsuhiko Kyogoku's new book.
『1Q84』を読み始めた。	I started reading "1Q84."
スティーブ・ジョブズの伝記を読んでいる。	I'm reading Steve Jobs's biography. ＊biography＝伝記
道尾秀介の新刊、早く出ないかな。	I hope Shusuke Michio's new book comes out soon.
いつかアガサ・クリスティーの原作を読めるようになりたいな。	Someday, I want to be able to read Agatha Christie in the original English.
今月は6冊、本を読んだ。	I read six books this month.

電子書籍

iPhoneで、電子書籍をダウンロードした。	I downloaded an e-book on my iPhone. ＊e-book＝電子書籍

電子書籍って、一度に何冊も持ち歩けるから便利。	E-books are convenient because you can carry a lot of books at once.
	*at once＝一度に
キンドルって使いやすいのかな？	I wonder if the Kindle is easy to use.
電子書籍もいいけど、やっぱり紙で読みたい。	E-books are okay, but I would rather read actual books.
	*would rather ～＝むしろ～したい

📖 マンガ

明日は『スピリッツ』の発売日だ。	The new "Spirits" goes on sale tomorrow.
	*go on sale＝販売される
『ワンピース』の最新刊を買った。	I bought the latest issue of "One Piece."
	*latest issue＝最新号
『テルマエ・ロマエ』がすごく面白い。	"Thermae Romae" is really good.
昔の名作マンガを読みたい気分。	I'm in the mood to read old manga masterpieces.
	*in the mood to ～＝～する気分で
新聞の4コママンガが面白かった。	Today's newspaper comic strip was funny.
	*comic strip＝4コママンガ

👓 読書と感想

まだ読み始めたばかりだ。	I just started reading it.
今、半分くらい。	I'm halfway through it now.
	*halfway through ～＝～の半ばで
いよいよクライマックス。	I'm finally at the climax of the book.
もう少しで読み終わりそう。	I'm almost done reading it.
	*be done ～ing＝～し終える
夢中になって読んだ。	I couldn't put it down.
	*put ～ down＝～を下へ置く・降ろす
今年読んだ中で、一番いい小説だ。	It's the best novel I've read so far this year.
	*so far＝今までのところ
号泣してしまった。	It had me in tears.
	*have ～ in tears＝～を泣かせる
難し過ぎて、挫折した。	It was way too hard, so I gave up.
	*way＝ずっと、はるかに
つまらなくて、途中でやめた。	It was boring, so I put it down.

トモくんに貸してあげよう。	I should lend it to Tomo.
これ、だんだん面白くなくなってきたなぁ。	It has gotten less and less interesting.

雑誌

雑誌にまつわる単語

月刊誌	monthly magazine	芸能誌	show-biz magazine
週刊誌	weekly magazine	文芸誌	literary magazine
ファッション誌	fashion magazine	マンガ雑誌	comic magazine
スポーツ誌	sports magazine	科学雑誌	science magazine
ビジネス誌	business magazine	釣り雑誌	fishing magazine
情報誌	entertainment magazine	ゴルフ雑誌	golf magazine
映画誌	movie magazine		

『Hanako』の最新号は温泉特集。	The latest "Hanako" is a special issue on hot springs. *latest＝最新の　hot spring＝温泉
『Pen』の今月号の特集、すごく面白そう。	This month's "Pen" feature looks really interesting. *feature＝特集
今月の『Oggi』、いつもより厚い気がする。	I feel this month's "Oggi" is a little thicker than usual. *thick＝厚い
今月の特集はイマイチ。	This month's feature didn't really impress me. *impress＝〜を感心させる、〜によい印象を与える
この雑誌、定期購読しようかな。	Maybe I should subscribe to this magazine. *subscribe to 〜＝〜を購読する
付録のポーチは、すごくかわいかった。	The pouch that came with it was really cute.
最近の女性誌は、付録の充実ぶりがすごい。	Women's magazines these days sure do come with a lot of amazing extras. *extra＝おまけ

書店

G書店に行った。	I went to G Bookstore.

4章：英語日記フレーズ集

18 見る・読む・聞く

中古書店に行った。	I went to a used bookstore.
古本屋さんをめぐるのは楽しい。	Walking around used bookstores is fun.
10分ほど立ち読みをした。	I thumbed through books in the bookstore for about 10 minutes. *thumb[サム] through 〜＝〜をパラパラめくる
小説を2冊と、雑誌を1冊買った。	I bought two novels and a magazine.
550円の文庫を2冊買った。	I bought two 550-yen paperbacks.
洋書が半額になっていた。	All foreign books were at half price. *foreign＝外国の
著者のサイン入り本を買った。	I bought a book signed by the author.
角田光代のサイン会に行った。	I went to Mitsuyo Kakuta's signing.
あこがれの著者に会えて感激！	I was so excited to meet the author I admire! *admire＝〜を崇拝する・素晴らしいと思う
日野原重明氏のトークショーに行った。	I went to Shigeaki Hinohara's talk show.

🪔 図書館

宮部みゆきの新刊を予約した。	I reserved a copy of Miyuki Miyabe's new book. *reserve＝〜を予約する
予約は80人待ちだった。	There's a waiting list of 80 people.
いつになったら読めるんだろう？	I wonder how long I'll have to wait to read it.
スペインのガイドブックを借りた。	I borrowed a guidebook for Spain.
雑誌の最新号を何冊か読んだ。	I read a few of the latest magazines. *latest＝最新の
本を5冊借りた。	I borrowed five books.
借りていた本を返却した。	I returned the book I had borrowed.
返却期限を過ぎていた。	My book was overdue. *overdue＝期日を過ぎた

今日は休館日だってこと、すっかり忘れてた。	I totally forgot it was closed today.
早く本を返しに行かなきゃ。	I have to return the books soon.

⏰ マンガ喫茶

マンガ喫茶に行った。	I went to a manga café.
4時間いた。	I was there for four hours.
3時間パックにした。	I got the three-hour special.
禁煙席にした。	I sat in the non-smoking section.
ソファ席にした。	I sat on a sofa.
『ワンピース』を15巻まで一気に読んだ。	I read up to Volume 15 of "One Piece" in one sitting.

*up to ～＝～に至るまで
in one sitting＝一気に。at one sittingとも言う

ソフトクリームが無料だった。	The ice cream cones were free.
最近のマンガ喫茶は、シャワーも付いていてすごい。	I'm amazed that manga cafés have showers these days.

音楽

音楽にまつわる単語

クラシック	classical music	レゲエ	reggae
ロック	rock	ヒップホップ	hip-hop
ポップス	pop music	ラップ	rap
演歌	enka	テクノ	techno
ジャズ	jazz	フォーク	folk music
ソウル	soul music	カントリー	country music
ゴスペル	gospel	リズム・アンド・ブルース	rhythm and blues / R&B
ブルース	blues		

☕ 音楽全般

シャーデーのCDを聞いた。	I listened to a Sade CD.

iPod で音楽を聞いた。	I listened to music on my iPod.
ジャズ喫茶に行った。	I went to a jazz café.
マドンナのニューアルバムを買った。	I bought Madonna's new album.
いきものがかりの新譜を、iTunes でダウンロードした。	I downloaded Ikimono gakari's new release from iTunes.
嵐のニューシングル、売り上げ100万枚突破だって。	Arashi's new single has sold over a million copies.
PV がすごくかっこよかった。	The music video was really good.
この曲は本当に泣ける。	This song really makes me cry.
この曲を聞くと、大学時代を思い出す。	This song reminds me of my college days. ＊remind 〜 of ...＝〜に…を思い出させる
この曲の振り付けを完ぺきに踊れるようになりたい！	I want to be able to dance the choreography for this song perfectly! ＊choreography＝振り付け
やっぱり、秋の夜長はクラシック。	Classical music is just right for long autumn nights.

ライブ・コンサート

Perfume のライブ、チケットが取れなかった。	I couldn't get a ticket for the Perfume concert.
今週末は、待ちに待ったエグザイルのライブだ。	This weekend is the EXILE concert I've been waiting for.
すごく見やすい席だった。ラッキー！	I got seats with a great view. I was so lucky!
ステージの真ん前に陣取った。	I got a spot in front of the stage. ＊spot＝場所、地点
今日のライブも最高だった。	Today's concert was also awesome. ＊awesome[オーサム]＝すごい、素晴らしい
みんなで合唱して、すごく盛り上がった。	We all sang together. It was really exciting.
クラシックコンサートに行った。	I went to a classical concert.

素晴らしい演奏だった。	It was an amazing performance.
最後はスタンディングオベーションだった。	There was a standing ovation at the end.
ジャズ・クラブに行った。	I went to a jazz club.
いつかニューヨークのブルーノートに行ってみたい。	Someday, I want to go to the Blue Note in New York.
川井郁子のバイオリンを聞きに行った。	I went to Ikuko Kawai's violin concert.
小林香織のサックスは、パワフルで素晴らしかった。	Kaori Kobayashi's sax performance was powerful and fantastic.
今週末は、フジロックに行く。	I'm going to the Fuji Rock Festival this weekend.
レッチリとレディオヘッドの時間帯が重なってる！	The Red Hot Chili Peppers and Radiohead are playing at the same time!
どっちを見るべきか!?	Which should I see?
外でビールを飲みながら聞く音楽は最高だ。	Nothing beats listening to music while drinking beer outdoors.

＊beat＝〜に勝る

美術館・博物館

美術館・博物館に行く

山梨県立美術館でミレーの絵画を見てきた。	I saw Millet's paintings at the Yamanashi Prefectural Museum of Art.

＊painting＝絵画　prefectural＝県の

今、名古屋ボストン美術館でルノワール展をやっている。	There's a Renoir exhibit at the Nagoya/Boston Museum of Fine Arts.

＊exhibit＝展覧会、展示

葛飾北斎の浮世絵を見た。	I saw Hokusai Katsushika's ukiyoes.
恐竜の展示を見に、子どもたちを科学博物館に連れて行った。	I took my kids to the dinosaur exhibit at the science museum.

＊dinosaur＝恐竜

オザキさんの写真展を見に行った。	I went to see Mr. Ozaki's photo exhibit.
入場料は1500円だった。	The admission was 1,500 yen.
	*admission＝入場料
入場するまで1時間も待った。	I had to wait for an hour to get in.
作品集も買った。	I bought an art book.
写真撮影OKだった。	We were allowed to take pictures.
	*allow 〜 to ...＝〜に…することを許す
フラッシュなしなら、写真撮影OKだった。	We were allowed to take pictures as long as we didn't use a flash.
	*as long as 〜＝〜である限りは

美術館・博物館の感想

とてもよかった。	It was really good.
やっぱり本物はいいなぁ。	There's nothing like the real thing.
	*there's nothing like 〜＝〜ほどよいものはない
息をのむほど素晴らしかった。	It was breathtaking.
	*breathtaking＝息をのむような
作品のよさがあまりわからなかった。	I didn't really understand what was so good about it.
現代アートは理解しがたい。	Contemporary art is hard to appreciate.
	*contemporary＝現代の appreciate＝〜の価値がわかる・よさがわかる
アジサイを描いた絵が、一番印象に残った。	A painting of hydrangeas left the biggest impression on me.
	*hydrangea＝アジサイ　impression＝印象
歌川国芳の展示を見に行った。	I went to see the Kuniyoshi Utagawa exhibition.
浮世絵がこんなに面白いとは思いもしなかった。	I never thought ukiyoe art was this fascinating.
	*this＝これほど
どうしたら、あんなに深い色合いが出せるんだろう。	I wonder how they get such deep hues.
	*hue[ヒュー]＝色、色彩
戦争の悲惨さが写真によく表れていた。	Those photos really conveyed the tragedy of war.
	*convey＝〜を伝える　tragedy＝悲劇

彫刻がいきいきとしていた。	The sculptures looked real. ＊sculpture＝彫刻

舞台・お笑い

📖 演劇

三谷幸喜の新作舞台を見に行った。	I went to see Koki Mitani's new play. ＊went to seeは、sawとしてもOK
劇団四季の『ライオンキング』を見に行った。	I went and saw the Shiki Theater Company's "Lion King."
主人公の俳優の歌がすごくよかった。	The main actor's singing was fascinating. ＊fascinating＝非常に美しい
いい声だった。	He had a great voice.
主演女優の演技は、とても迫力があった。	The female lead's performance was really impressive. ＊lead＝主役　impressive＝見事な
一度、宝塚歌劇団を見に行きたい。	Someday, I want to see the Takarazuka Theater Company.
この劇団は、今注目の劇団だ。	This theater company is currently in the limelight. ＊in the limelight＝脚光を浴びて
彼らの次回のお芝居も見てみたい。	I would love to see their next performance. ＊would love to ～＝ぜひ～したい

👓 バレエ

ボリショイ・バレエの公演を見に行った。	I went to see a public performance of the Bolshoi Ballet.
演目は「白鳥の湖」だった。	They performed "Swan Lake."
彼女の踊りは、すごく気品があった。	Her dancing was really elegant. ＊elegant＝気品のある、優雅な
優雅な動きに魅せられた。	I was enchanted by their graceful dancing. ＊enchanted＝魅了されて　graceful＝優雅な
後半の群舞は圧巻だった。	The group dance in the second half was the highlight of the performance. ＊highlight＝ハイライト、圧巻

スピード感があった。	They seemed really fast.
高いリフトがとても美しかった。	The high lifts were really beautiful. *lift＝(バレエの)リフト

落語

浅草に寄席を見に行った。	I saw a vaudeville show in Asakusa. *vaudeville[ヴォードヴィゥ]＝寄席演芸
春風亭小朝の落語を見に行った。	I went to see a rakugo performance by Shunputei Koasa.
今日のネタは「芝浜」だった。	Today's story was "Shibahama."
心温まる話だった。	It was a heartwarming story.
大笑いした。	I laughed so hard.
登場人物の演じ分けが見事だった。	He played a lot of characters skillfully. *skillfully＝巧みに、器用に
立川志の輔の新作落語が面白かった。	Shinosuke Tatekawa's new rakugo performance was really funny.

お笑い

なんばグランド花月に、吉本新喜劇を見に行った。	I went to see the Yoshimoto New Comedy Troupe at Namba Grand Kagetsu. *troupe[トゥループ]＝一座、一団
ブラックマヨネーズのライブを見に行った。	I went to see the Black Mayonnaise comedy show.
中川家の漫才を見た。	I saw Nakagawake's manzai.
おなかがよじれるほど笑った。	I laughed so hard that my stomach hurt.
正直、ちょっとスベリ気味だった。	Honestly, they were kind of lame. *lame＝くだらない、ひどい
新ネタをやってくれた。	They performed some new jokes.
前に見たことのあるネタだった。	I've seen it before.

見る・読む・聞くについて
英語日記を書いてみよう

テレビや本、音楽などについて、英語で書いてみましょう。

🖉 人気の新刊

I went to the library to borrow Keigo Higashino's latest book. I was surprised that there was a waiting list of 47 people! I've decided to buy one instead.

訳 東野圭吾の新刊を借りに図書館へ行った。予約待ちの人が47人もいるなんてビックリ！ 自分で買うことにした。

ポイント「借りる」は、無料で借りるときは borrow、お金を払って借りる場合は rent を使います。「予約待ちの人が47人もいる」は、I was surprised の時制（過去）に合わせて there was 〜とします。instead は「その代わりに」の意味。

🖉 息子が書いた作文

I read a composition Hisashi wrote in class for Mother's Day. He wrote that he was thankful for me and loved me. It brought tears to my eyes.

訳 ヒサシが学校の授業で、母の日のために書いたという作文を読んだ。私にすごく感謝しているということと、私が大好きということが書かれていた。涙があふれてきちゃった。

ポイント「学校の授業で」は、in class。2文目は He wrote 〜と過去形の文になっているので、he was thankful と (he) loved me の下線部は、時制を一致させて過去形にしています。「〜のせいで涙があふれ出る」は、〜 bring tears to my eyes で。

最近の映画館

Aki asked me out to the movies, so we went. I didn't know that theaters nowadays have wide, comfortable reclining seats and great acoustics.

訳 アキに誘われて、一緒に映画を見に行った。最近の映画館って、ゆったりとして気持ちいいリクライニングシートだし、音響も素晴らしいんだなぁ。

ポイント 「アキに誘われて」は「アキが私を誘った」と考えて、Aki asked me (out) と表します。「映画に」なら to the movies、「食事に」なら to dinner か for dinner を続けましょう。nowadays は「(昔と比較して)最近では」という意味。「音響」は acoustics で表します。

ラジオでメールが読まれた！

I e-mailed a request for a Tony Braxton song, and it was read on the radio today! I was so excited that I couldn't help telling Kanae about it.

訳 今日、トニー・ブラクストンの曲をリクエストしたメールがラジオで読まれた！ 興奮しすぎて、カナエに話さずにはいられなかった。

ポイント 「〜のリクエスト」は request for 〜。e-mailed (〜をメールで送った) は、sent (〜を送った。現在形は send) としても OK です。so 〜 that ... は、「とても〜なので…する、…するほど〜だ」。can't help 〜ing は「〜せずにはいられない」という意味です。

19 趣味・習いごと

習いごと・趣味全般

習いごとにまつわる単語

語学	language study		
楽器	musical instrument		
カラオケ	karaoke		
ダンス	dance		
フラメンコ	flamenco	写真	photography
ジャズダンス	jazz dance	和装、着付け	kimono dressing
ヒップホップダンス	hip-hop dance	茶道	tea ceremony
社交ダンス	social dance	華道	flower arranging
絵画	drawing / painting	書道	calligraphy
油絵	oil painting	料理	cooking
水彩画	watercolor painting	剣道	kendo
風景画	landscape painting	柔道	judo
水墨画	ink-wash painting	そろばん	abacus

何か新しいことを習いたい気分だ。	I feel like learning something new.
来週から、茶道教室に通うことにした。	I've decided to start taking tea ceremony lessons next week.
月謝は1万5000円だ。	The tuition is 15,000 yen per month. ＊tuition[トゥイション]＝授業料
場所は、市のコミュニティセンターだ。	It's at the city's community center.
今日はハシモト先生だった。	Ms. Hashimoto taught us today.
先生の授業は楽しい。	Her classes are fun.
生徒は6人だった。	There were six students.

おけいこ仲間とお茶をした。	I had tea with my classmates.
ミエコさんは多趣味だなぁ。	Mieko has a lot of hobbies.
アイコさんのトールペイントはプロ並みだ。	Aiko's tole paintings are just like a pro's. *pro=professional
ミワコさんの影響を受けて、私も野菜作りを始めた。	Miwako influenced me to start growing vegetables. *influence=〜に影響を与える
カラオケは下手の横好きだけど、気にしない。	I'm not good at karaoke, but I don't care.

19 趣味・習いごと

語学

語学にまつわる単語

英語	English	ロシア語	Russian
韓国語	Korean	タイ語	Thai
中国語	Chinese	ベトナム語	Vietnamese
フランス語	French	会話	conversation
ドイツ語	German	作文	composition
スペイン語	Spanish	リスニング	listening comprehension
イタリア語	Italian		
ポルトガル語	Portuguese		

📝 英語

英会話の授業に行った。	I attended an English conversation class. *attend=〜に出席する
キャシー先生とフリートークをした。	I had a free-conversation session with Cathy.
カフェでブラウン先生のレッスンを受けた。	I had a lesson with Mr. Brown at a café.
みんなの前で、英作文を発表した。	I presented my English composition in front of the class. *present=〜を発表する　composition=作文
"We had a ball." という表現を習った。	I learned the expression, "We had a ball." *We had a ball.=「楽しい時間を過ごした」

冠詞って難しい。	The articles are difficult. *article＝冠詞
今日は2時間、TOEICの勉強をした。	I studied for TOEIC for two hours today.
英語の絵本を読んでみた。	I tried reading an English picture book.
最後まで読めた！	I was able to read the whole book! *whole＝全体の、全部の
今日から英語で日記を書くことにした。	I've decided to write in my diary in English starting today.
英語でブログを書くことにした。	I've decided to write my blog in English.
（ツイッターで）英語でつぶやくことにした。	I've decided to tweet in English. *tweet＝（ツイッターで）つぶやく
ケイゴの英語はネイティブ・スピーカーみたいだ。	Keigo speaks English like a native speaker.

📖 英語学習の目標

英語がペラペラになりたい。	I want to be fluent in English. *fluent［フルーエント］＝流ちょうな
海外旅行に行っても困らないくらい、英語が話せるようになりたい。	I want to speak enough English to get by when I travel abroad. *abroad＝海外へ　get by＝何とかやっていく
外国人とおしゃべりできるようになりたい。	I want to be able to enjoy talking with people from other countries.
字幕なしで映画を見られるようになりたい。	I hope to be able to enjoy movies without relying on subtitles. *rely on ～＝～に頼る　subtitles＝字幕
英語の資料を苦労せず読めるようになりたい。	I want to be able to read English materials without difficulty. *material＝資料
レイコみたいにきれいな英語を話せるようになりたいな。	I want to be able to speak beautiful English like Reiko.
いつか留学したいな。	I want to study abroad someday.
まずは1年間、英語日記を続けるぞ！	I will keep a diary in English at least for a year! *at least＝とにかく、せめて

4章：英語日記フレーズ集

英検2級に合格するよう、頑張るぞ！	I will do my best to pass the second grade in the Eiken!	
TOEICのスコアを200点上げたい。	I want to increase my TOEIC score by 200 points. ＊increase＝〜を上げる・増やす	19 趣味・習いごと
半年以内にTOEICで700点を超えるぞ！	I will get over 700 on the TOEIC test within six months!	
目指せ730点！	Go for 730!　＊go for 〜＝〜を得ようと頑張る	

👓 英語が上達する・しない

英会話を習い始めて3年。	It has been three years since I started taking English conversation lessons.
英語で日記を書き始めて、今日で3カ月。	It has been three months today since I started keeping a diary in English.
英語は上達してるのかな？	I wonder if my English is getting better.
少しずつ上達している気がする。	I feel that I'm improving little by little.　＊improve＝上達する
前より話せるようになった。	I've become better at speaking English than I was before. ＊become better at 〜＝〜がより上手になる
今日はたくさん発言できた。充実！	I was able to speak a lot today. I'm satisfied!
なかなか上達しない。	My progress is slow.　＊progress＝進歩
上達しなくても、楽しければいいや。	I don't care if my English isn't improving as long as I enjoy myself. ＊as long as 〜＝〜である限りは
スランプに陥っている。	I'm in a slump.　＊slump＝スランプ
スランプから抜け出したい。	I want to pull myself out of my slump.
発音がなかなかうまくできない。	I have a hard time pronouncing English words.　＊pronounce＝〜を発音する

相変わらずリスニングが苦手。	I'm still not good at listening.
言いたいことがうまく言えなくて、もどかしかった。	I was frustrated because I couldn't express my thoughts well. ＊frustrated＝もどかしい　thought[ソート]＝考え
英語がパッと口をついて出てこない。	When I speak English, words don't come easily to me.
なかなか単語が覚えられない。	I have a hard time memorizing English words.

🗒️ そのほかの外国語

韓国語の勉強を始めた。	I started studying Korean.
中国語を勉強しようかな。	Maybe I'll study Chinese.
今日からラジオで中国語の勉強を始めた。	I started studying Chinese on the radio today.
覚えた韓国語を使ってみたい。	I want to use the Korean I've learned.
フランス語が話せたら、かっこいいだろうな。	I would look so good if I could speak French.
言語を学ぶのは面白い。	It's fun to study languages.

楽器

🎒 楽器を習う

何か楽器を弾けるようになりたいな。	I want to be able to play a musical instrument.　＊musical instrument＝楽器
電子オルガンを習いたい。	I want to learn to play the electronic organ.
テルミンを弾いてみたい。	I want to try the theremin. ＊theremin[セーラミン]
ギターを習い始めた。	I took up guitar lessons. ＊take up ~＝(趣味として)~を始める
お琴のおけいこに行った。	I took a koto lesson. ＊tookをhadにしてもOK

きれいな音が出せた。	I was able to play well.
ようやくコツがつかめてきた。	I'm finally getting it.

*get it＝コツがつかめる

みんなでセッションをした。	We had a session.
きれいな音が出せない。	I'm having a hard time making a nice sound.
楽譜を読むのは難しい。	It's difficult to read music.

*read music＝楽譜を読む

弦をうまく押さえられない。	I can't hold the strings down well.

*hold＝〜を押さえる　string＝弦

19 趣味・習いごと

楽器を表す単語

ピアノ	piano	チェロ	cello
ギター	guitar	フルート	flute
ウクレレ	ukulele [ユークレィリ]	トランペット	trumpet
エレキギター	electric guitar	トロンボーン	trombone
アコースティックギター	acoustic guitar	サックス	saxophone / sax
クラシックギター	classical guitar	アコーディオン	accordion
フォークギター	folk guitar	クラリネット	clarinet
ドラム	drum	三味線	shamisen
バイオリン	violin	二胡	erhu [アーフー]
ビオラ	viola		

発表会・コンクール

来月、ウクレレの発表会がある。	I have a ukulele recital next month.

*recital＝リサイタル、発表会

初めての発表会。緊張する。	I'm nervous about my first recital.
ピアノのコンクールに出場した。	I played in a piano contest.
コンクールで最優秀賞を受賞した。	I won the highest award in the contest.

*win＝〜を獲得する。過去形はwon[ワン]

人前で演奏するのは気持ちいい。	It feels great to perform before an audience.

*audience＝観客、聴衆

みんなで演奏するのは楽しい。	It's fun to play with other people.

カラオケ

アヤちゃんとカラオケに行った。	Aya and I went to a karaoke place.
3時間ぶっ通しで歌った。	We sang for three hours non-stop.
「ひとカラ」してきた。	I went for karaoke alone.

＊「ひとカラ」は、「一人カラオケ」の略

岡村靖幸の曲ばかり歌っちゃった。	I sang mostly Yasuyuki Okamura songs.
懐かしい曲をたくさん歌った。	I sang a lot of old songs.

＊「最近の曲」なら、new songs

最近の曲は、あまりわからない。	I don't really know many new songs.
彼女とは曲の趣味が合う。	I like her taste in music.

＊taste＝好み

ヒロくんのGLAY、超うまかった。	Hiro did a good job singing Glay songs.
やっぱり80年代の曲はサイコー！	Songs from the 80's are the best!
ドリカムの曲は、すごく難しい。	Dorikamu songs are so hard.
歌って踊って、ストレス発散！	I got rid of stress by singing and dancing!

＊get rid of 〜＝〜を取り除く

ダンス

ジャズダンスを習ってみたい。	I want to learn jazz dance.
フラダンスって、見た目よりキツい！	The hula is harder than it looks!
先生の動きに、なかなかついていけない。	I have a hard time following the teacher.
まずは体を柔らかくすることから始めなきゃ。	I need to limber up first.

＊limber up＝(体を)柔軟にする

今日は指先の動きを意識して踊った。	I focused on my finger tips when dancing today.

＊focus on 〜＝〜に集中する　tip＝先、先端

1時間踊って、気分爽快！	I danced for an hour, and it felt great!
フラメンコの発表会があった。	I had a flamenco dance recital.
衣装を着て踊ると、プロのダンサーになった気分。	When I'm in a dance dress, I feel like a professional dancer.

絵画

絵画教室に行った。	I went to a painting class.
水彩画を始めた。	I took up water painting. *take up 〜=(趣味として)〜を始める
油絵に挑戦したい。	I want to try oil painting.
水墨画を習い始めた。	I started studying ink-wash painting. *ink-wash painting=水墨画
人物のデッサンをした。	I drew a portrait. *draw[ドゥロー]=〜を線で描く。過去形はdrew[ドゥルー] portrait=肖像画
公園でスケッチをした。	I did some sketching in the park.
風景画を何枚か描いた。	I painted a few landscapes. *landscape=風景画
娘の肖像画を描いている。	I'm painting a portrait of my daughter.
なかなか思うように描けない。	I'm having a hard time painting what I want.
少し上手になってきたかな。	Maybe I'm getting better.
何度も描き直した。	I drew it over and over again.
絵はほぼ完成した。	My painting is nearly done. *done=済んだ、終了した
絵画教室の展覧会に絵を出品する予定だ。	I'm going to show my painting at the painting class exhibition.
県の絵画コンテストで選外佳作を取った。	I received an honorable mention in a prefectural painting contest. *honorable mention=選外佳作 prefectural=県の

19 趣味・習いごと

写真

⏰ 写真を撮る

写真教室に通い始めた。	I started taking a photography class.
風景写真の撮り方を学びたい。	I want to learn how to take landscape photos. *landscape=風景
高尾山に、春の野草を撮りに行った。	I went to Mt. Takao to photograph wild spring flowers. *photograph=〜を撮影する
写真サークルの仲間と、撮影に出かけた。	I went out to take photos with some friends from the photo club.
街歩きをしながら、写真を撮った。	I took some pictures as I walked around town.
モデルの撮影会に行った。	I went to a photo shoot with some models. *photo shoot=写真撮影会
富士山の写真を撮った。	I took pictures of Mt. Fuji.
新宿の夜景を撮った。	I took pictures of the night skyline in Shinjuku.
列車の流し撮りに挑戦した。	I took panning shots of trains. *pan=カメラを回して撮影する

☕ 写真のでき

いい写真が何枚か撮れた。	I was able to take a few great pictures.
いい表情が撮れた。	I was able to capture some great expressions. *capture=〜をとらえる　expression=表情
モリタさんは写真写りがいいなぁ。	Morita-san is quite photogenic. *photogenic=写真写りのいい
満足のいく写真が撮れなかった。	I wasn't happy with the pictures I took.
どうしても平凡な写真になってしまう。	My pictures always look so ordinary. *ordinary=普通の、ありふれた

逆光になってしまって、難しかった。	It was hard to take photos against the sun.
写真がブレていた。	The picture came out blurred.
	＊blurred＝ぼやけた
ピントが合っていなかった。	It was out of focus.
	＊out of focus＝焦点が外れて
写真コンテストに応募してみよう。	I'm going to enter a photo contest.

着付け

着付けのレッスンを受けた。	I took a kimono dressing lesson.
一人で着付けができるようになりたいな。	I want to be able to wear a kimono on my own.
鏡を見ながら着付けの練習をした。	I practiced putting on a kimono in front of a mirror.
訪問着で出かけた。	I went out in a semi-formal kimono.
コウタの卒園式に着物で出席した。	I wore a kimono for Kouta's preschool graduation.
ステファニーに着付けをしてあげた。	I helped Stephanie get dressed in a kimono.
着物を新調した。	I bought a new kimono.
そろそろ留め袖をそろえたほうがいいかな？	Maybe it's about time to get a formal kimono.

茶道

今日は茶道教室だった。	I had a tea ceremony class today.
お抹茶をたてて飲んだ。	I made green tea and drank it.
とてもおいしかった。	It was great.
お茶菓子がおいしかった。	The tea sweets were good.
干菓子と水菓子をいただいた。	I had dry confectionery and fruit.
	＊confectionery＝菓子

19 趣味・習いごと

今日のお茶菓子は、桜をかたどったものだった。	Today's tea sweets looked like cherry blossoms. *cherry blossom＝桜の花
足がしびれた。	My feet went numb. *go numb[ナム]＝しびれる。go to sleepとも言う

書道

書道教室に行った。	I went to a calligraphy class.
上手に書けた。	I made some great brush strokes. *brush stroke＝筆さばき、筆遣い
今日はあまり上手に書けなかった。	My brush strokes weren't very good today.
いい筆を使うと、いい字が書けるものだ。	Good brushes sure help me write nice characters. *character＝文字
先生に「生き生きとした字だね」と褒められた。	The teacher complimented me on my vibrant characters. *compliment＝〜を褒める　vibrant＝活気のある

ガーデニング

草花を表す単語

アサガオ	morning glory		
キキョウ	balloon flower		
キク	chrysanthemum	ハーブ	herb
クレソン	watercress	バジル	basil
シクラメン	cyclamen	バラ	rose
スイートピー	sweet pea	パンジー	pansy
スイセン	narcissus	ヒマワリ	sunflower
スズラン	lily of the valley	ヒャクニチソウ	zinnia
スミレ	violet	ヒヤシンス	hyacinth
タイム	thyme	マリーゴールド	marigold
タンポポ	dandelion	ミント	mint
チューリップ	tulip	ユリ	lily
ナデシコ	dianthus	ラベンダー	lavender

🖊 種・球根を植える

チューリップの球根を植えた。	I planted tulip bulbs.	*bulb＝球根
ゴーヤの苗を植えた。	I planted goya seedlings.	

*seedling＝苗。「ゴーヤ」はbitter gourdだが、日記ではgoyaでもOK

ハーブを何種類か植えた。	I planted several herbs.
鉢に寄せ植えしてみた。	I planted various plants together in a pot.
クレマチスの植え替えをした。	I transplanted the clematis.

＊transplant＝〜(植物)を移植する

芽が出るのが楽しみ。	I'm looking forward to the budding.

＊budding＝発芽

きれいな花が咲くといいな。	I hope that there will be beautiful flowers.
今年はトマトの栽培に挑戦しよう。	I'm going to try growing tomatoes this year.

🖊 草花の世話

ビオラをプランターに移した。	I transplanted the violas into a planter.

＊transplant＝〜(植物)を移植する

ラベンダーの刈り込みをした。	I trimmed the lavender. ＊trim＝〜を刈る
芝生に水をまいた。	I watered the lawn.

＊water＝〜に水をやる　lawn[ローン]＝芝生

菜園の土を耕した。	I plowed the vegetable patch.

＊plow＝すきで耕す　patch＝畑

土を替えた。	I changed the soil.

＊soil＝土

庭に肥料をまいた。	I put fertilizer in the garden.

＊fertilizer[ファーティライザー]＝肥料

殺虫剤を散布した。	I sprayed pesticide.

＊pesticide[ペスティサイド]＝殺虫剤、農薬

庭の雑草を取った。	I weeded the garden.

＊weed＝〜の雑草を除く

庭木がだいぶ茂ってきた。	The garden was really overgrown.

＊overgrown＝(葉などが)生い茂った

枝切りをした。	I pruned the tree.

＊prune[プルーン]＝〜(枝など)を刈り取る

庭師さんに来てもらった。	I had the gardener come.
庭の木を剪定してもらった。	I had the trees in the garden pruned.

＊prune[プルーン]＝〜(枝など)を刈り取る

✏️ 草花の生長

シャクヤクの芽が出ていた！	The peonies are budding!

＊peony[ピーアニー]＝シャクヤク　bud＝芽が出る

バラのつぼみが膨らんできた。	The rose buds are getting bigger.

＊bud＝つぼみ、芽

もう少しで花が咲きそう。	The flowers are nearly out.
ルピナスの苗が大きくなってきた。	The lupine seedlings are growing.

＊lupine[ルーピン]＝ルピナス　seedling＝苗

シャコバサボテンがきれいに咲いた。	The Christmas cactuses are blooming beautifully.

＊Christmas cactus＝シャコバサボテン　bloom＝花が咲く

料理 （→ p. 497「料理する」を参照）

車・バイク （→ p. 565「ドライブ」も参照）

そろそろ車を買い替えよう。	I guess it's time to change cars.
次は、トヨタの車にしようかな。	I'm thinking about getting a Toyota next.
72年式のアルファロメオを買った。	I bought a 1972 Alfa Romeo.
BMWに乗るのが夢。	My dream is to own a BMW.

＊own＝〜を所有する

キャンピングカーが欲しい。	I want a camper.

＊camper＝キャンピングカー

ホイールを替えたいな。	I want to get new wheel covers.
今度の休みにキセノンライトに替えよう。	I'm going to change to Xenon Light on my next day off.
サスペンションが硬い。	The suspension feels stiff. ＊stiff＝硬い
洗車した。	I washed my car. I had my car washed.

＊上は自分で洗った場合。下は人に洗ってもらった場合

来月は車検だ！	The car inspection is coming up next month! ＊inspection＝検査
テツシとバイクでツーリングに出かけた。	Tetsushi and I went on a motorcycle ride. ＊go on a motorcycle ride＝バイクでツーリングに出かける
彼のバイクに二人乗りした。	We rode his motorcycle together. ＊ride(〜に乗る)の過去形はrode

釣り

宇和島沖に釣りに行ってきた。	We went fishing off Uwajima Island. ＊off 〜＝〜沖に
天竜川へハゼ釣りに出かけた。	We went goby fishing on the Tenryu River. ＊goby＝ハゼ
渓流釣りを楽しんだ。	We enjoyed mountain stream fishing. ＊stream＝小川、流れ
8時半ごろ、釣り場に到着した。	We arrived at the fishing spot at around 8:30.
水深は5メートルくらい。	The water was about five meters deep.
メバルを狙った。	I went mostly for black rockfish. ＊go for 〜＝〜を得ようとする　mostly＝主に
小型の魚をリリースした。	I released the small fish back into the water.
残念ながら、大型の魚には出合えなかった。	Unfortunately, I couldn't get a big fish.
45センチの大物が釣れた！	I caught a big one measuring 45cm! ＊measure＝〜の大きさがある
帰宅後、さばいて刺身にした。	I made it into sashimi after I got home.
海がしけていたので、釣りはあきらめた。	We gave up fishing because the sea was rough. ＊rough[ラフ]＝荒れた

旅行 (→ p.567「旅行」を参照)

19 趣味・習いごと

趣味・習いごとについて
英語日記を書いてみよう

趣味や習いごとについて、英語で書いてみましょう。

📝 手作りケーキ

> Naoko and Ayako came over, so I served them my homemade earl grey chiffon cake. They both said it was delicious. I was so happy.

訳 ナオコとアヤコが遊びに来たので、手作りのアールグレイ・シフォンケーキでもてなした。2人においしいと褒められて、とても嬉しかった。

ポイント 「遊びに来た」は came over (to my house) や came to see me で。「Aを〜でもてなす」は serve 〜（人）...（物）や、entertain 〜（人）with ...（物）で表します。「手作りの」は homemade。「褒める」は、They both said 〜（2人とも〜と言った）で表せます。

📝 編み物が上達

> I used to be able to knit only scarves, but now I can knit caps and socks. I want to be able to knit sweaters soon.

訳 以前はマフラーしか編めなかったのが、今ではニット帽や靴下も編めるようになった。早くセーターが編めるようになりたいな。

ポイント 「以前はマフラーしか編めなかった」は、「以前はマフラーだけ編めた」と表現するのが自然です。used to 〜（動詞の原形）は「以前は〜した」、be able to 〜（動詞の原形）は「〜できる」という意味。「マフラー」は scarf と表します。scarves は複数形です。

新しい英会話の先生

We had a lesson with our new teacher, David, today. His English was very clear and his way of teaching was easy to understand. We had a great lesson.

訳 今日からデイビッド先生に変わった。とても聞きやすい英語で、教え方もわかりやすかった。すごく楽しい授業だった。

ポイント 「今日からデイビッド先生に変わった」は、「今日は新しい先生、デイビッドの授業だった」と表すと自然な英語に。「〜先生」は Mr./Ms. ＋名字ですが、David のように下の名前を用いる場合は Mr./Ms. は不要です。「わかりやすい」は easy to understand。

カリグラフィーの体験レッスン

I had a one-time calligraphy lesson at the culture hall today. I wrote pretty well. I'm thinking of taking lessons regularly.

訳 今日、文化会館でカリグラフィーの1日体験レッスンを受けた。結構うまく書けた。本格的に習おうか検討中。

ポイント 「1日体験レッスン」は one-time lesson（1回のレッスン）としましたが、trial lesson でもOK。「検討中」は I'm thinking of 〜ing（〜しようかと考えている）、「本格的に習う」は take lessons regularly（定期的にレッスンを受ける）で表しました。

20 スポーツ

運動全般

最近、体がなまってる。	I've been feeling sluggish lately. *sluggish[スラギッシュ]＝(行動などが)のろのろとした、鈍い
運動不足で、このままだとヤバイ。	I don't get enough exercise. I really have to do something.
きれいな姿勢になりたい。	I want to have a nice posture. *posture＝姿勢
インナーマッスルを鍛えたい。	I want to train my inner muscles.
体幹を鍛えなきゃ。	I need to train my body core muscles. *core＝中心部、核
汗を流して、気分爽快(そうかい)だった。	It felt refreshing to work up a sweat. *work up a sweat＝ひと汗かく
汗びっしょりになった。	I was covered in sweat. *covered in ～＝～に覆われて
100キロカロリーは消費したかな？	I guess I burned at least 100kcal. *burn＝～を燃やす・燃焼する
明日も頑張って運動するぞ。	I'm going to work out again tomorrow. *work out＝トレーニングをする
明日は筋肉痛になりそう。	I'm going to have sore muscles tomorrow. *sore[ソァ]＝痛む
少しはぜい肉が落ちてるといいけど。	Hopefully I've lost a little flab. *flab＝脂肪、ぜい肉
こんなに運動してるのに、どうして体重が減らないんだろう。	I'm doing a lot of exercise, but I don't know why I can't lose weight. *lose weight＝体重を減らす
筋肉量がアップしていた。やった！	My muscle mass has increased. Great! *muscle mass＝筋肉量

やっぱり、パーソナルインストラクターについてもらうと違うなぁ。	It seems having a personal trainer really makes a difference.

軽い運動

駅や会社では、階段を使うようにしている。	I try to use the stairs at the train station and at work. *stairs＝階段
今朝は一駅分歩いた。	I walked from one station to another this morning.
新宿から原宿まで歩いた。	I walked from Shinjuku to Harajuku.
電車を待つときは、つま先立ち。	I stand on tiptoe while waiting for the train. *tiptoe[ティップトゥ]＝つま先
自転車通勤を始めた。	I've started to commute by bike. *commute＝通勤する bike＝自転車
自転車通勤に変えて、今日で1週間。	It has been a week since I started to bike to work. *bike＝自転車に乗る
犬の散歩は私にとってもいい運動。	Walking the dog is good exercise for me, too. *walk＝〜を散歩させる

ウォーキング

朝、30分ウォーキングをした。	I walked for 30 minutes this morning.
早朝のウォーキングは気持ちがいい。	It feels good to go for a walk early in the morning. *go for a walk＝散歩に行く
毎日1万歩以上歩くようにしている。	I try to walk more than 10,000 steps a day. *step＝1歩、歩み
5000歩歩くのって、結構大変。	It's not easy to walk 5,000 steps.
歩数計を買おうかな。	Maybe I should buy a pedometer. *pedometer[ピドミター]＝歩数計
iPodで音楽を聞きながら、ウォーキングをした。	I listened to music on my iPod as I walked.
雨だったので、ウォーキングはやめた。	It was raining, so I didn't go walking.

ジョギング・マラソン

✏️ ジョギング

公園でストレッチをした。	I stretched in the park.
5時に起きて、約10キロ走った。	I woke up at 5:00 and ran for about 10km.
皇居の周りを走った。	I ran around the Imperial Palace.
1キロ7分のペースで走った。	I ran at a pace of about seven minutes per kilometer. *per ～=～につき
多摩川まで走って往復した。	I ran to and from the Tama River.
皇居でのランニング会に参加した。	I joined a running group at the Imperial Palace.
カナちゃんと公園で待ち合わせて、1時間ジョギングした。	I met Kana in the park and then we jogged for an hour.
ヤマグチさんと近所をジョギングした。	I went jogging around the neighborhood with Yamaguchi-san.
久々のジョギングで、息切れした。	I went jogging for the first time in a while and I got out of breath. *get out of breath=息切れする
ジョギングの後の銭湯って最高！	The public bath after jogging feels great!
5キロを30分で走れた。まずまず。	I ran 5km in 30 minutes. Not bad. *Not bad.=なかなかよい
最近、タイムが落ちてきた。	My running speed has been dropping recently. *drop=低下する
もっとタイムを上げたい。	I want to increase my running speed. *increase=～を下げる
ランニングフォームを見直したほうがいいな。	I need to reconsider my running form. *reconsider=～を考え直す・再考する
ジョギングでひざを痛めてしまった。	I hurt my knees from jogging. *hurt=～を痛める。過去形もhurt　knee[ニー]=ひざ

ジョギングを始めて、体脂肪率が5%減った。	Since I started jogging, my body fat has dropped by five percent.

*fat=脂肪

📖 マラソン

来年は東京マラソンにチャレンジしたい。	I want to be in the Tokyo Marathon next year.
東京マラソンの抽選に外れてしまった。	I lost in the lottery to be in the Tokyo Marathon.
福岡国際マラソンの応援に行った。	I went to cheer for the runners at the Fukuoka International Marathon.
マラソン選手はやっぱり速い！	Marathon runners are so fast!
市民マラソンに出た。	I ran in a local marathon.
いつかホノルルマラソンに出たいな。	I want to run the Honolulu Marathon someday.
フルマラソンなんて絶対ムリ。	A full marathon is absolutely impossible for me.
ハーフマラソンなら、何とかなるかも。	Maybe I can manage to complete a half marathon.

*manage to ～=何とか～する

レースまであと4日！	Four more days before the race!
5時間以内での完走が目標だ。	My goal is to finish within five hours.

*goal=目標

4時間26分で完走！目標達成！	I finished in 4 hours and 26 minutes! I achieved my goal!
5時間切りの目標は達成できなかった。	I couldn't achieve my goal of finishing within five hours.

*achieve=～を達成する

制限時間オーバーで、失格になってしまった。	I was disqualified because I didn't finish within the time limit.

*disqualify=～の資格を奪う

何とか完走できた。	I somehow managed to finish.

*somehow=どうにか

20 スポーツ

走り終えた後は、何とも言えない達成感があった。	After finishing, I had a great feeling of accomplishment.
	*accomplishment＝達成
足首が痛くなって、30キロ地点でリタイアした。	Because of the pain in my ankle, I had to give up at 30km.
	*pain＝痛み　ankle＝足首
痛くて仕方がなかった。	It was so painful.
途中、あきらめて歩いてしまった。	I gave up partway through and just walked.
	*partway through＝途中で

🏃 駅伝

今度の箱根駅伝は、どの大学が優勝するかな？	I wonder which university will win the next Hakone Ekiden.
沿道で応援した。	I cheered for the runners from the side of the road.
応援に力が入った。	I really got into the cheering.
	*got into 〜＝〜にのめり込む
かなりの接戦だった。	It was a really close race.
	*close[クロウス]＝接戦の、きわどい
往路は、東洋大が新記録で優勝。	In the first half of the race, Toyo University won and set a new record.
	*win＝勝つ。過去形はwon[ワン]　set＝〜(新記録)を出す
5区では、区間新記録が出た。	A new record was set in the fifth section.
4区で早稲田が追い上げた。	Waseda caught up in the fourth section of the race.
	*catch up＝追い上げる。catchの過去形はcaught[コート]
東海大がトップに躍り出た。	Tokai University moved into the lead.
	*lead＝先頭
カシワバラの走りは圧巻だった。	Kashiwabara's running was just incredible.
	*incredible＝素晴らしい
順天堂大学が逆転優勝を果たした。	Juntendo University had a come-from-behind victory.
	*come-from-behind＝逆転の

👕 ウエア・シューズ

新しいランニングウエアが欲しい。	I want some new running clothes.
	*clothes[クロウズ]＝衣類

新しいランニングウエアを着て、気持ちよく走れた。	I enjoyed running in my new running clothes.
シューズが合わなくて、足が痛くなった。	My shoes didn't fit, so my feet hurt. ＊feet＝foot（足先）の複数形　hurt＝痛む。過去形もhurt
新しいシューズは、走りが軽い。	My new shoes feel really light to run in.
ランニングタイツを新調した。	I got new running tights.
かわいいランスカを発見！	I found a cute running skirt! ＊「ランスカ」は、「ランニングスカート」の略
距離計測機能付きのランニングウォッチを買った。	I bought a running watch with a distance meter.　＊distance＝距離

ジム・トレーニング

ジム・筋トレにまつわる表現

インストラクター	instructor		
パーソナルトレーナー	personal trainer		
運動をする	work out		
準備運動をする	do a warm-up	〜のストレッチをする	stretch 〜
ランニングマシンで走る	run on a treadmill	〜を鍛える	strengthen 〜
腹筋をする	do sit-ups	上腕二頭筋	biceps [バイセプス]
腕立て伏せをする	do push-ups	大たい筋	thigh [サイ] muscle
懸垂をする	do chin-ups	肩甲骨	shoulder blade
スクワットをする	do squats	筋肉痛になる	have sore muscles

ジム・筋トレ

ジムに通い始めた。	I started going to the gym.
仕事帰りにジムに行った。	I went to the gym after work.
ランニングマシンで1時間走った。	I ran for an hour on a treadmill.
腹筋20回を3セットやった。	I did three sets of 20 sit-ups.
20回、腕立て伏せをした。	I did 20 push-ups.

レッグカール、65キロ×10回×3セットやった。	I did three sets of 10 leg curls with 65kg weights.
ダンベルで二の腕を鍛えた。	I gave my arms a workout using dumbbells.

💡 エクササイズ

エクササイズのDVDを買った。	I bought an exercise DVD.
DVDを見ながら30分、エクササイズをした。	I exercised for 30 minutes to a DVD.
結構キツかった！	It was pretty tough!
テレビでヒップアップに効く運動をやっていた。	A TV program showed an exercise for building firm buttocks. ＊firm＝引き締まった　buttock＝尻
バランスボールを買った。	I bought a stability ball. ＊stability＝安定
また新しいダイエット器具を買っちゃった。まぁ、いいか。	I bought new fitness equipment again. Oh well. ＊equipment＝用具
前に買ったダイエット器具、全然使ってないな。	I never use the fitness equipment I bought a while ago.
加圧トレーニングに行ってきた。	I went for KAATSU training.
午前中、エアロビのクラスに出た。	I joined an aerobics class in the morning.
アクアビクスのレッスンを受けた。	I took an aqua-aerobics lesson.
アンチエイジングに効果大と聞いた。	I hear it's very effective for anti-aging. ＊effective for ～＝～に効果的な
このエクササイズをすると、体が軽くなる。	This exercise makes my body feel light.
確実に体が引き締まった。	It definitely helped tone my body. ＊definitely＝確実に tone＝～(体・筋肉など)を鍛える・引き締める
このトレーニングのおかげで、体年齢が10歳若返った。	Thanks to this training, my body is ten years younger.

血流が良くなった。	It has improved my blood circulation. ＊improve＝〜を改善する　circulation＝循環、流れ
今日のトレーナーさんとは気が合った。	I got along great with my trainer today.　＊got along with 〜＝〜とうまが合う
次もあの人を指名しよう。	I'm going to choose him again the next time.
30分で4200円だった。	It was 4,200 yen for 30 minutes.

ダンス（→ p. 530「ダンス」を参照）

ヨガ・ピラティス

最近、ヨガを始めた。	I've started doing yoga recently. ＊do yoga（ヨガをする）は、practice yogaとも言う
駅前のヨガスタジオで、体験レッスンを受けた。	I took a trial lesson at the yoga studio in front of the train station.
最近、ピラティスにはまってる。	I've been hooked on Pilates recently. ＊be hooked on 〜＝〜にはまる
ピラティスのDVDを買った。	I bought a Pilates DVD.
DVDを見ながら、家でピラティスをした。	I did Pilates at home to a DVD.
ヨガをしていると、心が落ち着く。	While doing yoga, my mind is calm. ＊calm［カーム］＝落ち着いた
ヨガでは、ゆったりした呼吸が大切。	In yoga, breathing slowly is important. ＊breathe［ブリーズ］＝呼吸する
ヨガの呼吸法が、少しずつ身についてきた。	I'm slowly starting to learn how to do yoga breathing.
ヨガのポーズ、なかなかうまくできない。	I have a hard time doing yoga poses.
ピラティスで骨格のゆがみが直った。	Doing Pilates helped straighten my frame. ＊straighten［ストゥレイトゥン］＝〜のゆがみを取る

水泳・プール

プールで400メートル泳いだ。	I swam 400m in the pool.

クロールで500メートル泳いだ。	I swam the crawl for 500m. *crawl=クロール
背泳ぎで200メートル泳いだ。	I swam the backstroke for 200m. *backstroke=背泳ぎ
バタフライのフォームがきれいにできない。	I can't make good butterfly form.
ビート板を使ってバタ足をした。	I practiced doing flutter kicks on the kickboard. *flutter kick=バタ足
25メートル泳ぐのが精いっぱいだ。	I can swim 25m at the most. *at the most=多くて、せいぜい
100メートル泳げるようになりたい。	I want to be able to swim 100m.
平泳ぎだと、なかなか前に進まない。	When swimming the breaststroke, I don't go forward. *breaststroke=平泳ぎ
300メートル、水中ウォーキングをした。	I walked in the swimming pool for 300m.
泳いだ後、サウナに入った。	I took a sauna after swimming.

野球

⏰ プロ野球

阪神対巨人の試合をテレビで見た。	I watched the Giants and Tigers game on TV.
神宮球場で、楽天対日ハムの試合を見た。	I went to Jingu Stadium and saw a game between Rakuten and Nichihamu.
3対2で阪神が負けた。	The Tigers lost 3-2. *3-2は、three to twoと読む
5対2で西武が勝った。	Seibu won 5-2.
完封勝利だ！	Shutout victory! *shutout=完封
延長11回で、ようやく勝負がついた。	The game went into the 11th inning before being decided. *inning=(野球の)回
延長12回で引き分けとなった。	The game went into the 12th inning and ended in a draw. *draw[ドゥロー]=引き分け

ドラゴンズ、今日も点が取れなかった。	The Dragons didn't get a point today, either.
タカハシがサヨナラホームランを打った。	Takahashi got a game-winning homerun. ＊「サヨナラホームラン」は、game-ending homerunとも言う
今シーズンのワダは不調だ。	Wada isn't having a good season.
今日はサワムラが好投した。	Sawamura pitched really well today. ＊pitch＝投げる
ノダ監督の采配には納得できない。	I can't agree with Coach Noda's strategy. ＊strategy＝戦略、作戦
アキヤマ監督の采配は素晴らしい。	Coach Akiyama's strategy is great.
ダルビッシュもメジャーに移籍か。	Darvish moved to the Majors, too.

☕ 高校野球

春の高校野球が始まった。	The spring high school baseball tournament has started.
福島の聖光学院が、京都の鳥羽高校と対戦した。	Fukushima's Seiko High played against Kyoto's Toba High. ＊high＝high school（高校）
2対0で聖光学院が勝った。おめでとう！	Seiko High won 2-0. Congratulations! ＊2-0は、two to zeroと読む
東北高校、頑張れ！	Go for it, Tohoku High School!
横浜高校のエースが好投した。	Yokohama High School's ace pitched really well.
すごくいい試合だった。	It was a great game.
浦和学院のナインは試合後、号泣していた。	The players of Urawa-Gakuin all broke down in tears after the game. ＊break down in tears＝感情を抑えきれず泣く
大阪桐蔭高校のナインは、抱き合って喜んでいた。	The players of Osaka-Toin High School all embraced in joy. ＊embrace＝抱き合う　joy＝喜び、歓喜
思わず、私ももらい泣き。	Just watching them made me cry, too.

選手宣誓に胸が熱くなった。	The reading of the player's oath gave me a warm feeling inside.
	*oath[オウス]＝宣誓
高校野球はアツい！	High school baseball is full of passion!
高校野球は、何が起きるかわからない。	You never know what will happen with high school baseball.
球児たちのひたむきな姿に胸を打たれる。	The dedication of the players is inspiring.
	*dedication＝熱心さ　inspiring＝感激させる

草野球

市営グラウンドで、草野球の試合をした。	I played in an amateur baseball game on the city field.
	*amateur＝アマチュア、素人
会社の草野球チームで練習した。	I practiced with my company's amateur baseball team.
T印刷のチームと対戦した。	We played against T Printing.
明日は草野球のリーグ戦！	We have an amateur league championship tomorrow!
見事リーグ優勝。やった！	We won the league championship. Yes!
Aグループ2位だった。	We were second in the A Group.
最下位だった。あーあ。	We were at the bottom. Too bad.
	*Too bad.＝残念だ
明日はソウイチの野球の試合だ。	Soichi has a baseball game tomorrow.

サッカー

サッカー全般

グランパス対アルビレックスの試合を見に行った。	I went to see a game between Grampus and Albirex.
柏レイソルの練習を見学した。	I went and saw Kashiwa Reysol's practice.

20 スポーツ

2対1で、大宮アルディージャが勝った。	Omiya Ardija won 2-1. ＊2-1は、two to oneと読む
サガン鳥栖がJ1に初昇格。やった！	Sagan Tosu got promoted to J1. Excellent! ＊get promoted to ～＝～に格上げされる
アビスパ福岡はJ2に降格。あ～あ…。	Avispa Fukuoka got demoted to J2. Too bad... ＊get demoted to ～＝～に格下げされる
明日はウズベキスタン戦。	There's a game against Uzbekistan tomorrow.
やった！ 日本がアジア予選を通過した！	Great! Japan passed the Asian Cup preliminaries!　＊preliminary＝予選
W杯3次予選、日本はC組だ。	Japan is in Group C of the World Cup Asian third round qualifier. ＊qualifier＝予選
次の相手は、強豪ブラジル。	Our next opponent is Brazil, the powerhouse. ＊opponent＝対戦相手、敵　powerhouse＝最強チーム
オマーンは手強いな。	Oman is formidable. ＊formidable＝（敵などが）手強い
ゴール!!	Goal!
キーパー、よく止めた！	The goalie did a good job! ＊goalie＝ゴールキーパー
日本の守護神！	He's the savior of the Japanese team!　＊savior＝救世主、救い主
2対0から巻き返すなんて！	They came back from being behind 2-0!　＊2-0は、two to zeroと読む
2対1で日本が勝った。	Japan won 2-1.
PK戦にもつれ込んだ。	It came down to a penalty shoot-out. ＊come down to ～＝～に及ぶ
ナガトモのアシストは見事だった。	Nagatomo's assist was incredible. ＊incredible＝素晴らしい
クリハラが退場になった。	Kurihara got ejected. ＊get ejected＝退場させられる
勝てる試合だったのに。	We could have won that game.
最後の最後で、油断しちゃったな。	They let down their guard at the last moment. ＊let down ～＝～を低くする　guard＝防衛、ガード

4章：英語日記フレーズ集

相手チームの反則が目立った。	The other team made a lot of fouls.

✏️ 少年サッカー

トシの少年サッカーの試合を見に行った。	I went and saw Toshi's boys' soccer game.
トシがシュートを決めた！	Toshi's shoot went in! ＊go in＝入る
フジミノFCが地区大会で優勝！	Fujimino FC won the district tournament! ＊district＝地区、地域

ゴルフ

会社帰りに打ちっ放しに寄った。	I stopped at a driving range on my way home from work. ＊driving range＝(打ちっ放しの)ゴルフ練習場
ゴルフのコンペだった。	I was in a golf competition.
クライアントと接待ゴルフだった。	I played golf with some clients.
7時ごろ、ゴルフ場に着いた。	I got to the golf course at around 7:00.
ナイスショット！	Nice shot!
ホールインワン！	Hole in one!
バンカーにつかまった。	I got caught in a bunker. ＊get caught in 〜＝〜にひっかかる・はまり込む
池ポチャだった。	I hit it into the pond. ＊pond＝池
2番ホールはボギーだった。	The second hole was a bogey. ＊bogey＝ボギー
なんと、バーディーを3つ取った！	Oh wow, I got three birdies! ＊birdie＝バーディー
ハーフが終わって、スコアは53。	At the halfway point, my score was 53.
スコアは53＋50＝103。	My score was 53 + 50 = 103.
自己ベストが出た！	It was my personal best!
なかなか上達しない。	I'm not improving much. ＊improve＝上達する

フォームが悪いのかも。	Maybe there's something wrong with my form.
義兄にゴルフクラブを譲ってもらった。	I got some golf clubs from my brother-in-law. *brother-in-law＝義理の兄・弟
全米オープンをテレビ観戦した。	I watched the U.S. Open on TV.
リョウくん、頑張れ！	Good luck, Ryo-kun!
3アンダーで予選通過だ。	He qualified with a 3-under-par. *qualify＝資格を得る
今年の賞金王は宮里藍だ。	This year's top earner was Ai Miyazato. *earner＝稼ぐ人、稼ぎ手

20 スポーツ

スキー・スノーボード

5時間ほど滑った。	I skied for about five hours.
初心者コースで練習した。	I practiced on the beginners' course.
何度も転んだ。	I fell a lot of times. *fall＝転ぶ。過去形はfell
ミナに滑り方を教えてあげた。	I taught Mina how to ski.
ボーゲンはできるようになった。	I learned how to do a snowplow turn. *snowplow＝ボーゲン turn＝ターン、方向転換
ターンできるようになった。	I learned how to turn.
リフトに乗っているとき、怖かった。	It was scary to ride the lift. *scary＝(物事が)怖い、おそろしい
リフトからの景色は絶景だった。	The view from the lift was fantastic.
かなり急な斜面だった。	The slope was really steep. *steep＝急な
パウダースノーって最高！	Powder snow is the best! *powder snowは、単にpowderとも言う
アイスバーンが結構あった。	There were a lot of icy spots. *icy＝凍ってすべりやすい
ナイターもすごく楽しかった。	Night skiing was also great fun. *スノーボードの場合は、skiingをsnow boardingに
スノボの後の温泉は最高♪	Nothing beats taking a hot-spring bath after snowboarding♪ *nothing beats〜＝〜に勝るものはない、〜は最高だ

553

登山

今日は筑波山に登った。	I climbed Mt. Tsukuba today. ＊climb[クライム]
来週は高尾山に行く。	I'm going to climb Mt. Takao next week.
いつか槍ヶ岳に登ってみたい。	I want to climb Yarigatake someday.
これで今年の登山は10回目だ。	I've climbed ten mountains so far this year. ＊so far＝今までのところ
絶好の登山日和だった。	It was a perfect day for mountain climbing.
空気がおいしかった。	The air was great.
頂上を目指して登った。	We climbed towards the summit. ＊summit＝頂上
ストックを使いながら、慎重に登った。	We took our time climbing while using climbing sticks. ＊take one's time 〜＝(慌てず)ゆっくり〜をやる
8合目あたりで、少し頭が痛くなってきた。	My head started to hurt at about 80 percent up the mountain. ＊hurt＝痛む。過去形もhurt
高山病になったようだった。	I think I got altitude sickness. ＊altitude sickness＝高山病
山小屋で少し休憩した。	We took a little break in a mountain hut. ＊hut＝小屋、山小屋
やっと頂上に着いた！	We finally reached the top!
最高の眺めだった！	The view was spectacular! ＊spectacular＝見事な、壮観な
上りより、下りのほうがキツかった。	Coming down was harder than going up.
足にマメができてしまった。	I got some blisters on my feet. ＊blister＝(足の)まめ
高山植物をたくさん見ることができた。	I enjoyed seeing various kinds of alpine plants. ＊various＝さまざまな
新しい登山ウェアを買った。	I bought new mountain climbing clothes. ＊clothes[クロウズ]＝服

かっこいいザックが欲しい。	I want a cool backpack.

ボクシング・格闘技

横浜アリーナに、格闘技を見に行った。	I went to see a martial arts contest at Yokohama Arena.
	*martial art＝武術、格闘技　contest＝競技、大会
カメダ対マナカネの試合を観戦した。	I saw the match between Kameda and Manakane.
4度目の防衛戦だ。	It was his fourth defense of his title.
	*defense＝防衛
右ストレートが決まった。	He got in a right-straight punch.
	*get in ～＝～（一撃など）を加える
パンチにキレがなかった。	His punches were a little weak.
	*weak＝（力などが）弱い
試合終了のゴングが鳴った。	The bell rang and the game ended.
3ラウンドTKO勝ち！	It was a three-round TKO!
2ラウンドKO負けだった。	He lost in a two-round KO.
判定でアオキの勝ちだった。	Aoki got a decision win.
	*decision win＝判定勝ち
3-0でソノダの判定負けだった。	Sonoda lost by a 3-0 decision.
	*3-0は、three to zeroと読む
あの判定には納得がいかない。	I can't agree with that decision.
5度目の防衛に成功した。	It was his fifth successful defense of his title.
新チャンピオンの誕生だ。	A new champion was born.

そのほかのスポーツ

バドミントンをした。	I played badminton.
サノさんと卓球をした。	I played table tennis with Sano-san.
同僚とフットサルをした。	I played futsal with some co-workers.
	*futsalは、five-a-side footballとも言う
市のスポーツ大会に参加した。	I participated in a city sports event.
	*participate in ～＝～に参加する

4章：英語日記フレーズ集

20 スポーツ

スポーツについて英語日記を書いてみよう

体を動かしたことについて、英語で書いてみましょう。

✏️ ウォーキングを開始

> I bought a pedometer and an iPod. Now, I'm ready to take up walking tomorrow. I will stick to it!

訳
歩数計とiPodを買った。これで、明日からウォーキングを始める準備はできた。三日坊主にはならないぞ！

ポイント このNow,は、「これで」「さぁ」というニュアンスです。take up ～は「～（趣味など）を始める」。「三日坊主にはならないぞ」は、I will stick to it（それを続けるぞ）で表現しました。stick to ～は「～（挫折せずに決心したことなど）を続ける」という意味です。

✏️ ホノルルマラソン

> Naoto completed the Honolulu Marathon and came back to Japan today. He said his legs were killing him, but he wanted to try a triathlon next. He's amazing!

訳
ナオトがホノルルマラソンを完走し、今日、日本に戻ってきた。足が死ぬほど痛いと言いながらも、次はトライアスロンにチャレンジしたいんだって。スゴイ！

ポイント 「マラソンを完走する」はcomplete a marathon、「マラソンに出る」はrun a marathon。このkillは「（痛さや驚きなどが）～を我慢できなくする」という意味で、通常、his legs were killing himのように進行形で表します。「～にチャレンジする」はtryで。

4章：英語日記フレーズ集

20 スポーツ

久しぶりのバドミントン

I found the badminton set in the storeroom while cleaning. So, my sister and I played badminton for the first time in about 15 years. We both worked up a sweat.

訳 物置を掃除していたら、バドミントンセットを発見。約15年ぶりにお姉ちゃんとバドミントンをした。2人とも汗をかいた。

ポイント 「物置」は storeroom、「約15年ぶりに」は for the first time in about 15 years、「汗をかく」は work up a sweat で表します。work up a good sweat（いい汗をかく）、work up a sweat all over one's body（体中に汗をかく）を使ってもいいですね。

高校野球に感動！

Sakushin-Gakuin and Naruto played a close game. They went into extra innings and Naruto won 5-4. The players' tears made me cry, too. I love high school baseball!

訳 作新学院 対 鳴門は接戦だった。延長戦にもつれ込み、鳴門が5対4で勝利。選手たちの涙にもらい泣きしてしまった。高校野球っていいなぁ！

ポイント 試合の「対」は and のほか、vs. で表しても OK。「接戦」は close[クロウス] game と表します。「（野球で）延長戦に入る」は go into extra inning(s)。「もらい泣きした」は、〜 made me cry, too（〜が私まで泣かせた）と表現してみました。

21 レジャー・旅行

娯楽施設

🖉 遊園地

東京ディズニーランドに行った。	I went to Tokyo Disneyland.
これで15回目だ。	It was my 15th visit.
初めてUSJに行った。	I went to USJ for the first time.
入園料は1000円で、ワンデーパスは3000円だった。	It cost 1,000 yen to get in, and a one-day pass was 3,000 yen.
1日たっぷり遊んだ。	We enjoyed the whole day there.
ジェットコースターに乗った。	I got on a roller coaster. *roller coaster＝ジェットコースター
すごいスピードだった。	It was really fast.
すごく怖くて、絶叫してしまった。	I was so scared that I screamed. *scared＝(人が)怖がった
ホワイトサイクロンは強烈だった。	White Cyclone was really scary. *scary＝(物事が)怖い
ナツとミナは、コーヒーカップに乗って楽しんでいた。	Natsu and Mina enjoyed riding the coffee cups.
子どもたちはメリーゴーランドに乗った。	The kids got on the Merry-Go-Round.
観覧車はかなり高かった。	The Ferris wheel was quite high. *Ferris wheel＝観覧車
風があったので、結構揺れた。	It was swaying a lot because of the wind. *sway＝揺れる
お化け屋敷に入った。	We entered the haunted house. *haunted house＝お化け屋敷

かなり本格的で、怖かった。	It was quite realistic and scary.
ジェットコースターは2時間待ちだった。	We had to wait for two hours to get on the roller coaster.
案外すいていて、それほど並ばなかった。	It wasn't so crowded, so we didn't have to wait long.
ミッキーと一緒に写真を撮った。	We took a picture with Mickey Mouse.
たくさん写真を撮った。	I took lots of pictures. *lots of=a lot of(たくさんの)
ハナはミッキーに会えて、とてもうれしそうだった。	Hana looked really happy to meet Mickey Mouse.
ギフトショップは激込みだった。	The gift shops were packed like sardines. *packed like sardines=(缶詰のイワシのように)すし詰めになって
夜のパレードは最高だった。	The night parade was stunning. *stunning=素晴らしい、驚くべき
夕方ごろから場所取りをした。	We saved a place to sit in the late afternoon. *save=〜(席など)を取っておく
結構いい場所で見られた。	We had a pretty good spot and a nice view.
夢のような光景だった。	It was a dreamlike scene.

動物園

動物を表す単語

パンダ	panda	ライオン	lion
クマ	bear	トラ	tiger
ホッキョクグマ	white bear / polar bear	サル	monkey
キリン	giraffe	チンパンジー	chimpanzee
ゾウ	elephant	オランウータン	orangutan
サイ	rhinoceros [ライノサラス] / rhino [ライノゥ]	コアラ	koala [コウアーラ]
カバ	hippopotamus [ヒパパタマス] / hippo	カンガルー	kangaroo
シマウマ	zebra [ズィーブラ]	ワニ	alligator / crocodile

21 レジャー・旅行

上野動物園に行った。	We went to Ueno Zoo.
クマの赤ちゃんを見た。	We saw a bear cub.

＊cub[カブ]＝(クマなどの)赤ちゃん、子ども

すごくかわいかった。	It was really cute.

＊動物の性別が不明なときは、itでOK

寝ていた。	It was sleeping.
ささを食べていた。	It was eating bamboo leaves.

＊leaf＝葉。複数形はleaves

遠くてよく見えなかった。	It was too far to see clearly.
シマウマの赤ちゃんがかわいかった。	The baby zebra was cute.
息子はゾウを見て喜んでいた。	My son was excited to see an elephant.
ウサギを抱っこした。	I held a rabbit.

＊hold＝〜を抱く。過去形はheld

ペンギンの散歩を見た。	We watched the penguins walking.
ホッキョクグマが見られてラッキーだった。	We were lucky to see polar bears.
ライオンはおりの中で寝ていた。	The lions were sleeping in the cage.

＊cage＝おり

目がかわいかった。	They had cute eyes.

👓 水族館

水族館の生き物を表す単語

イルカ	dolphin	タツノオトシゴ	sea horse
アザラシ、オットセイ	seal	クリオネ	clione / sea angel
アシカ	sea lion	クラゲ	jellyfish
ラッコ	sea otter	カメ	turtle / tortoise [トータス]
シャチ	killer whale		
ペンギン	penguin		
エイ	ray		
サメ	shark	熱帯魚	tropical fish
ジンベイザメ	whale shark	深海魚	deep-sea fish
サンショウウオ	salamander		

美ら海水族館に行った。	We went to Churaumi Aquarium.
海遊館のライトアップがよかった。	The illuminated Kaiyukan Aquarium was really nice. ＊illuminated＝イルミネーションで飾られた
熱帯魚がきれいだった。	The tropical fish were beautiful. ＊fishは、複数形もfish
ジンベエザメは迫力があった。	The whale shark was powerful. ＊whale shark＝ジンベエザメ
深海魚って、不思議な形をしてる。	Deep-sea fish have strange shapes.
クリオネがかわいかった。	The cliones were cute. ＊「クリオネ」は、sea angelとも言う
カワウソの泳ぐ速さに驚いた。	I was surprised how fast the otters swam. ＊otter＝カワウソ
水槽のトンネルを通った。	We walked through a water tunnel.
魚たちの泳ぐ様子を、下から眺めた。	We watched the swimming fish from below.
イルカのショーは面白かった。	The dolphin show was fun.
しぶきがかかった。	We were caught in the spray. ＊caught in 〜＝〜に巻き込まれて
マサコはびっくりしていた。	Masako was startled. ＊startled＝驚いて
イルカって、すごく頭がいいんだな。	Dolphins are really smart.
どうしてあんなに高く跳べるんだろう？	How do they jump so high?

21 レジャー・旅行

プール・海

プール・海へ行く

としまえんのプールに行った。	We went to the swimming pool at Toshimaen.
市民プールに泳ぎに行った。	I went swimming in the public swimming pool.
流れるプールで泳いだ。	We swam in the river pool.
ウォータースライダーで遊んだ。	We got on the water slide.

プールは大混雑だった。	The swimming pool was really crowded.
逗子海岸に海水浴に行ってきた。	I went to Zushi Beach for a swim.
海で泳ぐのは久しぶりだった。	I haven't swum in the sea in a long time.　＊swim(泳ぐ)の過去分詞形は、swum
浮き輪に乗って、ぷかぷか浮かんでいた。	I floated in the water on my float.　＊float＝浮かぶ／浮き輪
大きな空の下で海に浮かぶのは、すごく気持ちいい。	It felt great to float in the sea under the big sky.
久しぶりに泳いで、楽しかった。	I had a good time swimming for the first time in ages.
泳ぎ疲れて、今晩はよく眠れそう。	I got exhausted from swimming. I'm sure I can sleep like a log tonight.　＊sleep like a log＝ぐっすり眠る

🛍 ビーチで

ビーチに寝そべっていた。	I lay down on the beach.　＊lie down＝横になる。lie[ライ]の過去形はlay[レイ]
ビーチで飲むビールは最高！	Nothing beats a beer on the beach!　＊nothing beats 〜＝〜に勝るものはない、〜は最高だ
ビーチバレーをした。	We played beach volleyball.
スイカ割りをした。	We played a game of split-the-watermelon.　＊split＝〜を割る　watermelon＝スイカ
パラソルの下で読書をした。	I read a book under a parasol.
海の家で焼きそばを食べて、ビールを飲んだ。	We had yakisoba and some beers at a beach shop.
磯遊びをした。	We played on the beach.

💡 日焼け

日焼け止めを塗った。	I put on sunscreen.　＊sunscreen＝日焼け止め
日焼け止めを塗り忘れた。	I forgot to put on sunscreen.

サンオイルを塗った。	I put on suntan lotion.
	*suntan＝日焼け
（健康的に）日焼けした。	I got suntanned.
	*get suntanned＝日焼けする
（過度に）日焼けした。	I got sunburned.
体中がひりひりする。	My body is stinging all over.
	*sting＝(体の部分が)刺すように痛む
日焼けで顔が真っ赤。	My face was sunburned red.
いい具合に日焼けできた。	I got a nice suntan.
あこがれの黄金色♪	My skin has a golden color, just the way I like it ♪

🕗 潮干狩り

潮干狩りに行った。	We went clamming.
	*clam＝潮干狩りをする
たくさんアサリが取れた。	We got a lot of littleneck clams.
	*littleneck clam＝アサリ
最初に掘ったところは、あまり出てこなかった。	There weren't many in the first place we dug.
	*dig＝〜を掘る。過去形はdug
何度か場所を変えたら、ハマグリがたくさん出てきた。	We got a lot of clams when we tried different places.
	*clam＝ハマグリ
成果は6キロ！	We gathered 6kg in total!
	*gather＝〜を集める
ハマグリが20個取れた。	We gathered 20 clams.
家で酒蒸しにした。	I steamed the clams in sake at home.
	*steam＝〜を蒸す

アウトドア・ドライブ

☕ 川・湖

大学時代の友達と、川辺でバーベキューをした。	I had a BBQ at the riverside with friends from college.
	*BBQ=barbeque(バーベキュー)
白狐川に魚釣りに行った。	We went fishing in the Byakko River.

21 レジャー・旅行

鬼怒川でライン下りをした。	We went on a boat ride down the Kinu River.
信濃川でラフティングに挑戦した。	I tried rafting on the Shinano River.
カヌーで川を下った。	I canoed down the river. ＊canoe＝カヌーをこぐ
遊覧船で湖を回った。	We went around the lake on a sightseeing boat.

ピクニック

六甲山にピクニックに行った。	We went for a picnic at Mt. Rokko.
お弁当を持っていった。	We brought packed lunch.
フジイさん、ヤマグチさんの家族と一緒に行った。	We went with the Fujiis and the Yamaguchis.　＊the＋名字s＝〜家の人たち
みんなで食べ物や飲み物を持ち寄った。	We had a potluck lunch. ＊potluck＝持ち寄りの
レジャーシートの上でご飯を食べた。	We sat and ate on a picnic blanket. ＊picnic blanket＝ピクニック用の敷物
外で食べるご飯って、なんであんなにおいしいんだろう？	Why does food taste so good outside?
子どもたちは芝生を駆け回っていた。	The children ran around on the grass.
花がたくさん咲いていた。	There were a lot of flowers.

キャンプ

三連休は家族とキャンプに行った。	On the three-day weekend, I went camping with my family. ＊three-day weekend＝金曜または月曜が祝日の週末
テントを張った。	We set up a tent.
寝袋で寝た。	We slept in sleeping bags.
バーベキューをした。	We had a barbecue. ＊barbecueは、BBQとも書く
夜は結構冷えた。	It got pretty cold at night.

星空がきれいだった。	The stars were beautiful.

✏️ ドライブ

家族でドライブに行った。	I went for a drive with my family.
絶好のドライブ日和だった。	It was a perfect day for a drive.
ポチも車に乗せていった。	We took Pochi with us.
瀬戸大橋を渡った。	We crossed the Seto Bridge.
帰りの車の中で、子どもたちはぐっすり眠っていた。	The kids were fast asleep on the drive back. *fast asleep＝ぐっすり眠って
渋滞につかまって、大変だった。	We got caught in a traffic jam. It was terrible. *traffic jam＝交通渋滞
ケイコが「トイレに行きたい」というので、困った。	We didn't know what to do when Keiko said she wanted to go to the restroom.
何とかサービスエリアまで我慢させた。	I had her wait until we got to a rest area.
ギリギリセーフ！	We made it just in time!

📖 そのほかのレジャー

植物園へ行った。	I went to the botanical garden. *botanical garden＝植物園
公園を散策した。	I strolled in the park. *stroll＝散策する
息子と公園でキャッチボールをした。	I played catch with my son in the park. *play catch＝キャッチボールをする
尾瀬にハイキングに行った。	We went hiking in Oze.
洞穴を見に行った。	We went to see some caves. *cave＝洞穴
洞穴の中はひんやりとしていた。	It was nice and cool inside the cave.
千鳥ヶ淵で花見を楽しんだ。	I enjoyed looking at beautiful cherry blossoms at Chidorigafuchi. *cherry blossom＝桜の花

家族で高遠へ紅葉を見に行った。	I went to see autumn colored leaves at Takato with my family. ＊leaf＝葉。複数形はleaves

温泉

🕶 温泉に行く

2泊3日で白浜温泉に行った。	We went to Shirahama Hot Spring for two nights and three days. ＊hot spring＝温泉
立ち寄り温泉に行った。	We went to a "stop-by-hot-spring." ＊stop by＝立ち寄る
いくつもお風呂があった。	There were several different baths.
家族で貸切風呂に入った。	We had a bath all to ourselves. ＊have ～ all to oneself＝～を貸し切り状態で使う
雪を見ながらお風呂に入った。	We looked at the snow as we soaked in the bath.　＊soak in ～＝～につかる
いくつかの温泉を巡った。	We went around to several hot spring resorts.
その日は3回、温泉に入った。	We took three hot spring baths that day.
露天風呂ってホントに気持ちいい！	Open-air baths really feel great!
体が芯から温まった。	My body was warmed to the core. ＊core＝芯、核
お肌がつるつるになった！	My skin became so smooth!
のんびりつかりすぎて、のぼせちゃった。	I got dizzy from staying in the water too long. ＊get dizzy＝目が回る、めまいがする
湯あたりを起こしてしまった。	I got tired from staying too long in the water.　＊get tired＝疲れる

📖 お湯について

お湯の温度はちょうどよかった。	The water temperature was just right.
お湯の温度が熱すぎた。	The water temperature was too hot. ＊「ぬるかった」なら、wasn't hot enoughに

かけ流し式の温泉だった。	It was a flow-through hot spring.
炭酸泉だった。	It was a carbonated spring. ＊carbonated＝炭酸ガスを含んだ
ちょっと刺激のあるお湯だった。	The water was a little irritating to the skin. ＊irritating＝刺激のある
なめらかなお湯だった。	The water felt really soft.
その温泉は神経痛に効くらしい。	They say the hot spring is good for neuralgia. ＊neuralgia[ニューラッジャ]＝神経痛

🛍 温泉街で

浴衣で温泉街を散歩した。	We walked around the town in yukatas.
通りのいたるところに足湯があった。	There were footbaths everywhere on the street.
硫黄のにおいがした。	It smelled of sulfur. ＊sulfur[サルファー]＝硫黄
温泉卵を食べた。	We ate hot spring eggs.
温泉まんじゅうを食べた。	We ate hot spring manju.

旅行

💡 旅行の計画（→ p. 278「国名を表す単語」、p. 279「都市名を表す単語」も参照）

海外旅行に出かけたいな。	I want to travel abroad.
カンボジアに行きたい。	I want to visit Cambodia.
ブルートレインに乗りたいな。	I feel like riding the Blue Train. ＊feel like ~ing＝〜したい気がする
明日から、カナエとソウル旅行。	Kanae and I are going on a trip to Seoul tomorrow.
初めてのアメリカ旅行だ。	It's my first trip to America.
来週の今ごろはロンドンを満喫中☆	I'll be enjoying myself in London this time next week ☆

21 レジャー・旅行

今年の夏休みは海外に行きたいなぁ。	I want to travel abroad during this summer vacation.
両親をどこか旅行にでも連れていってあげようかな。	Maybe I should take my parents on a trip somewhere.
自分の目でナイアガラの滝を見てみたい。	I want to see Niagara Falls with my own eyes.
自分の英語が通じるか、試してみたい。	I want to see if I can make myself understood in English.

⏰ 旅行の準備

旅行代理店でパンフレットをもらってきた。	I got some brochures at a travel agency.

＊brochure[ブロウシュア]＝パンフレット
travel agency＝旅行代理店

旅行代理店に申し込んだ。	I booked a trip at a travel agency.

＊book＝〜を予約する

インターネットで飛行機のチケットを買った。	I bought plane tickets online.
やっと飛行機のチケットが取れた！	I've finally gotten plane tickets!
旅行の日程表が送られてきた。	I received my itinerary.

＊itinerary[アイティネラリー]＝旅行日程表

荷造りをした。	I did the packing.
荷物がスーツケースいっぱいになってしまった。	My suitcase is full.
バックパックで行くことにした。	I decided to take just my backpack.
足りないものは、現地で調達しよう。	If there's something I need, I'll get it when I'm there.

☕ パスポート・ビザ

パスポートの申請をした。	I applied for a passport.

＊apply for 〜＝〜を申請する

パスポートの更新をしなきゃ。	I have to renew my passport.

＊renew＝〜を更新する

パスポートがようやくできた。	I've finally gotten my passport.

大使館に行って、ビザをもらってきた。	I went to the embassy and got a visa.　＊embassy＝大使館
代理店にビザを取ってもらった。	I had the travel agent get my visa.

空港で

空港にまつわる単語

空港	airport	搭乗時刻	boarding time
チェックインカウンター	check-in counter	免税店	duty-free shop
手荷物検査	baggage inspection	税関	customs
セキュリティーチェック	security checks	展望デッキ	viewing deck
出入国審査	immigration	両替所	currency exchange counter
入国カード	immigration card		
コンコース	concourse	土産売り場	souvenir shop / gift shop
搭乗口	boarding gate		
搭乗券	boarding card	レストラン街	food court

空港に着くのが早すぎた。	I got to the airport too early.
遅れそうだったので、焦った。	I was worried because I was almost late.
空港はすごくきれいだった。	The airport was really nice.
空港でラーメンを食べた。	We ate ramen noodles at the airport.
チェックインカウンターには、たくさんの人が並んでいた。	There were a lot of people in line at the check-in counter.
窓側の席にしてもらった。	I got a window seat.
通路側の席しか空いてなかった。	Only aisle seats were available.　＊aisle[アイゥ]＝通路側の　available＝空いている
荷物が重量オーバーだった！　ショック！	My baggage was over the weight limit! What a shock!　＊baggage＝荷物
両替をした。	I exchanged my money.
出国審査に時間がかかった。	It took a long time at Immigration.　＊immigration＝出入国管理

免税店でお母さんに化粧品を買った。	I bought some cosmetics for my mother at a duty-free shop.
入国審査は緊張した。	I got nervous at the immigration check.
乗り換えで4時間待った。	I had a four-hour layover.
	*layover＝乗り継ぎ時間
乗り継ぎ便に遅れそうで、焦った。	I panicked because I thought I would miss my connecting flight.
	*connecting＝乗り継ぎの

飛行機

飛行機にまつわる単語

国際線	international flight	通路側の座席	aisle [アイゥ] seat
国内線	domestic flight	窓側の座席	window seat
直行便	direct flight	機内販売	in-flight shopping
乗り継ぎ便	connecting flight	乱気流	turbulence
離陸する	take off	機長	captain
着陸する	land	フライトアテンダント	flight attendant
現地時刻	local time	非常口	escape hatch
エコノミークラス	economy class	機内食	in-flight meal
ビジネスクラス	business class		
ファーストクラス	first class		

飛行機が1時間も遅れた。	The plane was an hour late.
飛行機は満席だった。	My flight was full.
飛行機はガラガラだった。	My flight was almost empty.
乱気流ですごく揺れた。	The plane shook a lot due to turbulence.
	*turbulence[タービュランス]＝乱気流
気分が悪くなってしまった。	I got airsick.
	*get airsick＝飛行機に酔う
東京からロンドンまで、約13時間。	It took about 13 hours from Tokyo to London.
すごく長く感じられた。	The flight felt really long.

あっという間だった。	The flight was over before I knew it.
座席がきゅうくつだった。	The seat was cramped. ＊cramped＝狭苦しい
一度でいいから、ファーストクラスに乗ってみたいなぁ。	I want to travel in first class even just once.
機内食はおいしかった。	The in-flight meal was good. ＊in-flight meal＝機内食
機内食はあまりおいしくなかった。	The in-flight meal wasn't really good.
ワインを飲んだ。	I had wine.
フライトアテンダントが親切だった。	The flight attendants were nice.
機内で資料に目を通した。	I looked over the material in the airplane.
機内で簡単に打ち合わせをした。	We had a brief meeting on the plane. ＊brief＝短時間の
機内販売で香水を買った。	I bought some perfume on the plane.
ビジネスクラスは快適だった。	Business class was really comfortable.
映画を2本見た。	I watched two movies.
ゲームをして遊んだ。	I played computer games.
ぐっすり眠ってしまった。	I fell fast asleep. ＊fall fast asleep＝ぐっすり眠る
ほとんど眠れなかった。	I could hardly sleep.
現地時間の夜8時に到着した。	We arrived at 8:00 at night, local time.
飛行機は1時間遅れで到着した。	The flight arrived an hour late.
現地の気温は23℃だった。	The local temperature was 23℃.

✏️ ホテル・旅館

ホテルはきれいでよかった。	I'm glad the hotel was nice and clean.

ホテルの部屋は狭かった。	My hotel room was too small.
広くはなかったけど、十分。	It wasn't very big, but it wasn't a problem.
広々として快適だった。	It was really big and comfortable.
スイートルームに泊まった。	We stayed in a suite.
趣のある旅館だった。	It was a nice and quaint inn.

＊quaint＝古風で趣のある　inn＝宿屋

露天風呂付きの部屋だった。	It was a room with an open-air bath.
また行きたいと思える旅館だった。	It's the kind of inn I want to stay at again.
すごくすてきな部屋で、入ったとたん歓声を上げた。	It was such a nice room that I let out a shout of joy as I walked in.

＊let out ～＝～(声)を出す

窓からの景色がきれいだった。	The view from the window was great.
川のせせらぎが心地よかった。	The sound of the river was really relaxing.
ウェルカムドリンクがシャンパンだった！	The welcome drink was champagne!
好きな柄の浴衣を借りられた。	We could choose the yukata pattern we wanted.
夜10時にホテルにチェックインした。	I checked in at the hotel at 10 p.m.
9時ごろチェックアウトした。	We checked out at around 9:00.
夕方まで荷物を預かってもらった。	I asked them to keep my bags until evening.
またあそこに泊まりたい。	I want to stay there again.

📖 ホテル・旅館でのトラブル

シャワーが出なかった。	The shower didn't work.

＊work＝正常に動く

バスルームのお湯が出なかった。	There was no hot water in the bathroom.

4章：英語日記フレーズ集

トイレが詰まってしまった。	The toilet got clogged.
	*clog=〜を詰まらせる
隣の部屋がうるさかった。	The people in the next room were noisy.

👓 観光する

観光案内所で、街の地図をもらった。	I got a map of the city at the tourist information center.
おすすめのレストランを尋ねた。	I asked them to recommend a restaurant.
おすすめのミュージカルを尋ねた。	I asked them to recommend a musical.
ニューヨークは本当に刺激的な街だ。	New York is a really exciting city.
アンコールワットを見て、感動した。	I was moved when I saw Angkor Wat.
	*move=〜を感動させる
雄大な景色だった。	It was a magnificent sight.
	*magnificent=雄大な
地下鉄の路線図をもらった。	I got a subway map.
タクシーで美術館に向かった。	I took a taxi to the art museum.

📓 ホテル・旅館での食事

朝食は、ホテルでホットケーキとフルーツを食べた。	I had pancakes and fruit at the hotel for breakfast.
朝食は広間で食べた。	We ate breakfast in the hall.
部屋で会席料理を食べた。	We had a kaiseki dinner in our room.
旅館の食事は豪華だった。	The meal at the inn was incredible.
旅館の朝ご飯、大好き！	I love the breakfast at the inn!
評判のレストランで食事をした。	We ate at a popular restaurant.
地元の人が行くような食堂でご飯を食べた。	We ate at the kind of restaurant that locals go to.
	*local=地元の人

21 レジャー・旅行

	地元の食材を生かした料理だった。	The meal was made using local ingredients. *ingredient＝材料、食材
	下関といえば、やっぱりフグ！	You can't leave Shimonoseki without eating blowfish! *blowfish＝フグ
	市場でカニを食べた。	I had crab at the market.

🛍 お土産を買う

途中でお土産を見た。	I checked out some souvenirs on the way. *souvenir[スーベニァ]＝土産物
免税店で買い物をした。	I shopped at a duty-free shop. *shop＝買い物をする
プラダのハンドバッグは、日本で買うより安かった。	Prada purses were less expensive there than they were in Japan. *purse＝ハンドバッグ
マリコにかわいいキーホルダーを買った。	I got Mariko a cute key ring.
お母さんに、すてきなネックレスを買った。	I bought a beautiful necklace for my mother.
現地の伝統工芸品なんだって。	I was told that it's a traditional handicraft. *handicraft＝手工芸品
スーパーで現地のお菓子をたくさん買った。	I bought a lot of local snacks at the supermarket.
会社のみんなにお土産を買った。	I bought some things for all my co-workers. *co-worker＝同僚

💡 記念写真を撮る

近くにいた人に、写真を撮ってもらった。	I asked someone near me to take our picture.
カップルの写真を撮ってあげた。	I took a photo for a couple.
写真を撮りまくった。	I took a lot of pictures.
いい写真がたくさん撮れた。	I took a lot of nice photos.

🕗 旅先での交流

韓国からの旅行者と友達になった。	I made friends with a Korean tourist. ＊make friends with 〜＝〜と友達になる
ペンションのオーナーと仲良くなった。	I made friends with the inn owner.
隣の席の人に、日本語で話し掛けられた。	The person sitting next to me spoke to me in Japanese.
日本語が上手だった。	Her Japanese was really good.
一緒に夕飯を食べた。	We had dinner together.
一緒に写真を撮った。	We took some pictures together.
メールアドレスを交換した。	We exchanged e-mail addresses.
日本に来ることがあったら会おうと約束した。	We agreed to meet if she ever visits Japan. ＊ever＝いつか

☕ 旅から戻って

あっという間の1週間だった。	The week was over before I knew it.
楽しい旅はあっという間に終わってしまった。	The fun trip was over in an instant. ＊in an instant＝一瞬のうちに
すごく楽しかった。	I had a great time.
移動が多くて疲れた。	We had to move around a lot, and that was tiring. ＊tiring＝疲れさせる、疲れた
キムラさんと旅行先で大げんか。最悪。	I had a big fight with Kimura-san during the trip. It was terrible.
写真の整理をしよう。	I'll sort out the pictures. ＊sort out 〜＝〜を分類する
いい思い出になった。	It's a nice memory.
一生忘れない。	I'll never forget it.
また行きたい。	I want to go there again.
次はどこに行こうかな。	Where should I go next?

レジャー・旅行について英語日記を書いてみよう

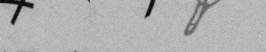

遊びや旅行に出かけたときのことを、英語で書いてみましょう。

🖉 旅行の計画

I'm making plans for a trip to Hiraizumi. There are many places I want to visit, like Chuson-ji, Motsu-ji, Jodo Pure Land Garden, Mt. Kinkeizan, etc. I'm getting excited.

訳
平泉旅行を計画中。中尊寺や毛越寺、浄土庭園や金鶏山など、行きたいところがたくさん。ワクワクしてきた。

ポイント 「〜を計画中」は be making plans for 〜（名詞）、「〜することを計画中」は be making plans to 〜（動詞の原形）で表します。「行きたいところ」は places (that) I want to visit. I'm getting excited. は、徐々にワクワクしてきている状態を表します。

🖉 子どもの視点

We went to the zoo. When Daigo looked at a giraffe, he said, "Wow, long legs!" We adults would say "a long neck." Kids have a pretty interesting point of view.

訳
家族で動物園へ行った。キリンを見てダイゴが「すごーい、足が長い！」と言った。俺たち大人なら「長い首」と言うだろう。子どもの視点は面白いなぁ。

ポイント 「俺たち大人なら〜するだろう」は We adults would 〜（動詞の原形）と表します。この would は、「もし…なら〜するだろう」という仮定のニュアンスを含んでいます。「視点」は、point of view で表しましょう。ここでの pretty は「かなり、なかなか」の意味。

美容ざんまいの韓国旅行

Yukiko, Ikumi and I went to Korea. We indulged in authentic Korean food, facials, body scrubs, etc. and bought loads of Korean cosmetics. We had a great trip!

訳 ユキコとイクミと私の3人で韓国へ行ってきた。本場の韓国料理にエステ、あかすり、韓国コスメの大量買い…と美容ざんまい。すっごく楽しい旅だった！

ポイント 「〜ざんまい」はピッタリな英語がないため、indulge in 〜（ぜいたくに〜を楽しむ、〜を欲しいままにする）で表しました。「本場の」は authentic、(Korean) body scrub は「（韓国式の）あかすり」。loads of 〜は「たくさんの〜」で、a load of 〜でも同じ意味に。

バイクでツーリング

My girlfriend and I went for a motorcycle ride to Ashinoko Skyline. We rode my motorcycle together for the first time in ages. It was refreshing!

訳 ガールフレンドと芦ノ湖スカイラインへツーリングに出かけた。久しぶりの2人乗り。リフレッシュできた！

ポイント バイクでツーリングに出かけるときは、go for a motorcycle ride や go on a motorcycle trip〈tour〉と言います。「バイクに2人乗りする」は ride one's motorcycle together で OK。for the first time in ages は「久しぶりに」という意味です。

22 ファッション

ファッション全般

服

春物のカーディガンが欲しい。	I want a spring cardigan.
そろそろスーツを新調したいな。	Maybe it's about time I got a new suit.
雑誌で見たシャツが欲しい。	I want the shirt I saw in the magazine.
ワンピースを着て出かけた。	I went out in a dress. ＊dress＝ワンピース
いつも同じような服を買っちゃう。	I always end up buying clothes similar to what I already have. ＊end up ～ing＝結局～する　similar to ～＝～に似た
買ったばかりのジャケットを着た。	I wore my brand-new jacket. ＊brand-new＝買ったばかりの、新品の
ストライプのシャツに、ベージュのパンツを合わせた。	I chose a striped shirt and beige pants.
グレーのカットソーに、ピンクのスカーフを合わせた。	I chose a gray cut-and-sewn top and a pink scarf.
クローゼットの中は、グレーや黒系の服が多い。	I have a lot of gray and black clothes in my closet.
明るい色の服も着てみようかな。	Maybe I'll try wearing clothes with brighter colors.　＊bright＝(色が)鮮やかな
これまで洋服代にいくら使ったんだろう？	How much money have I spent on clothes so far?　＊so far＝今までのところ
今日買った服を着て、早くお出かけしたい。	I can't wait to go out in the outfit I bought today. ＊outfitは、「コーディネートされた衣装一式」を表す

服・下着にまつわる単語

シャツ	shirt	ジーンズ	jeans
ワイシャツ	business shirt	短パン	shorts
Tシャツ	T-shirt	スカート	skirt
タンクトップ	tank top	キュロット	culottes
ポロシャツ	polo shirt	ワンピース、ドレス	dress
ブラウス	blouse	カクテルドレス	cocktail dress
カットソー	cut-and-sewn top	パジャマ	pajamas
セーター	sweater	ネグリジェ	nightie
ニット	knitted sweater	下着	underwear
カーディガン	cardigan	ブラジャー	brassiere / bra
トレーナー	sweatshirt	ブリーフ	briefs
パーカー	parka	トランクス	boxer shorts
スーツ	suit	半袖の	short-sleeved
タキシード	tuxedo / tux	長袖の	long-sleeved
ジャケット	jacket	ノースリーブの	sleeveless
ウィンドブレーカー	windbreaker	タートルネックの	turtleneck
ズボン	pants		

22 ファッション

模様・素材にまつわる単語

無地の	plain	麻	linen
チェックの	checkered	ウール、毛	wool
タータンチェックの	tartan / tartan-checkered	絹	silk
ギンガムチェックの	gingham / gingham-checkered	ナイロン	nylon
ストライプの	striped	アクリル	acrylic
ボーダーの	horizontal-striped	ポリエステル	polyester
水玉模様の	polka-dot	ポリウレタン	polyurethane
花柄の	floral-print	レーヨン	rayon
ヒョウ柄の	leopard-print	コーデュロイ	corduroy
幾何学模様の	geometric-pattern	フリース	fleece
レースの	lacy	ベルベット、ビロード	velvet
綿	cotton	デニム	denim

📖 試着する

鏡の前で合わせてみた。　**I checked myself out in the mirror.**
＊check ~ out＝~を確かめる・よく見る

試着してみた。	I tried it on.

*try ～ on＝～を試着する。tryの過去形はtried

シャツとズボンを試着した。	I tried on a shirt and a pair of pants.
3着、試着した。	I tried on three pieces of clothes.
試着室が空くまで、少し待った。	I had to wait a little to use the fitting room.

*fitting room＝試着室

妻に見てもらった。	I asked my wife how I looked.
スカートが入らなくて、がっかり。	I was disappointed that the skirt was too tight for me. ☹

*tight＝きつい

試着って面倒くさい。	It's a bother to try clothes on.

*bother＝面倒、やっかいなこと

試着せずに買っちゃった。	I bought it without trying it on.

👓 似合う・似合わない

エルメスのスカーフ、私に似合うかな？	I wonder if a Hermès scarf would look good on me.

*Hermèsは、[ハーミーズ]のように発音

意外と似合って、うれしかった。	I was happy because it looked surprisingly good on me.
あまり似合わなかった。	It didn't look so good on me.
夫に似合わないって言われた。	My husband told me that it wasn't for me.
私は似合うと思ったんだけどな。	I thought I looked good in it.
私って、赤系の服があまり似合わない。	I don't look good in red.
はやりの服よりも、自分に似合う服を買いたい。	Rather than buy what's in fashion, I want to buy clothes that suit me.

*in fashion＝はやって　suit＝～に似合う

📔 サイズ

ちょっとキツかった。	It was a bit too tight.
思ったよりブカブカだった。	It was bigger than I thought.

4章：英語日記フレーズ集

二の腕のあたりがキツかった。	It was tight around my upper arms.
	*upper arm＝二の腕
大きいサイズを出してもらった。	I asked for a larger size.
小さいサイズを出してもらった。	I asked for a smaller size.
大きいサイズは在庫切れだった。	The larger size was out of stock.
	*out of stock＝品切れで
9号にするべきだったかなぁ。	Maybe I should've gotten a size 9.

🛍 デザイン

とてもかわいかった。	It was really cute.
すごくかっこよかった。	It was really cool.
派手すぎるかも。	Maybe it's too flashy.
	*flashy＝派手な、けばけばしい
地味すぎるかな？	I wonder if it's too plain.
	*plain＝地味な
太って見えるかな？	I wonder if it makes me look fat.
シンプルなデザインが一番だ。	A basic design would be best.
	*basicをsimpleにしてもOK
タータンチェックは冬の定番だ。	Tartan is standard in winter.
着回ししやすいデザインだ。	It's a design that's easy to mix-and-match.
	*mix-and-match＝〜を着回しする
最近、ああいうデザインがはやってるんだな。	It seems such designs are popular these days.
体のラインがはっきり出るワンピースだった。	It's the kind of dress that shows my body shape.
着る人を選ぶ服だった。	Whether it looks great or not depends on who's wearing it.
	*whether 〜 or not＝〜かどうか
このワンピースを着ると、イメージがらっと変わる。	This dress could give me a whole new look.
そのスーツは、体のラインが細く見えてすてきだった。	I liked the figure-flattering suit.
	*figure-flattering＝スタイルを実物以上によく見せる

22 ファッション

素材

やっぱり綿は着心地がいい。	Cotton is really comfortable.
麻の手触りが好き。	I like the feel of linen. *linen＝麻
デリケートな素材でできている。	It's made from delicate material. *material＝(服などの)生地
高級感のある素材だ。	It seems like high-quality material.
さらりとした生地で、気持ちよかった。	The material was silky and smooth. *silky＝肌ざわりのよい　smooth＝滑らかな
すてきだけど、洗濯が大変そう。	It's beautiful, but it looks like it would be a pain to wash. *pain＝苦労、面倒
ストレッチ素材のパンツが、一番楽。	Pants made from a stretchy material are the most comfortable.
セーターが少しチクチクした。	The sweater was a little scratchy. *scratchy＝チクチクする

色

色を表す単語

白	white		オレンジ	orange
黒	black		カーキ	khaki
赤	red		黄緑	yellow green
青	blue		こげ茶	dark brown
黄	yellow		紫	purple
緑	green		薄紫	lilac
茶色	brown		紺	navy
ベージュ	beige		金	gold
グレー	gray		銀	silver
水色	light blue			
ピンク	pink			

いい色だった。	It was a nice color.
白だと汚れが目立ちそう。	I think spots will stand out more on white. *spot＝シミ、汚れ　stand out＝目立つ

水色とオレンジで迷ってしまった。	I couldn't choose between light blue and orange.
私に合う色じゃなかった。	It wasn't my color.
緑は私に合わない。	Green isn't my color.
ピンクは売り切れだった。	Pink was sold out.
ほかにピンク、ベージュ、グレーもあった。	There were other colors too — pink, beige and gray.
パステルカラーのニットが欲しい。	I want a pastel-colored knitted sweater.
色違いを買った。	I bought one in a different color.
お姉ちゃんと色違いだ。	I bought a different color from my sister's.

☕ 流行

今年はシフォンスカートがはやってるみたい。	Chiffon skirts seem to be in fashion this year. ＊in fashion＝はやって
この春はパステルカラーがはやってる。	Pastel colors are in fashion this spring.
このパンツ、もう流行遅れかな？	I wonder if these pants are already out of fashion. ＊out of fashion＝流行遅れの
サブリナパンツがはやってるみたい。	It looks like Sabrina pants are in fashion. ＊Sabrina pantsは、6〜7分丈のパンツのこと
このデザイン、来年もはやってるかどうかは微妙だな。	I don't know if this design will still be popular next year.
はやりの服より、定番の服を買いたい。	I would rather buy standard clothes than fashionable clothes. ＊would rather 〜 than ...＝…するよりむしろ〜したい
若い子は流行に敏感だなあ。	Young people are sensitive to trends. ＊sensitive to 〜＝〜に敏感な
年相応の格好をしようっと。	I'll dress in clothes suitable for my age. ＊dress in 〜＝〜を着る　suitable for 〜＝〜に合った

22 ファッション

コーディネート・おしゃれ

何を着ていくか迷ってしまった。	It took a long time for me to decide what to wear.
鏡の前で、1時間ほどコーディネートに頭を悩ませた。	I spent an hour trying out clothes in front of the mirror. *try out 〜=〜を試す
この時期って、何を着ていいのかわからない。	I don't know what I should wear during this season.
私の格好って、どうもあか抜けない気がする。	I don't think my fashion is chic enough. *chic[シーク]=しゃれた、あか抜けた
タナカくんって、いつもおしゃれだな。	Tanaka-kun really has style. *have style=洗練されている、あか抜けている
おしゃれのコツが知りたい。	I want to know how to be stylish.
今日の服、いろんな人に褒められた。	Quite a few friends complimented me on my outfit today. *compliment=〜を褒める
この前買ったニット、マリちゃんとかぶってた！	The knitwear I bought the other day was the same as Mari's!
マチダさんに、靴がすてきと言われた。	Mr. Machida liked my shoes.

衣類の手入れ

セーターに穴があいていた。	There was a hole in my sweater.
カーディガンの穴をつくろった。	I fixed the hole in my cardigan. *fix=〜を修繕する
ジーンズがすり切れてきた。	My jeans are getting worn out. *worn out=すり切れた
裏から当て布をして縫った。	I sewed on a patch from the inside. *sew[ソー] on 〜=〜を縫い付ける
ジーンズの丈詰めをした。	I shortened my jeans. *shorten=〜を縮める
スカートの丈を5センチ詰めた。	I had the hem of the skirt taken up 5cm. *hem=(スカートやパンツの)すそ
お店でパンツの丈詰めをしてもらった。	I got my pants shortened at the store.
30分ほどで仕上がった。	It took about 30 minutes.

シャツのボタンが取れそうだった。	A button on my shirt was loose.

＊loose[ルース]＝しっかり止まっていない

カーディガンのボタンが取れた。	A button on my cardigan came off.

＊come off＝取れる、外れる

ボタンを付けた。	I put a button on it.
ワンピースをクリーニングに出した。	I took my dress to the cleaners.

＊cleaners＝クリーニング店

ブーツに防水スプレーをかけた。	I sprayed my boots with water repellent.

＊water repellent＝防水剤

セーターの毛玉取りをした。	I removed the fuzz balls from my sweater.

＊remove＝〜を取り除く　fuzz ball＝毛玉

カバン・財布

カバン・財布にまつわる単語

ハンドバッグ	purse	ポシェット	pochette
トートバッグ	tote bag	スーツケース	suitcase
クラッチバッグ	clutch bag	キャリーバッグ	roller bag
ボストンバッグ	Boston bag	ブリーフケース	briefcase
ショルダーバッグ	shoulder bag	財布	wallet
リュックサック	backpack	革の財布	leather purse
ウエストポーチ	fanny pack	小銭入れ	coin purse

すてきなカバンだった。	It was a nice bag.
使いやすそうだった。	It looked easy to use.
大きいから、荷物がたくさん入る。	It's big, so I can carry a lot of things in it.
ポケットがたくさん付いてて、便利そうだった。	It looked handy because it had a lot of pockets.

＊handy＝便利な、扱いやすい

かわいかったけど、あまり物が入らないかも。	It was cute, but I don't think it can carry very many things in it.
通勤カバンによさそうだ。	It would make a good commuting bag.

＊commuting＝通勤

長財布が欲しい。	I want a long wallet.
あのブランドの財布、一度は持ってみたいなあ。	It would be nice to own a wallet from that brand. *own＝〜を所有する
この財布、カードがたくさん入る。	I can fit a lot of cards in this wallet. *fit＝〜に納める・入れる
革の色味がよかった。	The leather had a nice color.
使えば使うほど、いい味が出そう。	The more you use it, the better it feels.
コードバンの革を使っているらしい。	They say it's cordovan.

革靴

靴にまつわる単語

スニーカー	sneakers	厚底靴	platform shoes
パンプス	pumps	ミュール	mules
ローファー	loafers	運動靴	sports shoes
ハイヒール	high heels	ウォーキングシューズ	walking shoes
ローヒール	kitten heels	ランニングシューズ	running shoes
ブーツ	boots	登山靴	hiking boots
革靴	leather shoes	長靴	rain boots
サンダル	sandals		
ビーチサンダル	flip flops		

靴の種類

ランニングシューズが欲しい。	I want running shoes.
このスニーカー、欲しかったんだ。	I really wanted these sneakers.
あの靴、かわいかったな。	Those shoes were really cute.
最新モデルだ。	It's the latest design. *latest＝最新の
冬はブーツを履くのが好き。	I like wearing boots in the winter.
暑くなってきたから、サンダルが欲しいな。	Now that it's getting hot, I want sandals.

今年はああいうサンダルがはやってるみたい。	Those sandals are in fashion this year. *in fashion=流行して
イタリア製の靴っておしゃれだな。	Italian shoes are really stylish.
ブラウンのほうが、いろんな服に合わせやすそう。	Brown is probably easier to match with various clothes. *match with ~=~と合う
ヒールがちょっと高すぎるかな？	These heels might be a bit too high. *a bit=少し
ローヒールの靴が欲しい。	I want kitten heels. *kitten heels=ローヒールの靴
ついでに靴磨きも買った。	I bought shoe polish, too. *shoe polish=靴磨き

靴の手入れ

靴を磨いた。	I shined my shoes. *shine=~を磨く
ヒールの修理をしてもらった。	I had the heel fixed. *fix=~を修理する
穴のあいたブーツを修理に出した。	I went to get the hole in my boot fixed.
ヒールの革の張り替えをしてもらった。	I had the leather on my heels replaced. *replace=~を替える

靴の試着

履いてみた。	I tried them on. *try ~ on=~を試着する
少し緩かった。	They were a bit loose. *loose[ルース]=緩い
少しきつかった。	They were a bit tight. *tight=きつい
足にぴったりだった。	They fit my feet just right.
つま先のところが余っていた。	There was space at the toes. *toe=つま先
つま先のところがきつかった。	They were tight around the toes.
つま先が少し痛かった。	My toes hurt a little. *hurt=痛む。過去形もhurt
かかとのあたりが痛かった。	They hurt around my heels. *heel=かかと

4章：英語日記フレーズ集

22 ファッション

ちょっと歩きにくかった。	The shoes were a bit difficult to walk in.
靴擦れしちゃうかも。	They might give me blisters. ＊blister＝まめ、靴擦れ
履き心地がすごくよかった。	They were really comfortable to wear.
もう一回り小さいサイズを出してもらった。	I asked for one size smaller.
家に帰って中敷きを敷いた。	I added an insole when I got home.

服飾雑貨

服飾雑貨にまつわる単語

傘	umbrella	靴下	socks
日傘	parasol	ストッキング	pantyhose
折りたたみ傘	folding umbrella	レギンス	leggings
腕時計	watch	マフラー	scarf
帽子	hat	スカーフ	scarf
麦わら帽子	straw hat	ストール	stole
野球帽	baseball cap	ハンカチ	handkerchief / hankie
ニット帽	knit cap	ベルト	belt
サングラス	sunglasses	ネクタイ	necktie / tie
手袋	gloves	ネクタイピン	tiepin

夏らしい帽子が欲しい。	I want a summer hat.
麻のストールが欲しい。	I want a linen stole. ＊linen＝麻
自分へのご褒美に、シャネルのスカーフを買っちゃおうかな。	Maybe I should just treat myself and buy a Chanel scarf. ＊treat＝〜をもてなす
このスカーフは、コーディネートのアクセントになる。	This scarf will be a nice accent when coordinating my clothes.
あの腕時計、かっこよかったな。	That was a cool-looking watch.
今年の冬は手袋を新調しよう。	I should get new gloves this winter.

このサングラスをかけると、映画スターみたい。	I feel like a movie star when I put these sunglasses on.
3足1000円の靴下を買った。	I bought three pairs of socks for 1,000 yen.

アクセサリー

アクセサリーにまつわる単語

指輪	ring	アンクレット	anklet
ネックレス	necklace	ブローチ	brooch / pin
ペンダント	pendant	コサージュ	corsage
イヤリング	earrings	シュシュ	scrunchie
ピアス	pierced earrings	バレッタ	barrette / hair clip
ブレスレット	bracelet	カフス	cuffs

ペンダントを買った。	I bought a pendant.
小ぶりのピアスがかわいかった。	The little earrings were cute.
ネックレスとおそろいの指輪を買った。	I bought a necklace and a matching ring.　＊matching＝そろいの
その指輪は、デザインがすごく凝っていた。	The ring had a really elaborate design.　＊elaborate＝凝った
天然のパールらしい。	The clerk said they're natural pearls.　＊clerk＝店員
あのダイヤ、何カラットだろう。	I wonder how many carats that diamond is.
1.38カラットもあるらしい！	The clerk said that it's 1.38 carats!
指輪をクリーニングしてもらった。	I had my ring cleaned.
指輪のサイズを測ってもらった。	I had my ring size measured.　＊measure＝〜を測る
指輪のサイズ直しをしてもらった。	I had the ring size adjusted.　＊adjust＝〜を調節する
5日後にできる予定だ。	It should be done in five days.　＊done＝終了した

ファッションについて英語日記を書いてみよう

服装やおしゃれについて、英語で書いてみましょう。

✏️ ヒートテックを買ってみようかな

I'm interested in "Heattech." Kayo and Tomo said it's thin but really warm. Maybe I should buy one.

訳
ヒートテックが気になる。カヨちゃんもトモちゃんも薄いのにスゴク暖かいって言ってたし。1枚買ってみようかな。

ポイント ここでの「気になる」は interested in ～（～に興味がある）がぴったり。「ヒートテック」のような商品名は、そのまま表せば OK。「～してみようかな」は Maybe I should ～ を使って表します。buy one の one は、ここでは a Heattech (shirt) を指しています。

✏️ 服装にもっと気を遣わなきゃ

I bumped into Misa-san at Omotesando Hills. She looked really sophisticated. I mean, she always dresses nicely. I should pay more attention to what I wear.

訳
表参道ヒルズで偶然、ミサさんに会った。とても洗練されたファッションだった。というか、ミサさんはいつもすてきな格好をしている。私ももっと服装に気を遣わなきゃ。

ポイント bump into ～は「～に偶然会う」、look sophisticated は「洗練されて見える＝洗練された格好をしている」という意味です。I mean, は直前の発言に補足したり、訂正したりするときの表現で、「というか」「つまり」「じゃなくて」といったニュアンスです。

4章：英語日記フレーズ集

セールでの戦利品

I went shopping in Umeda. They were having a summer sale, so it was really crowded. I got the dress that I had always wanted at half price. Lucky me ♪

訳 梅田へ買い物に行った。夏物のセールをやっていたので、すごい人だった。前からねらっていたワンピースを半額でゲット。ラッキー♪

ポイント「～へ買い物に行った」は went shopping in ～（地名）または went shopping at ～（店名）で表します。at half price は「半額で」。「3割引きで」なら、at a 30% discount とします。Lucky me.（私ってラッキー）は、会話でもよく使われる表現です。

クールビズ

We've started the "Cool Biz" at work. It feels comfortable without a jacket. Seeing Mr. Matsui in a Hawaiian shirt took everyone in the office by surprise.

訳 うちの職場でもクールビズが始まった。ジャケットなしだと、やっぱり快適だ。アロハシャツを着たマツイさんを見て、みんな面食らっていた。

ポイント「クールビズ」はぴったりな英語表現がないので、そのまま the "Cool Biz" で OK。Mr. Matsui in a Hawaiian shirt は「アロハシャツを着たマツイさん」。take ～ by surprise は「～を面食らわせる」という意味のフレーズです。

22 ファッション

23 美容・ボディケア

ダイエット

✏️ ダイエットの決意

ダイエットしなきゃ。	I have to go on a diet.
今度こそ頑張るぞ!	I will do it this time!
おなかまわりにぜい肉がついてきた。	I'm putting on some flab around the waist.

*put on 〜=〜(脂肪など)を増す　flab=ぜい肉

二の腕とおなかの脂肪、何とかしなきゃ。	I have to do something about the fat on my upper arms and belly.

*fat=脂肪　belly=腹

体重を5キロ落としたい。	I want to lose 5kg.
目指せ、マイナス3キロ!	I will try to lose 3kg!
3カ月で4キロ減らしたい。	I want to lose 4kg in three months.
ウエストをあと5センチ細くしたい。	I want to lose five more centimeters off my waist.
体脂肪率を20パーセント以下にしたい。	I want to have less than 20% body fat.
9号のスカートがはけるようになりたい。	I want to be able to fit into a size 9 skirt.

*fit into 〜=〜に合う・収まる

ビキニを着られる体になるぞ!	I'm going to have a bikini body!
あのズボンが入るようになるまで、頑張るぞ。	I'm going to keep at it until I can fit into those pants.

*keep at 〜=〜を根気よく続けてやる

毎日3キロ歩くぞ。	I'm going to walk 3km every day.

毎日30分、ジョギングしよう。	I'll jog for 30 minutes every day.
自転車通勤をしよう。	I'll bike to work. *bike=自転車に乗る
徒歩通勤をしよう。	I'll walk to work.

📖 ダイエット法

あのダイエット食品、効果あるのかな？	I wonder if that weight-loss food really works. *weight-loss food=ダイエット食品　work=効果がある
試してみるのもいいかな？	I may as well try it. *may as well ～=～するのも悪くない・してもよい
レコーディングダイエットを始めた。	I started keeping a diet journal. *journal=日記
朝と晩、体重を測って記録するだけでいいらしい。	All you need to do is just weigh yourself and record your weight in the morning and at night. *weigh=～を測る　weight=体重
テレビでトマトダイエットが紹介されていた。	I learned about a tomato diet on TV.
本当に効くのかな？	Does it really work?
この方法でやせた人がたくさんいるらしい。	This method has apparently worked for a lot of people. *apparently=どうやら～らしい
サプリメントに頼りすぎるのはよくない。	It's not good to rely on supplements too much. *rely on ～=～に頼る
やっぱり、適度な食事と適度な運動が一番！	The best way is definitely moderate meals and moderate exercise! *definitely=確実に　moderate=適度な

👓 食事制限

腹八分目を心がけよう。	I'll try to eat moderately. *moderately=適度に
30回はかむようにしよう。	I'll try to chew 30 times. *chew=かむ
油ものは厳禁！	No oily foods for me!
スナック菓子は厳禁！	No snacks for me!

23 美容・ボディケア

今日から甘いもの断ち！	No more sweets from now on!
バランスのよい食事を心がけよう。	I'll try eating a balanced diet. *diet=日常の食事、食生活
夜は食べ過ぎないようにしよう。	I'll try not to eat too much at night.
寝る2時間前は食べないようにしよう。	I won't eat anything two hours before bed.
夕飯は8時までに食べるようにしよう。	I'll try to finish my dinner before 8:00.
夜はダイエット食品だけにした。	I only had diet food for dinner.
あれだけじゃ足りない。	That wasn't enough.
おなかがすいて死にそう。	I'm starved.
おなかがすいたけど、我慢、我慢。	I'm hungry, but I have to control myself.
寝る前にお菓子を食べてしまった…。	I ate some snacks before bed, but I shouldn't have…
どうしても甘い物が食べたくなる。	I can't resist sweets. *resist=〜に抵抗する

エクササイズ（→ p. 540「スポーツ」を参照）

ダイエット・成功

ダイエットは順調。	My diet is going well. *go well=うまくいく
やった、2キロやせた！	Yes! I've lost 2kg!
2カ月前と比べて、3キロやせた。	I weigh 3kg less than I did two months ago. *weigh=〜の重さがある
ウエストは、4センチのサイズダウン。	My waist is smaller by 4cm.
胃が小さくなった気がする。	I think my stomach has shrunk. *shrink=小さくなる、縮む。過去分詞形はshrunk
体が締まってきた気がする。	My body feels firmer. *firm=引き締まった
ズボンが緩くなった。	My pants have gotten loose. *loose[ルース]=緩い

昔の服がまた着られるようになった。	I can now wear my old clothes again.
顔が小さくなった気がする。	I think my face has gotten smaller.
友達に「やせたね」と驚かれた。	My friends were surprised that I had lost weight.
アツシに「きれいになったね」と褒められた。	Atsushi told me that I looked more beautiful.

💡 ダイエット・失敗

ダイエット、失敗！	The diet didn't work! ＊work＝うまくいく
三日坊主なんだよね。	I can't stick to anything. ＊stick to ～＝～（決心したことなど）を続ける
リバウンドしちゃった。	I've gained weight again. ＊gain＝～を増す
せっかくやせたのに…。	I tried so hard to lose weight, but...
1キロ太っちゃった。なんで!?	I gained 1kg. Why?!
何をやってもやせない。	No matter what I do, I can't lose weight. ＊no matter ～＝たとえ～であろうとも
ダイエット法が間違っているのかも。	Maybe I'm using the wrong weight-loss method. ＊method＝方法
昔よりやせにくくなった。	It's harder to lose weight now than it was before.
新陳代謝が落ちているんだと思う。	I suppose my metabolism is slower. ＊metabolism＝新陳代謝

肌

⏰ 肌の調子

最近、肌の調子がいい。	My skin is healthy these days. ＊healthy＝健全な、正常な
最近、肌の調子がよくなってきた。	My skin is in better condition these days.

肌年齢をチェックしてもらった。	I had a skin age test.
やった！25歳肌！	Yes! I have the skin of a 25-year-old!
肌年齢は42歳だった。	My skin age was 42 years old.
実年齢より5歳も上だなんて！	That's five years older than my actual age! *actual＝実際の
実年齢より5歳も若かった♪	That's five years younger than my actual age♪
実年齢とほぼ同じだった。	It's about the same as my actual age.
肌がきれいだと褒められた。	I was told that I have beautiful skin.
リョウコさんの肌って、ハリがある。	Ryoko has youthful skin. *youthful＝若々しい
エリコさんは肌がきれいでうらやましい。	I envy Eriko's beautiful skin. *envy＝〜をうらやむ
マツダさんみたいに肌がきれいだったらなぁ。	I wish I had beautiful skin like Ms. Matsuda's.

☕ 肌のお手入れ

お風呂上がりにパックをした。	I put on a facial mask after my bath. *put on 〜＝〜を付ける・塗る
寝る前に美白パックをしようっと。	I'll wear a skin lightening facial mask before going to bed. *lightening＝明るくする　facial＝顔の
話題のフェイスマッサージをやってみた。	I tried the face massage everyone's raving about. *rave about 〜＝〜を絶賛する、〜について夢中になって話す
毎晩、続けてみよう。	I'll try to do it every night.
小顔になるといいな。	I hope my face gets smaller.
血行がよくなった気がする。	I feel like my blood circulation has improved. *circulation＝循環、流れ　improve＝〜を改善する
美顔器でホームエステをした。	I used a facial massager to give myself a facial. *give oneself a facial＝〜に美顔術を施す

肌がすべすべになった。	My skin is smoother now. *smooth＝滑らかな、すべすべした
小顔ローラーって、ホントに効くのかなぁ？	Will this roller really make my face smaller?
産毛をそった。	I shaved my facial hair. *shave＝〜をそる

紫外線対策

日焼けしたかも。	I think I got tanned. *get tanned＝日焼けする。get suntannedとも言う
日焼けしちゃった。	I got tanned.
紫外線対策をしっかりしなきゃ。	I have to protect myself from UV rays. *protect＝〜を守る　UV ray＝紫外線
紫外線対策はバッチリ。	I've done all I need to do for protection from the sun. *protection＝保護
SPF50の日焼け止めを買った。	I bought some SPF 50 sunblock. *sunblock＝日焼け止め
日焼け止めを塗り忘れた。	I forgot to put on the sunscreen. *put on 〜＝〜を付ける・塗る　sunscreen＝日焼け止め
日焼け止めクリームを塗るべきだった。	I should've put on some sunscreen.
日焼け止めを塗ったのに、日焼けしちゃった。	I put on sunscreen, but I still got tanned.

肌の悩み

最近、肌の調子がよくない。	My skin isn't doing so well these days.
今日は化粧ののりが悪かった。	I had a bad makeup day today. *makeup＝化粧
最近、肌が荒れている。	My skin is rough these days. *rough＝荒れた
最近、肌が乾燥している。	My skin is dry these days.
Tゾーンは油っぽい。	My T-zone is oily.
肌を白くしたい。	I want to lighten my skin. *lighten＝〜を明るくする
肌のキメを整えたい。	I want to improve my skin texture. *texture＝手触り

23 美容・ボディケア

もっと若々しい肌になりたい。	I want to make my skin younger.
目尻のシワが気になる。	I don't like my crow's feet. *crow's feet=目尻のシワ
ほうれい線をなくしたい。	I want to get rid of the wrinkles next to my mouth. get rid of ～=～を取り除く
シミ、消えてくれないかなぁ。	I hope I can get rid of these spots. *spot=シミ
フェイスラインのたるみが気になる。	I'm worried about my sagging face lines. *sagging=たるんだ
ニキビができた。	My skin broke out. *break out=(ニキビなどが)吹き出る
ニキビが治った。	The pimples cleared. *pimple=ニキビ　clear=きれいになる、消える
ニキビをつぶしちゃった。	I popped the pimple. *pop=～を破裂させる・はじけさせる
顔に吹き出物ができちゃった。	A rash broke out on my face. *rash=吹き出物
肌のお手入れを念入りにしよう。	I should take better care of my skin.
基礎化粧品を変えたほうがいいかな？	I wonder if I should change the skin care products I use.

身だしなみ

🖉 身だしなみ全般

耳掃除をした。	I cleaned my ears.
鼻毛を抜いた。	I pulled out my nose hairs.
鼻毛を切った。	I cut my nose hairs.

📖 ムダ毛処理

脇のレーザー脱毛をした。	I got laser hair removal on my underarms. *removal=除去
ムダ毛処理をした。	I removed my unwanted hair. *remove=～を除去する　unwanted=無用の
すね毛をそった。	I shaved my legs. *shave=～をそる

メイク

化粧品にまつわる単語

ファンデーション	foundation
コンシーラー	concealer
チーク	blush / blusher
マスカラ	mascara
ビューラー	eyelash curler
付けまつ毛	false eyelashes
アイライナー	eyeliner
ペンシルアイライナー	pencil eyeliner
リキッドアイライナー	liquid eyeliner
アイシャドウ	eye shadow
口紅	lipstick
リップクリーム	lip balm
基礎化粧品	skin care products
化粧水	skin lotion
乳液	milky lotion
美容液	beauty essence
マニキュア	nail polish
ペディキュア	pedicure
日焼け止め	sunscreen / sunblock
油取り紙	face oil blotting paper

👓 メイクをする

ばっちりメイクした。	I did my makeup perfectly.
	*makeup＝化粧
デートの前に、メイクを直した。	I fixed my makeup before my date.
	*fix＝〜を直す
化粧が濃くなってしまった。	My makeup was a bit heavy.
	*a bit＝少し　heavy＝濃い
ファンデーションののりが悪かった。	My foundation didn't stay on.
	*stay on＝くっついたままでいる
ナチュラルメイクのコツが知りたい。	I want to know how to put on makeup for a natural look.
ノーメイクで外出した。	I went out without makeup.
まつげパーマをしよう。	I'll get my eyelashes permed.
	*eyelash＝まつげ　perm[パーム]＝〜にパーマをかける
まつげエクステをしてみようかな。	Maybe I should try those eyelash extensions.

📖 化粧品

雑誌に、ランコムの新しいマスカラが載っていた。	I saw the new Lancôme mascara in a magazine.

23 美容・ボディケア

599

このアイシャドウは、発色がいい。	This eye shadow spreads well. *spread＝〜を広げる・薄く付ける
春の新色リップ、どれもかわいい！	All the new lipstick colors this spring are so cute!
シミが消える、いいコンシーラーはないかな。	I wonder if there's a good concealer that can hide my spots. *concealer＝コンシーラー　spot＝シミ
無添加の化粧品を使いたい。	I want to use makeup that doesn't have additives.　*additive＝添加物
また新しい化粧品を買っちゃった。	I bought new makeup again.
コエンザイムQ10配合の美容液を買った。	I bought beauty essence with coenzyme Q10.

ネイル

つめのお手入れ

つめを切った。	I clipped my nails. *clip＝〜（つめなど）を切る
やすりでつめを整えた。	I filed my nails. *file＝〜にやすりをかける
深づめしちゃった。	I cut my nails too short.
甘皮の処理をした。	I removed my cuticles.　*cuticle＝甘皮
マニキュアを塗った。	I painted my nails.
ペディキュアを塗った。	I painted my toenails.
自分でしたネイルが、きれいにできた。	I did my nails myself and they turned out well. *turn out 〜＝結果的に〜となる
このマニキュア、色がきれい。	This nail polish has a beautiful color.　*nail polish＝マニキュア

ネイルサロン

今日、ネイルをしてもらった。	I had my nails done today.
両手で8400円だった。	It cost 8,400 yen for both hands.

とてもかわいかったので、大満足。	I'm totally satisfied with how pretty they are.
花柄のネイルアートをしてもらった。	I asked the nail artist to put flower designs on my nails.
ピンクベースのフレンチネイルにしてもらった。	I got a French manicure with a pink base coat.
着物に合わせてツバキのネイルアートにしてもらった。	I got camellia nail art to go with my kimono. ＊camellia＝ツバキ　go with ～＝～に合う
ラインストーンを付けてもらった。	I got rhinestones on my nails.
ジェルがはがれてきた。	The gel is peeling off. ＊peel off＝はがれる
ジェルオフをしてもらった。	I had the gel removed.

美容院

髪型にまつわる単語

ショートヘア	short hair	ソバージュ	curly hair
セミロング	shoulder-length hair	三つ編み	braids
ロングヘア	long hair	ポニーテール	ponytail
ボブ	bob	まとめ髪	updo
角刈り	crew cut	ストレートの	straight
丸刈り	shaven head	パーマのかかった	permed
アフロ	Afro		
モヒカン	Mohawk [モゥホーク]	染めた	colored / dyed [ダイド]

美容院の予約

髪がずいぶん伸びてきちゃった。	My hair has grown too long. ＊grow＝(髪やつめが)長くなる、伸びる。過去分詞形はgrown
明日こそ、美容院の予約をしなきゃ。	I have to make an appointment at the beauty salon tomorrow. ＊beauty salon＝美容院
8月12日の10時に、美容院の予約をした。	I made an appointment at the beauty salon for 10:00 on August 12.

もう4カ月も美容院に行ってない！	I haven't been to the beauty salon for four months!
パーマをかけようか、迷う。	I don't know if I should get a perm. *perm[パーム]＝パーマ

☕ 美容院で

美容院に行った。	I went to the hair salon. *hair salon＝美容院
雑誌の切り抜きを持って行った。	I took some magazine clippings with me. *clipping＝切り抜き
カットとカラーをした。	I got a haircut and had my hair dyed. *dye[ダイ]＝～を染める
角刈りにした。	I got a crew cut. *crew cut＝角刈り
長さをそろえた。	I had my hair trimmed. *trim＝～を刈り整える
そろえてもらうだけにした。	I just got a trim. *trim＝調髪
すいて軽くしてもらった。	I had my hair thinned and lightened. *thin＝～を薄くする　lighten＝～を軽くする
ばっさり切ってもらった。	I told them to just cut off my hair.
パーマをかけた。	I got a perm.
ストレートパーマをかけた。	I got a straight perm.
縮毛矯正をした。	I had my hair straightened. *straighten＝～をまっすぐにする
シャンプーが気持ちよかった。	It felt nice when my hair was being shampooed.
ヘッドスパもしてもらった。	I got a head massage, too.
すごく気持ちよかった！	It felt awesome! *awesome[オーサム]＝すごい
カットとパーマで1万1000円だった。	It was 11,000 yen for a haircut and a perm.
コバヤシさんのカットは本当に上手。	Mr. Kobayashi is really good at giving haircuts.
今の美容院は、あまり上手じゃないな。	The hair salon I go to isn't very good.

美容院を変えようかな。	Maybe I should find another hair salon.
美容院に行ったのに、誰も気付いてくれない。	No one noticed that I had been to the hairdresser. *hairdresser=美容院

髪型

イメチェンしたいな。	I want a makeover. *makeover=イメージチェンジ
春らしい髪型にしたい。	I want a hairstyle that's good for spring.
井川遥みたいな髪型にしたい。	I want a hairstyle like Haruka Igawa's.
手入れのラクな髪型がいい。	I want a hairstyle that's easy to maintain. *maintain=〜を維持する
髪を伸ばしたいな。	I want to grow my hair. *grow=〜(髪など)を伸ばす
やっぱりストレートロングが好き。	I like my hair long and straight.
角刈りが一番ラクだ。	A crew cut is the easiest to take care of. *take care of 〜=〜の手入れをする
新しい髪型、いい感じ。	I like my new hairstyle.
新しい髪型、気に入らない。	I don't like my new hairstyle.
自分で前髪を切った。	I trimmed my bangs. *trim=〜を刈り整える bang=前髪
新しい髪型に、まだ慣れない。	I'm not used to my new hairstyle. *used to 〜=〜に慣れて
ちょっと切り過ぎちゃったかな。	I feel my hair was cut a bit too short.
このパーマ、大失敗！	This permed hair doesn't look good on me at all!

カラー・白髪染め

今年の秋は、マロンブラウンがはやってるみたい。	Chestnut brown seems to be a popular color this fall.
髪の色をもっと明るくしたい。	I want to dye my hair a lighter color. *dye[ダイ]=〜を染める

23 美容・ボディケア

髪の色、ちょっと明るくしすぎたかな。	I think I dyed my hair too light.
ダークブラウンにしてもらった。	I had my hair dyed dark brown.
パープルのメッシュを入れてもらった。	I got purple highlights.
黒髪に戻した。	I went back to having black hair.
白髪が増えてきた。	My hair is going gray.

*go gray＝白髪になる

白髪染めをしなきゃ。	I have to dye my gray hair.

*gray hair＝白髪

白髪染めをした。	I dyed my gray hair.
お父さんの髪が真っ白になった。	Dad's hair has turned white.

✎ ヘアアレンジ

髪を後ろで縛った。	I tied my hair back.

*tie＝〜を結ぶ

今日は髪を下ろした。	I let my hair down today.

*let one's hair down＝髪を下ろす

髪をアップにした。	I put my hair up.
ヘアピンを付けた。	I put a hairpin in my hair.
ヘアアイロンで巻いた。	I used a curling iron.
三つ編みにした。	I braided my hair.

*braid[ブレイド]＝〜(髪など)を編む

ポンパドールにした。	I made a pompadour.
夜会巻きにした。	I wore my hair in an evening party roll.

📖 髪の悩み

最近、髪がパサつく。	My hair is dry these days.
髪がまとまらない。	My hair won't stay put.

*stay put＝一つにまとまる

雨の日には、髪が爆発しちゃう。	My hair gets frizzy on rainy days.

*frizzy＝(髪が)細かく縮れた

毎朝、寝癖がひどい。	I get terrible bed hair in the morning.

*bed hair＝寝癖

今日の髪型、最悪だった。	I had a bad hair day.
枝毛がひどい。	I have a lot of split ends.
	*split end＝枝毛
髪が薄くなってきた。	My hair is thinning.
	*thin＝薄くなる
増毛すべきだろうか。	Maybe I need to get hair implants.
	*implant＝移植
カツラを着けるのは、抵抗があるなぁ。	I'm reluctant about wearing a wig.
	*reluctant＝気の進まない　wig＝かつら

エステ・マッサージ

👓 エステに行く

エステに行きたいな。	I want to go to a beauty treatment salon.
エステに行った。	I went to the beauty treatment salon.
フェイシャル60分コースを受けた。	I got a 60-minute facial.
	*facial＝美顔術
痩身エステを受けた。	I got a slimming treatment.
全身90分コースを受けた。	I got a 90-minute full-body treatment.
ダイエット6回コースを契約した。	I signed on for a six-session weight loss course.
	*sign on＝契約する

📖 マッサージに行く

会社帰りにマッサージに行った。	I saw a massage therapist after work.
	*see a massage therapist＝マッサージを受ける
腰痛がひどいので、マッサージに行った。	I had a terrible backache, so I saw a massage therapist.
	*backache＝背中・腰の痛み
全身マッサージを受けた。	I got a full-body massage.
足ツボマッサージを受けた。	I got the pressure points on my legs massaged.
	*pressure point＝ツボ
タイ古式マッサージを受けた。	I got a traditional Thai massage.

骨盤マッサージを受けた。	I got a pelvic massage. *pelvic＝骨盤の
アロマオイルを使ったマッサージだった。	They used aroma oil for the massage.
60分5000円のコースにした。	The course was 5,000 yen for 60 minutes.
全身をもんでもらった。	They massaged my entire body.
肩がだいぶ凝っていると言われた。	They said I had a really stiff lower neck. *stiff＝凝った　lower neckは、neckとしてもOK
15分延長した。	I extended the massage for 15 minutes. *extend＝延長する

🔒 エステ・マッサージの感想

とても気持ちよかった。	It felt really good.
気持ちよくて寝てしまった。	It felt so good that I fell asleep.
少し痛かった。	It hurt a little.
かえって体が痛くなった気がする。	It seems like my body actually hurts more now.
すごくリラックスできた。	It was very relaxing.
体が軽くなった。	My body feels lighter.
ぜいたくな気分だった。	It felt really luxurious. *luxurious＝ぜいたくな
たまにはエステもいいね。	It's nice to go a beauty treatment salon once in a while. *once in a while＝時には
ふくらはぎが引き締まった。	My calves have gotten firmer. *calf＝ふくらはぎ。複数形はcalves　firm＝引き締まった
小顔になった気がする。	I feel my face has gotten a bit smaller. *a bit＝少し
肌がぷるぷるになった。	My skin has got softner.
ウエストがサイズダウンしていて、びっくり。	I was surprised that my waist got smaller.

セラピストが上手だった。	The therapist was really good. *「マッサージ師」にも使える表現
セラピストが下手だった。	The therapist wasn't very good.

サウナ・健康ランド・銭湯

近所の銭湯に行った。	I went to a public bath near my house. *public bath＝公共浴場
近所の健康ランドに行った。	I went to a health spa nearby.
お風呂が10種類もあった。	There were 10 different types of baths.
ちょっとお湯が熱すぎた。	The water was a bit too hot.
銭湯は込んでいた。	The bath house was crowded.
番台で入浴セットを買った。	I bought a bath set at the attendant's booth. *attendant＝接客係、従業員
ミルク風呂が好き。	I like milk baths.
水風呂に入った。	I took a cold-water bath.
露天風呂が気持ちよかった。	The open-air bath felt so good.
しょうぶ湯の日だった。	There were sweet flag blades in the bath. *sweet flag blade＝しょうぶの葉
冬至なので、ゆず湯をやっていた。	They put yuzu in the bath because it's the winter solstice. *the winter solstice［サールスティス］＝冬至
やっぱり、広いお風呂って気持ちいい。	For sure, big baths feel really good. *for sure＝確かに
サウナに入った。	I took a sauna.
岩盤浴に行った。	I took a bedrock bath. *bedrock＝岩盤
たくさん汗をかいて、スッキリした。	I felt refreshed after all that sweating. *all that ～＝あれほどの～　sweat＝汗をかく
湯上がりのコーヒー牛乳は最高！	Coffee with milk after a bath is the best!

美容・ボディケアについて英語日記を書いてみよう

美容やボディケアなどについて、英語で書いてみましょう。

✏️ 体重が減らない

> I've been eating less, avoiding sweets and fatty foods, but I'm not losing weight at all. How come?

訳 食べる量を減らして、甘いものや脂っこいものを控えているのに、全然やせない。どうして？

ポイント eat less は「食べる量を減らす」、avoid は「〜を避ける」。I've been eating less や (I've been) avoiding と現在完了進行形にして、「ずっと〜し続けている」という動作の継続を表しています。How come? は Why?（どうして？）のくだけた言い方です。

✏️ 顔のくすみ

> I've been worried about the dullness of my skin, so I splurged on a bottle of expensive beauty essence. I feel my skin tone is getting lighter. Is it my imagination?

訳 ここのところ顔のくすみが気になっていたので、奮発して高い美容液を買った。肌の色が明るくなってきた気がする。気のせいかな？

ポイント ここでの「気になる」は worried about 〜（〜が心配で）がよいでしょう。「ここのところ気になっている」という継続した状況は、現在完了形で表します。「くすみ」は dullness。「奮発して〜を買う」は splurge on 〜、「気のせい」は imagination（想像）で表しました。

マッサージでリラックス

I went and got a massage. I was told my neck and lower back were really stiff. The therapist was really good and now my neck and lower back feel looser!

訳 マッサージに行った。肩と腰がだいぶ凝っていると言われた。マッサージしてくれた人がとても上手で、肩が軽くなった！

ポイント 「〜だと言われた」は I was told (that) 〜（文）で表し、言われた内容を〜に入れましょう。「肩が凝っている」と言うときの「肩」は、首に近い部分であれば neck（首）で表します。shoulder は「（肩甲骨を含む背中の上部の）肩」というイメージです。

新しい髪型

I went to the beauty salon today. I asked my hairdresser for advice and decided on a lightly permed short bob. I'm happy that it looks pretty good! ☺

訳 今日は美容院に行った。美容師さんと相談して、ゆるいパーマのかかったショートボブにした。かなり似合っててうれしい！ ☺

ポイント asked my hairdresser for advice は「美容師にアドバイスを求めた」が直訳で、これで「相談した」というニュアンスになります。decided on 〜 は「（いろいろある選択肢の中から）〜に決めた」という意味です。permed [パームド] は「パーマのかかった」。

24 恋愛

出会い

✏️ 出会い全般

ハラダさんがタザワさんを紹介してくれた。	Harada-san introduced me to Tazawa-san. ＊introduce 〜 to ...＝〜を…に紹介する
異業種交流会で、タニグチさんと知り合った。	I met Taniguchi-san at the cross-industry get-together. ＊cross-industry＝異業種間の　get-together＝集まり
今日の集まりで、すてきな出会いがあった。	I met some nice people at the get-together today.
セミナーで、たまたま彼と隣の席になった。	I happened to sit next to him at the seminar.　＊happen to 〜＝偶然〜する
明日はブラインドデート。	I have a blind date tomorrow. ＊blind date＝(知人の紹介などによる)面識のない人とのデート
出会った瞬間に、彼は運命の人だと感じた。	As soon as I met him, I felt that he was the man for me.

📖 ナンパする

みんなでナンパに出かけた。	We went out looking for girls.
バーで隣の席の子たちに声をかけた。	We spoke to a couple of girls sitting next to us at the bar.
思い切ってナンパした。	I got up my courage and talked to her. ＊get up one's courage[カーリッジ]＝思い切る
収穫ナシ。	I didn't have any luck.

1人、電話番号を教えてくれた。ラッキー！	One girl gave me her number. Lucky me! *(phone) number＝電話番号
ナンパする勇気がなかった。	I didn't have the courage to talk to anyone. *courage＝勇気

👓 ナンパされる

駅前でナンパされた。	Someone tried to pick me up in front of the train station. *pick 〜 up＝〜をナンパする
無視して通り過ぎた。	I ignored him and moved on. *ignore＝〜を無視する
連絡先を教えた。	I gave him my number.
最近、ナンパされなくなったなぁ。	No one tries to pick me up these days.
たまにはナンパされたい。	I wish someone would try to pick me up sometimes.

📖 合コン

合コンに行った。	I went to a mixer. *mixer＝合コン
男性4人、女性4人だった。	There were four men and four women.
かわいい子が多かった。	Most of the girls were cute.
みんなカッコよかった。	They were all cute guys.
右から2番目の人がかっこよかった。	The second guy from the right was good-looking.
一番左の人がタイプだった。	The one on the far left was my type. *far left＝一番左の
今日の合コンはイマイチだった。	Today's mixer was not so good.
気が合わなかった。	We didn't hit it off. *hit it off＝うまが合う
タイプの人がいなかった。	No one there was my type.
二次会はカラオケに行った。	We went to karaoke for the after-party.

24 恋愛

もちろん、一次会だけで解散。	Of course, we parted after the first party. ＊part＝分かれる
イダさんが駅まで送ってくれた。	Ida-san walked me to the station. ＊walk 〜 to the station＝〜を駅まで歩いて送る

好みのタイプ

彼、タイプだわ。	Yeah, he's my type.
好みのタイプじゃない。	He's not my type.
顔が好みじゃない。	His face is not my type.
自分のタイプがよくわからない。	I don't know what my type is.
好きになった人がタイプ。	The person I fall in love with is my type.
長澤まさみみたいな女性、どこかにいないかな。	I wonder where I can find a woman like Masami Nagasawa.
福山雅治と付き合えたらいいのに！	I wish I could go out with Masaharu Fukuyama. ＊go out with 〜＝〜と付き合う
私って理想が高いのかな？	Is my ideal too high? ＊ideal［アイディーゥ］＝理想

相手の印象

女性らしい雰囲気だった。	She was really feminine. ＊feminine＝女性らしい
男らしい感じだった。	He was masculine. ＊masculine［マスキュリン］＝男性らしい
おとなしそうでかわいかった。	She was shy and sweet.
経済力がありそう。	He seems well off. ＊well off＝裕福な
クールに見えて、結構おっちょこちょいだった。	He seemed cool, but he was pretty careless. ＊pretty＝かなり
見た目と実際のギャップが、またいい。	I like the gap between how he looks and how he really is.

4章：英語日記フレーズ集

第一印象は、笑顔のすてきな子。	My first impression was that she had a beautiful smile.
米倉涼子に似てる。	She looks like Ryoko Yonekura.
向井理と木村拓哉を足して2で割った感じ。	He looks like Osamu Mukai and Takuya Kimura combined and divided in half. ＊combine＝〜を組み合わせる　divide＝〜を分ける
彼、私に興味がありそう。	He seemed interested in me.
話が合わなかった。	We spoke a different language. ＊speak a different language＝話が合わない
彼女とは話が盛り上がらなかった。	The conversation with her was kind of boring.　＊boring＝退屈な
彼女、きれいだけど性格が悪そう。	She's good-looking, but her personality doesn't impress me. ＊good-looking＝（女性が）きれいな、（男性が）かっこいい 　impress＝〜に感銘を与える
彼、遊んでそうな感じ。	He looks like he's a player. ＊player＝遊び人（の男性）
彼、自分のことばかり話してた。	He only talked about himself.
食べ方の汚い人って、苦手。	I can't stand people with piggish table manners. ＊stand＝〜を我慢する 　piggish table manners＝品のない食べ方
彼、バツイチらしい。	I heard he has been divorced once. ＊divorced＝離婚した
別に気にしないけど。	It doesn't matter to me, though. ＊matter＝重要である

⏰ 連絡先の交換

タバタさんに電話番号を教えてもらった。	I asked Ms. Tabata for her number. ＊(phone) number＝電話番号
タカハシさんに連絡先を聞かれた。	Takahashi-san asked me for my number.
みんなで連絡先を交換しあった。	We exchanged numbers.
メアドを交換した。	We exchanged e-mail addresses.

24 恋愛

電話番号とメアドを渡した。	I gave her my phone number and e-mail address.
今度ヨシダさんに、タシロ君の電話番号を聞いてみよう。	I'm going to ask Yoshida-san for Tashiro-kun's number the next time we meet.

☕ また会いたい

また会いたい。	I want to see her again.
今度は2人で会おうと約束した。	We agreed to meet just the two of us next time.
また会いたいと言われた。	He told me he wanted to see me again.
スゴクうれしい！	I'm so happy! ☺
ついさっき、彼からメールが来た。	I got his e-mail a few minutes ago.
「また会える？」と書いてあった。	It said, "Can I see you again?"
彼のメールにすぐに返信した。	I replied to his e-mail right away. ＊right away＝すぐに
OKのメールをした。	I e-mailed him my okay. ＊e-mail＝〜にEメールを送る
メールしてみようかな。	Maybe I'll text him. ＊text＝〜に携帯メールを送る
電話がかかってくるといいな。	I hope he'll call me.

✒ もう会いたくない

もう会う気はしない。	I don't feel like seeing her again.
次はないかな。	I don't think there will be a next time.
電話がかかってきたら最悪。	If he called, it would be the worst thing. ＊worst thing＝最悪な事態
ゲッ！メールが来た。	Ugh! He e-mailed me. ＊ugh[ウァ]＝うわっ、ゲッ
メールは無視しちゃえ。	I'll ignore his e-mail. ＊ignore＝〜を無視する

食事に誘われた。	He asked me out for dinner.
	*ask 〜 out=〜を誘う
正直、困ったな。	I don't know what to say.
お断りのメールをした。	I e-mailed him and turned down the invitation.
	*turn down 〜=〜を断る　invitation=誘い

告白する

好き

彼女のことが気になる。	She's on my mind.
	*be on one's mind=〜の気にかかっている
彼のこと、好きなのかな？	Do I like him?
彼のこと、好きになりかけてる。	I'm beginning to love him.
彼女のこと、好きになっちゃったかも。	Maybe I'm falling for her.
	*fall for 〜=〜を好きになる
彼女のことが好きだ。	I like her.
彼のこと、大好き。	I really like him.
彼のすべてが好き。	I like everything about him.
一目ぼれだった。	It was love at first sight.
	*love at first sight=一目ぼれ
初めて会ったときから、ずっと好きだった。	I've always liked her since I first met her.
学生時代から、ずっと彼が好きだった。	I've been in love with him since we were students.
彼を思うと、胸が苦しくなる。	My heart aches when I think of him.
	*ache[エイク]=痛む
毎日でも彼女に会いたい。	I could see her every day.
彼のことが好きすぎて、ほかのことが何も手に付かないよ…。	I like him so much that I can't think of anything else...
こんなに人を愛したことはない。	I've never loved anyone as much as I love her.

24 恋愛

彼といると落ち着く。	I feel so comfortable when I'm with him. *feel comfortable＝安心していられる
彼女といると、自然体の自分でいられる。	I can be myself when I'm with her. *be oneself＝本来の自分である
彼女も僕のことが好きだといいな。	I hope she likes me, too.
私の思いが彼に届きますように。	I hope my thoughts reach him. *thought[ソート]＝思い

✏️ かなわぬ恋

私の片思い。	My love is one-sided. *one-sided＝一方的な
片思いって苦しい。	One-way love is painful. *one-way＝一方通行の
片思いで終わった。	My love was never returned.
チエの彼氏を好きになっちゃった。どうしよう。	I have a crush on Chie's boyfriend. What should I do? *have a crush on ～＝～を好きになる、～に気がある
ダメダメ、彼は好きになってはいけない人。	No, I mustn't fall in love with him. *mustn't[マスント]

📖 告白前のドキドキ

彼女と付き合いたい。	I want to go out with her. *go out with ～＝～と付き合う
僕のこと、どう思ってるんだろう？	I wonder what she thinks about me.
ほかに好きな人がいるのかな？	I wonder if she likes someone else.
付き合ってる人はいるのかな？	I wonder if she's seeing someone. *see＝～と付き合う
振られたら嫌だなあ。	I don't want her to reject me. *reject＝～を拒絶する
告白する勇気が出ない。	I don't have the courage to confess my love. *courage[カーリッジ]＝勇気　confess＝～を告白する
思い切って、彼女に告白してみようか。	I should get up my courage and tell her that I like her. *get up one's courage[カーリッジ]＝思い切る
よし、告白するぞ！	Okay, I'm going to tell her that I like her! *愛する気持ちが強いときは、likeをloveに

「当たって砕けろ」だ！	Just go for broke! ＊go for broke＝当たって砕けろ

告白する

ノダさんに告白された。	Noda-san told me that he was in love with me.
帰り道で、彼女に告白した。	I told her on our way back that I loved her. ＊on one's way back＝〜（人）の帰り道
ずっと好きだったと伝えた。	I told him that I had always been in love with him.
メールで告白された。	She e-mailed me to confess her love to me.
付き合ってほしいと言われた。	He told me that he wanted to date me. ＊date＝〜と付き合う
結婚を前提に交際を申し込まれた。	He said he wanted to go out with me and that he was serious. ＊go out with 〜＝〜と付き合う serious（真剣な）には、「結婚を前提に」の含みがある

24 恋愛

告白の返事・OK

もちろんOKした！	Of course I said okay!
私も好きだと言った。	I told him that I liked him, too.
OKしてくれた。やったー！	She said yes. Hooray!
絶対ダメだと思ってた。	I didn't think he would say yes.
ついに彼女の心をものにできた。	I finally managed to win her heart.

告白の返事・NO

断られた。	She turned me down. I was turned down. ＊turn down 〜＝〜を断る
きっぱりふられちゃった。	He rejected me. I was rejected.　＊reject＝〜を拒絶する
予想はしてたけど、やっぱりショック。	I expected it, but it was still a shock. ＊expect＝〜を予想する

ほかに好きな人がいると言われた。	She told me she liked someone else.
付き合ってる人がいるんだって。	She says she's seeing someone.
今は恋愛する気持ちになれないらしい。	He says he doesn't feel like seeing anyone now. *see=〜と付き合う
今は資格試験の勉強に集中したいって。	She says she wants to focus on studying for her certification exam now. *focus on 〜=〜に集中する certification exam=資格試験
彼とは友達のままでいたい。	I just want to stay friends with him.
異性としては意識できない。	I can't imagine being in a relationship with her. *be in a relationship with 〜=〜と付き合う
なんだ、結婚してたんだ。ショック！	Oh, I didn't know he was married. What a shock!

付き合う

付き合う

昨日から彼と付き合い始めた。	I started dating him yesterday. *date=〜と付き合う
今日で、付き合い始めて1カ月。	It has been a month since we started going out. *go out=付き合う
毎日メールしてる。	We e-mail each other every day.
夜、彼に電話した。	I called him at night.

デートの計画

週末はどこへ行こうかな。	Where should we go this weekend?
彼女、どこに行きたいだろう？	I wonder where she wants to go.
彼となら、どこに行っても楽しい。	I'm happy wherever I go as long as I'm with him. *as long as 〜=〜である限りは
映画のチケットが2枚あったので、彼を誘った。	Since I had two movie tickets, I asked him to go with me.

遊園地か美術館にしよう。	Maybe we'll go to an amusement park or an art museum.

＊amusement park＝遊園地

おうちデートもいいかも。	Just hanging out at home would also be nice.

＊hang out＝ブラブラする

夜はどこで食べようかな。	Where should we go for dinner?
明日はデート。ルンルン♪	I have a date tomorrow. What a great feeling♪
何を着ていこうかな。	What should I wear?
おしゃれして行こうっと。	I'm going to dress up for my date.
彼女と1泊で出かけたい。	I want to go on an overnight trip with her.

☕ デート

ドライブに行った。	We went for a drive.
手をつないで歩いた。	We walked holding hands.

＊hold hands＝手をつなぐ

近所を散歩した。	We walked around the neighborhood.

＊neighborhood＝近所

夜景がきれいだった。	The night view was beautiful.
彼の家に行った。	I went to his house.
家に上がってもらった。	I invited him in.

＊invite ～ in＝～を家に入るように誘う

家でまったりするのもいいな。	It was nice to hang out at home.
帰りたくなかった。	I didn't want to go home.
帰したくなかった。	I didn't want her to leave.
終電がなくなってしまった。	I missed the last train.

＊miss＝～を逃す

わざと終電を逃した。(エヘッ)	I missed the last train on purpose. (hehe)

＊on purpose＝わざと、意図的に

またデートしたいな。	I want to go out with him again.

＊go out with ～＝～とデートする

24 恋愛

🖌 愛し合う

彼女とホテルに行った。	I went to a hotel with her.
彼女と初めて愛し合った。	I made love to her for the first time.
すごくドキドキした。	I was nervous.
久しぶりだったので、盛り上がった。	It had been a while, so we were really excited.
彼の車でチュッチュした。	We were necking in his car. *neck=互いに首に抱きついて熱烈なキスをする
会うたびにエッチしちゃう♡	We do it every time we see each other ♡
彼女とは体の相性が合う。	We seem to be compatible in bed. *compatible=相性のよい
彼、ちょっと下手かも。	He's not so great in bed.
彼、私の体だけが目当てなのかな。	Maybe he's only interested in my body.
彼女、あんまりエッチが好きじゃないんだろうな。	Maybe she doesn't like making love.
今日はしたい気分じゃなかった。	I didn't feel like making love today.
コンドームなしでしちゃった。ちょっと心配。	We made love without a rubber. I'm a little worried. *rubber(コンドーム)は、condomでもOK
生理だったので、今日はエッチなし。	I was on my period today, so we didn't make love. *period=生理

🖌 愛してる

彼女を愛してる。	I love her.
彼女とずっと一緒にいたい。	I want to be with her for the rest of my life. *the rest of ～=残りの～
彼なしでは生きていけない。	I can't live without him.
こんな気持ち、初めて。	I've never felt like this before.

彼女とは運命を感じた。	I felt like she was my destiny.
	*destiny＝運命
彼といる時間は、すごく幸せ。	I'm really happy when I'm with him.
彼と一緒にいるだけで、毎日がバラ色。	Just being with him makes every day seem rose-colored.
彼女が喜ぶことなら、何でもしてあげたい。	I would do anything to make her happy.
彼を悲しませたくない。	I wouldn't do anything to make him sad.
一緒に年を重ねたい。	I want to grow old with her.
年を取っても、手をつないで出かけたい。	I want to walk with him hand-in-hand even when we're old.
	*hand-in-hand＝手をつないで

うまくいく

私たち、ラブラブ♡	We're lovey-dovey with each other ♡
	*lovey-dovey[ラヴィダヴィ]＝ラブラブの
毎日が楽しくてたまらない。	Every day is so much fun.
毎日彼に会いたいくらい。	I want to see him every day.
信じられないくらい幸せ。	I can't believe how happy I am.
私たち、バカップルだ。	We're fools in love.　*fool＝ばか
私たち、お似合いかも。	We make a great couple.
私たち、全然けんかをしない。	We never fight.
相性ぴったりだと思う。	We have great chemistry with each other.
	*have great chemistry[ケミストリー]＝相性が合う
まさに、運命の人。	He's the man of my dreams.

うまくいかない

最近、彼とうまくいってない。	He and I haven't been getting along very well lately.
	*get along well＝うまくいく

24 恋愛

彼女とぎくしゃくしている。	Things haven't been going so smoothly with her. ＊smoothly[スムーズリィ]＝順調に
彼の気持ちが冷めてきているのを感じる。	I sense that he's growing colder toward me. ＊grow ～＝徐々に～の状態になる
もう私に飽きちゃったのかな。	I wonder if he's tired of me. ＊tired of ～＝～に飽きて
彼、本当に私のこと好きなのかな？	Does he really love me?
彼女の態度が素っ気ない。	She has been kind of cold.
彼女のことがわからない。	I don't understand her.
彼のワガママに振り回されてる。	He's so selfish. It drives me crazy. ＊drive ～ crazy＝～の気を狂わせる
彼女、すごくしっと深い。	She's really jealous. ＊jealous[ジェラス]＝しっと深い
私たち、合わないのかも。	Maybe we're not made for each other. ＊be made for each other＝似合いのカップルである
彼への気持ちが冷めてきたのかな。	Maybe I don't love him so much anymore.
彼女の存在が重荷になってきた。	She's too much for me.
だんだん彼女に飽きてきた。	I'm getting bored with her. ＊bored with ～＝～に飽きて・退屈して

👓 けんか

彼女とけんかした。	I had a fight with her.
彼と口論になった。	We had an argument. ＊argument＝議論、口論
本当にむかつく！	I'm really upset with him! ＊be upset with ～＝～に対して腹を立てる
しばらく会いたくない。	I don't want to see him for a while.
彼の顔なんて見たくもない。	I don't even want to see his face.
メールは無視している。	I'm ignoring e-mails from him. ＊ignore＝～を無視する
電話にも出ていない。	I'm ignoring his calls.

けんかなんかしたくないのに。	I really don't want to fight with him.
最近、ささいなことでよくぶつかる。	We've been fighting over little things lately.
会うたびにケンカする。	We have a fight every time we see each other.
人の携帯を勝手に見るなんて、信じられない。	I can't believe that he actually looked at my cellphone. ＊actually＝実際に
彼女、完全に誤解してる。	She's got it all wrong. ＊get ～ wrong＝～を誤解する
僕のこと、どうして信じてくれないんだ。	Why doesn't she believe me?
うそだけは嫌だ。	I hate lies. ＊lie[ラィ]＝うそ
言い訳しないでほしい。	I don't want to hear any excuses. ＊excuse＝言い訳
出ていってほしい。	I want him to leave.
「もうここには来ないで」と言った。	I told him not to come back.

仲直り

僕から謝った。	I apologized first. ＊apologize＝謝る、謝罪する
彼が謝ってきた。	He apologized to me.
気付けば仲直りしていた。	We found ourselves getting back together. ＊find oneself ～＝(自分の意思と関係なく)～している自分に気付く　gett back together＝よりを戻す
うやむやになってしまった。	We never dealt with the issue. ＊deal with ～＝～に対処する。過去形はdealt[デゥト]　issue＝論点、争点
仲直りできて、本当によかった。	I'm so glad we got back together.
もう絶対にうそはつかないと約束した。	I promised him that I would never lie again. ＊lie[ラィ]＝うそをつく
けんかして、よりいっそう仲が深まった。	After the fight, we became closer than ever.
もうけんかはしたくないな。	I don't want to fight anymore.

🔒 遠距離恋愛

彼がアメリカに1年間、留学することになった。	He's going to be away for a year while he studies in America.
彼女が福岡に転勤になった。	She's going to be transferred to Fukuoka. *be transferred to ～＝～に転勤する
4月からは遠距離恋愛だ。	We'll be starting a long-distance relationship in April. *long-distance relationship＝遠距離恋愛
遠距離恋愛は、やっぱり不安。	I feel uneasy about this long-distance relationship. *uneasy＝不安な
うまくやっていけるか自信がない。	I'm not all that confident. *confident＝自信のある
2人なら、きっと乗り越えられるはず。	I know we can overcome the challenge. *overcome＝～に打ち勝つ、～を乗り越える
なかなか会えないのは、やっぱりつらい。	It's hard not to be able to see each other that often.
もっと頻繁に会えたらいいのに。	I wish we could see each other more often.
もっと近くにいられたらいいのに。	I wish we were a little closer.
あと2週間で彼に会える！	I can see him in two weeks!
たまにしか会えないと、新鮮な気持ちを保てる。	We don't see each other that often, so our relationship always seems fresh.

💡 同棲

そろそろ一緒に暮らそうかな。	Maybe we should move in together. *move in＝(人と)住むようになる
結婚を前提に、一緒に暮らしたい。	I want to move in with him with marriage in mind. *with ～ in mind＝～を念頭に置いて
結婚前に、同棲したほうがいいよね？	It's better to live together before getting married, isn't it?
一緒に住む家を探すことにした。	We've decided to look for a place to live together.

彼女の両親が、同棲には反対みたい。	Her parents are against us moving in together.
同棲して初めてわかった部分もある。	There are things that I've learned about him since we started living together.

⏰ 浮気する

彼女に浮気がバレた。	She knows I'm cheating. She found out I was cheating on her. ＊cheat (on 〜)＝(〜を裏切って)浮気をする
ヒロシくんとタカシくんが鉢合わせしてしまった。	Hiroshi and Takashi ran into each other. ＊run into 〜＝〜と鉢合わせる。runの過去形はran
彼女に、ほかの子とのメールのやりとりを見られてしまった。	She saw some e-mails I exchanged with someone else.
ほんの出来心だった。	It didn't mean anything.
どっちを選ぶのかと迫られた。	She told me I had to make a choice.
修羅場だった。	It was a mess. ＊mess＝混乱、修羅場
もう絶対に浮気はしない。	I will never cheat again.
僕って浮気性なのかなあ。	Am I a flirt by nature? ＊flirt[フラート]＝浮気者　by nature＝生まれつき

☕ 浮気される

ほかに女がいる気がする。	I have a feeling he's seeing someone else. ＊see＝〜と付き合う
女の直感。	It's a woman's intuition. ＊intuition＝直感
彼女が浮気をしてたことがわかった。	I know now that she hasn't been faithful to me. ＊faithful＝浮気をしない、誠実な
彼が女性と歩いていたと、人づてに聞いた。	I heard that he was walking with another woman.
彼女が浮気してたなんて。	I can't believe she's having an affair. ＊have an affair＝浮気をする
二まただけてたなんて、信じられない！	I can't believe he was two-timing me! ＊two-time＝〜に隠れて浮気をする

サイテー！	That jerk! *jerk[ジャーク]＝ばか、ムカつくやつ
最近、何かおかしいと思ったんだ。	I felt like something wasn't right recently.
浮気するような人は、こっちから願い下げ。	I have no business with someone unfaithful. *have no business with ～＝～とは関係がない unfaithful＝不貞な、浮気をする

不倫

不倫はよくないとわかってるけど、どうしようもない。	I know having an affair is wrong, but I can't help it. *have an affair＝浮気をする、不倫をする
早く終わらせなきゃ。	I had better end this right away.
ダブル不倫はリスクが高すぎる。	Having a double affair is too much of a risk.
妻と彼女は比べられない。	I can't compare my wife with her. *compare ～ with …＝～を…と比べる
夫は安心できるけど、彼といるとドキドキする。	I feel comfortable with my husband, but being with him is so exciting.
結婚しても、一生恋愛していたい。	I want to be in love, even after I get married.
なんだかんだ言って、家庭が一番大事だ。	No matter what happens, my family is the most important thing to me. *no matter what happens＝何があっても

別れ

彼とはもうやっていけない。	I can't be with him any longer.
もう別れたほうがいいよね。	It's better that we go separate ways. *separate＝別々の
彼と別れたくない。	I don't want to break up with him. *break up with ～＝～と別れる
もう一度やり直したい。	I want to try one more time.
別れたい。	I want to break up.
別れた。	We broke up.

4章:英語日記フレーズ集

24 恋愛

彼に別れを切り出された。	He suggested that we break up. *suggest (that)〜=〜と提案する
彼女に振られた。	She left me. *leave=〜を見捨てる。過去形はleft
私から振ってやった。	I dumped him. *dump[ダンプ]=〜を振る
彼と別れたいのに、別れてくれない。	I want to end it, but he won't let me.
私たち、いい友達になれるかな。	I wonder if we can remain good friends. *remain=〜のままでいる
時間が解決してくれる。	Time will solve this. *solve=〜を解決する
時が心の傷をいやしてくれる。	Time is a great healer. *healer=治すもの、薬
彼女のことが忘れられない。	I can't forget her.
いつまでも彼のことを待つつもり。	I'm going to wait for him no matter how long it will take.
もう彼と会えないなんて、つらすぎる。	Not being able to see him is too hard.
次はもっと優しい人と出会いたい。	I hope to meet someone kinder next time.
よりを戻したいって言われた。	She told me that she wanted to start over. *start over=最初からやり直す
もう恋愛は当分したくない。	I don't want to be in love again for a while. *for a while=しばらくの間
楽しい時間をくれた彼に感謝。	I'm grateful to him for the good times. *grateful=感謝している
独り身は寂しい。	Being single is lonely.
やっぱり一人は楽だ。	It's so much easier being on my own. *on one's own=一人で
未練なんてない。	I have no regrets. *regret=後悔
ほかに男〈女〉はいくらでもいる!	There are plenty more fish in the sea! *plenty=たくさんの
次行こ、次!	On to the next one!

恋愛について英語日記を書いてみよう

恋愛や好きな人について、英語で書いてみましょう。

今年こそチョコを渡そう！

> This year, I'm going to give chocolate to Okura-senpai in person no matter what. Oh, just thinking about it makes me so nervous.

訳 今年こそ絶対に、オオクラ先輩にチョコを手渡ししよう。あ〜、考えただけでドキドキする。

ポイント no matter what は「何があっても」。I'm going to 〜 no matter what で「絶対に〜する」というニュアンスになります。give 〜 in person は「〜を手渡しする」。「ドキドキする」は make me so nervous（私をすごく緊張させる）で表しました。

家電量販店デートもいいけれど

> Yusuke always takes me to electrical appliance shops when we go out. To tell the truth, it's no fun. I want to go to an outlet mall or an amusement park.

訳 デートといえば、ユウスケが連れて行ってくれるのは家電量販店ばかり。正直、楽しくない。アウトレットとか遊園地に行きたいよ。

ポイント 「家電量販店」は electrical appliance shop〈store〉。「家電量販店ばかり」は、when we go out（私たちがデートするときは）と always（いつも）を組み合わせて表してみました。to tell the truth は「本音を言うと」という意味の、前置き表現です。

別れたほうがいいかも

Rina and I have been fighting over little things lately. She gets angry easily and always argues just for the sake of arguing. Maybe it's better we just end it.

訳 最近、どうでもいいことでリナとケンカになる。リナはすぐにキレるし、へりくつばかり。もう別れようかな。

ポイント 「どうでもいいことで」は「ささいなことで」と考えて、over little things とします。「へりくつを言う」は argue just for the sake of arguing（議論のための議論をする）と表しました。arguing は it としても OK。for the sake of 〜は、「（ただ）〜のためだけに」。

付き合って今日で3年

It's been three years today since Tim and I started seeing each other. He's really sweet and fun to be with. I'm really happy he's my boyfriend.

訳 ティムと付き合って、今日で3年になる。優しくて思いやりがあるし、一緒にいて楽しいし、ティムが彼氏で本当によかった。

ポイント 「〜して…年になる」は It's been …(数字) years since 〜(過去形の文) で表します。「〜と付き合う」は see 〜や go out with 〜で。sweet は「優しくて思いやりがある」といったニュアンスで、fun to be with は「一緒にいて楽しい」という意味です。

25 結婚・離婚

結婚準備

結婚全般

トガシさんは恋愛結婚らしい。	Togashi-san has a love-based marriage.
彼らはお見合い結婚らしい。	Theirs is an arranged marriage.
イクちゃんはできちゃった婚らしい。	I hear that Iku-chan had a shotgun wedding.

＊shotgun wedding＝できちゃった結婚、授かり婚

ユカさん、寿退社だって。	I hear Yuka-san is quitting her job to get married.

＊quit[クイット]＝〜を辞める

結婚資金をためなきゃ。	I have to save money for my wedding.
焦って結婚したくない。	I don't want to rush into marriage.
結婚しない人生もありかな。	Remaining single is also a choice.

＊remain 〜＝〜のままでいる

国際結婚がいいな。	An international marriage would be nice.
破談になってしまった。	We broke off our engagement.

＊break off 〜＝〜(婚約)を解消する・破談にする。breakの過去形はbroke

婚活

今、婚活中。	I'm looking for a spouse.

＊spouse[スパウズ]＝配偶者

婚活しようかな。	Maybe I should start my spouse hunting.

＊spouse hunting＝配偶者探し

お見合いサービスに登録しよう。	I'll register with a dating service.
	*register with 〜＝〜に登録する
お見合いパーティーに参加した。	I attended a match-making party.
	*match-making＝お見合い、結婚仲介
35歳までに結婚したいな。	I want to get married by the time I'm 35.
いいなと思う男性は、みんな結婚してる。	The men I'm interested in are all married.
	*「女性は」なら、menをwomenに
お母さんが結婚しろとうるさい。	Mom keeps bugging me to get married.
	*bug 〜 to ...＝…するよう〜にうるさく言う
誰かうちの娘をお嫁にもらってくれないかしら。	I wish someone would marry my daughter.
うちの息子はいつになったら結婚するんだろう。	I wonder when my son is going to get married.

👓 結婚したい

彼女と結婚したい。	I want to marry her.
彼とずっと一緒にいたい。	I want to be with him forever.
私たちなら、幸せな家庭を築けると思う。	I think we can make a happy home together.
	*homeは、familyとしてもOK
彼こそが運命の人だ。	He's my destiny. He's my Mr. Right.
	*destiny＝運命。Mr. Rightは、相手が女性の場合はMs. Rightに
彼女のこと、絶対幸せにする。	I'm going to make her happy no matter what.
	*no matter what＝何があっても
2人で協力して、幸せな家庭を築くぞ。	We're going to work together to build a happy home.

💍 プロポーズ

彼、なかなかプロポーズしてくれない。	I've been waiting a long time for him to propose.
待ってるのにな。	I'm still waiting.

25 結婚・離婚

逆プロポーズしちゃおうかな。	Maybe I should propose instead. *instead＝その代わりに
明日、プロポーズするぞ。	I'm going to propose tomorrow.
彼女にプロポーズした。	I proposed to her.
彼にプロポーズされた。	He proposed.
やっとプロポーズしてくれた。	He finally proposed.
プロポーズを受け入れた。	I said yes. I accepted his proposal.
プロポーズを断った。	I said no. I turned down his proposal. *turn down ～＝～を断る
プロポーズの言葉は「結婚しよう」だった。	His proposal was, "Let's get married."
「ずっと一緒にいてほしい」って言われた。	He said that he wants to spend the rest of his life with me. *spend＝～を過ごす　the rest of ～＝残りの～
「結婚してくれませんか」って、シンプルだけどベストかも。	"Will you marry me?" is simple but the best, I think.

婚約指輪・結婚指輪

指輪をもらって、本当にうれしい。	I got an engagement ring and I couldn't be happier. *engagement ring＝婚約指輪
2人で結婚指輪を見に行った。	We went to check out wedding rings together.
いくつか指輪を試着した。	We tried on a couple of rings.
私に似合う指輪があった。	There was a ring that suited me. *suit＝～に似合う
2人ともプラチナの指輪にした。	We decided to get platinum rings.
小さなダイヤがちりばめられた指輪が気に入った。	I liked the pave diamond ring. *pave[パヴェイ] ring＝小粒のダイヤモンドを敷き詰めた指輪
名入れをしてもらうことにした。	We decided to have our names engraved. *engrave＝～を彫り込む

裏側にサファイアの石留めをしてもらった。	We had them embed sapphire on the inside. *embed=〜を埋め込む
婚約指輪と結婚指輪を合わせると、結構お金がかかる。	The engagement ring and wedding ring together cost quite a lot.
彼女は豪華な指輪が欲しいらしい。	She apparently wants a lavish ring. *apparently=〜のようだ lavish=ぜいたくな、豪華な
そんなに高い指輪はいらない。	We don't need such expensive rings.
婚約指輪をやめて、ペアの腕時計にした。	We decided to get matching watches instead of engagement rings. *matching=おそろいの

実家へのあいさつ

彼女の実家にあいさつに行った。	I went to her home to meet her parents.
彼を両親に会わせた。	I introduced him to my parents. *introduce 〜 to ...=〜を…に紹介する
アミと結婚したい気持ちを伝えた。	I told them I want to marry Ami.
「娘をよろしく頼む」と言われた。	They told me to take good care of her.
とても緊張した。	I had butterflies in my stomach. *have butterflies in one's stomach=ひどく緊張する
緊張しすぎて、何を言ったか覚えていない。	I was so nervous that I don't remember what I said.
彼、とても緊張しているようだった。	He looked really nervous.
リラックスした雰囲気だった。	The atmosphere was relaxing. *atmosphere[アトモスフィア]=雰囲気
ご両親は厳格そうだった。	Her parents looked stern. *stern=厳格な、厳しい
ご両親とは気が合いそうだ。	I think her parents and I can get along. *get along=仲よくやっていく
夫は落ち着かない様子だった。	My husband looked restless. *娘・息子が婚約者を連れてきた場合
彼のご両親に気に入ってもらえますように。	I hope his parents liked me. *会った後の表現。会う前ならwill like meとする

25 結婚・離婚

彼のご家族は皆、いい人そうだった。	His family all seemed nice.
両親に、彼との結婚を反対されている。	My parents are against me marrying him. ＊be against 〜 ...ing＝〜が…するのを反対する
両親には祝福してもらいたい。	I want my parents to be happy for us.
お父さん、彼と一言も話さなかった。	My father didn't say a word to him.

⏰ 両家の顔合わせ・結納

両家の顔合わせの食事会をした。	We went out to dinner so the parents on both sides could get to know each other.
ホテルのレストランを予約した。	We made a reservation at a hotel restaurant.
料亭の個室を予約した。	We booked a private room at a Japanese-style restaurant. ＊book＝〜を予約する
和やかな雰囲気で進んだ。	Everything went on in a relaxed atmosphere.
会食はつつがなく終わった。	The dinner went smoothly. ＊smoothlyは、wellにしてもOK
互いの両親は話が盛り上がっていた。	Our parents all enjoyed the conversation.
結納を取り交わした。	We exchanged marriage gifts.
シホの着物姿がきれいだった。	Shiho looked beautiful in a kimono.

☕ 婚姻届

明日、婚姻届を出しに行く。	We are registering our marriage tomorrow. ＊register＝〜を届け出る
市役所に婚姻届を出した。	We registered our marriage at the city hall.
婚姻届にサインした。	We signed our marriage registration form.

書類に不備があって、受理されなかった。	They didn't accept our documents because they weren't complete.
もう一度、市役所に行かなきゃ。	We need to make another trip to the city hall. ＊trip＝(用事があって)出向くこと

結婚式の準備

結婚式は来年4月にすることにした。	We've decided to have our wedding in April next year.
式はどこで挙げようかな？	Where should we hold our ceremony? ＊hold＝〜(式)を挙げる
神前式がいい。	I want a Shinto wedding.
教会式にあこがれる。	I have a longing for a church wedding. ＊longing＝あこがれ
人前式にしたい。	I want a civil wedding.
海外ウエディングってすてき！	It would be nice to get married abroad!
ハワイで式を挙げたい。	I want to get married in Hawaii.
式は挙げずに、記念写真だけでいい。	I don't want a ceremony. I just want to take pictures.
誰を招待しようかな？	Who should I invite? ＊「自分の招待客」でなく「2人の招待客」なら、Iをweに
部長を招待したほうがいいかな？	Maybe I ought to invite my manager. ＊ought to 〜＝〜すべきである
何人ぐらい招待すればいいだろう。	How many people should we invite?
200人くらい招待して、盛大にやりたい。	I want to invite about 200 people and have a big wedding.
身内や親しい友人だけを招いて、こぢんまりとやりたい。	I want a small wedding with family and close friends. ＊close[クロウス]＝親しい
Aホテルの式場を見学した。	We went to check out the venue at A Hotel. ＊venue＝会場、開催場所
Bホテルに資料請求をした。	I asked B Hotel for some brochures. ＊brochure[ブロウシュア]＝パンフレット

25 結婚・離婚

教会の雰囲気がすてきだった。	The atmosphere at the church was wonderful.
私はAホテルが好きだけど、彼はBホテルがいいみたい。	I like A Hotel, but it seems he prefers B Hotel. *prefer=〜のほうを好む
ようやく式場を決めた。	We finally decided on the venue. *venue=会場、開催場所
結婚式の準備って、結構大変。	It's really hard to plan a wedding.
招待状を準備しなきゃ。	We have to prepare the invitations.

結婚

自分の結婚式

いよいよ結婚式の日を迎えた。	We're finally having our wedding today. *1日の終わりに書くなら、We finally had...に
メイクや着付けに時間がかかった。	It took a long time to do makeup and get dressed.
体中を締め付けるので、苦しかった。	My clothes were tight, so it was really uncomfortable.
転ばないか心配だった。	I was worried about tripping. *trip=つまずく
ウエディングドレスを着られて、うれしかった。	I was so happy that I got to wear a wedding dress.
タキシード姿の彼、かっこよかった。	He looked fabulous in his tux. *tux=tuxedo(タキシード)の略
彼女の着物姿は、なかなか様になっていた。	She looked pretty nice in her kimono.
彼がきれいだと言ってくれた。	He told me I looked beautiful.
指輪を交換したとき、夫婦になるのだと実感した。	When we exchanged rings, it hit me that we had become husband and wife. *hit=(考えなどが)〜に思い浮かぶ
結婚式では、泣いてしまった。	I cried at the wedding.
結婚式では、彼が泣いていた。	He cried at the wedding.

たくさんの人に祝福されて、とてもうれしかった。	We were really happy to receive best wishes from so many people.
みんなが祝福してくれた。	Everybody congratulated us.
みんなでたくさん記念写真を撮った。	We took a lot of pictures with everyone.
披露宴はつつがなく終わった。	The reception went smoothly. *reception＝レセプション、披露宴
マイコのスピーチに泣いてしまった。	Maiko's speech made me cry.
お母さんへの手紙を読んでいて、泣いてしまった。	I cried as I read the letter to my mother.
二次会も盛り上がった。	The after-party was also really fun. *after-party＝二次会
ビンゴゲームで盛り上がった。	Everybody got excited playing the bingo game.
いい結婚式になってよかった。	I'm glad the wedding turned out great. *turn out ～＝結果的に～となる

✏️ 家族・友人の結婚式

アツコの結婚式だった。	Today was Atsuko's wedding.
いい式だった。	It was a nice ceremony.
感動的な式だった。	It was a moving ceremony. *moving＝人を感動させる
彼女の晴れ姿に、思わず泣いてしまった。	I found myself crying when I saw her in her beautiful wedding dress. *find oneself＝～している自分に気付く
エミの白無垢姿、きれいだった。	Emi was beautiful in her white wedding kimono.
ウエディングドレス姿もすてきだった。	She looked great in her wedding dress, too.
私も結婚したくなっちゃった。	She made me want to get married, too.
スピーチでは、とても緊張した。	I was really nervous when giving my speech.

25 結婚・離婚

（ブーケトスで）ブーケを取った。	I caught the bouquet. *bouquet[ブーケィ]＝ブーケ
次は私の番かな？	Maybe I'll be next to marry.
豪華な披露宴だった。	It was a lavish reception. *lavish＝ぜいたくな、豪華な
料理がとてもおいしかった。	The food was really good.
お祝いに 3 万円包んだ。	I gave them 30,000 yen as a gift.
引き出物はティーセットだった。	We got a tea set as a wedding souvenir. *souvenir[スーベニァ]＝記念品
二次会にも参加した。	I went to the after-party, too. *after-party＝二次会
二次会から参加した。	I only went to the after-party.
ビンゴゲームで Wii を当てた！	I won a Wii from the bingo game!

新婚旅行

新婚旅行はどこに行こう？	Where should we go for our honeymoon? *forは、onにしてもOK
パリに行きたいな。	I want to go to Paris.
彼女はプーケットに行きたいようだ。	She says she wants to go to Phuket.
新婚旅行はスペイン・イタリアを周遊することにした。	We decided to tour Spain and Italy on our honeymoon.
新婚旅行でモルディブに行った。	We went to the Maldives for our honeymoon. *forは、onにしてもOK
新婚旅行でお金を使い過ぎたかも。	I think we spent too much on our honeymoon.
新婚旅行はしばらく行けそうにないな。	I don't think we can go for our honeymoon anytime soon.
新婚旅行は国内でいい。	We don't mind going somewhere in Japan for our honeymoon. *mind ～ing＝～するのを嫌と思う

結婚生活

彼と結婚してよかった。	I'm so happy I married him.
結婚生活は楽しい。	Married life is fun.
明日は3回目の結婚記念日。	Tomorrow is our third wedding anniversary.
一緒に料理した。	We cooked together.
一緒にお風呂に入った。	We took a bath together.
家事を分担してもらおう。	I'll ask him to share the housework.
皿洗いは彼、洗濯は私の担当。	He does the dishes and I do the laundry.
彼にもっと家事をしてほしい。	I want him to do more housework.
家事はなるべく分担している。	We're trying to share the housework.
お互いに協力しないとね。	Yeah, we have to cooperate.
彼、亭主関白なんだよね。	He's domineering. *domineering＝いばり散らす
うちはカカア天下だ。	My wife wears the pants in our house. *wear the pants＝(妻が)主導権を握る
彼女の尻に敷かれている。	She bosses me around. *boss 〜 around＝〜をこき使う
あの2人はおしどり夫婦だ。	They're lovebirds. They're a happily-married, loving couple. *lovebird＝おしどり夫婦

離婚・再婚

結婚生活への不満

結婚前は、こんな人だと思わなかった。	Before I married him, I didn't know he was like this.
結婚前は優しかったのに。	She used to be kind before we got married. *used to 〜＝昔は〜であった

子育てのことで意見が合わない。	We have different ideas about raising kids. *raise＝〜を育てる
夫の暴力には我慢できない。	I can't take my husband's abuse anymore. *abuse[アビュース]＝虐待、暴行
妻の怒鳴り声に耐えられない。	I can't stand my wife's shouting. *stand＝〜を我慢する　shout＝怒鳴る
お互い、性格が合わない。	Our personalities don't match.
彼のことが信じられなくなった。	I don't trust him anymore.
ケンカばかりの毎日。	We fight all the time.
彼はいつだって仕事優先。	He always puts his work first.
家のことは何もしてくれない。	He doesn't do anything to help around the house.
お義母さんの世話だって、私に任せきり。	He doesn't help me take care of his own mother.
彼女は実家に帰ってばかりだ。	She's always going to her parents' home.
義両親との同居は絶対に嫌。	I absolutely do not want to live with my in-laws. *in-law＝姻戚

🛍 不倫（→ p.626「不倫」を参照）

💡 家庭内別居

家庭内別居状態が続いている。	We have separate lives under the same roof.
私たちは仮面夫婦だ。	We're only together for appearances. *appearance＝見せかけ、体裁
1週間口をきいていない。	We haven't spoken in a week. *inは、forとしてもOK
家の中に険悪なムードが漂っている。	The atmosphere in the house is awkward. *awkward[オークワード]＝ぎこちない
実家に帰ってやる！	I'm going to my parents' home!

「勝手にしろ」と言われた。	He told me to suit myself.
	*suit[スート] oneself＝自分の好き勝手にする
「今すぐ出て行って！」と言われた。	I was told to leave immediately.

⏰ 離婚を考える

離婚したい。	I want a divorce.　　　　*divorce＝離婚
離婚してほしい。	I want him to divorce me.
	*このdivorceは、「〜と離婚する」という意味の動詞
離婚しようかと考えている。	I'm thinking about getting a divorce.
これ以上一緒にやっていくのは、無理。	We can't live together anymore.
別れたほうが、お互いのためだ。	I think a divorce would be best for both of us.
私は離婚したいけど、彼は嫌がっている。	I want a divorce, but he doesn't.
なかなか彼女と離婚できない。	I'm having a hard time getting a divorce from her.

☕ やり直したい

もう一度話し合いたい。	I want us to talk about it one more time.
もう一度やり直したい。	I want us to start all over.
	*start over＝最初からやり直す
じっくり話し合う必要がある。	I think we really need to sit down and talk.
	*sit down and talk＝じっくり話し合う
お互い、頭を冷やしたほうがいい。	I think we should both cool off.
私が悪かった。	I was wrong.
やり直せるならやり直したい。	I want to try again if there's a chance.

✒ 離婚する

妻に突然、離婚を切り出された。	My wife suddenly asked for a divorce.
	*ask for 〜＝〜を求める

25 結婚 離婚

家庭を顧みなかった僕が悪い。	It was my fault for not taking good care of my family. ＊fault[フォールト]＝責任、落ち度
私のわがままが原因だ。	It's because of my selfishness.
2人で決めたことだ。	It was a mutual decision. ＊mutual＝相互の
夫と別れた。	I divorced my husband. ＊「妻と」なら、husbandをwifeに
今日、離婚届を出した。	I filed divorce papers today. ＊file＝〜（書類など）を提出する
ようやく離婚が成立した。	We finally got a divorce.
結婚15年で離婚した。	We split after 15 years of marriage. ＊split＝別れる。過去形もsplit
いわゆる「熟年離婚」だ。	It's a so-called late-life divorce. ＊so-called＝いわゆる　late-life divorce＝熟年離婚
これでやっと一人になれる。	I can finally be alone.
結婚はもうこりごり。	I've had enough of marriage. ＊have enough of 〜＝〜はもうたくさん
今になって家族のありがたみがわかる。	Now I know how good it is to have a family.
離婚訴訟を起こそうかと考えている。	I'm thinking about filing for divorce. ＊file for 〜＝〜を申し立てる
慰謝料を払ってもらうつもりだ。	I'm going to make him pay alimony. ＊alimony＝離婚の慰謝料
慰謝料として200万円を払うことになった。	I was ordered to pay two million yen in alimony.

子どものこと

子どもたちはどうしよう？	What do we do about the kids?
子どもたちも、うすうす気付いているようだ。	I think the kids have an idea of what's happening.
両親がいがみ合っている姿を見せたくない。	I don't want them to see their parents fighting.
私一人で子どもを育てよう。	I'll raise the kids myself. ＊raise[レイズ]＝〜を育てる
幸い、蓄えはある。	Luckily, I have some savings.

一人で子どもを育てる自信がない。	I'm not confident that I can raise the children alone.
子どものことを考えると、離婚できない。	When I think of the kids, I can't decide on a divorce.
別れても、彼女は子どもたちの母親だ。	Even if we split, she's still their mother. *split=別れる
子どもたちにはいつでも会えるようにしたい。	I want to make sure I can see the kids whenever I want.
毎月、養育費を払ってもらうことになった。	He's going to pay child support every month. *child support=子どもの養育費
今月の養育費がまだ振り込まれていない。	He hasn't paid this month's child support yet.

✎ 再婚

再婚したい。	I want to get married again.
いい再婚相手を見つけたい。	I want to meet a good person to remarry. *remarry=〜と再婚する
しばらく再婚は考えられない。	It'll be a while before I start thinking of remarrying.
スズキさんに女性を紹介された。	Suzuki-san introduced me to a lady. *introduce 〜 to ...=〜を…に紹介する
彼女もバツイチらしい。	She's also divorced.
奥さんと死別したらしい。	I heard that his wife passed away. *pass away=亡くなる
子どもはいないみたい。	He doesn't have any kids.
子どもたちは再婚に賛成してくれるだろうか。	I wonder if my kids will mind me getting remarried. *mind 〜 ...ing=〜が…するのを嫌と思う
再婚することにした。	I'm getting married again.
今度こそ、幸せな結婚生活を送りたい。	This time for sure, I want to have a happy marriage. *for sure=確かに

25 結婚・離婚

結婚・離婚について英語日記を書いてみよう

結婚や離婚について、英語で書いてみましょう。

✏️ 寿退社

> Mari told me that she's quitting her job at the end of April to get married. I'm happy for her, but I'll miss her.

訳 マリが4月末で寿退社するとのこと。私もうれしい。でも、さみしくなるなぁ。

ポイント 「寿退社」は一言で表す語がないので、quit one's job to get married（結婚するために仕事を辞める）と説明的に表しました。「〜とのこと」は、〜 told me ...（〜が…と教えてくれた）や I heard 〜（…と聞いた）で OK。「4月末」は at the end of April です。

✏️ 結婚の準備

> I bought two wedding magazines today. Just imagining our wedding makes me smile from ear to ear. I couldn't be happier!

訳 今日、ウエディング雑誌を2冊買ってきた。結婚式の想像をするだけで、にっこり笑顔になれる。私、最高に幸せ！

ポイント Just 〜ing は「ただ〜すること」。ここでは imagine（〜を想像する）と組み合わせて「ただ〜を想像するだけで」と表します。smile from ear to ear は「満面の笑みを浮かべる」。両耳の位置までほおをつり上げて笑うイメージからできた表現です。

結婚のプレッシャー

Dad and Mom keep bugging me to get married. It's like, I KNOW! I don't want them to put pressure on me.

訳
おやじもおふくろも結婚しろとうるさい。もう、わかってるって！ プレッシャーをかけないでくれよな。

ポイント　「結婚しろとうるさい」はkeep bugging me to get married（結婚するように言って私を悩ませ続ける）と表しました。「もう、わかってるって！」はI KNOW! で。全体を大文字で書くことで、気持ちを強調できます。It's like, 〜は「〜って感じ」というニュアンス。

離婚すべき？

My husband and I keep arguing. I want to get a divorce, but when I think about the kids, I shouldn't make the decision easily. What should I do?

訳
相変わらず、夫と口論ばかり。離婚したいけど、子どもたちのことを考えると、簡単に決断するわけにもいかない。どうしたらいいの？

ポイント　keep arguing は「口論の状態が続いている」という意味。これで「相変わらず、口論ばかり」のニュアンスを表せます。「〜するわけにもいかない」は、「〜すべきでない」と考えてshouldn't 〜で表しても、「〜できない」と考えてcan't 〜で表してもいいですね。

26 出産・育児

妊娠・出産

✏️ 妊娠

そろそろ子どもが欲しい。	I want to start a family. *start a family＝子ども(第一子)をつくる
子どもは2人欲しいな。	I want two kids.
基礎体温を付けたほうがいいかな。	Maybe I should take my basal body temperature. *basal＝基礎の
妊娠してるかも?	Maybe I'm pregnant. *pregnant＝妊娠している
生理が遅れてる。	My period is late. *period＝生理
妊娠検査薬でチェックしようかな。	Should I do a home pregnancy test? *pregnancy＝妊娠
病院で検査してもらった。	I went to the hospital for a pregnancy test.
赤ちゃんができた。	I'm pregnant. / I'm expecting. *be expecting＝妊娠している
最高にうれしい。	I couldn't be happier.
両親はとても喜んでいた。	My parents were really happy.
授かり婚になった。	Now we're having a shotgun marriage. *shotgun marriage＝できちゃった婚、授かり婚
今、妊娠10週目。	I'm ten weeks pregnant. *「妊娠4カ月」なら、four months pregnant
安定期に入った。	I'm in my stable period. *stable period＝安定期
おなかが目立ってきた。	My bump is starting to show. *bump＝ふくらみ

4章：英語日記フレーズ集

出産間近だ。	My baby is due soon. *due=（子どもが）生まれる予定で
臨月だ。	I'm in my last month of pregnancy.
予定日は来年の1月5日。	I'm due January 5 next year. / My baby is due January 5 next year.
12月から産休を取ることにした。	I've decided to take maternity leave from December. *maternity leave=産休
男の子かな、女の子かな。	Is it a boy or a girl?
女の子がいいな。	I want a girl.
性別はどちらでも構わない。	It doesn't matter whether it's a boy or a girl. *matter=重要である

📖 妊娠中の体調管理

つわりがひどい。	I have awful morning sickness. *awful[オーフォ]=ひどい　morning sickness=つわり
つわりはほとんどない。	I don't really have morning sickness.
明日は定期健診。	I'm having a routine checkup tomorrow. *routine[ルーティーン]=決まった、定期的な
母子共に順調だって。	Both the baby and I are doing fine.
エコー写真を見た。	I saw the ultrasound photo. *ultrasound=超音波
腕がはっきり見えた。	I could clearly see an arm.
動いていた。	The baby was moving.
おなかをけっていた。	The baby was kicking.
流産しないように、健康に気を付けよう。	I'm going to take care of my health so that I won't miscarry. *miscarry=流産する

👓 出産

安産でありますように。	I'm hoping for an easy delivery. *delivery=出産
無痛分娩にしたい。	I want to have a painless delivery. *painless=痛みのない、無痛の

26 出産・育児

出産予定日が近づいてきた。	The delivery date is getting closer. ＊delivery＝出産
5時ごろ、陣痛が始まった。	I went into labor at around 5:00. ＊go into labor＝陣痛が始まる
分娩室に入って10時間後に生まれた。	The baby was born ten hours after I went into the delivery room.
安産だった。	It was an easy delivery. ＊It wasは、I hadとしてもOK
難産だった。	I had a difficult delivery. ＊I hadは、It wasとしてもOK
帝王切開で産んだ。	I had a C-section. ＊C-section＝Caesarean section（帝王切開）の略
予定日より3週間早かった。	The baby was three weeks early. ＊「3週間遅い」なら、three weeks late
死ぬほど痛かった。	I thought I would die of pain. ＊die of 〜＝〜のために死ぬ
3275グラムだった。	He weighed 3,275g. ＊weigh[ウェイ]＝〜の重さがある
元気な男の子だ。	He's a healthy boy.
出産に立ち会った。	I was there for the birth.
出産に間に合わなかった。	I couldn't make it for the delivery. ＊make it for 〜＝〜に間に合う
立ち会って、出産がいかに大変かがわかった。	Staying with my wife during delivery made me realize how tough it is.
ユキコが無事に出産できてよかった。	I'm glad Yukiko gave birth without any problems.
ミサキ、頑張ってくれてありがとう。	I thank for doing your best, Misaki.
ついに俺も父親になった。	I'm finally a father.
初孫は本当にかわいい。	The first grandchild is so adorable. ＊adorable＝愛らしい
生まれた瞬間は、感動した。	The moment my baby was born, I was moved.　＊moved＝感動して
初めて抱いたとき、涙が出た。	I cried the first time I held him. ＊hold＝〜を抱く。過去形はheld
生まれてきてくれてありがとう。	Thank you for being our child.

名前はまだ決めていない。	We haven't decided on a name yet.
名前はサクラに決めた。	We decided to name her Sakura.

日々の育児

あやす

ミホちゃんを抱いてあやした。	I cradled Miho in my arms. ＊cradled＝〜を揺すってあやす
抱き癖が付いちゃったかな。	He might be addicted to being held. ＊addicted to 〜＝〜に病みつきの
娘の背中をトントンしてあげた。	I patted her on the back. ＊pat＝〜を軽くたたく
息子の髪をなでてあげた。	I stroked his hair. ＊stroke＝〜をなでる
娘に「いないいないばあ！」をしたら、すごく笑った。	She really laughed when I played peekaboo with her. ＊play peekaboo＝いないいないばあをする
アイルは高い高いが大好きみたい。	Airu loves it when I hold her up in the air.
ソラが泣くのであやした。	I hushed Sora when he cried. ＊hush＝〜をなだめる
娘をおんぶした。	I gave my daughter a piggyback ride. ＊piggyback ride＝おんぶ。rideは省略してもOK
パパが息子に肩車をしてあげた。	Daddy carried him on his shoulders.

ミルク

娘におっぱいをあげた。	I breast-fed her. ＊breast-feed＝〜に母乳を飲ませる。過去形はbreast-fed
息子にミルクをあげた。	I gave him milk.
パパが娘にミルクを作ってあげた。	Daddy prepared some milk for her. ＊prepare＝〜を作る・用意する
今日はあまりミルクを飲まなかった。	She didn't drink much milk today.
娘はおっぱいを飲みながら寝ちゃった。	She fell asleep while being breast-fed. ＊fall asleep＝眠りにつく
最近、娘はおっぱいがないと寝てくれない。	Lately, she doesn't sleep unless she's breast-fed.

ミルクの後、娘にげっぷを出させた。	I burped her after she had milk.
	*burp＝〜にげっぷをさせる
息子はなかなかげっぷが出なかった。	He wouldn't burp.
	*burp＝げっぷをする
息子もそろそろ卒乳の時期かな？	I think it's time I stopped breast-feeding him.
息子の断乳3日目。	It has been three days since I started weaning him.
	*wean[ウィーン]＝〜を離乳させる

💡 離乳食・食事

そろそろ離乳食を始めなきゃ。	I have to start weaning her soon.
	*wean[ウィーン]＝〜を離乳させる
今日は離乳食デビュー！	I started with baby food today!
離乳食を作った。	I made her baby food.
離乳食の作り置きをしておいた。	I prepared extra baby food.
	*prepare＝〜を作る・用意する　extra＝余分の
離乳食6日目。	It has been six days since I started giving her baby food.
初めてチーズを食べさせた。	I fed her cheese for the first time.
	*feed＝〜に食べ物を与える。過去形はfed
かぼちゃペーストを作った。	I made pumpkin paste.
にんじんケーキを作った。	I made carrot cake.
息子は好き嫌いが多くて困っちゃう。	His fussy eating is a problem.
	*fussy＝小うるさい
娘は好き嫌いがほとんどない。	She's not a picky eater.
	*picky eater＝食べ物のえり好みが激しい人
息子にもっと肉も食べてもらいたいんだけどな。	I wish he would eat more meat.
パンダ型のおにぎりを作ったら、子どもたちに大好評だった。	The kids loved the panda-shaped rice balls I made.
娘はおなかがすいてたみたい。	It looks like she was hungry.
息子は食べる量が少ない。	He doesn't eat much.
娘は小さい体なのに、よく食べる！	She's small, but she eats a lot!

息子には、なるべくスナック菓子や甘い物を与えないようにしたい。	I'm trying not to give him snacks or sweets.

⏰ おむつ・トイレ

娘のおむつを替えた。	I changed her diaper. *diaper[ダイアパー]=おむつ
パパが娘のおむつを替えてくれた。	Daddy changed her diaper.
娘はいっぱいおしっこしていた。	She had peed a lot. *pee=おしっこをする
息子はやっぱりウンチをしていた。	Just as I thought, he had pooped. *poop=ウンチをする
娘のウンチが前より固くなってきた。	Her poop is getting more solid than it was before. *solid=固い
おむつを開けた途端に、息子がおしっこしちゃった（泣）。	He peed the moment I opened his diaper. (Oh no)
トイレトレーニング、なかなか大変。	Toilet training is quite a challenge.
息子は一人でおしっこできるようになった。	Now he can pee on his own. *on one's own=自力で
娘のおむつが取れた。	She's out of diapers.
3歳になるまでに娘のおむつが取れるといいな。	I hope she can be out of diapers before she's three years old.

☕ お風呂・歯みがき

エマをお風呂に入れた。	I gave Ema a bath.
パパがユイちゃんをお風呂に入れた。	Daddy gave Yui a bath.
外遊びの後、お風呂に入れた。	I gave him a bath after he played outside.
たまには一人でゆっくりお風呂に入りたいな。	It would be nice to have a leisurely bath by myself once in a while. *leisurely=ゆったりとした、のんびりとした
息子の歯をみがいた。	I brushed his teeth.
息子が自分で歯みがきできるようになった！	He can brush his teeth on his own now! *on one's own=自力で

26 出産・育児

寝かし付け

9時ごろ、子どもたちを寝かし付けた。	I put the kids to bed at around 9:00.
	*put ~ to bed＝~を寝かしつける
マーくんが寝付くまで、2時間格闘した。	Getting Ma-kun to sleep was a two-hour battle.
	*get ~ to sleep＝~を寝かしつける
子どもたちを寝かし付けていて、いつの間にか私も寝てしまった。	I fell asleep after putting the kids to bed.
	*fall asleep＝寝入る。fallの過去形はfell
息子は夜中に3回起きた。	He woke up three times in the night.
娘は11時ごろ寝て、夜中1度も起きず8時まで寝てくれた。	She went to sleep at around 11:00 and didn't wake up till 8:00 in the morning.
今日は、娘の寝付きがあまりよくなかった。	She had a hard time falling asleep.
チビちゃん、やっとお昼寝してくれた！	The little one finally took an afternoon nap! *nap＝昼寝
ターくんが珍しく昼寝した。	Ta-kun slept during the day, which is unusual for him. *unusual＝まれな
遊び疲れたのかな？	Maybe he was tired out from playing. *tired out＝疲れ果てた
娘はあくびしてた。	She was yawning. *yawn[ヨーン]＝あくびをする
娘がパパにおやすみのキスをした。	She kissed her dad good night.

子どもの体調・けが

今日は1カ月健診だった。	I took him for his one-month checkup today. *checkup＝健康診断
インフルエンザの予防接種を受けさせた。	He got a flu shot.
	*flu[フルー]＝インフルエンザ　shot＝注射
夜になって、急に熱が出た。	At night, he suddenly came down with a fever.
	*come down with ~＝~（病気など）にかかる
熱があるみたいだったので、病院に駆け込んだ。	It seemed like he had a fever, so I took him to the hospital in a rush.
	*in a rush＝急いで

すぐに診てもらえた。	I was able to get a doctor to see him right away.

*get ~ to ... =（掛け合って）～に…してもらう

はしかにかかったみたい。	It seems he caught the measles.

*measles[ミーズォズ]＝はしか

ユウタが、床ですべって転んだ。	Yuta slipped and fell on the floor.
頭を打ったので、あわててしまった。	He hit his head, so I was a little panicked.
大丈夫そうだけど、心配。	He seems OK, but I'm still worried.
心配で胸がはりさけそうだった。	I was so worried that I thought my heart was going to break.
息子は少し下痢気味だけど、熱もないし食欲もある。	My son seems to have diarrhea, but he has no fever and he still has an appetite.

*diarrhea[ダイアリーァ]＝下痢　appetite＝食欲

もう少し様子を見てみよう。	I'll wait and see.

子どものこと

🖉 子どもの性格

ヨウタは本当に甘えん坊だ。	Yota is really spoiled.

*spoiled＝甘やかされた

最近、だいぶお姉さんらしくなった。	She's quite well behaved these days.

*well behaved＝行儀のいい

娘はお利口さんで、手がかからない。	She's a bright child. I don't have any trouble with her.

*bright＝頭のいい

ユリって、本当にいい子。	Yuri is such a good girl.
思いやりのある、優しい子。	She's a thoughtful, kind child.

*thoughtful＝思いやりのある

ケイタはいつも元気いっぱい。	Keita is always full of energy.
ワガママなんだから。	He's selfish.
人見知りが始まったみたい。	She has started being afraid of strangers.

*stranger＝見知らぬ人、他人

今日はお行儀が悪かった。	He behaved badly today.

*behave＝ふるまう

📖 似てる・似てない

目はママ似で、口元は私似だ。	Her eyes are her mother's, and her mouth looks like mine.
パパの子どものときの写真を見たら、ハヤトにそっくり！	I saw a picture of Daddy when he was a baby — he looked just like Hayato!
だんだんママに似てきたな。	She's looking more and more like her mom.
髪が天然パーマなのは、父親似だ。	She has naturally curly hair like her dad.
タイチが近眼なのは、遺伝だからしょうがない。	Taichi's short-sightedness is genetic, so it can't be helped.

*short-sightedness＝近視　genetic＝遺伝の

👓 子どもへの愛情

コウタ、大好き。	I love Kouta.
うちの子って、本当にかわいい！	Our kids are so cute!
やっぱり、うちの子が一番かわいい！	Our kids are definitely the cutest!

*definitely＝間違いなく

食べちゃいたいくらいかわいい。	He's the apple of my eye.

*apple of one's eye＝大切なもの、自慢の種

親ばかかな？	Am I too much of a doting parent?

*doting parent＝子煩悩の親

息子のほっぺたは柔らかくて、すべすべ。	His cheeks are so soft and smooth.

*smooth[スムース]＝すべすべした

天使のような寝顔だ。	He has an angelic sleeping face.

*angelic＝天使のような

うちの子って、もしかして天才かも？	My child just might be a genius.
娘には絵の才能があるのかもしれない。	My daughter might have a gift for drawing.

*gift＝才能

📇 きょうだい

息子は、生まれたばかりの妹に興味津々みたい。	He seems to be really curious about his newborn little sister.

*curious＝好奇心の強い

弟の頭を優しくなでてあげていた。	She gently stroked her little brother on the head. *stroke＝〜をなでる
マリが生まれてから、マーくんはちょっと寂しそう。	Ever since Mari was born, Ma-kun seems a little lonely.
マーくんのことも、もっと構ってあげなきゃ。	I should show Ma-kun a little more affection. *affection＝愛情
ミーちゃんがタイキの面倒を見てくれるから、本当に助かる。	Mi-chan has been a big help taking care of Taiki.
またきょうだいげんかをしていた。	The kids fought again. *fight＝けんかをする。過去形はfought[フォート]
うちの子たちは、いつも仲良く遊んでる。	Our kids always play nicely together.
トモは、お兄ちゃんのことを尊敬してるみたい。	It looks like Tomo looks up to his big brother. *look up to 〜＝〜を尊敬する

成長の記録

🔒 体の成長

今日で生後1カ月。	He's one month old today.
体重は7.4キロ。	He weighs 7.4kg. *weigh＝〜の重さがある
身長は80.3センチ。	She's 80.3cm tall.
大きくなったなぁ。	He has gotten so big.
もう片手で抱えるのは無理！	I can't hold her in one arm anymore. *hold＝〜を抱く
首がすわった。	He can now hold his head up. *hold＝〜を支える
首がしっかりしてきた。	He can finally hold his head up steadily. *steadily＝しっかりと
歯が生えてきてる。	His teeth are starting to grow. *grow＝発達する　tooth＝歯。複数形はteeth
乳歯が生えそろった。	He has all his milk teeth now. *milk tooth＝乳歯

4章：英語日記フレーズ集

26 出産・育児

💡 できること

初めて寝返りをうった。	She rolled over in her sleep for the first time. ＊rolled over＝寝返りをうつ
一人でお座りできるようになった。	She can sit on her own now. ＊on one's own＝自力で
頑張ってハイハイしようとしていた。	He tried his best to crawl. ＊crawl＝はう
ユイトもすっかりハイハイができるようになった。	Yuito is now able to crawl with no problem.
ミホがつかまり立ちをした！	Miho grabbed onto something and stood up!
今日、ターくんが歩いた！ すごい！	Ta-kun walked today! It was amazing!
一人遊びができるようになった。	She can play on her own now.
「アー」とか「ウー」とか、声を出すようになった。	He can say "aah" and "ooh."
今日初めて、「ママ」って言った。	He said "mama" for the first time today.
「お名前は？」と聞くと「ちいちゃん！」と答えるようになった。	When people ask her, "What's your name?" she can now answer, "Chi-chan!"
簡単な会話ができるようになってきた。	He can have a simple conversation.
自分でボタンを留められるようになった。	She can do up her buttons on her own. ＊do up ～＝～（服のボタン）を留める
自分でボタンを外せるようになった。	He can undo his buttons on his own. ＊undo＝～（服のボタン）を外す
ナミちゃん、もう少しで自転車に乗れるようになりそう。	I think Nami-chan will be able to ride her bike soon. ＊bike＝自転車
子どもって、日々成長してるんだなぁ。	Children grow a little every day. ＊grow＝成長する
子どもの成長の早さに驚かされる。	I'm surprised by how fast children grow.

あっという間に大きくなってしまいそうだ。	I feel like they'll be grown before we know it.

*grow(成長する)の過去分詞形はgrown　before we know it＝あっという間に

🕗 子どもの誕生日

今日はアヤナの1歳の誕生日。	Today is Ayana's first birthday.
みんなで集まってお祝いした。	We all got together to celebrate.
息子は一升もちを背負った。	Our son carried the "isshou mochi" on his back.
友達を呼んで、誕生会をした。	We invited friends over for his birthday party.

*invite ～ over＝～をこちらに招く

誕生日ケーキを焼いた。	I baked a birthday cake for him.
近所のケーキ屋さんに、誕生日ケーキを注文した。	I ordered a birthday cake at the nearby pastry shop.

*nearby＝近くの　pastry shop＝ケーキ店

ターくん、ろうそくの火を吹き消すのに苦労してた。	Ta-kun was having trouble blowing out the candles.

*blow out ～＝～を吹き消す

みんなで「ハッピーバースデー」を歌った。	We sang "Happy Birthday to You" together.
誕生日プレゼントに、プリキュアのおもちゃをあげた。	We gave her a Precure toy as a birthday gift.
保育園で誕生会をしてもらった。	They threw her a birthday party at the preschool.

*throw a party＝パーティーを開く

☕ 写真・ビデオ

公園でソウスケの写真をたくさん撮った。	I took many pictures of Sosuke at the park.
写真を現像に出した。	I had the pictures developed.

*have ～ developed＝～を現像してもらう

マキは自分の写真を見るのが大好き。	Maki likes looking at pictures of herself.

カメラを向けると、すました顔になる。	She puts on a straight face when she faces the camera.
	＊straight face＝まじめな顔　face＝〜のほうを向く
1人目だから、つい写真をたくさん撮ってしまう。	We end up taking a lot of pictures because she's our first child.
	＊end up 〜ing＝結局〜することになる
写真スタジオで写真を撮ってもらった。	We had pictures taken at the photo studio.
娘は白雪姫の衣装を着た。	She dressed up as Snow White.
すごくかわいかった。	She looked adorable.
	＊adorable[アドーラボゥ]＝かわいい、愛らしい
ビデオに撮った。	I took a video.
卒園式のDVDを作ろう。	I'll make a DVD of her graduation.
	＊graduation＝卒業、卒園

ベビー用品・服

ベビー用品を表す単語

ほ乳瓶	feeding bottle		
粉ミルク	powdered milk		
おしゃぶり	pacifier	おしりふき	baby wipe
よだれかけ	bib	ベビーカー	stroller
ガラガラ	rattle	スリング	baby sling
ベビーベッド	crib	ベビー服	baby ware / baby clothes
おむつ	diaper [ダイアパー]		
紙おむつ	disposable diaper	ベビー用品	baby goods
布おむつ	cloth diaper	離乳食	baby food

子ども服

あのブランドの子ども服は高すぎて、なかなか手が出ない。	We can't afford children's clothes from that brand.
	＊can afford 〜＝〜(高価な物など)を持つ余裕がある
子ども服なんて、安いので十分。	As for children, cheap clothes do just fine.
	＊as for 〜＝〜に関しては　do＝用を足す、間に合う
どうせすぐに大きくなっちゃうし。	They'll grow out of them soon anyway.

服のサイズがすぐに合わなくなる。	The clothes will be too small before you know it.
	*before we know it=あっという間に
マリコが子ども服のお下がりをくれた。	Mariko gave me some hand-me-down children's clothes.
	*hand-me-down=(衣服の)お下がり
ヤマシタさんに、ミキのお下がりをあげた。	I gave Yamashita-san Miki's old clothes.
ミキハウスのトレーナーを、ネットオークションで落札した。	I won a bid in an online auction and got a Mikihouse sweatshirt.
	*bid=入札
リサイクルショップで息子の服を買った。	I bought some clothes for my son at the thrift shop.
	*thrift[スリフト] shop=リサイクルショップ
最近、昼間は暑くなるので着せるものに悩む。	It gets really warm during the day these days, so it's hard to decide what to put on him.
アサコはおばあちゃんにもらった長靴がお気に入りみたい。	Asako's favorite seems to be the rain boots Grandma gave her.

🏷 ベビーカー

義兄からベビーカーを譲ってもらった。	My brother-in-law gave us their stroller.
	*stroller=ベビーカー
AとB、どっちのベビーカーがいいかな。	Which stroller should we choose, A or B?
ベビーカーに乗っている間はおとなしくしているので、助かる。	I'm glad the baby stays quiet when she's in the stroller.
ベビーカーで電車に乗るのは、気を遣っちゃう。	I don't feel comfortable taking a train with the stroller.

✏️ 絵本

寝る前に絵本を読んであげた。	I read him a picture book at bedtime.
	*read 〜 ...=〜に...を読んで聞かせる
絵本を読んだら楽しそうに聞いていた。	She was happy to listen to me read the picture book.
好きな絵本を2冊選ばせてあげた。	I let him choose two of his favorite picture books.

ルイくんは『ぐりとぐら』と『ノンタンおはよう』を選んだ。	Rui-kun chose "Guri to Gura" and "Nontan Ohayo."
同じ絵本を何度も読んでとせがまれる。	He pesters me to read him the same picture book over and over again. ＊pester 〜 to ...＝〜に…してとせがむ
お姉ちゃんに、お古の絵本を10冊もらった。	My sister gave me ten old picture books.

子どもとお出かけ

📖 お出かけ

市の育児学級に参加した。	I participated in the parenting class held by the city. ＊hold＝〜(会など)を催す
ベビーヨガの教室に参加した。	We took a class on baby yoga.
マモルを母に任せて、外出した。	I left Mamoru with my mother and went out.
ママ友とビュッフェランチ♪	I had a buffet lunch with my "mommy friends"♪ ＊「ママ友」という表現は英語にないので、説明するときは a friend I met through my son/daughter(息子／娘を通して出会った友人)のように言う
ハツネをナオコおばさんの家に連れて行った。	I took Hatsune to Auntie Naoko's house. ＊auntieは、aunt(おば)の親しみを込めた言い方
フジイさん家族とキャンプに行った。	We went camping with the Fujiis. ＊the＋名字s＝〜家の人たち
姉家族と一緒に、お弁当を持って近くの公園に行った。	We brought our lunch to the nearby park with my older sister's family.
ららぽーと横浜に子ども服を買いに行った。	I went shopping for kids' wear at the LaLaport Yokohama.
店員さんがかわいがってくれた。	The shop staff played with him.
ベビーチェアを用意してくれて、ありがたかった。	I appreciated that they had a high chair.　＊appreciate＝〜に感謝する
電車で席を譲ってもらって、うれしかった。	I was glad that someone offered me a seat on the train. ＊offer 〜 ...＝〜に…を勧める

公園デビュー

ユイと公園デビューした。	I went to the park with Yui for the first time.
近所のお母さんたちと仲良くなった。	I became friends with the mothers in the neighborhood.
ママさんたちの輪に入りづらかった。	It wasn't easy getting into the mothers group.
ベビーカーのママさんが近くを通ったので、話し掛けてみた。	A mother with a stroller passed by, so I spoke to her. *stroller＝ベビーカー　pass by＝そばを通り過ぎる
マーくんにお友達ができた。	Ma-kun made a friend.
息子、小学生の子たちにかわいがられていた。	The elementary school kids adored my son.　*adore＝〜が大好きである

遊び

遊具・遊びにまつわる表現

ボール	ball	キャッチボールをする	play catch
ブランコ	swing	縄跳びをする	skip rope / jump rope
すべり台	slide	ままごと遊びをする	play house
シーソー	teeter-totter	ごっこ遊びをする	play make-believe
登り棒	climbing bar	砂遊びをする	play in the sand
鉄棒	horizontal bar	ブランコに乗る	play on the swing
うんてい	monkey bars	紙飛行機を飛ばす	fly a paper plane
砂場	sandbox	たこ揚げをする	fly a kite
ジャングルジム	jungle gym		
かくれんぼをする	play hide-and-seek		
鬼ごっこをする	play tag		
かけっこをする	run around		

外遊び

公園に遊びに行った。	We went to the park to play.

午後はパパと公園で遊んでいた。	She spent the afternoon playing with Daddy in the park.
小学校の校庭開放に遊びに行った。	The elementary school's playground was open to the public today, so we went to play. *public＝一般の人々
娘はすべり台が楽しかったみたい。	Our daughter seemed to enjoy the slide.
ジャングルジムで遊んだ。	We played on the jungle gym.
アスレチックで遊んだ。	We played on the obstacle course. *obstacle[アブスタクゥ] course＝アスレチックコース
ミキちゃんとアサくんは、2人で自転車を乗り回していた。	Miki-chan and Asa-kun were riding around on their bicycles together.
また服をどろんこにした。	Their clothes got all muddy again. *muddy＝泥だらけの
ま、仕方ないか。子どもは遊ぶのが仕事だもんね。	Oh well. A child's job is to have fun.

🔒 家遊び

お絵かきしてもいいけど、服を汚さないでほしいな。	Drawing is fine, but I wish she wouldn't mess her clothes. *mess＝〜を汚す
私の口紅で絵を描いていた！	He was drawing with my lipstick!
最近、子どもたちはゲームばかり。	The kids are always playing video games these days.
もっと外で遊んで欲しい。	I want them to play outside more often.
娘が私の携帯で遊びたがって困る。	My daughter keeps playing with my phone. It's a little annoying. *annoying＝困った
最近、私のiPhoneで写真を撮るのが息子のお気に入り。	My son enjoys taking pictures with my iPhone these days.
息子にiPadを触らせてみたら、すぐに操作に慣れてびっくり！	I let him use my iPad and was amazed by how fast he got used to it! *get used to 〜＝〜に慣れる

おもちゃ

トイザらスで新しいおもちゃを買った。	I bought new toys at Toys"R"Us.
木製のおもちゃを与えたい。	I want to get him wooden toys.
おもちゃが多すぎて、家が片付かない！	I can't clean the house because he has so many toys! *clean＝～を片付ける
もう遊ばないおもちゃは、誰かにあげよう。	I'll give away his old toys. *give away ～＝～を人にあげる
息子は、高いおもちゃを買っても遊んでくれないんだよね。	He won't even play with the expensive toys we buy.
娘は手作りのおもちゃが一番楽しいみたい。	Handmade toys seem to amuse her the most. *amuse＝～を楽しませる
おばあちゃんにもらったトーマスのおもちゃが、一番のお気に入り。	He likes the Thomas toy he got from his grandmother the best.

子育ての大変さ

夜泣き

最近、夜泣きがひどい。	She has been crying a lot in the night lately.
連日の夜泣きで、睡眠不足。	He cries every night, so I haven't been getting enough sleep.
昨日はナオキが夜泣きしなかったから、ぐっすり眠れた。	I slept well last night because Naoki didn't cry.

不機嫌・ぐずる

今日はご機嫌ななめだった。	He wasn't in a good mood today. *good mood＝ご機嫌
どうあやしても、機嫌が直らなかった。	No matter how hard I tried to make him happy, he was stuck in a bad mood. *stuck in ～＝～に陥った bad mood＝不機嫌
「歩きたくない」とぐずった。	He got cranky and kept saying, "I don't want to walk." *cranky＝気難しい

26 出産・育児

電車の中でぐずって、大変だった。	It was tough that he made a terrible fuss on the train. *make a fuss＝ぐずる
保育園からの帰り道、道路に寝そべってだだをこね始めた。	On the way home from preschool, he got very crabby and lay on the ground. *crabby＝不機嫌な lie[ラィ]＝寝そべる、横たわる。過去形はlay[レィ]
暴れるサトシを抱えて、家まで戻った。	Satoshi tried to wriggle out of my arms while I carried him home. *wriggle＝のたうつ、もがく
大泣きして、大変だった。	He cried a lot. It was terrible.
なかなか泣きやまなかった。	It took a long time for him to stop crying.
抱っこしたら、泣きやんだ。	I held him in my arms and he stopped crying. *hold＝〜を抱く。過去形はheld

✒ 反抗期

ケンタはイヤイヤ期の真っ最中だ。	Kenta is right in the middle of his terrible twos. *in the middle of 〜＝〜のさなかで terrible twos＝魔の2歳(児)、イヤイヤ期
最近、ケンタがイヤイヤばかり言う。	Kenta always says "no" these days.
何をしても「イヤ」と言う。	He says "no" to everything.
最近、わがままばかり。	He's so selfish lately.
反抗期かな？	I wonder if this is his rebellious phase. *rebellious[レベリアス] phase＝反抗期
早く反抗期が終わってほしい。	I hope this rebellious phase will end soon.

育児の悩み

子育てしてると、自分の時間はほとんどない。	When you are raising a child, you don't get much time for yourself. *raise＝〜を育てる
ちょっと育児疲れがたまってるかも。	I might be getting a bit tired from parenting. *parenting＝子育て

育児と仕事の両立って、大変。	It's not easy to raise a child and have a job at the same time.
またお兄ちゃんを怒鳴ってしまった。反省。	I yelled at my older son again. I shouldn't have done that. *yell at ～=～に向かって怒鳴る
イライラしない！	I should quit being frustrated! *quit=～をやめる
できなかったことより、できたことを数えるようにしよう。	Instead of focusing on what he can't do, I'll focus on what he can do. *focus on ～=～に集中する・注目する
育児ノイローゼになりそう。	I'm going to have a nervous breakdown over child-raising. *nervous breakdown=ノイローゼ
母に育児の悩みを相談した。	I talked to my mother about my parenting problems.

保育園・就学準備

入園準備

4月から、無事に保育園に入れるといいけど。	I hope my son can get into preschool in April. *preschool=保育園
今、近所の保育園に空きがないみたい。	It doesn't look like the neighborhood preschool has any openings. *opening=空き、空席
保育園の待機児童問題を解決してほしい。	I hope something is done about the waiting-list problem for preschools.
A保育園は、待機児童が48人。	There are 48 children on the waiting list for A Preschool.
B保育園は、歩いて行くにはちょっと遠いな。	It's a little too far to walk to B Preschool.
C保育園に入れますように。	I hope we get the OK to get into C Preschool.
信頼できる保育士さんで、よかった。	I'm glad that the preschool teachers are reliable. *reliable=信頼できる
休日でも預かってくれるので、本当に助かる。	They look after children even on holidays, so it's a big help. *look after ～=～の世話をする

26 出産・育児

希望の保育園に通えることになった！	He got a place at the preschool we wanted! *preschool＝保育園

📖 保育園で

5時ごろ、保育園のお迎えに行った。	I picked her up from preschool at around 5:00. *pick up＝迎えに行く
ばあばがサチを保育園に送っていってくれた。	Granny took Sachi to preschool. *granny＝おばあちゃん
お迎え時間に遅れて、寂しい思いをさせてしまった。	I was late picking up my daughter, so I think it made her sad.
保育園は楽しかったみたい。	I think she had a good time at preschool.
連絡ノートを見ると、今日はいい子にしてたようだ。	According to the daily report, he was a good boy today.
ユウタはミキちゃんのことが好きみたい。	It seems that Yuta likes Miki-chan.
またマホちゃんに意地悪してた。	He was mean to Maho-chan again. *mean to ～＝～に対して意地悪い
今日は保育園のお遊戯会だった。	The preschool children put on a performance today. *put on ～＝～(劇など)を上演する
子どもたちは、アンパンマンの歌を歌って踊っていた。	The kids sang and danced to an Anpanman song.
みんな、ダンスが上手でびっくり。	I was surprised by how well they danced.
ミーちゃんは歌手になりたいんだって。	Mi-chan said she wants to be a singer.

👓 おけいこ

ピアノを習わせてみようかな？	I wonder if I should make him take piano lessons.
何か楽器を習わせたい。	I want her to learn a musical instrument. *musical instrument＝楽器

息子が空手習いたいって。	My son says he wants to learn karate.
英語は早いうちに習わせたい。	I want him to start learning English early on. *early on＝早くから
お絵かき教室に通わせることにした。	I've decided to let her take a drawing class. *let ～ …＝(～が希望するので)～に…をさせる
水泳教室に通わせることにした。	I've decided to make him take swimming lessons. *make ～ …＝～に(無理矢理)…させる
水泳大会で、息子が１位を取った！すごい！	He came in first place in the swimming competition! Amazing!
水泳教室が楽しいみたいで、よかった。	I'm glad he's enjoying swimming class.
お習字教室にもう通いたくないと言い出した。	He said that he doesn't want to go to calligraphy class anymore. *calligraphy＝習字、書道
ピアノの練習を全然しない。	She doesn't practice playing piano at all.
ちっとも上達しない。	She's not getting any better. *get better＝よりうまくなる
近ごろ、ぐんと上達してきた。	He suddenly started getting better recently.
来週はピアノの発表会！	He has a piano recital tomorrow!

就学準備

お受験させるべきかなぁ。	I wonder if we should have her take entrance exams.
ヨシちゃんとこは、名門小学校を受験するらしい。	Yoshi is going to try to get into a prestigious elementary school. *prestigious[プリスティージャス]＝名声のある、一流の
A 小学校は自由な教育方針だ。	A Elementary School has a liberal education policy. *liberal＝自由な
小学校は地元のところで十分。	In my opinion, a local elementary school is good enough.

26 出産・育児

出産・育児について英語日記を書いてみよう

妊娠・出産や子育てについて、英語で書いてみましょう。

念願のおめでた!

> I just found out that I'm pregnant! I've been waiting for this moment for a long time. I'm sooooo happy! I can't wait to tell my husband about it.

訳 妊娠していることが判明! ずっとこの瞬間を待っていたから、本当〜にうれしい! 今すぐにでもダンナさんに報告したい。

ポイント found out 〜は find out 〜(〜だということがわかる)の過去形。I've been waiting と現在完了進行形にすることで、「ずっと〜してきた」という状態の継続を表します。I can't wait to 〜(動詞の原形)は「早く〜したい、〜するのが待ちきれない」という意味。

夜泣きでクタクタ

> Marina cries and wakes up every couple of hours almost every night. I'm exhausted☹ Just sleep all night, for Pete's sake!

訳 マリナが毎晩のように2〜3時間おきに夜泣きするから、もうクタクタ☹ お願いだから朝まで寝て〜!

ポイント 「数時間おきに」は every couple of hours、または、every few hours とします。exhausted は「クタクタの、疲れ切った」という意味。イライラしているときの「お願いだから」や「頼むから」は、for Pete's sake や for Heaven's sake などと表します。

4章：英語日記フレーズ集

すくすく成長

I took Reika to her three-month checkup. Her doctor said she was perfectly healthy. What a relief!

訳 レイカを3カ月検診に連れて行った。先生に健康そのものだと言われた。ホッ、よかった！

ポイント 「3カ月検診」は three-month checkup。通常、「3カ月」は three months と month を複数形にしますが、「3カ月の（検診）」のように形容詞にするときは、単数形のまま three-month とハイフンでつなげます。What a relief! は「ホッとした、安心した」。

26 出産・育児

ニンジンのホットケーキ

I tried making pancakes with grated carrots mixed in. Saki said it was yummy, and she wanted another one. YEEEES!

訳 すりおろしたニンジンを入れたホットケーキを作ってみた。サキちゃんは「おいしい、もっと」だって。大成功！

ポイント 「試しに〜してみる」は try 〜ing で表します。「作ってみた」は tried baking でも OK。grated carrots の grated は「すりおろされた」、yummy は「とてもおいしい」という意味です。「大成功！」は YEEEES! と大文字で書いて、うれしい気持ちを表してみました。

27 ペット

ペット全般

ペットにまつわる単語

犬	dog	トカゲ	lizard
子犬	puppy	ヘビ	snake
猫	cat	イグアナ	iguana
子猫	kitten	カメレオン	chameleon
ハムスター	hamster	ウーパールーパー	axolotl [アクサラトォ]
モルモット	guinea [ギニ] pig	金魚	goldfish
ハリネズミ	hedgehog	メダカ	killifish
フェレット	ferret	グッピー	guppy
ウサギ	rabbit	熱帯魚	tropical fish
インコ	parakeet	クラゲ	jellyfish
文鳥	Java sparrow	ヒトデ	star fish
九官鳥	mynah [マイナ]	ザリガニ	crayfish
カナリア	canary	クワガタ	stag beetle
ジュウシマツ	Bengalese finch	カブトムシ	beetle
ヒヨコ	chick	カマキリ	mantis
ニワトリ	chicken	スズムシ	bell cricket
カメ	tortoise [トータス]	コオロギ	cricket
カエル	frog	カタツムリ	snail

ペットを飼う

何かペットを飼いたいな。	I want to have a pet.
週末にペットショップへ行こうっと。	I'll go to a pet shop this weekend.
犬を飼いたいな。	I want a dog.
公園で捨て猫を見つけた。	I saw a stray cat in the park.

*stray cat=迷い猫

飼いたいなぁ。	I want to get it.
夫を説得しなきゃ。	I need to convince my husband.
	*convince＝〜を説得する
うちのマンションは、ペットの飼育禁止だ。	We can't keep pets in our apartment building.
ペット飼育可の部屋に引っ越したい。	I want to move to an apartment where I can keep pets.
動物病院で、子犬の里親を募集していた。	The vet was looking for a home for a puppy.
	*vet[ヴェット]＝veterinarian（獣医）の略
カワグチさんの家で子猫が生まれた。	Kawaguchi-san's cat had kittens.
	*kitten＝子猫
もらい手を探しているそうだ。	They're looking for people to adopt the kittens.
	*adopt＝〜の養い親になる
1匹譲ってもらいたいな。	I want to get one.
子猫を見に行ってきた。	I went to see the kittens.

📖 ペットの世話

ちゃんと世話できるかな？	I wonder if I can take care of it.
しっかり世話するぞ。	I'll take good care of it.
かわいいけど、世話は結構大変だ。	It's cute, but it's also a lot of work.
ジョニーをお風呂に入れた。	I gave Johnny a bath.
タマのつめを切った。	I clipped Tama's nails.
	*clip one's nails＝〜のつめを切る
ジョニーを犬の美容室に連れて行った。	I took Johnny to the grooming salon.
	*grooming＝グルーミング、ペットの手入れ
ポチのグルーミングをした。	I did Pochi's grooming.
6時に夕飯をあげた。	I gave him his dinner at 6:00.
ジョニーは喜んで食べていた。	Johnny was happy with his food.
新しいえさは、あまり好きじゃないみたい。	He doesn't seem to like the new food.
	*「猫のえさ」ならcat food、「鳥のえさ」ならbird foodに

👓 ペットのしつけ

しっかりしつけなきゃ。	I have to train him well.
	*train=〜をしつける
どうしたら、うまくしつけられるかな。	How should I train him?
ジョニーはまだ粗相が多い。	Johnny still has a lot of toilet accidents.
	*toilet accident=粗相
もう少しでトイレを覚えてくれそう。	He's almost fully toilet trained.
	*toilet train=〜にトイレのしつけをする
トイレのしつけはバッチリ。	He's fully toilet trained.

📅 ペットとの生活

タマは今日で3歳になった。	Tama turned three today.
	*turn=〜になる
ジョニーも今年で10歳か。	Johnny is turning ten this year.
タマも家族の一員だ。	Tama is a member of our family.
私は断然、猫派。	I'm definitely a cat person.
	*「犬派」なら、dog personに
タマが熟睡していた。	Tama was deep asleep.
	*deep asleep=熟睡して
タマが寝言を言っていた。	Tama was talking in her sleep.
猫も寝言を言うんだなぁ。	Cats talk in their sleep, too.
ジョニーはドライブが好きみたい。	Johnny likes riding in the car.

🛍 ペットの出産

今朝、リコが5匹子犬を産んだ。	Riko had five puppies this morning.
出産は感動的だった。	The birth was really moving.
	*moving=感動的な
出産は大変だった。	The birth was really difficult.
頑張ったね、リコ！	Good job, Riko!
子猫って、すごくかわいい。	Kittens are so cute.
まだ目が見えていないみたい。	They still can't see.

よちよち歩きをしていた。	They toddled as they walked. *toddle＝よちよち歩く
子犬のもらい手を探さなきゃ。	We have to look for people to adopt the puppies. *adopt＝〜の養い親になる
オオタニさんが1匹もらってくれることになった。	Ms. Otani told me that she wants one.

💡 ペットの病気・トラブル

最近、元気がない。	He seems weaker these days. *weak＝弱々しい
病気かな？	I wonder if he's sick.
最近、食欲がないみたい。	He doesn't have an appetite these days. *appetite[アパタイト]＝食欲
最近、足が弱ってきたようだ。	His legs seem weaker these days.
最近、寝てばかりいる。	She sleeps all day these days.
視力が落ちてきたみたい。	His eyesight has declined. *eyesight＝視力 decline＝衰える、低下する
元気になってきた。	She's getting better.
食欲が出てきた。	She's eating well now.
早くよくなるといいけど。	I hope he gets better soon.
タマがガンになった。	Tama got cancer. *cancer＝がん
痛がっているのがわかる。	I can tell she's in pain. *can tell 〜＝〜がわかる　in pain＝痛む
見ていてツライ。	I can't bear seeing it. *bear＝〜に耐える
交通事故にあってしまった。	He was involved in a car accident. *involved in 〜＝〜に巻き込まれる
左の後ろ足を骨折した。	His left hind leg got broken. *hind leg＝後ろ足
行方不明になった。	We don't know where she is.
無事に戻ってきた！よかった！	She's back safe and sound! Thank goodness! *safe and sound＝無事に　Thank goodness!＝やれやれ助かった、ありがたい

🕐 動物病院

動物病院に連れて行ったほうがいいかなあ。	Maybe I should take him to the vet's. *vet[ヴェット]＝veterinarian(獣医)の略。vet'sはvet's officeを表す
そろそろ去勢手術をしないと。	It's time we had him neutered. *have 〜 neutered＝〜に去勢手術をする
そろそろ避妊手術をしないと。	It's time we had her spayed. *have 〜 spayed＝〜に避妊手術をする
ワクチンを受けさせなきゃ。	We have to take her for her shot. *shot＝注射
午後、タマを動物病院へ連れていった。	I took Tama to the vet's in the afternoon.
ジョニーはおとなしくしていた。	Johnny was a good boy.
かなり暴れて大変だった。	He was restless and hard to handle. *restless＝絶えず動いている　handle＝〜を扱う
3人がかりでタマを押さえた。	Three people had to hold Tama down.
血液検査をした。	They did a blood test.
注射を打ってもらった。	He got an injection.　*injection＝注射
薬をもらってきた。	He got some medicine.
保険がきかないので、かなり高くついた。	Our insurance doesn't cover it, so it was quite expensive. *cover＝〜をまかなう

☕ ペットとの別れ

今日、タマが死んだ。	Tama died today. *動物にはdie(死ぬ)を、人にはpass away(亡くなる、他界する)を用いることが多い
ペットの葬儀社さんに来てもらった。	We called a pet undertaker. *undertaker＝葬儀社の人
お寺で埋葬してもらった。	The temple buried her for us. *bury[ベリー]＝〜を埋葬する
棺おけに、好きだったおもちゃを入れた。	We put her favorite toy in her casket. *casket＝棺、ひつぎ
タマといた日々は、本当に楽しかった。	We really enjoyed the time we shared with Tama.
ありがとう、タマ。	Thank you, Tama.

タマがいないなんて、信じられない。	I can't believe that Tama is not around anymore. *around=存在して
つらくて耐えられない。	It's so hard to take it. *take it=耐える
気を落とさずに、頑張らなきゃ。	I have to take heart and be strong. *take heart=気を取り直す、元気を出す

犬

犬の種類を表す単語

秋田犬	Akita	土佐犬	Tosa dog
アフガンハウンド	Afghan hound	ドーベルマン	Doberman
コーギー	corgi	パグ	pug
ゴールデンリトリーバー	golden retriever	パピヨン	papillion
コリー	collie	ビーグル	beagle
シーズー	shih tzu	プードル	poodle
シェパード	German shepherd	ブルドッグ	bulldog
柴犬	Shiba dog	ポメラニアン	Pomeranian
シベリアンハスキー	Siberian husky	マルチーズ	Maltese
スピッツ	spitz	ヨークシャーテリア	Yorkshire terrier
セントバーナード	Saint Bernard	ラブラドールリトリーバー	Labrador retriever
ダックスフント	dachshund	雑種	mixed breed
ダルメシアン	dalmatian		
チワワ	Chihuahua		

チワワを飼いたい。	I want a Chihuahua.
やっぱり柴犬が一番！	Shiba dogs are the best!
ジョニーと名付けた。	I named him Johnny.
雑種だ。	He's a mixed breed. *mixed breed=雑種
血統書付きだ。	He's a certified breed. *certified=証明書付きの　breed=種
犬小屋を作った。	I made a dog house for him.
犬って、人なつこいから好き。	I like dogs because they're friendly.

ジョニーはしっぽを振っていた。	Johnny was wagging his tail.
	*wag=〜(しっぽ)を振る　tail=しっぽ
ジョニーを散歩に連れて行った。	I walked Johnny.
	*walk=〜(犬など)を散歩させる
ドッグランで遊ばせた。	We let him play in the dog run.
うれしそうに走り回っていた。	He was running around happily.
ボール遊びをした。	We played with a ball.
ジョニーがよくほえるので、困ってしまった。	Johnny's barking was a big problem.
	*bark=ほえる
ムダぼえをやめさせたい。	I want to teach him not to bark so much.
人をかんではダメと教えなきゃ。	I have to teach him not to bite people.
	*bite=〜をかむ
ジョニーに「お手」を教えた。	I taught Johnny to shake hands.
	*shake hands=握手する、お手をする
ジョニーは「おすわり」ができるようになった。	Johnny has learned to sit.
まだ「伏せ」ができない。	He still can't lie down on command.
	*on command=命令で

猫

猫の種類を表す単語

アメリカンショートヘアー	American shorthair	ペルシャ	Persian
アビシニアン	Abyssinian	ベンガル	Bengal
アンゴラ	Angora	マンクス	Manx
シャム	Siamese	メインクーン	Maine coon
スコティッシュフォールド	Scottish fold	ロシアンブルー	Russian blue
バーミーズ	Burmese	三毛猫	calico [カリコゥ]
バリニーズ	Balinese	黒猫	black cat
ヒマラヤン	Himalayan	トラ猫	tabby
ブリティッシュショートヘア	British shorthair	キジ猫	brown tabby
		雑種	mixed breed

猫って本当に気まぐれだ。	Cats are really moody.
	*moody＝気まぐれな
猫は自由きままなところが好き。	I like the way cats are capricious.
	*capricious＝気まぐれな
キャットフードがなくなりそうだ。	I'm running out of cat food.
	*run out of ～＝～がなくなる、～を切らす
かつお節を少しあげた。	I gave her some bonito shavings.
	*bonito shavings＝かつお節
魚を料理していたら、タマが寄ってきた。	Tama came into the kitchen when I was cooking fish.
明日はトイレの砂を買ってこよう。	I'll get sand for her litter box tomorrow.
	*litter＝(猫のトイレの)砂
ちゃんとつめとぎ器でつめをとぐから、感心。	I'm impressed that she uses the claw sharpener.
	*claw sharpener＝つめとぎ器
カーテンをボロボロにされた（泣）。	My cat tore up my curtains. (Boo-hoo)
	*tear[テァ] up ～＝～を破る。tearの過去形はtore
あんなに高い場所に上れるなんて。	How does she get up so high?
ゆうべはタマがベッドの中に入ってきた。	Tama climbed into my bed last night.
	*climb into ～＝～にもぐり込む

そのほかのペット

今日からハムスターを飼い始めた。	I got a hamster today.
滑車をぐるぐる回していた。	It was turning its wheel round and round.
	*round and round＝ぐるぐると
えさを食べる様子がかわいらしい。	It looks cute when it's eating.
インコって飼いやすいのかな？	I wonder if parakeets are easy to take care of.
	*parakeet[パラキート]＝インコ
縁日の金魚すくいで、金魚を取ってきた。	I got a goldfish when I tried goldfish scooping at the fair.
	*scoop＝～をすくう　fair＝縁日
大きな水槽が欲しいな。	I want a big aquarium.
	*aquarium[アクウェアリアム]＝水槽
すっかり熱帯魚にはまってしまった。	I'm really into tropical fish.
	*be into ～＝～に熱中する・はまる
ザリガニを2匹捕ってきた。	We caught two crayfish.
	*crayfish＝ザリガニ

ペットについて英語日記を書いてみよう

ペットとの生活について、英語で書いてみましょう。

🖉 子犬をもらってきた

> Kiyomi's dog, Maru-chan, had five puppies. I got one of them and named her Pon-chan. She's so cuddly!

訳 キヨミさん家のマルちゃんが子犬を5匹産んだので、1匹もらってきてポンちゃんと名付けた。抱き締めたいくらい、かわいい!

ポイント puppy は「子犬」のこと。ちなみに、「子猫」は kitten です。「〜を…と名付ける」は、name 〜 ... で表しましょう。cuddly は「抱き締めたいほどかわいい」。She's so cute. や She's so adorable. としてもいいですね。adorable は「愛らしい」の意味です。

🖉 捨て猫

> I found a stray cat on the way from school. As soon as I got home, I asked Mom if we could keep it. As I expected, she said no.

訳 学校の帰りに捨て猫を見つけた。家に帰ってすぐ、お母さんに飼ってもいいか聞いてみたけど、やっぱりダメだって。

ポイント 「捨て猫」は stray cat(迷い猫、はぐれた猫)。on the way from school は「学校の帰りに」。ask 〜(人)if ...(文)は、「…してくれるように〜に頼む」という意味の表現。As I expected は「予想していた通り」が直訳で、「やっぱり」といったニュアンスです。

4章：英語日記フレーズ集

✏️ ハムスターのハムちゃん

Hamu-chan is getting used to playing with me. He likes turning the wheel round and round. He's really fun to watch.

訳
ハムちゃんは、私と遊ぶのにだいぶ慣れてきた。滑車の上でぐるぐる回るのが好きみたい。見ていて飽きない。

ポイント get used to 〜は「〜（すること）に慣れる」。すでに慣れている場合は、be used to 〜（〜に慣れている）を使います。いずれも、「〜」には名詞または動詞の -ing 形が入ります。「見ていて飽きない」は、fun to watch（見るのが楽しい）と表しましょう。

✏️ リキとの別れ

Riki died of old age today. It's too sad. I still can't stop crying. His last weak howl sounded like he was saying thank you. No, thank YOU, Riki.

訳
今日、リキが老衰で死んだ。悲しすぎて、今でも涙が止まらない。最後の弱々しい遠吠えは、「ありがとう」と言っているかのようだった。ううん、お礼を言うのはこっちだよ、リキ。

ポイント 「老死する、老衰で死ぬ」は die of old age。「（犬やオオカミの）遠吠え」は howl [ハウォ] と言います。thank you は「ありがとう」ですが、thank YOU と表すことで「お礼を言うのはこちらのほうだ」や「こちらこそ、ありがとう」というニュアンスになります。

28 パソコン・ネット

パソコン

パソコン・ネットにまつわる単語

パソコン	computer / PC	USB	USB
デスクトップパソコン	desktop computer / desktop PC	電源アダプター	power adapter
ノートパソコン	laptop	~を圧縮する	compress
タブレット型PC	tablet computer / tablet PC	~を解凍する	decompress
フリーズする	freeze	ウイルス	virus [ヴァイラス]
~を再起動する	restart ~	ウイルスソフト	antivirus software
~をインストールする	install ~	ソフトをバージョンアップする	upgrade the software
~をアンインストールする	uninstall ~	ウイルスに感染する	have a virus
ログインする	log in	インターネット	the Internet / the Net
ログアウトする	log out	インターネットに接続する	access the Internet
~を終了する	shut down ~	サーバー	server
~を強制終了する	force ~ to shutdown	LANケーブル	LAN cable
モニター	monitor	無線LAN	wireless LAN
マウス	mouse	ウェブサイト	website
キーボード	keyboard	掲示板	bulletin board / BBS
テンキー	numerical keypad	ブログ	blog
外付けハードディスク	external hard disk drive	SNS	SNS
CD-ROM	CD-ROM		

✏️ パソコンを手に入れる

新しいパソコンを買った。　**I bought a new computer.**
＊computerは、PCとしてもOK

パソコンを買い替えたい。　**I want to get a new computer.**

4章：英語日記フレーズ集

VAIOかダイナブックのどちらかを買おうと思う。	I think I'll buy either a VAIO or a dynabook.
昔に比べると、パソコンはずいぶん安くなった。	Computers are much cheaper now than they were in the past.
最近のパソコンは小さいなぁ。	Computers are really small these days.
デスクトップとノートパソコン、どちらにしよう？	Which should I get, a desktop or a laptop? *laptop＝ノートパソコン
ノートパソコンがあれば、どこでも仕事ができるな。	If I have a laptop, I can work anywhere.
持ち歩かないから、デスクトップでいいのかも。	I think I should get a desktop because I don't need to carry it around.
新しいパソコンは、とても使いやすい。	My new PC is really easy to use.
軽いので、持ち運びが苦にならない。	It's light, so carrying it won't be a problem.
バッテリーが長時間もつのはうれしい！	This long-lasting battery is great! *long-lasting＝長持ちする

📖 設定・カスタマイズ

前のパソコンからデータを移行した。	I transferred data from my old computer. *transfer＝～(データ)を転送する・移す
パソコンの設定に時間がかかった。	It took a lot of time to set up my computer.
パソコンの設定に苦労した。	I struggled with the computer settings. *struggle with ～＝～と格闘する
付録CDの案内に従ったら、簡単に設定できた。	It was easy to set up my computer when I followed the CD manual.
カスタマーサービスの人が来て、パソコンの設定をしてくれた。	A customer service employee came to set up my computer. *employee＝従業員

28 パソコン・ネット

🔖 パソコンを使う

起動した。	I turned it on.
初期化した。	I initialized it. *initialize＝〜を初期化する
終了した。	I turned it off.
強制終了した。	I forced it to shutdown. *force 〜 to shutdown＝〜を強制終了する
ソフトをインストールした。	I installed software.
ウイルスソフトを入れた。	I installed antivirus software. *antivirus[アンタイヴァイラス]＝ウイルス対策の
念のため、データのバックアップを取っておいた。	I backed up my data just in case. *just in case＝念のため
3時間ほど、パソコンで作業した。	I worked on my computer for about three hours.
やっとエクセルを使えるようになってきた。	I'm finally getting used to Excel. *get used to 〜＝〜に慣れる
パワーポイントって苦手。	I'm not good at using PowerPoint.
ファイルを圧縮した。	I compressed the file. *compress＝〜を圧縮する

🔖 印刷・スキャン

レストランまでの地図を印刷した。	I printed out the map to the restaurant.
そろそろインクを買っておかなきゃ。	I'll have to buy ink soon.
年賀状を印刷した。	I printed out my New Year's greeting cards.
あて名を印刷した。	I printed out the addresses.
箱根で撮った写真を印刷した。	I printed out the pictures I took in Hakone.
マサシが描いた絵をスキャンした。	I scanned Masashi's drawing. *drawing＝絵、線画

プリンターがまた紙詰まりした。	My printer got jammed again.	*get jammed＝詰まる

🔒 パソコンのトラブル

最近、パソコンの調子が悪い。	My computer has been acting up lately.	*act up＝(機械などが)調子が狂う
動作が遅い。	It's slow.	
頻繁にフリーズするようになった。	It has been freezing a lot.	*freeze＝フリーズする
フリーズしてしまった。	It's frozen.	*frozen＝フリーズした
最近、パソコンの立ち上がりが遅い。	It takes long to boot these days.	*boot＝起動する
起動しなくなってしまった。	It won't start.	
買ったばかりなのに、壊れるなんて。	How can it be broken when I've just bought it?	
ディスクの容量がいっぱいだ。	My disc space is full.	
パソコンにコーヒーをこぼしちゃった！	I spilled coffee on my computer!	
大事なデータが消えてしまった。	I lost important data.	*lose[ルーズ]＝〜を失う。過去形はlost
データが全部消えちゃった。最悪！	I lost all my data! This is terrible!	
ウイルスに感染したかも。	It might have a virus.	*virus[ヴァイラス]＝ウイルス

💡 修理

修理に出そう。	I'll take it to be fixed.	*fix＝〜を修理する
パソコンを修理に出した。	I took my computer for repairs.	*repair＝修理
修理には2週間ほどかかるらしい。	They said it would take about two weeks to fix it.	
パソコンが修理から戻ってきた。	My computer is back from repairs.	
部品を交換したらしい。	They said they had to replace the parts.	*replace＝〜を交換する

修理センターの対応がよかった。	The repair center staff were nice and helpful.
保証期間中だったので、修理代は無料だった。	It was within the warranty period, so it was free. ＊warranty＝保証　period＝期間
修理は有償だった。	I had to pay for repairs.
修理に5万円もかかるらしい。	They said that it would cost up to 50,000 yen for repairs. ＊up to ～＝～に至るまで
それなら新しいのに買い替えようっと。	If that's the case, I might as well buy a new one. ＊might as well ～＝～してよさそうだ

インターネット

🕗 インターネット全般

1時間ほどネットした。	I was online for about an hour.
ニュースサイトをざっとチェックした。	I skimmed through the news websites.　＊skim＝～をざっと読む
海外のニュースサイトを読んで、英語の勉強をした。	I practiced my English by reading foreign news websites.
ネットで本を注文した。	I ordered a book online.
ネットで西野カナの新曲をダウンロードした。	I downloaded Kana Nishino's new song.
夫はネット中毒だ。	My husband is addicted to the Net. ＊addicted to ～＝～中毒で
ケンジは、暇さえあればネットサーフィンしている。	Kenji surfs the Internet whenever he has free time. ＊surf＝～（ウェブサイト）を次々と見て回る
Wi-Fiにしてよかった。	I'm glad I have Wi-Fi now.
ネットにつながらなくなってしまった。	I lost my Internet connection. ＊connection＝接続
原因がわからなかった。	I couldn't figure out why. ＊figure out ～＝～がわかる

☕ ネット検索

インターネットで調べ物をした。	I did some research on the Net.
英単語をググった。	I googled an English word.
	*google＝グーグルで〜を検索する
ネットでイタリアンのお店を検索した。	I looked up Italian restaurants on the Internet.
	*look up 〜＝〜を調べる
口コミを見て、評判のいいお店を探した。	I looked for restaurants with good reviews.
ネットで、あのデジカメの最安値はいくらか調べた。	I surfed the Net to find out the lowest price of that digital camera.

✒ ネットショッピング（→ p. 449「通販・ネットショッピング」を参照）

📮 ネットオークション

ネットオークションでカバンを買った。	I bought a bag in an online auction.
落札金額は 9200 円。	The highest bid was 9,200 yen.
	*bid＝入札
ライバルが多くて、落札できなかった。	There were many bidders, so I couldn't bid successfully.
	*bidder＝入札者
2人掛けソファをネットオークションに出した。	I put up my love seat for auction online.
	*put up 〜＝〜を売りに出す　love seat＝2人掛けソファ
高値で売れるといいな。	I hope it goes for a high price.
	*go for 〜＝〜（の値）で売れる
やった！ 1万3000円で売れた！	Yay! I sold it for 13,000 yen!
買い手がつかなかった。ちぇっ！	I couldn't get a buyer. Darn it!
	*Darn it!＝ちぇっ！、もう！

✏ ブログ

彼女のブログは本当に面白い。	Her blog is really interesting.
留学している人のブログを見て回った。	I looked at blogs written by people studying abroad.
ブログを始めようかな？	I'm thinking of starting a blog.

ブログを開設した。	I set up a blog.
英語で書こう。	I'll write it in English.
長く続けるように頑張ろう。	I'll do my best to stick with it for a long time.　*stick with 〜＝〜を続ける
なるべく毎日、記事を更新しよう。	I'll try to post something new every day.　*post＝〜を投稿する
ブログを更新した。	I updated my blog.
温泉に行ったときのことを、ブログに書いた。	I blogged about my trip to a hot spring.　*ここでのblogは、「ブログを書く」という意味の動詞
写真を何枚か載せた。	I posted several photos.
ブログにコメントが付いていた。	There were comments on my blog.
彼のブログにコメントを書いた。	I posted a comment on his blog.
コメントにレスを書いた。	I responded to the comment.
ブログが炎上してしまった。	My blog got a lot of negative comments.　*negative＝否定の、反対の
ブログを閉鎖した。	I shut down my blog.　*shut down 〜＝〜を閉鎖する。shutは過去形もshut

📖 フェイスブック・SNS

京都へ旅行したときの写真を、フェイスブックにアップした。	I uploaded photos from my trip to Kyoto on Facebook.　*upload＝〜をアップロードする
小学校時代の同級生と、フェイスブックでつながった。	I reconnected with an elementary school classmate on Facebook.　*reconnect with 〜＝〜と再びつながる
フェイスブックを通じて、昔の友人たちとどんどんつながっていく。	I've gotten in touch with many old friends on Facebook.　*get in touch with 〜＝〜と連絡を取る
久しぶりに連絡が取れて、うれしいな。	I'm happy that I could get in touch with them after so long.
旅先で知り合った人と、フェイスブックでつながった。	I became Facebook friends with someone I met on a trip.

友達の近況がわかるのは楽しい。	It's fun knowing what your friends are up to. *up to 〜 = 〜をして
フェイスブックに登録したものの、使い方がよくわからない。	I got a Facebook account, but I don't know how to use it.
上司に、フェイスブックでフレンド申請された。どうしよう？	My boss sent me a friend request on Facebook. What should I do?
ミクシィのコミュニティーのオフ会に参加した。	I went to a mixi community offline meeting.

👓 **スカイプ・ネット電話**（→ p. 354「スカイプ・ネット電話」を参照）

📖 **ツイッター**

ツイッターにまつわる表現

つぶやく、ツイートする	tweet	お気に入り	favorites
〜にリプライする	reply to 〜	ダイレクトメッセージを送る	DM 〜 / send a DM to 〜
〜の発言をリツイートする	retweet 〜 / RT 〜	〜をブロックする	block 〜
フォロワー	follower	〜をリストに加える	add 〜 to the list
フォロワー数	the number of followers	ツイッターのアカウントを作成する	open a Twitter account
〜をフォローする	follow		
〜にフォローされる	〜 follow me		
〜のフォローを外す	unfollow		

最近、ツイッターにハマってる。	I'm into Twitter these days. *into 〜 = 〜に夢中になって
ツイッターをやってる人が増えてきた。	There are more people on Twitter these days.
ツイッターに登録した。	I signed up for Twitter. *sign up for 〜 = 〜に登録する
電車の中でツイッターをチェックした。	I checked Twitter on the train.
ジュンさんのツイートはいつも面白い。	Jun's tweets are always interesting.
ツイッターでパリス・ヒルトンをフォローした。	I'm following Paris Hilton on Twitter.

アリヨシさんからリプライをもらって興奮！	I was so excited when Ariyoshi-san replied to me!
私のつぶやきが100回以上RTされた。	One of my tweets has been retweeted over 100 times.
今日はたくさんリプライが来た。	I had many replies today.
変なリプライが来て、嫌な気分になった。	I got a weird reply that made me uncomfortable.　＊weird[ウィアード]＝奇妙な
loveEngさんにダイレクトメッセージを送った。	I DM-ed loveEng.　＊DM＝DM（ダイレクトメッセージ）を送る
yossieさんからダイレクトメッセージが届いた。	I got a DM from yossie.
彼のフォローを外した。	I unfollowed him.
彼女をブロックした。	I blocked her.
1日1回は英語でツイートしよう。	I'll tweet in English at least once a day.
英語の140字って、結構少ないんだなぁ。	140 characters in English really aren't much.　＊character＝文字
海外の人と、英語でやりとりするのは楽しいな。	Tweeting in English with people from other countries is fun.
海外の友達ができた！	I made foreign friends!
Craigさんの英語ツイートってわかりやすい。	Craig's tweets in English are easy to understand.

Eメール

サイトウくんにメールした。	I e-mailed Saito-kun.　＊e-mail＝～にEメールを送る
お姉ちゃんにもccした。	I cc'd my sister.　＊cc＝～にccメールを送る。過去形はcc'd
シノダさんに返信した。	I replied to Shinoda-san.
タカヤマさんからメールが来た。	I got an e-mail from Takayama-san.

4章：英語日記フレーズ集

英語でメールが書けるようになりたい。	I want to be able to write e-mails in English.
誕生会の写真を添付して送った。	I attached a photo from the birthday party. ＊attach=〜を添付する
旅行会社に問い合わせのメールを送った。	I e-mailed an inquiry to the travel agency. ＊inquiry=問い合わせ
メールアドレスを変更した。	I changed my e-mail address.
アドレスの変更を、みんなに知らせた。	I let everyone know that I changed my e-mail address.
地図をPDFで送ってもらった。	I received a PDF map.
メールが文字化けしていて、読めなかった。	The e-mail was garbled, so I couldn't read it. ＊garbled=文字化けした
ユウコの携帯メールが文字化けしていた。	Yuko's text message was garbled.
容量が大きすぎて、エラーになってしまった。	The file was too big, so I got an error message.
マキちゃんにメールアドレスを教えてもらった。	Maki gave me her e-mail address.
迷惑メールが多すぎる。アドレス変えようかな？	I get so much spam. Maybe I should change my e-mail address. ＊spam=迷惑メール

Eメールにまつわる単語

メールをチェックする	check one's e-mail	迷惑メール	spam
メールを受け取る	receive an e-mail / get an e-mail	メールアドレス	e-mail address
〜にメールを送る	e-mail 〜	文字化けした	garbled
〜に返信する	reply to 〜 / e-mail 〜 back	添付ファイル	attachment / attached file
〜に携帯メールを送る	text 〜	絵文字	pictogram
〜を添付する	attach 〜	顔文字	emoticon / smiley

28 パソコン・ネット

パソコン・ネットについて
英語日記を書いてみよう

パソコンやインターネットについて、英語で書いてみましょう。

✏️ パソコンの買い替え

> My PC is acting up. Come to think of it, I've been using it for five years now. Maybe it's about time to get a new one.

訳 パソコンの調子が悪い。思えば、もう5年も使っている。そろそろ買い替え時かな。

ポイント act up は「（機械などが）うまく動かない」、come to think of it は「気が付けば、よく考えると」という意味です。「そろそろ〜し時かな」は Maybe it's about time to 〜という表現がぴったり。「〜」には動詞の原形を入れましょう。

✏️ 英語でツイッター

> Starting today, I've decided to tweet in English at least once a day. 140 letters isn't much, so I think I can do it. I'm going to continue doing it!

訳 今日から、ツイッターで1日1回は英語でつぶやくことにした。140字って意外と短いから、何とかなるかも。続けるぞ！

ポイント 「〜することにした」は、I've decided to 〜または I decided to 〜で表し、「〜」には動詞の原形を入れます。tweet は「（ツイッターで）つぶやく」。「何とかなるかも」は I think I can do it.（自分はできると思う）と表現するとよいでしょう。

複雑な気持ち

I found Yamashita-senpai on Facebook. I got mixed feelings when I looked at his picture where he looked a lot older...

訳 フェイスブックでヤマシタ先輩を見つけた。だいぶ老けた写真を見て、複雑な気持ちになった。

ポイント 「フェイスブックで」は、on Facebook と言います。「ツイッターで」なら on Twitter、「ネットで」なら on the Net か on the Internet。「複雑な気持ちになった」は got mixed feelings、「老けた」は looked older (年を取ったように見えた) で表します。

オーストラリアからのメール

I got an e-mail from Cathie in Australia. She attached a picture of her family. Her son is very cute! I want to visit her during the summer vacation.

訳 オーストラリアのキャシーからメールが来た。家族の写真を送ってくれた。息子さんがとてもかわいい! 夏休みに遊びに行きたいな。

ポイント got an e-mail from 〜で「〜からメールが来た」という意味。got の代わりに received (受け取った) も使えます。ここでの「写真を送ってきてくれた」は「写真を添付してくれた」という意味なので、attach (〜を添付する) を使って表すのがぴったりです。

29 災害・事件・事故

自然災害

災害・警報にまつわる単語

地震	earthquake	豪雪	heavy snow
余震	aftershock	竜巻	tornado
震度	intensity	土砂崩れ	landslide
マグニチュード	magnitude	雪崩	avalanche
震源	epicenter	山火事	forest fire
稲光、稲妻	lightning	噴火	eruption
台風	typhoon	緊急地震速報	earthquake early warning
洪水	flood	暴風波浪注意報	severe storm and high surf warning
（川の）はんらん	overflow		
津波	tsunami		
豪雨	downpour		

防災対策

災害時に備えておかなくちゃ。	I need to get ready for a disaster.
	*disaster＝災害
防災用品の見直しをした。	I checked my emergency supplies.
	*emergency supplies＝防災用品
非常食と水を3日分、用意した。	I got three days worth of emergency food and water.
	*worth＝量、価値
懐中電灯の電池が切れていた。	The flashlight batteries needed replacing.
	*flashlight＝懐中電灯　replacing＝取り換え、交換
電池を買い置きしておこう。	I'll stock up on batteries.
	*stock up on ～＝～を買い置きする
浴槽にはいつも水をためておこう。	I'll keep the bathtub filled with water.
家具をしっかり壁に固定した。	I've secured the furniture to the walls.
	*secure＝～を固定する

耐震工事をしよう。	I'll make my house earthquake-proof.
	*earthquake-proof＝耐震の
地域の避難訓練に参加した。	I participated in an emergency drill in our community.
	*participate in ～＝～に参加する emergency drill＝避難訓練
災害時の避難場所を確認した。	I checked the evacuation site in our area.
	*evacuation site＝避難場所
緊急時の連絡方法を家族で話し合った。	We talked about how to contact other family members in emergency situations.
	*contact＝～に連絡する

📖 地震

午後3時半ごろ、地震があった。	There was an earthquake at about 3:30 this afternoon.
夜中に地震があったらしい。	I hear that there was an earthquake in the middle of the night.
かなり大きかった。	It was a pretty big one.
揺れが長かった。	It shook for a long time.
	*shake＝揺れる。過去形はshook[シュック]
外にいたので、全然気付かなかった。	I didn't notice it at all because I was outside.
	*notice＝～に気付く
寝ていたので、気付かなかった。	I didn't notice it because I was asleep.
ビルの25階にいたので、かなり揺れた。	It shook a lot on the 25th floor of the building where I was.
震源地は千葉県沖。	The epicenter was in the ocean off the coast of Chiba.
	*epicenter＝震源地　off the coast of ～＝～沖に・の
震度5弱の地震があった。	There was an earthquake of intensity 5 lower.
	*intensity＝強度。「震度5」はintensity 5、「震度5強」はintensity 5 upperと表す
マグニチュードは4.5だった。	The magnitude was 4.5.
最近、地震が多い。	There have been a number of earthquakes lately.
	*a number of ～＝たくさんの～

今日も余震があった。	We had an aftershock today, too. *aftershock＝余震
すごく怖かった。	I was really scared.
緊急地震速報が流れると怖くなる。	I feel frightened when I hear the earthquake early warning.

津波

津波の心配はないとのことだった。	They said there was no danger of a tsunami. *danger＝危険性
20センチの津波が観測されたという。	A 20cm tsunami was reported.
津波のときの避難ルートを確認した。	We checked the escape route in case of a tsunami.
津波に備えて、新しい防潮壁が作られた。	New seawalls were built to protect us from tsunamis. *seawall＝防潮壁
小さな津波だからといって、侮ってはいけない。	We shouldn't take tsunamis lightly, even small ones.
津波が予想以上に早く到達した。	The tsunami arrived earlier than expected.

台風・豪雨

台風15号が近づいてきている。	Typhoon No.15 is approaching. *approach＝近づく
台風15号が明日、東海地方に上陸するらしい。	It looks like Typhoon No.15 is going to hit the Tokai area tomorrow. *hit＝(台風などが)〜を襲う
台風がこの付近を直撃した。	This area got hit directly by the typhoon.
歩けないほどだった。	It was hard to walk.
店の看板が飛んでいた。	I saw a store sign being blown away. *blow away 〜＝〜を吹き飛ばす
傘が折れちゃった。	My umbrella broke.
雨戸をしっかりと閉めた。	I closed the shutters tight.
屋根が雨漏りしてしまった。	The roof leaked. *leak＝漏れる

ゲリラ豪雨に見舞われた。	We had torrential rainstorms. ＊torrential＝猛烈な　rainstorm＝暴風雨
市内に大雨警報が出た。	There was a storm warning for the city.

雷

雷が響いた。	I heard thunder.
さっきから雷がすごい。	It has been thundering a lot.
昨夜はひどい雷だった。	It thundered a lot last night.
すごい稲光だった。	There was a bright bolt of lightning. ＊bright＝（ぴかぴかと）光っている a bolt of lightning＝（一光りの）稲妻
近所に落ちた。	It hit somewhere near my house.
停電に備えて、パソコンのデータを保存しておいた。	I saved the data in my PC in case the lights went out. ＊go out＝（明かりが）消える。goの過去形はwent
落雷で停電した。	Lightning caused a blackout. ＊blackout＝停電

大雪

今日だけで40cmも積もった。	It snowed 40cm just today.
タナカさんが雪かきで屋根から落ちて、けがをしてしまった。	Tanaka-san got hurt when he fell from the roof while clearing snow. ＊get hurt＝けがをする　clear＝～を取り除く
ニュースによると、雪崩に巻き込まれて5人が亡くなったそうだ。	According to the news, five people were killed in an avalanche. ＊be killed＝（事故などで）死ぬ　avalanche＝雪崩

洪水・浸水

川がはんらんした。	The river overflowed. ＊overflow＝はんらんする
洪水で橋が流された。	The flood washed the bridge away. ＊flood＝洪水
床上浸水で、ほとんどの家具が使い物にならなくなった。	Most of the furniture got ruined by the flood and was totally useless. ＊ruin＝～を台無しにする　useless＝役に立たない

神田川の水位が、すごく上がってる。	The water level of the Kandagawa River has risen a lot.
	*rise＝上昇する。過去分詞形はrisen
洪水で、多くの家屋が水につかった。	A lot of houses got flooded.
	*flood＝〜(土地や家屋など)を水浸しにする
タイヤは半分くらい、水につかっていた。	Water came up to the middle of the wheels.
洪水で川が増水していた。	The river was flood-swollen.
	*flood-swollen＝洪水で増水した

異常気象

記録的な寒波がヨーロッパを襲っているらしい。	I hear Europe is having a record-breaking cold wave.
	*record-breaking＝記録的な
冷夏で、農作物に大きな影響が出ている。	The cool summer is having a huge impact on crops.
	*impact＝影響　crops＝作物、収穫物
干ばつの影響で、作物の価格が高騰しそうだ。	Crop prices are likely to go up because of the drought.
	*drought[ドゥラウト]＝干ばつ
日照りによる水不足が深刻だ。	The water shortage caused by the long dry spell is serious.
	*shortage＝不足　spell＝(しばらく続く)期間
地球温暖化が心配だ。	I'm concerned about global warming.

そのほかの災害

土砂崩れで県道が寸断された。	The prefectural highway got cut off by landslides.
	*prefectural＝県の　landslide＝土砂崩れ
土砂崩れで、村が孤立化している。	The village is isolated because of landslides.
	*isolated＝孤立化した
市内で竜巻が発生した。	There was a tornado in the city.
新燃岳はまだ噴火している。	Mt. Shinmoe is still erupting.
	*erupt＝噴火する

交通機関への影響

落雷で電車が3時間も止まった。	The trains stopped for three hours due to the lightning.
	*due to 〜＝〜のために、〜が原因で

3時間後、電車が動き出した。	The trains started to move again after three hours.
新幹線の中に2時間も閉じ込められた。	We were stuck in the Shinkansen for two hours. *stuck＝立ち往生して
会社から家まで歩いて3時間かかった。	It took me three hours to walk home from work.
歩いて帰る人で道が混雑していた。	The pathway was crowded with people walking home. *pathway＝歩道
会社に泊まった。	I spent the night at the office. *spend＝〜を過ごす。過去形はspent
バスターミナルには、長い行列ができていた。	There were long lines of people at the bus terminal.
タクシーは、もちろんつかまらなかった。	Of course, there were no taxis available. *available＝利用できる
吹雪で高速道路が閉鎖された。	The expressway was closed due to a blizzard. *blizzard＝猛吹雪、ブリザード
大雪で交通がまひした。	The heavy snow paralyzed traffic. *paralyze＝〜をまひさせる
飛行機は軒並み欠航したようだ。	All flights seem to have been cancelled.
全便が欠航となった。	All flights were cancelled.

事件・事故

✏ ニュースを見て

ひどい事故だ！	What a terrible accident!
痛ましい事故だ！	What a harrowing accident! *harrowing＝悲痛な
何て残酷なんだ！	How cruel! *cruel＝残酷な、むごい
ひどいことをする人がいるものだ。	Some people do terrible things.
犯人が許せない。	That criminal is unforgivable. *criminal＝犯罪者　unforgivable＝許すことのできない

容疑者が逮捕された。	They arrested the suspect.
	*arrest＝〜を逮捕する　suspect＝容疑者
容疑者が捕まってよかった。	I'm glad they caught the suspect.
物騒な世の中だ。	It's a rough world out there.
	*rough[ラフ]＝騒々しい、物騒な　out there＝外は
自分も気を付けよう。	I should be careful, too.
この裁判の行方が気になる。	I want to know how the trial goes.
	*trial＝裁判
判決は無罪だった。	The verdict was "not guilty."
	*verdict＝判決　guilty＝有罪の
懲役1年、執行猶予3年の判決が言い渡された。	He was sentenced to one year in prison and three years of probation.
	*be sentenced to 〜＝〜という判決を下される　probation＝執行猶予

通報・警察

110番通報した。	I called 110.
119番通報した。	I called 119.
救急車を呼んだ。	I called for an ambulance.
	*ambulance＝救急車
一応、警察に通報しておいた。	I reported it to the police just in case.
	*just in case＝念のため
近所の交番に相談した。	I went to the local police box.
すぐに警察官が来てくれた。	A police officer came right away.
見回りを強化してくれるらしい。	They said they're going to increase patrols.
	*increase＝〜を増やす・拡大する
盗難の被害届を出した。	I turned in a theft report.
	*turn in 〜＝〜を提出する　theft[セフト]＝盗難

強盗・盗難

サトウさんの家に、空き巣が入ったらしい。	It seems Sato-san's house was broken into.
	*break into 〜＝〜に押し入る
タンス預金が盗まれたらしい。	I hear the money he kept in his house was stolen.
	*steal＝〜を盗む。過去分詞形はstolen

特に盗まれた物はなかったらしい。	It seems nothing was actually stolen.
2丁目のコンビニに、強盗が押し入ったらしい。	I hear there was a robbery at the convenience store in the second block. *robbery＝強盗
最近、このあたりで車上荒らしが相次いでいる。	Lately, car break-ins have been happening one after another in this area. *car break-in＝車上荒らし
ひったくりに気を付けよう。	I need to watch out for purse snatchers. *purse＝ハンドバッグ　snatcher＝ひったくり
スリにあったかもしれない。	I may have been pickpocketed. *pickpocket＝〜(人から金など)をする

火事

3丁目で火事があった。	There was a fire in the third block.
隣町で、放火が3件あったらしい。	I heard there were three cases of arson in a nearby town. *arson[アースン]＝放火
黒い煙が上がっていた。	There was black smoke rising.
すごい野次馬だった。	There were a lot of onlookers. *onlooker＝見物人
消防車が何台も来ていた。	There were several fire trucks there.
民家が全焼した。	A house completely burned down. *burn down＝全焼する
火はなかなか消えなかった。	The fire wouldn't die down easily. *die down＝(火などの勢いが)弱まる
全員無事だった。	Everyone was all right.
火の元に注意しなきゃ。	We have to be careful to prevent fires. *prevent＝〜を防ぐ
ぼやで済んでよかった。	I'm relieved it ended in a small fire.

詐欺

オガワさんちのおばあちゃん、振り込め詐欺に引っかかったらしい。	I hear Ms. Ogawa fell for a money transfer scam. *fall for 〜＝〜にだまされる。fallの過去形はfell　transfer＝振り込み　scam＝詐欺

29 災害・事件・事故

500万円を振り込んでしまったんだって。	She said she had transferred five million yen. *transfer=〜を振り込む
義兄の友達が結婚詐欺に引っかかった。	My brother-in-law's friend fell for a marriage fraud. *fall for 〜=〜にだまされる　fraud[フロード]=詐欺
タダさん、印鑑を18万円で買わされたらしい。	Mr. Tada was forced to buy a name seal for 180,000 yen. *force 〜 to ...=〜に…するよう強制する　name seal=印鑑
彼、どうやら投資話に引っかかってしまったらしい。	It looks like he has been conned in an investment fraud. *con=〜をだます　investment=投資
みんな、どうして引っかかるんだろう？	I wonder how people get tricked by these scams. *scam=詐欺
そんなにうまい話があるわけないよね。	There's no such thing as a free lunch. *「ただほど高いものはない」という意味のことわざ
ワンクリック詐欺にやられた。	I got tricked by an Internet scam. *get tricked=だまされる
自分だけは引っかからないと思ってた。	I never thought I would fall for something like this.

💡 交通事故

霧のため、9台を巻き込む玉突き事故が発生した。	Due to the fog, there was a nine-car collision. *due to 〜=〜のために、〜が原因で　collision[カリジョン]=衝突
自動車とオートバイの出合い頭の事故だったようだ。	It seems there was a collision at a crossing between a car and a motorcycle.
自動車が自転車にぶつかるところを目撃した。	I saw a bike run into a car. *run into 〜=〜に衝突する
交通事故を起こしてしまった。	I had a car accident.
当て逃げされた！	I was in a hit-and-run accident! *hit-and-run=ひき逃げの
後ろから追突された。	My car got rear-ended. *get rear-ended=(車に)追突される
相手の車は雨でスリップしたらしい。	The other person's car seems to have slid because of the rain. *slide=滑る。過去分詞形はslid

運転手いわく、居眠り運転をしていたらしい。	The driver said he dozed off at the wheel. *doze off=ウトウトする　at the wheel=運転して
信号無視をしたらしい。	It seems the driver ran a red light. *run=〜を突破する
運転手の前方不注意が原因だ。	It was caused by the driver not paying attention to where he was going. *pay attention to 〜=〜に注意を払う
バンパーがへこんでしまった。	My bumper was dented. *dent=〜をへこませる
修理代に8万円かかる。痛いなあ…。	It'll cost 80,000 yen for repairs. This is terrible. *repair=修理
あわや、大事故になるところだった。	That was a close call. *close call=危機一髪、間一髪
すんでのところで事故を免れた。	I just barely avoided an accident. *barely=何とか、かろうじて　avoid=〜を回避する
事故で高速道路が通行止めになった。	The expressway was closed due to a car accident.
ケガ人が出なくて何よりだ。	Good thing no one was hurt. *hurt=〜にけがをさせる。過去分詞形もhurt

🕐 そのほかの事件・事故

通勤電車で痴漢にあった。	I was groped on the commuter train. *grope=〜(女性)の体をまさぐる　commuter=通勤者
このあたりに露出魔が出るらしい。	I hear there's a flasher around here. *flasher=露出魔
この近くで女性が通り魔に襲われた。	A woman was attacked by a random killer in the neighborhood. *random killer=通り魔(の殺人者)
電話が盗聴されていた。	My phone was being tapped. *tap=〜を盗聴する
ストーカーにつけられている気がする。	I feel like I'm being stalked. *stalk=〜をこっそり追跡する
隣町で発砲事件が起きた。	There was a shooting incident in a nearby town. *incident=事件
虐待を受けた子たちを思うと、心が痛む。	My heart aches for those abused children. *ache[エイク]=痛む　abused=虐待を受けた
一家心中のニュースに、胸がつぶれる思いだった。	The family suicide news crushed me. *suicide=自殺　crush=〜をつぶす

災害・事件・事故について英語日記を書いてみよう

災害・事件・事故について、英語で書いてみましょう。

🖉 台風が来た

> Typhoon No. 7 will close in tomorrow afternoon. I hope it doesn't cause a lot of damage...

訳
台風7号が明日の午後、接近してくるようだ。大きな被害にならないといいけど…。

ポイント close[クロウズ] in は「迫ってくる、襲ってくる」という意味の表現です。「〜だといいけど」は I hope 〜（文）で。後に「これから起きること」を続ける場合、現在時制（it doesn't 〜）と未来を表す表現（it won't 〜）のどちらも使えます。

🖉 余震が続く

> There have been aftershocks almost every day. With so many earthquakes, I got so used to them that intensity three doesn't scare me anymore.

訳
ここのところ、ほとんど毎日余震が続いている。こう地震が多いと体が慣れて、震度3程度では驚かなくなってしまった。

ポイント 「地震」は earthquake で、口語では shake や quake とも言います。「余震」は aftershock。get used to 〜は「〜に慣れる」という意味で、「〜」には名詞または動詞の -ing 形が入ります。scare は「〜を驚かせる・怖がらせる」の意味です。

車をこすっちゃった

I scraped my car on a telephone pole. I feel terrible.

訳 電柱に車をこすっちゃった。最悪。

ポイント 「車をこする」は scrape a car、「電柱」は (telephone) pole と表します。「電柱に車をぶつけた」なら、I crashed my car into a pole. や I hit a pole with my car. と表しましょう。terrible は「ひどく不快な、嫌な」という意味です。

スリにあった

I went shopping, and when I chose something and was ready to pay, I realized that my wallet was gone. I must've been pickpocketed. I should've been more careful.

訳 買い物に行って支払いを済ませようとしたとき、財布がなくなっていることに気付いた。スリにあったに違いない。もっと気を付けるべきだった。

ポイント gone は「なくなっている」、be pickpocketed は「スリにあう」。must've 〜(動詞の過去分詞形)は過去の事柄について「〜だったに違いない」、should've 〜(動詞の過去分詞形)は「〜しておくべきだった」と書くときの構文です。〜've は have の短縮形。

30 ボランティア

いろいろなボランティア

ボランティアに参加する

ボランティアに参加したい。	I want to volunteer.
	*volunteer＝ボランティアをする
ボランティアの募集が出ていた。	They're asking for volunteers.
	*volunteer＝ボランティア(のスタッフ)
ボランティアに申し込んだ。	I applied to be a volunteer.
	*apply＝申し込む
ボランティア保険に加入した。	I bought volunteer insurance.
ボランティアの説明会があった。	There was a volunteer meeting.
2泊3日のボランティアツアーに参加した。	I joined a three-day volunteer tour.
街のボランティア活動に参加した。	I joined in the volunteer activities in the town.
ボランティアに来た人が大勢いた。	Many people came to volunteer.

環境美化

町内のごみ拾いに参加した。	I participated in the city cleanup.
	*participate in ～＝～に参加する
公園の清掃をした。	We cleaned up the park.
荒川の河川敷で、空き缶拾いをした。	We picked up cans along the Arakawa River.
公園の花壇に花を植えた。	I planted flowers in the park's flower bed.
	*plant＝～を植える　flower bed＝花壇
ブナ植樹のボランティアに参加した。	I helped plant a beech tree.
	*beech tree＝ブナ

近所の緑道の草取りをした。	I did some weeding at the neighborhood pedestrian path. ＊weeding＝草取り　pedestrian path＝歩道
商店街のシャッターの落書きを消す手伝いをした。	I helped clean up the graffiti-covered shutters on the shopping street. ＊graffiti＝落書き

福祉

介護施設を慰問した。	I visited an assisted-living center. ＊assisted-living center＝介護施設
みんなで歌を歌った。	We all sang together.
ウクレレを演奏した。	I played the ukulele. ＊ukulele[ユークレィリ]＝ウクレレ
喜んでもらえてうれしかった。	I was happy that they were happy.
お年寄りと話すのは、楽しかった。	It was fun to talk with the elderly people. ＊elderly＝年配の
みなさんの笑顔に心が癒された。	Their smiles made me feel comforted. ＊comforted＝ほっとした
自分の孫のようにかわいがってくれた。	They treated me like their own grandchild. ＊treat＝～を扱う
お手玉を教えてもらった。	They taught me otedama.
みんなでぬり絵をした。	We did coloring together. ＊do coloring＝ぬり絵をする
みんな童謡を歌うのが好きなようだ。	It seems they all like to sing children's songs.
美空ひばりの歌をリクエストされた。	They asked me to sing a Hibari Misora song.

献血・ドナー

外に移動献血車が止まっていた。	There was a bloodmobile outside. ＊bloodmobile＝採血車、献血車
献血しに行った。	I went to donate blood. ＊donate＝～を寄付する
生まれて初めて献血をした。	I gave blood for the first time in my life.

400ml、献血した。	I gave 400ml of blood.
血圧が低すぎて、献血できなかった。	I couldn't donate blood because I had low blood pressure. ＊donate＝〜を寄付する　blood pressure＝血圧
献血カードがいっぱいになったので、商品券をもらった。	My blood donor's card was filled up, so they gave me gift certificates. ＊gift certificate＝商品券
骨髄バンクにドナー登録をした。	I registered as a bone marrow donor. ＊bone marrow donor＝骨髄ドナー

🛍 募金・寄付

駅前で募金活動をしていた。	They had a fund-raising campaign in front of the train station. ＊fund-raising＝募金運動
募金活動に参加した。	I helped with fund-raising.
歳末助け合いの募金運動に協力した。	I worked on a year-end charity drive. ＊charity drive＝慈善活動。driveは「(慈善などの)運動」
1000円、募金した。	I donated 1,000 yen. ＊donate＝〜を寄付する
NPOに5000円、寄付をした。	I donated 5,000 yen to an NPO.
使用済み切手を寄付した。	I donated used stamps.
おもちゃを寄付した。	I donated some toys.
町の児童福祉施設に、ランドセルを2つ寄贈した。	I donated two school backpacks to the children's institution in town. ＊school backpack＝ランドセル　institution＝施設
母校に10万円分のスポーツ用品を寄贈した。	I donated sporting goods worth 100,000 yen to my alma mater. ＊worth 〜＝〜の価値がある alma mater[アールマ マーター]＝母校、出身校
本を50冊ほど図書館に寄付した。	I donated about 50 books to the library.
会社で寄付金を募った。	We raised money at work. ＊raise＝〜(寄付など)を集める
今のところ、9万2300円集まった。	We've collected 92,300 yen so far.

💡 国際交流

国際交流イベントの手伝いをした。	I helped with an international event.

国際交流クラブに入ってみようかな。	Maybe I should join the international club.
外国人向けの茶道体験イベントを手伝った。	I helped at a tea ceremony event for non-Japanese.
外国人に日本語を教えた。	I taught Japanese to people from abroad.
外国人と日本語でおしゃべりした。	I talked with people from abroad in Japanese.
和食の作り方を教えた。	I taught them how to make some Japanese dishes.
折り紙を教えた。	I taught origami.
英語で東京を案内した。	I gave a guided tour of Tokyo in English.

そのほかのボランティア

被災地にボランティアに行った。	I went to volunteer in the disaster-affected area.

＊disaster-affected＝被災した

被災者のための炊き出しボランティアをした。	I helped cook food for disaster victims.

＊disaster＝災害　victim＝被災者、被害者

泥かきをした。	I shoveled mud.

＊shovel＝〜をシャベルですくう　mud＝泥、土

雪かきをした。	I shoveled snow.
データの入力をした。	I entered data.

＊enter＝〜を入力する

広報誌を作った。	I made a company brochure.

＊brochure[ブロウシュア]＝パンフレット

イベントの受付を手伝った。	I helped at the reception desk of the event.

＊reception＝受付

小学3年生の子どもたちの学習サポートをした。	I helped in a third grade classroom.
手話通訳をした。	I interpreted sign language.

＊interpret＝〜を通訳する　sign language＝手話

ボランティアについて英語日記を書いてみよう

ボランティア活動について、英語で書いてみましょう。

🖉 地元の夏祭りでお手伝い

> We had a local summer festival today. I was in charge of bingo. Some kids looked excited, and some looked disappointed. It was a lot of fun.

訳 今日は地元の夏祭りだった。私はビンゴゲームの担当。うれしそうな子もいれば、ガッカリしている子もいた。とても楽しかった。

ポイント local は「地元の」、be in charge of ~は「~を担当する、~の係である」。excited は「ワクワクした」、disappointed は「ガッカリした」、be a lot of fun は「すごく楽しい」という意味です。fun は形容詞ではなく名詞。very fun とは言えないので注意しましょう。

🖉 川の掃除

> We cleaned up the river a week ago, but it was already littered with some plastic bags and cans. Whoever did it must not be very nice!

訳 1週間前にみんなで川をきれいにしたばかりなのに、もうビニール袋や空き缶が捨てられていた。誰がやったか知らないけど、そんなことをする人はきっと心が醜いんだわ!

ポイント litter は「(ごみを)散らかす」という意味で、ここでは it was littered with ~ (川が~で散らかされていた) と受け身で表しています。whoever did it は「それをした人は誰であれ」が直訳で、「誰がやったか知らないけど、その人は」というニュアンスです。

料理で国際交流

> At the International Center, we invited some people from overseas and taught them how to make "temakizushi." We were happy they enjoyed it.

訳 国際センターに外国人を招いて、手巻きずしの作り方を教えてあげた。楽しんでもらえて、うれしかった。

ポイント　「外国人＝ foreigner」と覚えている人も多いと思いますが、これは「よそ者」というニュアンスに響くことがあるので、people from overseas や people from abroad といった表現がベター。enjoyed it（楽しかった）の it を忘れないように注意しましょう。

歳末助け合い募金

> There were people working on a year-end charity drive in front of the train station. I donated 5,000 yen and I was thankful I had a healthy and happy year.

訳 駅前で、歳末助け合い運動をしていた。5千円募金した。今年一年、健康で幸せに過ごせたことに感謝。

ポイント　there were people ～ing は「～している人たちがいた」という意味。「歳末助け合い運動」は year-end charity drive と表します。この drive は「（ある目的のためにする）運動、キャンペーン」のこと。「～を寄付する・募金する」は、donate で表します。

31 書き留めたい言葉

夢・目標

夢

いつかアメリカに留学したい。	I hope to study in the U.S. someday.
英語が上手に話せるようになりたい。	I want to be able to speak English well.
大きな家に住みたい。	I want to live in a big house.
宝くじで3億円当てたい。	I want to win 300 million yen in the lottery. *win＝〜を得る　lottery＝宝くじ
伊豆に別荘が持てたらいいな。	It would be nice to have a vacation house in Izu. *vacation house＝別荘
美容師になりたい。	I want to be a hairdresser.
レストランを経営したい。	I hope to run a restaurant. *run＝〜を経営する
健康で長生きしたい。	I hope to live a long healthy life.
世界遺産を回りたい。	I want to go around visiting world heritage sites. *world heritage＝世界遺産　site＝場所
退職したらマレーシアに住みたい。	I want to live in Malaysia after I retire.
一度でいいから、ブラッド・ピットに会いたい。	I really want to meet Brad Pitt just once.

目標

英語日記を1年続けるぞ。	I will keep a diary in English for one year.

4章：英語日記フレーズ集

TOEIC テストで620点を取るぞ！	I will score 620 points on the TOEIC test!　*score＝〜の点を取る
英検2級に合格するぞ！	I will pass the Eiken Grade 2 exam!
週に3回、ジムに通おう。	I will go to the gym three times a week.
フラメンコを始める！	I will take up flamenco!　*take up 〜＝〜（趣味など）を始める
少なくとも週に3回は自炊しよう。	I will cook for myself at least three times a week.
今度こそタバコをやめるぞ！	I will quit smoking this time for sure!　*quit[クイット]＝〜をやめる　for sure＝確実に
もっといい仕事に就くぞ！	I'm going to get a better job!
車を買うぞ！	I'm going to buy a car!
100万円ためるぞ！	I'm going to save one million yen!
子どもたちとの時間を増やすように努力する。	I will try to spend more time with the kids.
毎週1冊、本を読もう。	I will read one book a week.
一日一善しよう。	I will do a good deed every day.　*good deed＝善行

心に響く言葉

👓 自分を励ます

大丈夫、私ならできる。	Don't worry. I can do it.
簡単にあきらめちゃダメ。	Don't give up too easily.
元気を出して！	Cheer up!
次はうまくいくさ。	Better luck next time.
可能性はあるさ。	There's a chance.
ダメでもともとだ。	It won't hurt to try.　*hurt＝困ったことになる

31 書き留めたい言葉

奇跡は起こると信じよう。	Believe in miracles.
幸せは必ずやってくる。	Happiness will surely come your way.
待っているだけじゃダメ。自分の幸せは自分で探そう。	Don't just wait; search for your own happiness.
ナンバーワンでなくても、オンリーワンになればいいんだよ。	You don't need to be No.1; just be the only one.
自分に自信を持とう。	Be confident in yourself. *be confident in ～=～に自信を持つ
自分に誇りを持って。	Be proud of yourself.
自分の気持ちに素直にね。	Follow your heart.　*follow=～に従う
自分の直感に従おう。	Follow your instincts. *instinct=直感、本能
自分の考えを信じよう。	Trust your own point of view. *own=自分自身の　point of view=見方、考え方
失敗なんて笑い飛ばそう。	Laugh off your failure. *laugh off ～=～を笑い飛ばす　failure=失敗
失敗あってこそ成功がある。	Success comes after much failure.
失敗したっていい。何度でも挑戦しよう。	It's OK to fail. Just keep on trying. *fail=失敗する
人生に無駄な経験なんてない。	No experience is useless in life. *useless=役に立たない
どんな経験も自分の糧となる。	Every single experience helps us grow.　*grow=成長する

自分に活を入れる

今やらずにいつやる？	If you don't do it now, when will you do it?
今日できることは今日のうちに。	Don't put off what you can do today. *put off ～=～を先延ばしにする・延期する
「でも」の前に、まずトライ。	No "buts." Just try it.
困難から逃げ出すのは簡単だけど、それじゃ成長できないよ。	Running away from my troubles is easy, but I know it won't help me mature.　*mature=成長する

人生をよくするも苦しくするも自分次第。	Whether life is better or bitter, it's totally up to you. ＊up to〜＝〜の責任で
自分を幸せにできるのは自分自身。	No one can make you happy except you. ＊except〜＝〜以外は
やり直すのに遅い時期はない。	It's never too late to start over. ＊start over＝最初からやり直す

夢をかなえる

夢はきっとかなう。	Dreams will come true.
夢は追い続けるもの。	Keep pursuing your dreams. ＊pursue[パースー]＝〜を追い求める
成功に近道はない。	There is no shortcut to success.
成功への鍵は、決してあきらめないこと。	The key to success is to never quit. ＊quit[クイット]＝やめる
夢を実現できるかどうかは、自分の努力次第。	Whether or not your dream comes true depends on your efforts. ＊depend on〜＝〜次第である
肝心なのは「成功できる」、そう信じること。	The most important step toward success is to believe that you can succeed. ＊succeed＝成功する
成功者の努力に終わりはない。	Successful people never cease to strive. ＊cease to〜＝〜するのをやめる　strive＝努力する
成功するためには、まず自分の仕事をこよなく愛すること。	To be successful, the first thing to do is love your work.

つらいときに

あまり無理しすぎないで。	Don't push yourself too hard. ＊push oneself＝無理をする
少し自分に厳しすぎるんじゃない？	Aren't you a bit too tough on yourself? ＊tough[タフ]＝厳しい
冬が終われば必ず春がくる。	Spring always follows winter. ＊follow＝〜に続く
朝の来ない夜がないように、つらい状況もいつか終わる。	There are no dawnless nights; your darkness will end, too. ＊dawnless＝朝のない　darkness＝暗さ、闇
まぁ、人生こんなときもあるさ。	Well, life isn't always easy.

いい時もあれば悪い時もある、それが人生。	We all have our ups and downs. That's life. *ups and downs＝浮き沈み、いい時と悪い時
他人と比べて自分の人生を評価するのはやめよう。	Don't measure your success in life by comparing with others'. *measure＝～を判断する・評価する
不運なことも、人生で役に立つときがある。	Misfortune can sometimes be useful in life. *misfortune＝不運
そんなに悲しまないで。世界の終わりじゃないんだから。	Don't be so sad. It's not the end of the world.
大丈夫。出口のないトンネルなんてないよ。	Don't worry. Every tunnel has an exit.
大丈夫。時間がかかるときだってあるよ。	Don't worry. It just takes time sometimes.

⏰ 前向きになろう

人生をプラスに考えよう。	Be positive about your life. *positive＝肯定的な
「できない」ではなく「できる」と言おう。	Learn to say "I can," instead of "I can't." *learn to ～＝～できるようになる
過去は振り返らず、先を見よう。	Don't look back on the past; look toward the future. *past＝過去
悪いことよりも、いいことのほうに目を向けよう。	Focus on the good things in life, not on the bad. *focus on ～＝～に集中する
人生は短い。毎日を前向きに過ごさなきゃ。	Life is short. Why not spend every day positively?
過去は変えられないけど、未来はいくらでも変えられる。	The past is over and it can't be changed, but the future can be altered. *alter＝～を変える・改める
扉を開けてごらん。新しい自分が見つかるかもしれないよ。	Open the door. You may find a new you.
ため息をつく人に幸せはやってこないよ。	Sighing just keeps happiness away. *sigh[サィ]＝ため息をつく

友情・友達への感謝

いつも支えになってくれてありがとう。	Thank you for your continuous support. *continuous＝絶え間ない
友達でいられてよかった。	I'm so glad we are friends.
あなたのような友達がいることが自慢。	I'm proud of having a friend like you.
あなたの幸せは私にとっても幸せ。	Your happiness is my happiness.
幸せを分けてくれてありがとう。	Thank you for sharing your happiness with me.
君への感謝の気持ちを表す言葉が見つからない。	It's hard to find words to express my gratitude to you. *gratitude＝感謝
自分を刺激してくれる友達がいるのはありがたいこと。	I'm grateful for having friends who inspire me. *grateful for ～＝～に感謝して　inspire＝～を刺激する
あの時あなたに出会えたことが、何よりの宝物。	Meeting you is the best thing that ever happened to me.
真の友情ほど大切なものはない。	Nothing is more priceless than true friendship. *priceless＝非常に貴重な
うわべだけの友達100人より、真の友達一人のほうがいい。	I would rather have one true friend than 100 superficial friends. *would rather ～＝むしろ～したい superficial＝外見上の、見せかけの

愛の言葉

あなたがすべて。	You're my one and only.
愛してる、これからもずっと。	I love you and I always will.
あなたといるときは、何もかもがスペシャル。	With you around, everything is special.
あなたのそばにいられるだけで幸せ。	I'm happy just to be near you.
あなたがいるから、私の人生に意義がある。	Because you're here, my life has meaning.

私たち、離れていても気持ちは一緒だよ。	We're physically apart but emotionally together. *physically＝身体上、物理的に　emotionally＝感情的に
私たち、一緒になる運命なんだ。	We're meant to be together. *meant[メント] to ～＝～する運命で
一緒に年を重ねたい。	I want to grow old with you.
愛に勝るものはない。	Love is more powerful than anything.

ことわざ・信条

当たり前の生活が送れることに感謝しよう。	Be thankful for the ordinary life that you have. *ordinary＝普通の
幸福とは、あるがままを受け入れ感謝すること。	Happiness is accepting and appreciating what is. *accept＝～を受け入れる　appreciate＝～に感謝する
努力は裏切らない。	Your efforts won't betray you. *betray＝～を裏切る
笑顔は最高の化粧。	A smile is the best makeup.
遅くてもしないよりはまし。	Better late than never.
学問に王道なし。	There's no royal road to learning. *royal road＝楽な道、王道
陰で支えてくれている人への感謝の気持ちを忘れずに。	Do not forget to thank those who've supported you behind the scenes. *behind the scenes＝陰で
過去のことは水に流そう。	Forgive and forget. *forgive＝許す
感情を選ぶことはできないけど、対処の仕方には選択があるよ。	I can't choose how I feel, but I can choose what I do about it.
苦労なくして得るものなし。	No pain, no gain. *pain＝骨折り、苦労
経験は最前の師。	Experience is the best teacher.
継続は力なり。	Perseverance pays off. *perseverance＝忍耐　pay off＝成果を上げる
行動は言葉よりも雄弁に語る。	Actions speak louder than words.
歳月は人を待たず。	Time and tide wait for no man. *tide＝潮
幸せを広めれば、自分にも返ってくる。	If you spread happiness, you will receive it back.

失敗は成功のもと。	Every failure is a stepping-stone to success. *failure＝失敗　stepping-stone＝足がかり、踏み石
正直は最善の策。	Honesty is the best policy. *policy＝方策、手段
初心忘れるべからず。	Always maintain a beginner's first-time enthusiasm and humility. *maintain＝〜を維持する　enthusiasm＝熱中、熱狂　humility＝謙そん、謙虚
信用を得るには年月がかかるけれど、失うときは一瞬。	It takes time to earn trust, but it can be lost in an instant. *in an instant＝一瞬で
出会いを大切に。	Treasure each encounter. *encounter＝出会い
できると思えばできるし、できないと思えばできない、そういうものだよ。	If you think you can, you can. If you think you can't, you can't.
努力し続けることも才能のうち。	Continuous effort is a talent, too. *continuous＝継続的な
どんな達人だって、最初は初心者。	All experts were beginners at one time. *at one time＝かつては、ある時は
悩みは話せば半減する。幸せは話すと2倍になる。	A trouble shared is halved, and a joy shared is doubled. *halve[ハァヴ]＝〜を半分にする　double＝〜を倍にする
半分入ったグラスと半分空のグラス、基本的には同じこと。それをどうとらえるかが違うだけ。	A half-full glass and a half-empty glass are basically the same. It just depends on how you look at it.
人のふり見てわがふり直せ。	Gain wisdom from the follies of others. *wisdom＝賢明、知恵　folly＝愚行
覆水盆に返らず。	It is no use crying over spilt milk. *no use 〜ing＝〜しても役に立たない　spilt[スピルト]＝こぼれた
毎日を精一杯。	Live every day to the fullest. *to the fullest＝十分に、心ゆくまで
まさかの友は、真の友。	A friend in need is a friend indeed.
勇敢になれるまで、勇敢に振る舞っていよう。	Act bravely until you really feel brave. *bravely＝勇敢に　brave＝勇敢な
意志があれば道は開ける。	Where there's a will, there's a way. *will＝意志

書き留めたい言葉を使って英語日記を書いてみよう

心に残る言葉やことわざを交えて、英語で書いてみましょう。

✏️ 自分を信じよう

> I'm not confident in myself these days. Running away from my troubles is easy, but I know it won't help me mature. I need to believe in myself.

訳
最近、自分に自信がない。困難から逃げ出すのは簡単だけど、それじゃ成長できないこともわかってる。自分を信じなきゃ。

ポイント confident は「自信がある」という意味の形容詞で、「自分に自信がある」は confident in myself と表します。running away from 〜 は「〜から逃げ出すこと」、mature は「成長する」、believe in myself は「自分を信じる」という意味です。

✏️ 成功者の共通点

> I read an article about successful people. Successful people never cease to strive.

訳
成功者の記事を読んだ。成功者の努力に終わりはないようだ。

ポイント successful は「成功した、好結果を収めた」という意味の形容詞です。ちなみに、名詞は success（成功、成功者）、動詞は succeed（成功する、うまくいく）。cease to 〜（動詞の原形）は「〜するのをやめる」、strive は「努力する」の意味です。

4章：英語日記フレーズ集

口先だけの人

> That guy is all talk, but no action. I wanna teach him the saying, "Actions speak louder than words."

訳
あの人、口では偉そうなことを言うくせに、実際は何もしない。「行動は言葉よりも雄弁に語る」ということわざを教えてやりたい。

ポイント That guy is all talk, but no action. は「あの人は口先だけの男で、実行はしない」というニュアンス。wanna [ワナ] は want to のカジュアルな形です。「ことわざ」は saying や proverb と言います。

親友のありがたみ

> Something unpleasant happened to me. Kanae came to comfort me even though it was late at night and she was tired. I realized nothing is more priceless than true friendship.

訳
イヤなことがあった。夜遅く、疲れていたのにもかかわらず、カナエが慰めに来てくれた。真の友情ほど大切なものはないと感じた。

ポイント something unpleasant は「イヤなこと」。このように、something 〜（形容詞）で「〜なこと」という意味を表します。「〜にもかかわらず」は even though 〜または although 〜で。comfort は「〜を慰める」、priceless は「（値段がつけられないほど）貴重な」の意味。

31 書き留めたい言葉

4章 英語日記フレーズ集 さくいん

あ

愛し合う [恋愛]	620
愛してる [恋愛]	620
愛情	
子どもへの愛情 [出産・育児]	654
会いたい	
また会いたい [恋愛]	614
会いたくない	
もう会いたくない [恋愛]	614
相手の印象 [恋愛]	612
相手の外見 [人間関係]	267
相手の家族構成 [人間関係]	277
相手の出身地・住んでいる場所 [人間関係]	278
相手の職業 [人間関係]	280
相手の性格 [人間関係]	270
相手の名前・年齢 [人間関係]	276
相手のプロフィール [人間関係]	276
愛の言葉 [書き留めたい言葉]	715
アイロンがけ [家事]	367
アウトドア・ドライブ [レジャー・旅行]	563
秋 [天気・季節]	220
あきらめる [気持ち・感想]	305
アクセサリー [ファッション]	589
アクセサリーにまつわる単語 [ファッション]	589
朝 [一日の生活]	322
朝寝坊 [一日の生活]	323
味	
そのほかの味 [感覚] / 酸っぱいなど	312
普通の味 [感覚]	311
味付け [感覚]	313
足の不調 [体調]	238
遊び [出産・育児]	661
遊び	
家遊び [出産・育児]	662
外遊び [出産・育児]	661
遊具・遊びにまつわる表現 [出産・育児]	661
暖かい [天気・季節]	218
暑い [天気・季節]	216
アプリ・着メロ [電話・郵便]	358
甘い [感覚]	311
雨 [天気・季節]	213
あやす [出産・育児]	649
歩く [交通・外出]	346
アルバイト・パート [仕事]	394
アレルギー	
花粉症・アレルギー [体調]	233
食べ物の好き嫌い・アレルギー [食べる・飲む]	488
安心 [気持ち・感想]	296

い

いい香り [感覚]	315
E メール [パソコン・ネット]	688
E メールにまつわる単語 [パソコン・ネット]	689
医院	
病院・医院 [体調]	240
家遊び [出産・育児]	662
家での昼食 [一日の生活]	327
家を建てる [住まい]	479
怒り [気持ち・感想]	293
育児	
日々の育児 [出産・育児]	649
育児の悩み [出産・育児]	664
居酒屋・バー [食べる・飲む]	503
異常気象 [災害・事件・事故]	696
忙しい [仕事]	376
いたずら電話	
無言電話・いたずら電話 [電話・郵便]	352
痛み	
けが・痛みの手当て [体調]	245
一日を振り返って [一日の生活]	333
犬 [ペット]	675
犬の種類を表す単語 [ペット]	675
胃もたれ	
胸焼け・胃もたれ [体調]	231
いやなにおい [感覚]	316
衣類	
洗濯・衣類の手入れ [家事]	365
衣類の手入れ [ファッション]	584
色 [ファッション]	582
いろいろな気持ち [気持ち・感想]	288
いろいろな行事 [行事・イベント]	252
いろいろなボランティア [ボランティア]	704
いろいろな料金を表す単語 [お金]	452
色を表す単語 [ファッション]	582
祝う [気持ち・感想]	301
印刷・スキャン [パソコン・ネット]	682
印象	
相手の印象 [恋愛]	612
見た目の印象 [人間関係]	269
飲食店にて [食べる・飲む]	490
インターネット [パソコン・ネット]	684
インターネット全般 [パソコン・ネット]	684
インテリア [住まい]	464

インテリア用品を表す単語 [住まい]	464
インフルエンザ [体調]	228

う

ウエア・シューズ [スポーツ]	544
ウォーキング [スポーツ]	541
疑う [気持ち・感想]	303
うまくいかない [恋愛]	621
うまくいく [恋愛]	621
海	
プール・海 [レジャー・旅行]	561
プール・海へ行く [レジャー・旅行]	561
うらやむ・ねたむ [気持ち・感想]	303
うれしい・幸せ [気持ち・感想]	288
浮気される [恋愛]	625
浮気する [恋愛]	625
うんざり	
憂うつ・うんざり [気持ち・感想]	291
運賃・切符 [交通・外出]	336
運動	
軽い運動 [スポーツ]	541
運動会・体育祭 [学校生活]	410
運動全般 [スポーツ]	540

え

映画 [見る・読む・聞く]	506
映画館に行く [見る・読む・聞く]	506
映画にまつわる単語 [見る・読む・聞く]	506
映画の感想 [見る・読む・聞く]	508
英語 [趣味・習いごと]	525
英語学習の目標 [趣味・習いごと]	526
英語が上達する・しない [趣味・習いごと]	527
栄養バランス [食べる・飲む]	487
ATM [お金]	457
駅伝 [スポーツ]	544
エクササイズ [スポーツ]	546
SMS	
携帯メール・SMS [電話・郵便]	356
SNS	
フェイスブック・SNS [パソコン・ネット]	686
エステに行く [美容・ボディケア]	605
エステ・マッサージ [美容・ボディケア]	605
エステ・マッサージの感想 [美容・ボディケア]	606
エスニック・中華 [食べる・飲む]	492
絵本 [出産・育児]	659
遠距離恋愛 [恋愛]	624
演劇 [見る・読む・聞く]	520
遠足・校外学習 [学校生活]	411
エントリーシート	
応募書類・エントリーシート [仕事]	398

お

おいしい [感覚]	310
お祝い	
パーティー・お祝い [行事・イベント]	263
応募書類・エントリーシート [仕事]	398
OB/OG 訪問	
就職説明会・OB/OG 訪問 [仕事]	397
大雪 [災害・事件・事故]	695
お菓子	
おやつ・お菓子 [食べる・飲む]	496
おやつ・お菓子を表す単語 [食べる・飲む]	496
お菓子作り [食べる・飲む]	499
お金の貸し借り [お金]	455
お金・バイト [大学・専門学校]	434
おけいこ [出産・育児]	666
お酒 [食べる・飲む]	500
お酒	
そのほかのお酒 [食べる・飲む] / お湯割りなど	503
お酒を表す単語 [食べる・飲む]	500
おしゃれ	
コーディネート・おしゃれ [ファッション]	584
お正月 [行事・イベント]	248
お正月の食事 [行事・イベント]	251
お正月の過ごし方 [行事・イベント]	249
お葬式・法事 [行事・イベント]	262
お出かけ [出産・育児]	660
お年玉 [行事・イベント]	251
驚き [気持ち・感想]	294
おなかがいっぱい・すいた [食べる・飲む]	487
おはらい	
厄年・おはらい [行事・イベント]	250
オフィス機器 [仕事]	381
オフィスの掃除・整理整頓 [仕事]	381
お風呂 [一日の生活]	329
お風呂・歯みがき [出産・育児]	651
お盆・帰省 [行事・イベント]	257
お土産を買う [レジャー・旅行]	574
おむつ・トイレ [出産・育児]	651
面白い	
楽しい・面白い [気持ち・感想]	289
おもちゃ [出産・育児]	663
おやつ・お菓子 [食べる・飲む]	496
おやつ・お菓子を表す単語 [食べる・飲む]	496
お湯について [レジャー・旅行]	566
お笑い	
お笑い [見る・読む・聞く]	521
舞台・お笑い [見る・読む・聞く]	520

音楽 [見る・読む・聞く] 516
　音楽全般 [見る・読む・聞く] 516
　音楽にまつわる単語 [見る・読む・聞く] 516
温泉 [レジャー・旅行] 566
　温泉街で [レジャー・旅行] 567
　温泉に行く [レジャー・旅行] 566

か

ガーデニング [趣味・習いごと] 534
絵画 [趣味・習いごと] 531
　会議 [仕事] 378
　会計 [食べる・飲む] 490
外見
　相手の外見 [人間関係] 267
解雇
　リストラ・解雇 [仕事] 388
　外国為替 [お金] 458
外国語
　そのほかの外国語 [趣味・習いごと] /
　韓国語など 528
　会社の行事 [仕事] 385
外食 [食べる・飲む] 489
　外食する [食べる・飲む] 489
　買い物に行く [買い物] 438
買い物をする [買い物] 438
解約
　契約・解約 [電話・郵便] 354
香り
　いい香り [感覚] 315
　学園祭 [大学・専門学校] 433
　各種手続き [電話・郵便] 355
　学食・カフェテリア [大学・専門学校] 432
　確定申告 [仕事] 394
格闘技
　ボクシング・格闘技 [スポーツ] 555
学年
　学部・学科・学年などを表す単語
　[大学・専門学校] 426
　学部・学科・学年などを表す単語
　[大学・専門学校] 426
家計 [お金] 452
　家計の管理 [お金] 453
菓子→「お菓子」の項目を参照
家事
　そのほかの家事 [家事] / 水やりなど 369
　火事 [災害・事件・事故] 699
カスタマイズ
　設定・カスタマイズ [パソコン・ネット] 681
　風 [天気・季節] 215
　風邪 [体調] 228

家族構成
　相手の家族構成 [人間関係] 277
　家族・友人の結婚式 [結婚・離婚] 637
　家族を表す単語 [人間関係] 277
　ガソリンスタンド [交通・外出] 343
肩
　首・肩の不調 [体調] 237
課題
　宿題・課題 [学校生活] 415
　課題・実習 [大学・専門学校] 429
　片付け [家事] 368
片付け・掃除 [家事] 368
学科
　学部・学科・学年などを表す単語
　[大学・専門学校] 426
　がっかり・残念 [気持ち・感想] 292
楽器 [趣味・習いごと] 528
　楽器を表す単語 [趣味・習いごと] 529
　楽器を習う [趣味・習いごと] 528
　学校が好き・嫌い [学校生活] 405
学校行事 [学校生活] 409
　学校行事を表す単語 [学校生活] 409
学校生活
　そのほかの学校生活 [学校生活] /
　校則など 408
学校生活全般 [学校生活] 402
合宿
　林間学校・合宿 [学校生活] 412
　合唱コンクール [学校生活] 410
　買った [買い物] 438
　買った物の感想 [買い物] 439
家庭教師
　塾・家庭教師・予備校 [学校生活] 419
　家庭内別居 [結婚・離婚] 640
　家電製品 [買い物] 444
　家電製品を表す単語 [買い物] 444
　悲しい [気持ち・感想] 290
　かなわぬ恋 [恋愛] 616
金→「お金」の項目を参照
カバン・財布 [ファッション] 585
　カバン・財布にまつわる単語 [ファッション] 585
カフェ
　デザート・カフェ [食べる・飲む] 495
カフェテリア
　学食・カフェテリア [大学・専門学校] 432
　株価下落 [お金] 458
　株価上昇 [お金] 457
株・投資 [お金] 457
　株・投資 [お金] 457
　花粉症・アレルギー [体調] 233

我慢する [気持ち・感想]	306
髪型 [美容・ボディケア]	603
髪型にまつわる単語 [美容・ボディケア]	601
雷 [災害・事件・事故]	695
雷・ひょう [天気・季節]	216
髪の悩み [美容・ボディケア]	604
カラー・白髪染め [美容・ボディケア]	603
辛い [感覚]	312
カラオケ [趣味・習いごと]	530
体の痛み [体調]	238
体の成長 [出産・育児]	655
体の部位を表す単語 [体調]	227
軽い運動 [スポーツ]	541
為替	
外国為替 [お金]	458
為替・両替 [お金]	458
買わなかった [買い物]	439
川・湖 [レジャー・旅行]	563
環境美化 [ボランティア]	704
観光する [レジャー・旅行]	573
感謝する [気持ち・感想]	300
乾燥	
じめじめ・乾燥 [天気・季節]	218
感想	
買った物の感想 [買い物]	439
読書と感想 [見る・読む・聞く]	513
美術館・博物館の感想 [見る・読む・聞く]	519
感動した [気持ち・感想]	293

き

機種変更	
新機種・機種変更 [電話・郵便]	355
気象 [天気・季節]	219
起床 [一日の生活]	322
帰省	
お盆・帰省 [行事・イベント]	257
季節 [天気・季節]	219
期待・楽しみ [気持ち・感想]	291
帰宅 [一日の生活]	328
着付け [趣味・習いごと]	533
切符	
運賃・切符 [交通・外出]	336
記念写真を撮る [レジャー・旅行]	574
記念日 [行事・イベント]	262
寄付	
募金・寄付 [ボランティア]	706
気持ち	
いろいろな気持ち [気持ち・感想]	288
気持ちを表すショートフレーズ [気持ち・感想]	306

キャンプ [レジャー・旅行]	564
休暇 [仕事]	391
休暇 [学校生活]	408
休暇	
人事・給与・休暇 [仕事]	387
長期休暇 [大学・専門学校]	434
嗅覚 [感覚]	315
球根	
種・球根を植える [趣味・習いごと]	535
給食・弁当 [学校生活]	407
給与	
人事・給与・休暇 [仕事]	387
給料 [仕事]	390
教科	
授業・教科を表す単語 [学校生活]	414
行事	
いろいろな行事 [行事・イベント]	252
会社の行事 [仕事]	385
学校行事 [学校生活]	409
学校行事を表す単語 [学校生活]	409
祝日・行事を表す単語 [行事・イベント]	248
保護者の行事 [学校生活]	413
きょうだい [出産・育児]	654
嫌い [気持ち・感想]	288
切り傷・すり傷 [体調]	239
銀行 [お金]	456
銀行口座 [お金]	456
近所付き合い [人間関係]	283
緊張	
不安・緊張 [気持ち・感想]	295
筋トレ	
ジム・筋トレ [スポーツ]	545
ジム・筋トレにまつわる表現 [スポーツ]	545
筋肉痛 [体調]	239

く

空港で [レジャー・旅行]	569
空港にまつわる単語 [レジャー・旅行]	569
クーポン [食べる・飲む]	491
草花の生長 [趣味・習いごと]	536
草花の世話 [趣味・習いごと]	535
草花を表す単語 [趣味・習いごと]	534
草野球 [スポーツ]	550
薬 [体調]	245
薬・手当て [体調]	245
ぐずる	
不機嫌・ぐずる [出産・育児]	663
口	
歯・口の不調 [体調]	236
靴 [ファッション]	586

723

靴にまつわる単語［ファッション］	586
靴の試着［ファッション］	587
靴の種類［ファッション］	586
靴の手入れ［ファッション］	587
首・肩の不調［体調］	237
雲［天気・季節］	222
曇り［天気・季節］	213
クラス分け［学校生活］	403
クラブ	
部活動・クラブの単語［学校生活］	406
クリーニング［家事］	367
クリスマス［行事・イベント］	259
車［交通・外出］	**340**
車	
自家用車［交通・外出］	342
車のトラブル［交通・外出］	344
車のメンテナンス［交通・外出］	345
車・バイク［趣味・習いごと］	**536**

け

警察	
通報・警察［災害・事件・事故］	698
携帯電話・スマートフォン［電話・郵便］	**354**
携帯電話のトラブル［電話・郵便］	356
携帯メール・SMS［電話・郵便］	356
警報	
災害・警報にまつわる単語 　［災害・事件・事故］	692
契約	
住宅購入の契約［住まい］	478
契約・解約［電話・郵便］	354
契約・ノルマ［仕事］	380
敬老の日［行事・イベント］	258
けが	
子どもの体調・けが［出産・育児］	652
けが・痛みの手当て［体調］	245
化粧品［美容・ボディケア］	599
化粧品にまつわる単語［美容・ボディケア］	599
結婚［結婚・離婚］	**636**
結婚式	
家族・友人の結婚式［結婚・離婚］	637
自分の結婚式［結婚・離婚］	636
結婚式の準備［結婚・離婚］	635
結婚したい［結婚・離婚］	631
結婚準備［結婚・離婚］	**630**
結婚生活［結婚・離婚］	639
結婚生活への不満［結婚・離婚］	639
結婚全般［結婚・離婚］	630
結婚指輪	
婚約指輪・結婚指輪［結婚・離婚］	632

欠席	
出席・欠席［学校生活］	404
下痢［体調］	230
けんか［恋愛］	622
献血・ドナー［ボランティア］	705
健康診断［体調］	241
健康ランド	
サウナ・健康ランド・銭湯 　**［美容・ボディケア］**	**607**
研修・セミナー［仕事］	383
建築工事［住まい］	481
建築プラン［住まい］	480

こ

豪雨	
台風・豪雨［災害・事件・事故］	694
豪雨・台風［天気・季節］	215
公園デビュー［出産・育児］	661
後悔［気持ち・感想］	298
校外学習	
遠足・校外学習［学校生活］	411
合格・不合格［学校生活］	423
交換	
返品・交換［買い物］	443
講義［大学・専門学校］	428
高校の学年	
小・中・高の学年を表す単語［学校生活］	402
高校野球［スポーツ］	549
合コン［恋愛］	611
口座の残高［お金］	456
洪水・浸水［災害・事件・事故］	695
高速道路［交通・外出］	343
交通機関への影響［災害・事件・事故］	696
交通事故［災害・事件・事故］	700
強盗・盗難［災害・事件・事故］	698
購入物件の比較・検討［住まい］	476
購入物件を探す［住まい］	475
コーディネート・おしゃれ［ファッション］	584
語学［趣味・習いごと］	**525**
語学にまつわる単語［趣味・習いごと］	525
国際交流［ボランティア］	706
国際電話［電話・郵便］	353
告白する［恋愛］	**615**
告白する［恋愛］	617
告白の返事・OK［恋愛］	617
告白の返事・NO［恋愛］	617
告白前のドキドキ［恋愛］	616
国名を表す単語［人間関係］	278
心に響く言葉［書き留めたい言葉］	**711**
子育ての大変さ［出産・育児］	**663**

骨折		
骨折・打撲・ねんざ [体調]		239
子どもとお出かけ		660
子どものこと [結婚・離婚]		642
子どものこと [出産・育児]		653
子どもの性格 [出産・育児]		653
子どもの体調・けが [出産・育児]		652
子どもの誕生日 [出産・育児]		657
こどもの日 [行事・イベント]		255
子ども服 [出産・育児]		658
子どもへの愛情 [出産・育児]		654
ことわざ・信条 [書き留めたい言葉]		716
好みのタイプ [恋愛]		612
ごみ出し [家事]		370
ごみにまつわる単語 [家事]		370
ごみ・不用品 [家事]		370
娯楽施設 [レジャー・旅行]		558
ゴルフ [スポーツ]		552
怖い・不快 [気持ち・感想]		297
婚姻届 [結婚・離婚]		634
婚活 [結婚・離婚]		630
コンクール		
発表会・コンクール [趣味・習いごと]		529
コンサート		
ライブ・コンサート [見る・読む・聞く]		517
婚約指輪・結婚指輪 [結婚・離婚]		632

さ

サークル活動 [大学・専門学校]		432
再会		
久しぶりの再会 [人間関係]		282
災害		
自然災害 [災害・事件・事故]		692
そのほかの災害 [災害・事件・事故] / 竜巻など		696
災害・警報にまつわる単語 [災害・事件・事故]		692
再婚		
離婚・再婚 [結婚・離婚]		639
再婚 [結婚・離婚]		643
サイズ [ファッション]		580
財布		
カバン・財布 [ファッション]		585
カバン・財布にまつわる単語 [ファッション]		585
サウナ・健康ランド・銭湯 [美容・ボディケア]		607
詐欺 [災害・事件・事故]		699
酒→「お酒」の項目を参照		
酒に酔う [食べる・飲む]		501

サッカー		
少年サッカー [スポーツ]		552
サッカー [スポーツ]		550
サッカー全般 [スポーツ]		550
雑誌		
本・雑誌 [見る・読む・聞く]		512
雑誌 [見る・読む・聞く]		514
雑誌にまつわる単語 [見る・読む・聞く]		514
茶道 [趣味・習いごと]		533
さみしい・むなしい [気持ち・感想]		290
寒い [天気・季節]		217
残業 [仕事]		382
散財		
浪費・散財 [お金]		453
賛成する [気持ち・感想]		304
残高		
口座の残高 [お金]		456
残念		
がっかり・残念 [気持ち・感想]		292

し

幸せ		
うれしい・幸せ [気持ち・感想]		288
自営業 [仕事]		393
自営業・自由業 [仕事]		393
潮干狩り [レジャー・旅行]		563
紫外線対策 [美容・ボディケア]		597
視覚 [感覚]		318
自家用車 [交通・外出]		342
事件・事故 [災害・事件・事故]		697
事件		
そのほかの事件・事故 [災害・事件・事故] / 盗聴など		701
事故		
事件・事故 [災害・事件・事故]		697
そのほかの事件・事故 [災害・事件・事故] / 盗聴など		701
事故・遅延 [交通・外出]		339
仕事		
日々の仕事 [仕事]		377
仕事全般 [仕事]		374
仕事の調子 [仕事]		374
仕事の電話 [仕事]		377
仕事の悩み・トラブル [仕事]		375
仕事への意気込み [仕事]		374
地震 [災害・事件・事故]		693
自信がある・ない [気持ち・感想]		295
自炊する [食べる・飲む]		498
自然災害 [災害・事件・事故]		692

項目	ページ
下着	
服・下着にまつわる単語 [ファッション]	579
七五三 [行事・イベント]	258
試着する [ファッション]	579
実家へのあいさつ [結婚・離婚]	633
実習	
課題・実習 [大学・専門学校]	429
自転車・スクーター [交通・外出]	345
品切れ [買い物]	442
支払い	
値段・支払い [買い物]	439
支払い [買い物]	441
支払い [お金]	452
自分に活を入れる [書き留めたい言葉]	712
自分の結婚式 [結婚・離婚]	636
自分を励ます [書き留めたい言葉]	711
死別	
人との死別 [人間関係]	285
志望校 [学校生活]	421
ジム・筋トレ [スポーツ]	545
ジム・筋トレにまつわる表現 [スポーツ]	545
ジム・トレーニング [スポーツ]	545
じめじめ・乾燥 [天気・季節]	218
謝罪する [気持ち・感想]	300
写真 [趣味・習いごと]	532
写真	
記念写真を撮る [レジャー・旅行]	574
写真のでき [趣味・習いごと]	532
写真・ビデオ [出産・育児]	657
写真を撮る [趣味・習いごと]	532
社内英語化 [仕事]	384
車内にて [交通・外出]	337
就学準備	
保育園・就学準備 [出産・育児]	665
就学準備	667
修学旅行 [学校生活]	412
自由業	
自営業・自由業 [仕事]	393
自由業 [仕事]	393
就職活動 [仕事]	395
就職説明会・OB/OG 訪問 [仕事]	397
就職・転職 [仕事]	395
就寝・睡眠 [一日の生活]	331
シューズ	
ウエア・シューズ [スポーツ]	544
住宅購入の契約 [住まい]	478
住宅の購入 [住まい]	475
住宅ローン [住まい]	477
充電	
電池・充電 [電話・郵便]	358
周辺環境 [住まい]	471
修理 [パソコン・ネット]	683
修了式・卒業式 [学校生活]	413
授業 [学校生活]	414
授業・教科を表す単語 [学校生活]	414
塾・家庭教師・予備校 [学校生活]	419
祝日・行事を表す単語 [行事・イベント]	248
宿題・課題 [学校生活]	415
受験	
進路・受験 [学校生活]	420
受験 [学校生活]	422
受験対策 [学校生活]	421
手術 [体調]	243
出産	
妊娠・出産 [出産・育児]	646
出産 [出産・育児]	647
出社 [仕事]	377
出身地	
相手の出身地・住んでいる場所 [人間関係]	278
出席・欠席 [学校生活]	404
出張 [仕事]	383
趣味	
習いごと・趣味全般 [趣味・習いごと]	524
正月→「お正月」の項目を参照	
上司・同僚・部下 [仕事]	391
上司のこと [仕事]	391
昇進 [仕事]	387
小・中・高の学年を表す単語 [学校生活]	402
少年サッカー [スポーツ]	552
初期費用	
家賃・初期費用 [住まい]	473
ジョギング [スポーツ]	542
ジョギング・マラソン [スポーツ]	542
職業	
相手の職業 [人間関係]	280
職業を表す単語 [人間関係]	280
食事	
お正月の食事 [行事・イベント]	251
ホテル・旅館での食事 [レジャー・旅行]	573
離乳食・食事 [出産・育児]	650
食事制限 [美容・ボディケア]	593
食洗機 [家事]	365
食欲がある・ない [体調]	232
食料品・日用品を買う [買い物]	446
食料品を表す単語 [買い物]	446
食料品を買う [買い物]	446
触覚 [感覚]	319
食器洗い [家事]	364
食器を洗う [家事]	364
しょっぱい [感覚]	312

書店［見る・読む・聞く］	514
書道［趣味・習いごと］	534
白髪染め	
カラー・白髪染め［美容・ボディケア］	603
資料	
報告書・資料［仕事］	378
新幹線	
特急・新幹線［交通］	338
新機種・機種変更［電話・郵便］	355
進級	
入学・進級［学校生活］	402
しんきゅう院	
整体・しんきゅう院［体調］	244
新婚旅行［結婚・離婚］	638
診察［体調］	241
人事［仕事］	387
人事・給与・休暇［仕事］	387
信条	
ことわざ・信条［書き留めたい言葉］	716
浸水	
洪水・浸水［災害・事件・事故］	695
新年を迎えて［行事・イベント］	248
進路・受験［学校生活］	420
進路について［学校生活］	420

す

水泳・プール［スポーツ］	547
水族館［レジャー・旅行］	560
水族館の生き物を表す単語［レジャー・旅行］	560
睡眠	
就寝・睡眠［一日の生活］	331
スカイプ・ネット電話［電話・郵便］	354
好き［恋愛］	615
スキー・スノーボード［スポーツ］	553
スキャン	
印刷・スキャン［パソコン・ネット］	682
スクーター	
自転車・スクーター［交通］	345
涼しい［天気・季節］	218
頭痛［体調］	229
スノーボード	
スキー・スノーボード［スポーツ］	553
スポーツ	
そのほかのスポーツ［スポーツ］ / 卓球など	555
スポーツ大会［学校生活］	410
スマートフォン	
携帯電話・スマートフォン［電話・郵便］	354
スマートフォン［電話・郵便］	358
住まい	
友人の住まい	468

友人の住まいについて	468
住まいについて［住まい］	464
住まいの印象［住まい］	468
住まいの条件［住まい］	469
住まいのトラブル［住まい］	466
すり傷	
切り傷・すり傷［体調］	239
住んでいる場所	
相手の出身地・住んでいる場所［人間関係］	278

せ

性格	
相手の性格［人間関係］	270
子どもの性格［出産・育児］	653
付き合いにくい性格［人間関係］	270
付き合いやすい性格［人間関係］	273
税金［お金］	459
税金を表す単語［お金］	459
星座を表す単語［天気・季節］	223
成人式［行事・イベント］	252
成績	
勉強・成績［学校生活］	414
成績［学校生活］	419
成績・単位［大学・専門学校］	431
整体・しんきゅう院［体調］	244
成長	
体の成長［出産・育児］	655
成長の記録［出産・育児］	655
生徒会［学校生活］	408
制服［学校生活］	403
生理・生理痛［体調］	231
セール［買い物］	440
セールス電話［電話・郵便］	352
せき	
のどの不調・せき［体調］	237
接待［仕事］	382
設定・カスタマイズ［パソコン・ネット］	681
設備［住まい］	470
節分［行事・イベント］	253
節約［お金］	454
セミナー	
研修・セミナー［仕事］	383
先生のこと［学校生活］	405
洗濯・衣類の手入れ［家事］	365
洗濯する［家事］	365
洗濯洗剤［家事］	366
洗濯物を干す・取り込む［家事］	366
銭湯	
サウナ・健康ランド・銭湯	
［美容・ボディケア］	607

専門学校の分野を表す単語 [大学・専門学校]	427

そ

総菜	
弁当・総菜 [食べる・飲む]	494
掃除	
片付け・掃除 [家事]	368
オフィスの掃除・整理整頓 [仕事]	381
掃除 [家事]	369
葬式→「お葬式・法事」の項目を参照	
早退	
遅刻・早退 [学校生活]	404
素材	
模様・素材にまつわる単語 [ファッション]	579
素材 [ファッション]	582
卒業 [大学・専門学校]	435
卒業式	
修了式・卒業式 [学校生活]	413
卒論 [大学・専門学校]	435
外遊び [出産・育児]	661
外回り [仕事]	380
そのほかの味 [感覚] / 酸っぱいなど	312
そのほかのお酒 [食べる・飲む] / お湯割りなど	503
そのほかの外国語 [趣味・習いごと] / 韓国語など	528
そのほかの家事 [家事] / 水やりなど	369
そのほかの学校生活 [学校生活] / 校則など	408
そのほかの災害 [災害・事件・事故] / 竜巻など	696
そのほかの事件・事故 [災害・事件・事故] / 盗聴など	701
そのほかのスポーツ [スポーツ] / 卓球など	555
そのほかのペット [ペット] / 熱帯魚など	677
そのほかのボランティア [ボランティア] / 雪かきなど	707
そのほかのレジャー [レジャー・旅行] / 植物園など	565
空・天体 [天気・季節]	221

た

体育祭	
運動会・体育祭 [学校生活]	410
退院 [体調]	244
ダイエット [美容・ボディケア]	592
ダイエット・失敗 [美容・ボディケア]	595
ダイエット・成功 [美容・ボディケア]	594
ダイエットの決意 [美容・ボディケア]	592
ダイエット法 [美容・ボディケア]	593
体型 [人間関係]	268
退職 [仕事]	389
体調	
子どもの体調・けが [出産・育児]	652
体調がいい [体調]	226
体調が悪い [体調]	226
体調について [体調]	226
タイプ	
好みのタイプ [恋愛]	612
台風	
豪雨・台風 [天気・季節]	215
台風・豪雨 [災害・事件・事故]	694
太陽 [天気・季節]	222
タクシー [交通・外出]	341
宅配便	
郵便・宅配便 [電話・郵便]	359
郵便・宅配便にまつわる単語 [電話・郵便]	359
宅配便を受け取る [電話・郵便]	361
宅配便を出す [電話・郵便]	360
立ちくらみ	
貧血・立ちくらみ [体調]	232
建物の階数・築年数 [住まい]	471
七夕 [行事・イベント]	256
種・球根を植える [趣味・習いごと]	535
楽しい・面白い [気持ち・感想]	289
楽しみ	
期待・楽しみ [気持ち・感想]	291
旅から戻って [レジャー・旅行]	575
旅先での交流 [レジャー・旅行]	575
食べた [食べる・飲む]	487
食べ物の好き嫌い・アレルギー [食べる・飲む]	488
食べ物を表す単語 [食べる・飲む]	486
食べる [食べる・飲む]	486
打撲	
骨折・打撲・ねんざ [体調]	239
単位	
成績・単位 [大学・専門学校]	431
誕生日 [行事・イベント]	261
誕生日	
子どもの誕生日 [出産・育児]	657
ダンス [趣味・習いごと]	530
だんらん [一日の生活]	330

ち

遅延	
事故・遅延 [交通・外出]	339
築年数	
建物の階数・築年数 [住まい]	471
遅刻・早退 [学校生活]	404

知人に会う	
友人・知人に会う [人間関係]	281
父の日	
母の日・父の日 [行事・イベント]	256
着メロ	
アプリ・着メロ [電話・郵便]	358
中華	
エスニック・中華 [食べる・飲む]	492
中学校の学年	
小・中・高の学年を表す単語 [学校生活]	402
駐車・駐車場 [交通・外出]	344
昼食	
家での昼食 [一日の生活]	327
聴覚 [感覚]	317
長期休暇 [大学・専門学校]	434
朝食 [一日の生活]	323
貯金 [お金のこと]	454
賃貸契約 [住まい]	475
賃貸の希望条件 [住まい]	472

つ

ツイッター [パソコン・ネット]	687
ツイッターにまつわる表現 [パソコン・ネット]	687
通学	
通勤・通学 [一日の生活]	325
通勤・通学 [一日の生活]	325
通販・ネットショッピング [買い物]	449
通報・警察 [災害・事件・事故]	698
月 [天気・季節]	222
付き合いにくい性格 [人間関係]	273
付き合いやすい性格 [人間関係]	270
付き合う [恋愛]	618
付き合う [恋愛]	618
津波 [災害・事件・事故]	694
つまらない [気持ち・感想]	292
つめのお手入れ [美容・ボディケア]	600
つらいときに [書き留めたい言葉]	713
釣り [趣味・習いごと]	537

て

出会い [人間関係]	266
出会い [恋愛]	610
出会い全般 [恋愛]	610
手当て	
薬・手当て [体調]	245
けが・痛みの手当て [体調]	245
DVD 鑑賞 [見る・読む・聞く]	507
DVD レンタル [見る・読む・聞く]	507
デート [恋愛]	619
デートの計画 [恋愛]	618

出かける準備・持ち物 [一日の生活]	325
できること [出産・育児]	656
デザート・カフェ [食べる・飲む]	495
デザートを表す単語 [食べる・飲む]	495
デザイン [ファッション]	581
デジカメ [買い物]	443
テスト [学校生活]	417
テストにまつわる表現 [学校生活]	417
テストのでき [学校生活]	418
テスト・レポート [大学・専門学校]	430
手続き	
各種手続き [電話・郵便]	355
出前 [食べる・飲む]	494
テレビ [見る・読む・聞く]	509
テレビ番組にまつわる単語	
[見る・読む・聞く]	509
テレビ番組の感想 [見る・読む・聞く]	510
テレビ番組の録画 [見る・読む・聞く]	510
テレビを見る [見る・読む・聞く]	509
店員	
店・店員 [買い物]	442
電化製品を買う [買い物]	443
天気 [天気・季節]	212
天気予報 [天気・季節]	218
天気を表す単語 [天気・季節]	212
転勤 [仕事]	388
電子書籍 [見る・読む・聞く]	512
電車 [交通・外出]	336
電車に乗る [交通・外出]	337
電車にまつわる単語 [交通・外出]	336
転職	
就職・転職 [仕事]	395
転職活動 [仕事]	396
天体	
空・天体 [天気・季節]	221
電池・充電 [電話・郵便]	358
電波が悪い [電話・郵便]	357
電話	
仕事の電話 [仕事]	377
電話がつながらない [電話・郵便]	352
電話代 [電話・郵便]	353
電話で話す [電話・郵便]	351
電話のトラブル [電話・郵便]	352
電話・ファクス [電話・郵便]	350
電話を受ける [電話・郵便]	350
電話をかける [電話・郵便]	350
電話を切る [電話・郵便]	351

と

トイレ
 おむつ・トイレ [出産・育児]   651
投資
 株・投資 [お金]   457
  株・投資 [お金]   457
同棲 [恋愛]   624
盗難
 強盗・盗難 [災害・事件・事故]   698
動物園 [レジャー・旅行]   559
動物病院 [ペット]   674
動物を表す単語 [レジャー・旅行]   559
同僚
 上司・同僚・部下 [仕事]   391
同僚と一杯
 ランチ・同僚と一杯 [仕事]   385
同僚と一杯 [仕事]   386
同僚のこと [仕事]   392
道路状況 [交通・外出]   342
読書と感想 [見る・読む・聞く]   513
登山 [スポーツ]   554
都市名を表す単語 [人間関係]   279
図書館 [見る・読む・聞く]   515
土地探し [住まい]   479
どちらでもない [気持ち・感想]   305
特急・新幹線 [交通・外出]   338
ドナー
 献血・ドナー [ボランティア]   705
友達への感謝
 友情・友達への感謝 [書き留めたい言葉]   715
ドライブ
 アウトドア・ドライブ [レジャー・旅行]   563
ドライブ [レジャー・旅行]   565
トレーニング
 ジム・トレーニング [スポーツ]   545

な

内見 [住まい]   474
内見して [住まい]   475
内定 [仕事]   399
仲直り [恋愛]   623
慰める [気持ち・感想]   303
夏 [天気・季節]   220
夏休み [行事・イベント]   257
名前
 相手の名前・年齢 [人間関係]   276
悩み
 育児の悩み [出産・育児]   664
 髪の悩み [美容・ボディケア]   604
 仕事の悩み・トラブル [仕事]   375
 肌の悩み [美容・ボディケア]   597
習いごと・趣味全般 [趣味・習いごと]   524
 習いごとにまつわる単語 [趣味・習いごと]   524
ナンパされる [恋愛]   611
ナンパする [恋愛]   610

に

似合う・似合わない [ファッション]   580
におい
 いやなにおい [感覚]   316
虹   223
日用品
 食料品・日用品を買う [買い物]   446
日用品を表す単語 [買い物]   447
日用品を買う [買い物]   447
荷造り [住まい]   482
似てる・似てない [出産・育児]   654
荷解き [住まい]   483
日本酒 [食べる・飲む]   503
入院 [体調]   243
入園準備 [出産・育児]   665
入学 [大学・専門学校]   427
入学式 [学校生活]   409
入学準備 [学校生活]   403
入学・進級 [学校生活]   402
入社試験・面接 [仕事]   398
ニュースを見て [災害・事件・事故]   697
妊娠 [出産・育児]   646
妊娠・出産 [出産・育児]   646
妊娠中の体調管理 [出産・育児]   647

ね

ネイル [美容・ボディケア]   600
ネイルサロン [美容・ボディケア]   600
寝かし付け [出産・育児]   652
猫 [ペット]   676
猫の種類を表す単語 [ペット]   676
ねたむ
 うらやむ・ねたむ [気持ち・感想]   303
値段・支払い [買い物]   439
値段について [買い物]   439
ネット
 パソコン・ネットにまつわる単語
 [パソコン・ネット]   680
ネットオークション [パソコン・ネット]   685
ネット検索 [パソコン・ネット]   685
ネットショッピング
 通販・ネットショッピング [買い物]   449
ネット電話
 スカイプ・ネット電話 [電話・郵便]   354

寝不足 [体調]	233
寝坊	
朝寝坊 [一日の生活]	323
寝る前に [一日の生活]	331
年賀状 [行事・イベント]	249
ねんざ	
骨折・打撲・ねんざ [体調]	239
年末 [行事・イベント]	260
年齢	
相手の名前・年齢 [人間関係]	276

の

のどの不調・せき [体調]	237
飲み会 [行事・イベント]	262
飲み会・パーティー [行事・イベント]	262
飲みに行く [食べる・飲む]	501
飲み物を表す単語 [食べる・飲む]	495
乗り換え [交通・外出]	339
ノルマ	
契約・ノルマ [仕事]	380

は

バー	
居酒屋・バー [食べる・飲む]	503
パーティー	
飲み会・パーティー [行事・イベント]	262
ホームパーティー [行事・イベント]	263
パーティー・お祝い [行事・イベント]	263
パート	
アルバイト・パート [仕事]	394
バイク	
車・バイク [趣味・習いごと]	536
バイト	
お金・バイト [大学・専門学校]	434
吐き気 [体調]	231
歯・口の不調 [体調]	236
博物館	
美術館・博物館 [見る・読む・聞く]	518
美術館・博物館に行く [見る・読む・聞く]	518
美術館・博物館の感想 [見る・読む・聞く]	519
励ます [気持ち・感想]	302
励ます	
自分を励ます [書き留めたい言葉]	711
歯ごたえ [感覚]	314
バス [交通・外出]	340
恥ずかしい [気持ち・感想]	299
パスポート・ビザ [レジャー・旅行]	568
パソコン [パソコン・ネット]	680
パソコン・ネットにまつわる単語 [パソコン・ネット]	680

パソコンのトラブル [パソコン・ネット]	683
パソコンを使う [パソコン・ネット]	682
パソコンを手に入れる [パソコン・ネット]	680
肌 [美容・ボディケア]	595
肌荒れ・虫刺され [体調]	237
肌のお手入れ [美容・ボディケア]	596
肌の調子 [美容・ボディケア]	595
肌の悩み [美容・ボディケア]	597
初売り・福袋 [行事・イベント]	252
発熱 [体調]	229
初日の出 [行事・イベント]	250
発表会・コンクール [趣味・習いごと]	529
発泡酒	
ビール・発泡酒 [食べる・飲む]	501
初詣で [行事・イベント]	250
初夢 [行事・イベント]	251
鼻の不調 [体調]	235
花見 [行事・イベント]	255
母の日・父の日 [行事・イベント]	256
歯みがき	
お風呂・歯みがき [出産・育児]	651
春 [天気・季節]	219
晴れ [天気・季節]	212
バレエ [見る・読む・聞く]	520
バレンタインデー [行事・イベント]	253
ハロウィーン [行事・イベント]	258
反抗期 [出産・育児]	664
反対する [気持ち・感想]	304
パン作り [食べる・飲む]	499

ひ

ビーチで [レジャー・旅行]	562
ビール・発泡酒 [食べる・飲む]	501
日が長い・短い [天気・季節]	221
ピクニック [レジャー・旅行]	564
飛行機 [レジャー・旅行]	570
飛行機にまつわる単語 [レジャー・旅行]	570
ビザ	
パスポート・ビザ [レジャー・旅行]	568
久しぶりの再会 [人間関係]	282
美術館・博物館 [見る・読む・聞く]	518
美術館・博物館に行く [見る・読む・聞く]	518
美術館・博物館の感想 [見る・読む・聞く]	519
引っ越し [住まい]	481
引っ越し準備 [住まい]	481
引っ越し当日 [住まい]	483
引っ越し費用 [住まい]	482
ビデオ	
写真・ビデオ [出産・育児]	657
人付き合い [人間関係]	281

人手不足 [仕事]	376
人との死別 [人間関係]	285
人との別れ [人間関係]	284
人と別れる [人間関係]	284
ひな祭り [行事・イベント]	254
日々の育児 [出産・育児]	649
日々の仕事 [仕事]	377
日焼け [レジャー・旅行]	562
ひょう	
雷・ひょう [天気・季節]	216
美容院 [美容・ボディケア]	601
美容院で [美容・ボディケア]	602
美容院の予約 [美容・ボディケア]	601
病院・医院 [体調]	240
病院に行く [体調]	240
病院にまつわる単語 [体調]	240
病名を表す単語 [体調]	227
ピラティス	
ヨガ・ピラティス [スポーツ]	547
昼 [一日の生活]	327
疲労 [体調]	233
貧血・立ちくらみ [体調]	232

ふ

ファクス	
電話・ファクス [電話・郵便]	350
ファクス [電話・郵便]	354
ファストフード [食べる・飲む]	493
ファッション全般 [ファッション]	578
ファミレス [食べる・飲む]	493
不安・緊張 [気持ち・感想]	295
プール	
水泳・プール [スポーツ]	547
プール・海 [レジャー・旅行]	561
プール・海へ行く [レジャー・旅行]	561
フェイスブック・SNS [パソコン・ネット]	686
部下	
上司・同僚・部下 [仕事]	391
不快	
怖い・不快 [気持ち・感想]	297
部活動 [学校生活]	406
部活動・クラブの単語 [学校生活]	406
部下のこと [仕事]	392
不機嫌・ぐずる [出産・育児]	663
服	
子ども服 [出産・育児]	658
ベビー用品・服 [出産・育児]	658
服 [ファッション]	578
服・下着にまつわる単語 [ファッション]	579
福祉 [ボランティア]	705

服飾雑貨 [ファッション]	588
服飾雑貨にまつわる単語 [ファッション]	588
腹痛 [体調]	230
服の手入れ [家事]	368
福袋	
初売り・福袋 [行事・イベント]	252
不合格	
合格・不合格 [学校生活]	423
舞台・お笑い [見る・読む・聞く]	520
普通の味 [感覚]	311
二日酔い [体調]	231
物件探し [住まい]	473
不満 [気持ち・感想]	297
不満	
結婚生活への不満	639
冬 [天気・季節]	221
不用品	
ごみ・不用品 [家事]	370
不倫 [恋愛]	626
プレゼンテーション [仕事]	379
プレゼントを買う [買い物]	448
風呂→「お風呂」の項目を参照	
ブログ [パソコン・ネット]	685
プロフィール	
相手のプロフィール [人間関係]	276
プロポーズ [結婚・離婚]	631
プロ野球 [スポーツ]	548
文化祭 [学校生活]	411

へ

ヘアアレンジ [美容・ボディケア]	604
ペット	
そのほかのペット [ペット] / 熱帯魚など	677
ペット全般 [ペット]	670
ペットとの生活 [ペット]	672
ペットとの別れ [ペット]	674
ペットにまつわる単語 [ペット]	670
ペットのしつけ [ペット]	672
ペットの出産 [ペット]	672
ペットの世話 [ペット]	671
ペットの病気・トラブル [ペット]	673
ペットを飼う [ペット]	670
ベビーカー [出産・育児]	659
ベビー用品・服 [出産・育児]	658
ベビー用品を表す単語 [出産・育児]	658
部屋を借りる [住まい]	472
勉強 [学校生活]	416
勉強・成績 [学校生活]	414
弁当	
給食・弁当 [学校生活]	407

弁当・総菜 [食べる・飲む]	494
便秘 [体調]	230
返品・交換 [買い物]	443

ほ

保育園・就学準備 [出産・育児]	665
保育園で [出産・育児]	666
ポイントカード [買い物]	441
報告書・資料 [仕事]	378
防災対策 [災害・事件・事故]	692
法事	
お葬式・法事 [行事・イベント]	262
ボーナス [仕事]	390
ホームパーティー [行事・イベント]	263
募金・寄付 [ボランティア]	706
ボクシング・格闘技 [スポーツ]	555
保険 [お金]	460
保護者の行事 [学校生活]	413
星 [天気・季節]	223
ポッドキャスト	
ラジオ・ポッドキャスト [見る・読む・聞く]	511
ポッドキャスト [見る・読む・聞く]	511
ホテル・旅館 [レジャー・旅行]	571
ホテル・旅館での食事 [レジャー・旅行]	573
ホテル・旅館でのトラブル [レジャー・旅行]	572
褒める [気持ち・感想]	301
ボランティア	
いろいろなボランティア [ボランティア]	704
そのほかのボランティア [ボランティア] /　雪かきなど	707
ボランティアに参加する [ボランティア]	704
ホワイトデー [行事・イベント]	255
本 [見る・読む・聞く]	512
盆→「お盆・帰省」の項目を参照	
本・雑誌 [見る・読む・聞く]	512
本にまつわる単語 [見る・読む・聞く]	512

ま

前向きになろう [書き留めたい言葉]	714
まずい [感覚]	311
また会いたい [恋愛]	614
マッサージ	
エステ・マッサージ [美容・ボディケア]	605
エステ・マッサージの感想　　[美容・ボディケア]	606
マッサージに行く [美容・ボディケア]	605
間取り [住まい]	470
マラソン	
ジョギング・マラソン [スポーツ]	542
マラソン [スポーツ]	543

マンガ [見る・読む・聞く]	513
マンガ喫茶 [見る・読む・聞く]	516
満足 [気持ち・感想]	297

み

味覚 [感覚]	310
湖	
川・湖 [レジャー・旅行]	563
店で [買い物]	442
店・店員 [買い物]	442
店の予約 [食べる・飲む]	489
みぞれ	
雪・みぞれ [天気・季節]	214
身だしなみ [一日の生活]	324
身だしなみ [美容・ボディケア]	598
身だしなみ全般 [美容・ボディケア]	598
見た目の印象 [人間関係]	269
道案内	
道に迷う・道案内 [交通・外出]	346
道案内する [交通・外出]	347
道に迷う [交通・外出]	346
道に迷う・道案内 [交通・外出]	346
耳の不調 [体調]	235
土産→「お土産を買う」の項目を参照	
ミルク [出産・育児]	649

む

無言電話・いたずら電話 [電話・郵便]	352
虫刺され	
肌荒れ・虫刺され [体調]	237
ムダ毛処理 [美容・ボディケア]	598
むなしい	
さみしい・むなしい [気持ち・感想]	290
胸焼け・胃もたれ [体調]	231

め

メイク [美容・ボディケア]	599
メイクをする [美容・ボディケア]	599
名刺 [仕事]	381
メール	
Eメール [パソコン・ネット]	688
Eメールにまつわる単語 [パソコン・ネット]	689
目の不調 [体調]	234
面接	
入社試験・面接 [仕事]	398

も

もう会いたくない [恋愛]	614
目標	
夢・目標 [書き留めたい言葉]	710

目標 [書き留めたい言葉]	710
持ち物	
出かける準備・持ち物 [一日の生活]	325
モデルルーム見学 [住まい]	476
模様替え [住まい]	465
模様・素材にまつわる単語 [ファッション]	579

や

野球 [スポーツ]	548
野球	
草野球 [スポーツ]	550
高校野球 [スポーツ]	549
プロ野球 [スポーツ]	548
厄年・おはらい [行事・イベント]	250
やけど [体調]	240
家賃・初期費用 [住まい]	473
やり直したい [結婚・離婚]	641
やる気が出ない [仕事]	375

ゆ

結納	
両家の顔合わせ・結納 [結婚・離婚]	634
憂うつ・うんざり [気持ち・感想]	291
遊園地 [レジャー・旅行]	558
遊具・遊びにまつわる表現 [出産・育児]	661
友情・友達への感謝 [書き留めたい言葉]	715
夕飯 [一日の生活]	329
友人・知人に会う [人間関係]	281
友人の結婚式	
家族・友人の結婚式 [結婚・離婚]	637
友人の住まい [住まい]	468
友人の住まいについて [住まい]	468
郵便・宅配便 [電話・郵便]	359
郵便・宅配便にまつわる単語 [電話・郵便]	359
郵便を受け取る [電話・郵便]	360
郵便を出す [電話・郵便]	359
雪かき [家事]	371
雪・みぞれ [天気・季節]	214
夢・目標 [書き留めたい言葉]	710
夢 [書き留めたい言葉]	710
夢をかなえる [書き留めたい言葉]	713

よ

酔う	
酒に酔う [食べる・飲む]	501
容姿 [人間関係]	267
洋食 [食べる・飲む]	491
腰痛 [体調]	238
ヨガ・ピラティス [スポーツ]	547
夜泣き [出産・育児]	663

予備校	
塾・家庭教師・予備校 [学校生活]	419
夜 [一日の生活]	328

ら

ラーメン [食べる・飲む]	493
ライブ・コンサート [見る・読む・聞く]	517
落語 [見る・読む・聞く]	521
ラジオ [見る・読む・聞く]	511
ラジオ・ポッドキャスト [見る・読む・聞く]	511
ランチ・同僚と一杯 [仕事]	385
ランチ [仕事]	385

り

離婚・再婚 [結婚・離婚]	639
離婚する [結婚・離婚]	641
離婚を考える [結婚・離婚]	641
リサイクル [家事]	371
リストラ・解雇 [仕事]	388
立地 [住まい]	469
離乳食・食事 [出産・育児]	650
リフォーム [住まい]	467
流行 [ファッション]	583
両替 [お金]	
為替・両替 [お金]	458
両替 [お金]	459
料金	
いろいろな料金を表す単語 [お金]	452
両家の顔合わせ・結納 [結婚・離婚]	634
料理する [食べる・飲む]	497
料理方法を表す単語 [食べる・飲む]	497
料理本・レシピ [食べる・飲む]	498
旅館	
ホテル・旅館 [レジャー・旅行]	571
ホテル・旅館での食事 [レジャー・旅行]	573
ホテル・旅館でのトラブル [レジャー・旅行]	572
旅行 [レジャー・旅行]	567
旅行の計画 [レジャー・旅行]	567
旅行の準備 [レジャー・旅行]	568
林間学校・合宿 [学校生活]	412

れ

レジ [買い物]	441
レシピ	
料理本・レシピ [食べる・飲む]	498
レジャー	
そのほかのレジャー [レジャー・旅行] /　植物園など	565
レポート	
テスト・レポート [大学・専門学校]	430

連絡先の交換 [恋愛]	613

ろ

浪費・散財 [お金]	453
ローン [お金]	461

わ

ワイン [食べる・飲む]	502
別れ [恋愛]	626
別れ	
人との別れ [人間関係]	284
人と別れる [人間関係]	284
ペットとの別れ [ペット]	674
和食 [食べる・飲む]	492

石原真弓
Mayumi Ishihara

英語学習スタイリスト　高校卒業後アメリカに留学。コミュニティカレッジ卒業後、通訳に従事。帰国後は英会話を教える傍ら、執筆やメディア出演、スピーチコンテスト審査員、講演などで幅広く活躍。英語日記や英語手帳、英語ツイッターなど、身の回りのことを英語で発信する学習法を提案し続ける。主な著書に『英語で日記を書いてみる』『英語で手帳をつけてみる』(ともにベレ出版)、『英語日記ドリル〔Complete〕』(アルク)、『Twitterで英語をつぶやいてみる』(NHK出版)、『ディズニーの英語』シリーズ(中経出版)、『はじめての英語手帳ドリル』『ダイアリーつき　やさしい英語日記』(ともに学研)など。中国語や韓国語に翻訳された著書も多数。

英語日記 パーフェクト 表現辞典

編集協力	今居美月、小松アテナ［エートゥゼット］、髙木直子、髙橋龍之助、佐藤玲子、西岡小央里
協力	デイビッド・セイン［エートゥゼット］
英文校正	エートゥゼット（エスター・シリム、マルコム・ヘンドリクス）
表現作成協力	鈴木美里、東 雄介、森村繁晴［ポルタ］、友田 空
デザイン	山口秀昭［Studio Flavor］
イラスト	大高郁子
写真	亀井宏昭